미래와 통하는 책

동양북스 외국어 베스트 도서

700만 독자의 선택!

새로운 도서, 다양한 자료 동양북스 홈페이지에서 만나보세요!

www.dongyangbooks.com
m.dongyangbooks.com

※ 학습자료 및 MP3 제공 여부는 도서마다 상이하므로 확인 후 이용 바랍니다.

홈페이지 도서 자료실에서 학습자료 및 MP3 무료 다운로드

PC

❶ 홈페이지 접속 후 도서 자료실 클릭
❷ 하단 검색 창에 검색어 입력
❸ MP3, 정답과 해설, 부가자료 등 첨부파일 다운로드
* 원하는 자료가 없는 경우 '요청하기' 클릭!

MOBILE

* 반드시 '인터넷, Safari, Chrome' App을 이용하여 홈페이지에 접속해주세요. (네이버, 다음 App 이용 시 첨부파일의 확장자명이 변경되어 저장되는 오류가 발생할 수 있습니다.)

❶ 홈페이지 접속 후 ≡ 터치

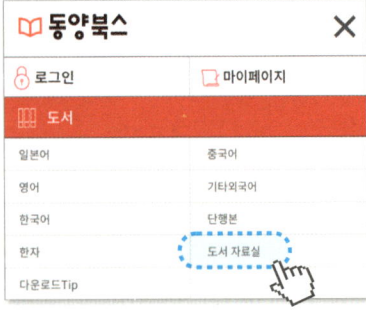

❷ 도서 자료실 터치

❸ 하단 검색창에 검색어 입력
❹ MP3, 정답과 해설, 부가자료 등 첨부파일 다운로드
* 압축 해제 방법은 '다운로드 Tip' 참고

일단 합격 JLPT N4 완벽 대비

일본어능력시험

기본서 + 모의고사 + 단어장

이선옥 지음 | 카와구치 케이코 감수

동양북스

개정 1쇄 | 2025년 8월 25일

지은이 | 이선옥
발행인 | 김태웅
책임 편집 | 길혜진
디자인 | 남은혜, 김지혜, 강재은
마케팅 총괄 | 김철영
온라인 마케팅 | 신아연
제 작 | 현대순

발행처 | (주)동양북스
등 록 | 제 2014-000055호
주 소 | 서울시 마포구 동교로22길 14 (04030)
구입 문의 | 전화 (02)337-1737 팩스 (02)334-6624
내용 문의 | 전화 (02)337-1762 dymg98@naver.com

ISBN 979-11-7210-124-4 13730

ⓒ 2025. 이선옥

▶ 본 책은 저작권법에 의해 보호를 받는 저작물이므로 무단 전재와 복제를 금합니다.
▶ 잘못된 책은 구입처에서 교환해드립니다.
▶ (주)동양북스에서는 소중한 원고, 새로운 기획을 기다리고 있습니다.
   http://www.dongyangbooks.com

머리말

　일본어 능력시험에 도전하는 모든 응시자 여러분 반갑습니다. 아마 이 책을 손에 든 여러분은 처음으로 일본어 능력시험을 치르지 않을까 생각합니다. 생애 첫 일본어 능력시험이라 '어떻게 준비하는 것이 좋을지', '과연 시험을 잘 치를 수 있을지' 하는 걱정들이 있을 것입니다.

　일본어 능력시험은 국제교류기금(国際交流基金) 및 일본국제교육지원협회(日本国際教育支援協会)에서 주최하는 시험으로, 일본어를 모국어로 하지 않는 사람을 대상으로 일본어 능력을 측정하고 인정함을 목적으로 실시하고 있습니다.

　N1에서 N5에 이르기까지 총 5개의 레벨로 나뉘어 있으며, 그중에서도 N4 레벨에서는 일상 생활에서 사용하는 기본적인 일본어를 어느 정도 이해할 수 있는지를 측정합니다. 즉 일상적인 상황이나 친숙한 화제와 관련된 어휘와 표현에 대한 이해를 묻는 수준이라고 할 수 있습니다. 이에 대비하기 위해 이 책은 한 권으로 일본어 능력시험에 대비할 수 있도록, 일본어의 기본이 되는 내용을 체계적이고 효율적으로 정리했습니다.

　'문자·어휘'는 기출 한자 및 어휘를 제시하고, 앞으로 출제 가능성이 높은 단어를 추가로 제시하였습니다. 제시된 단어를 숙지함으로써 어휘에 대한 부담감을 덜 수 있을 것입니다.

　'문법'은 문법적 기초가 부족한 수험생들도 예문을 읽는 사이에 자신감이 붙을 수 있도록 분류, 구성하였습니다. 특히, 혼동되기 쉬운 내용들에 대해서는 명쾌한 예문과 핵심 포인트를 제시하여, 학습을 진행하면서 최강의 문법 학습이 가능하도록 집필하였다고 자신하는 바입니다.

　'독해'는 어휘력과 문법에 관한 지식을 토대로, 이 책에 제시된 문장들을 반복하여 학습하는 것만으로도 고득점이 가능하도록 출제 경향에 들어맞는 내용들을 제시하였습니다.

　'청해'는 출제 유형별로 대비가 가능하도록 응용 가능성이 높은 문제들을 엄선하였으며, 청해의 핵심을 놓치지 않고 간파할 수 있도록 핵심 어휘를 제시하였습니다.

　또한 본서에는 실제 시험과 같은 난이도로 구성된 모의고사가 있어서 본인의 실력을 점검할 수 있습니다.

　이 책은 기출 문제를 충실하게 반영, 분석하여 출제 경향에 맞추어 집필하였기 때문에 뛰어난 응용력과 신뢰성이 있다고 확신합니다. 이 책의 학습을 통해, 일본어의 기초 완성은 물론이고 일본어능력시험 고득점 합격에 이르기를 간절히 기원합니다.

　끝으로 이 책의 출판에 도움을 주신 동양북스와 원고를 좋은 책으로 완성해 주신 편집자 모든 분들께 깊은 감사의 말씀을 드립니다.

저자 이선옥

이 책의 구성과 활용법

이 책은 2010년부터 시행된 JLPT N4에 대비할 수 있도록 구성된 종합 학습서입니다. 각 과목별로 문제 유형과 최신 출제 유형을 분석하였으며, 각각의 유형마다 고득점을 학습 팁과 실전 팁을 제시하였습니다. 또한 그동안의 기출 어휘·문법 정리와 더불어 충분한 문제 풀이를 통해 실전에 철저히 대비할 수 있도록 구성하였습니다.

문제 유형 공략법

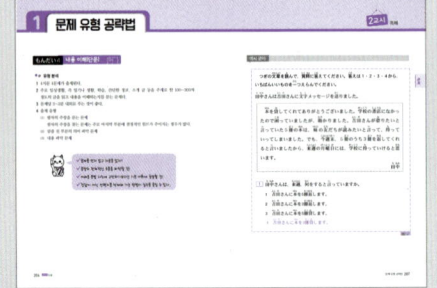

영역마다 문제 유형을 분석하고 출제 경향을 정리했습니다. 예시 문제를 함께 곁들여 처음 JLPT를 접하는 학습자도 시험에 쉽게 적응할 수 있도록 구성하였으며, 해설을 함께 제시해 시험을 탄탄히 대비할 수 있도록 하였습니다.

유형별 실전 문제

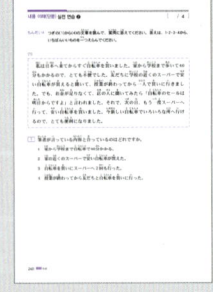
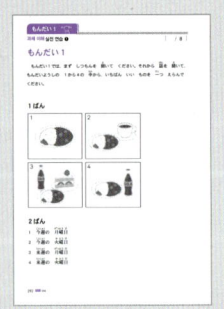

실제 시험과 동일한 형식의 문제를 풀어보며 실전 감각을 키울 수 있습니다. 앞에서 제시되었던 문제 풀이 팁을 활용하며 문제를 풀이합니다. 문제 아래에 정답 번호가 나와 있어 정답 확인 시간을 절약할 수 있고, 보다 상세한 해설은 별책 해설서를 통해 확인할 수 있습니다.

파트별 특징

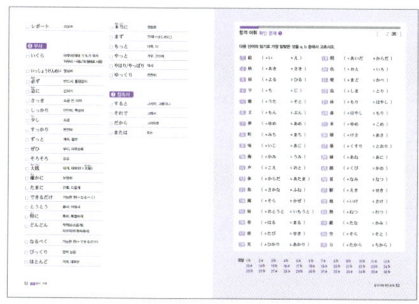

문자·어휘
최신 기출 어휘와 함께, N4 합격을 위해 필수로 알아야 할 단어를 정리해 두었습니다. 어휘를 품사별로 정리해 두어 취약한 영역을 골라 효율적으로 학습할 수 있도록 하였습니다. 또한 전체 어휘 학습을 마친 후에는 '확인 문제'를 통해 성취도를 확인할 수 있습니다.

문법
최신 기출 문법을 정리하고, 출제 가능성이 높은 문법 항목을 상세히 설명하였습니다. 필수 문법 표현은 물론, 접속 형태에 따라 상세히 분류하여 효율적으로 학습이 가능하도록 하였습니다. 경어, 부사, 접속사를 따로 공부할 수 있게 마련하였습니다. 문법 학습을 마친 뒤에는 '확인 문제'를 통해 성취도를 확인할 수 있습니다.

독해
독해 지문에 자주 등장하는 어휘들을 품사별로 정리하여, 자칫 어렵게 느껴질 수 있는 독해 공부에 보다 빨리 적응할 수 있도록 하였습니다.

청해
시험에 자주 나오는 어휘와 축약·구어체 표현을 주제별로 정리하고, 조수사나 날짜, 시간 등을 한눈에 표로 정리하여 실전에 대비할 수 있도록 하였습니다. 실전 연습에서는 풍부한 양의 연습 문제를 수록하여 문제 유형 공략법에서 배운 풀이 요령을 실제 문제 풀이에 적용하면서 자신만의 청해 학습 전략을 세워볼 수 있습니다.

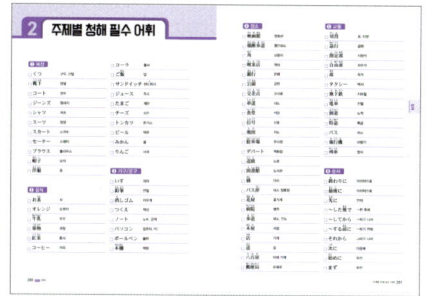

〈부록〉

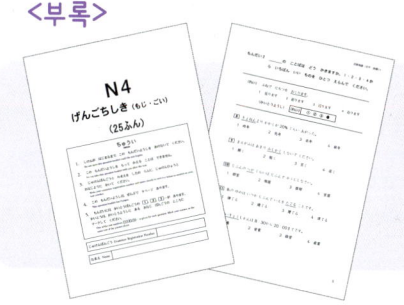

실전 모의고사 (2회분)
실제 시험과 같은 형식의 모의고사를 2회분 수록하였습니다. 시간을 재면서 실제 시험과 같은 환경에서 풀어 봅니다. 본책에서 학습한 내용을 최종 확인하고, 해설서를 참고하여 틀린 문제를 스스로 점검하도록 합니다.

JLPT(일본어 능력시험)란?

❶ JLPT에 대해서

JLPT(Japanese-Language Proficiency Test)는 일본어를 모국어로 하지 않는 사람의 일본어 능력을 측정하고 인정하는 시험으로, 국제교류기금과 재단법인 일본국제교육지원협회가 주최하고 있습니다. 1984년부터 실시되었으며 2010년부터 새로워진 일본어 능력시험이 연 2회(7월, 12월) 실시되고 있습니다.

❷ JLPT 레벨과 인정 기준

레벨	과목별 시간		인정 기준
	유형별	시간	
N1	언어지식(문자·어휘·문법) 독해	110분	**폭넓은 상황에서 사용되는 일본어를 이해할 수 있다.** [읽기] 폭넓은 화제에 대한 신문 논설, 평론 등 논리적으로 다소 복잡한 글이나 추상도가 높은 글 등을 읽고, 글의 구성이나 내용을 이해할 수 있다. 내용의 깊이가 있는 글을 읽고 이야기의 흐름이나 상세한 표현 의도를 이해할 수 있다. [듣기] 폭넓은 상황에 있어 자연스러운 속도의 회화나 뉴스, 강의를 듣고 이야기의 흐름이나 내용, 등장인물의 관계, 내용의 논리적 구성 등을 상세하게 이해하고 요지를 파악할 수 있다.
	청해	55분	
N2	언어지식(문자·어휘·문법) 독해	105분	**일상적인 상황에서 사용되는 일본어의 이해와 더불어, 보다 폭넓은 상황에서 사용되는 일본어를 어느 정도 이해할 수 있다.** [읽기] 신문이나 잡지 기사, 해설, 쉬운 평론 등 논지가 명확한 글을 읽고 글의 내용을 이해할 수 있다. 일반적인 화제의 글을 읽고 이야기의 흐름이나 표현 의도를 이해할 수 있다. [듣기] 일상적인 상황과 더불어, 다양한 상황에서 자연스러운 속도의 회화나 뉴스를 듣고 이야기의 흐름이나 내용, 등장인물의 관계를 이해하거나 요지를 파악할 수 있다.
	청해	50분	
N3	언어지식(문자·어휘)	30분	**일상적인 상황에서 사용되는 일본어를 어느 정도 이해할 수 있다.** [읽기] 일상적인 화제에 대해 쓰인 구체적인 내용을 나타내는 글을 읽고 이해할 수 있다. 신문 기사 제목 등에서 정보의 개요를 파악할 수 있다. 일상적인 상황에서 난이도가 약간 높은 글은, 다른 말로 바꿔 제시되면 요지를 이해할 수 있다. [듣기] 일상적인 상황에서 자연스러움에 가까운 속도의 회화를 듣고 이야기의 구체적인 내용을 등장인물의 관계에 맞춰 거의 이해할 수 있다.
	언어지식(문법)·독해	70분	
	청해	40분	
N4	언어지식(문자·어휘)	25분	**기본적인 일본어를 이해할 수 있다.** [읽기] 기본적인 어휘나 한자를 이용해서 쓰여진 일상생활에서 흔히 접할 수 있는 화제의 글을 읽고 이해할 수 있다. [듣기] 일상적인 상황에서 다소 느리게 말하는 회화라면 내용을 거의 이해할 수 있다.
	언어지식(문법)·독해	55분	
	청해	35분	
N5	언어지식(문자·어휘)	20분	**기본적인 일본어를 어느 정도 이해할 수 있다.** [읽기] 히라가나, 가타카나, 일상생활에서 사용되는 기본적인 한자로 쓰인 정형적인 어구나 글을 읽고 이해할 수 있다. [듣기] 교실이나 주변 등 일상생활 속에서 자주 접하는 상황에서 천천히 말하는 짧은 회화라면 필요한 정보를 얻을 수 있다.
	언어지식(문법)·독해	40분	
	청해	30분	

❸ 시험 결과의 표시

레벨	득점 구분	인정 기준
N1	언어지식(문자·어휘·문법)	0~60
	독해	0~60
	청해	0~60
	종합득점	0~180
N2	언어지식(문자·어휘·문법)	0~60
	독해	0~60
	청해	0~60
	종합득점	0~180
N3	언어지식(문자·어휘·문법)	0~60
	독해	0~60
	청해	0~60
	종합득점	0~180
N4	언어지식(문자·어휘·문법)·독해	0~120
	청해	0~60
	종합득점	0~180
N5	언어지식(문자·어휘·문법)·독해	0~120
	청해	0~60
	종합득점	0~180

❹ 시험 결과 통지의 예

다음 예와 같이 ① '득점구분별 득점'과 득점구분별 득점을 합계한 ② '종합득점', 앞으로의 일본어 학습을 위한 ③ '참고 정보'를 통지합니다. ③ '참고 정보'는 합격/불합격 판정 대상이 아닙니다.

* 예 N3을 수험한 Y씨의 '합격/불합격 통지서'의 일부 성적 정보(실제 서식은 변경될 수 있습니다.)

① 득점 구분별 득점			② 종합 득점
언어지식 (문자·어휘·문법)	독해	청해	
50/60	30/60	40/60	120/180

③ 참고 정보	
문자·어휘	문법
A	C

A 매우 잘했음 (정답률 67% 이상)
B 잘했음 (정답률 34%이상 67% 미만)
C 그다지 잘하지 못했음 (정답률 34% 미만)

목차

머리말 3
이 책의 구성과 활용법 4
JLPT(일본어 능력시험)란? 6

1교시

●● 문자·어휘

문제 유형 공략법 12
기출 어휘 17
합격 어휘 41
합격 어휘 확인 문제 53
고득점 어휘 61
고득점 어휘 확인 문제 74

● **유형별 실전 문제** 82
한자 읽기 84
한자 표기 89
문맥 규정 94
유의어 98
용법 108

2교시

●● 문법

문제 유형 공략법 120
기출 문법 124
합격 문법 130
합격 문법 확인 문제 153
고득점 문법 159
고득점 문법 확인 문제 174

- **유형별 실전 문제** ··· 180
  - 문법 형식 판단 ·· 182
  - 문장 완성 ·· 192
  - 문맥 이해 ·· 198

2교시

●● 독해

- 문제 유형 공략법 ·· 206
- 품사별 독해 필수 어휘 ·· 217
- 독해 어휘 확인 문제 ·· 229

- **유형별 실전 문제** ··· 234
  - 내용 이해(단문) ·· 236
  - 내용 이해(중문) ·· 252
  - 정보 검색 ·· 260

3교시

●● 청해

- 문제 유형 공략법 ·· 270
- 주제별 청해 필수 어휘 ·· 280
- 청해 유형 확인 문제 ·· 288

- **유형별 실전 문제** ··· 290
  - 과제 이해 ·· 292
  - 포인트 이해 ·· 299
  - 발화 표현 ·· 304
  - 즉시 응답 ·· 310

해설 ··· 313

부록 실전 모의고사(2회분) + 해설

1교시

문자·어휘

もんだい1 한자 읽기
もんだい2 한자 표기
もんだい3 문맥 규정
もんだい4 유의어
もんだい5 용법

1 문제 유형 공략법

もんだい 1　한자 읽기

● ● 유형 분석

1 7문제가 출제된다.
2 3분 내로 푸는 것이 좋다.
3 주어진 문장 속에 밑줄로 표시된 단어를 어떻게 읽는지를 묻는 유형이다.
4 출제 유형
　 ⑴ 음독/훈독 구분하기
　 ⑵ 장·단음/촉음/탁음 구분하기
　 ⑶ 예외적인 한자 읽기 구분하기

✓ 음독, 훈독, 장음, 촉음에 주의하자. N4에서는 특히 장음이 중요!
✓ 명사는 물론이고 동사를 중점적으로 공략할 것!
✓ 소리 내어 암기하는 것이 효과적인 학습 방법!

예시 문제

　　<u>空港</u>まで　でんしゃで　行きます。
　　1　くうこ　　　2　くうこう　　　3　こうく　　　4　こうくう

정답 2

해 석　공항까지 전철로 갑니다.

해 설　空港(공항)을 음독으로 읽는 경우, 장음에 해당하는 う가 어느 한자에 들어가야 하는지를 묻고 있다.
　　　 空(くう)와 港(こう) 모두 장음이 들어가야 하므로 2번이 정답이다.

1교시 문자·어휘

もんだい 2　한자 표기

● ● 유형 분석

1　5문제가 출제된다.
2　2분 내로 푸는 것이 좋다.
3　제시된 문장에서 ひらがな로 된 단어를 한자로 어떻게 표기하는지를 묻는 문제다.
4　출제 유형
　(1) 비슷한 발음의 한자 구분하기
　(2) 비슷한 모양의 한자 구분하기
　(3) 비슷한 의미를 가진 한자 구분하기

✓ 형태가 비슷한 한자가 나왔을 때, 구성 요소를 분해해 보자!
✓ 비슷한 모양의 한자들은 따로 정리하기!
✓ 평소에 핵심적인 단어들을 읽고 쓰며 기억하자!

예시 문제

　　この　店は　夜　10時まで　えいぎょうして　います。
　　1　宮事　　　2　営事　　　3　宮業　　　4　営業

정답 4

해 석　이 가게는 밤 10시까지 영업하고 있습니다.

해 설　비슷한 형태의 한자를 선택지에 나열하고 바르게 표기된 한자가 어느 것인지를 묻고 있다. 특히 형태가 비슷한 営과 宮, 그리고 事와 業을 구분해야 풀 수 있다.

もんだい3 문맥 규정

● ● **유형 분석**

1 8문제가 출제된다.
2 5분 내로 푸는 것이 좋다.
3 제시된 문장에 가장 적절한 의미를 나타내는 어휘를 선택하여 문장을 완성시키는 유형이다.
4 출제 유형
　(1) 단어 고유의 의미를 묻는 문제.
　(2) 단어 간의 호응 관계를 묻는 문제.

✓ 고득점을 위해서는 동사 학습이 필수적이다.
✓ 서로 호응 관계에 있거나 숙어처럼 사용되는 표현을 익혀 두자.

예시 문제

ドアの 前には 車を （　　　） ください。
1　きめないで　　2　しめないで　　3　とめないで　　4　やめないで

정답 3

해 석　문 앞에는 차를 세우지 마세요.

해 설　문장의 흐름으로 보아 무언가를 의뢰하거나 지시하는 내용이라는 것을 알 수 있다. 차를 세우지 말라는 표현이 가장 적절하므로 3번을 선택해야 한다. 참고로 각각의 의미는 **きめる**(결정하다), **しめる**(닫다), **とめる**(세우다/정지시키다), **やめる**(그만두다)이다.

もんだい4 유의어

● ● 유형 분석

1 4문제가 출제된다.
2 3분 내로 푸는 것이 좋다.
3 제시된 문장과 의미나 상황이 가장 가까운 것을 선택하는 유형이다.
4 출제 유형
　(1) 제시된 문장 전체를 설명하는 대체 문장 찾기
　(2) 제시된 문장의 일부 단어를 설명하는 문장 찾기
5 한자 문제가 아니기 때문에 다양한 품사에서 출제된다.

✓ 동사와 い형용사를 중심으로 출제되는 경향이 있다.
✓ 단어를 쉬운 일본어로 설명하는 연습도 유용하다.

예시 문제

　　　この　カメラは　ドイツ製(せい)です。
　　　1　この　カメラは　ドイツで　うられて　います。
　　　2　この　カメラは　ドイツで　つくられて　います。
　　　3　この　カメラは　ドイツで　かわれて　います。
　　　4　この　カメラは　ドイツで　みられて　います。

정답 2

해 석　이 카메라는 독일제입니다.
　　　2. 이 카메라는 독일에서 만들어지고 있습니다.

해 설　'독일제'라는 표현을 '독일에서 만들어지고 있다'고 설명한 2번이 정답이다. 이때 제시된 선택지 속의 동사는 모두 수동 형태이므로 문법에 대한 이해가 없으면 본래의 단어를 찾기 어렵다. 제시된 단어는 순서대로 売(う)る(팔다), 作(つく)る(만들다), 買(か)う(사다), 見(み)る(보다)라는 의미다.

もんだい5 용법

● ● **유형 분석**

1. 4문제가 출제된다.
2. 4분 내로 푸는 것이 좋다.
3. 제시된 단어의 용법에 관한 지식을 묻는 문제로, 출제된 단어가 바르게 사용된 예를 선택하는 유형이다.
4. 출제 유형
   (1) 단어의 의미상 오류 구분하기
   (2) 품사의 적절한 사용 구분하기
5. 명사, 부사, 외래어 등 다방면의 단어가 출제된다.

- ✓ 부자연스러운 문장을 하나씩 지워 가며 푸는 연습을 한다.
- ✓ 전형적인 문장 패턴을 익히기 위해, 문장을 많이 읽어 보자.
- ✓ 문법 예문과 연계한 어휘 학습이 고득점의 지름길이다.

예시 문제

けんがく
1 友だちと おもしろい えいがを けんがくしました。
2 クラスの みんなと こうじょうを けんがくしました。
3 としょかんに 行って 本を けんがくしました。
4 社長は きょうの かいぎに けんがくしません。

정답 2

해 석 학급 모두와 공장을 견학했습니다.

해 설 '견학(見学)'이라는 표현이 가장 적절하게 사용된 문장을 찾는 문제다. 1번, 3번, 4번은 다른 표현으로 바꿔야 의미가 통하는 문장이 된다.

2 기출 어휘

もんだい1 한자 읽기

あ행

- 青い 파랗다
- 赤い 빨갛다, 붉다
- 明るい 밝다
- 秋 가을
- 開ける 열다
- 味 맛
- 頭 머리
- 暑い 덥다
- 暑さ 더위
- 集まる 모이다
- 姉 언니, 누나
- 洗う 씻다, 닦다
- 歩く 걷다
- 安心 안심
- 以外 이외, 그 밖
- 池 연못
- 意見 의견
- 石 돌
- 医者 의사
- 以上 이상
- 急ぐ 서두르다
- 一度 한 번
- 糸 실
- 妹 여동생
- 色 색
- 動く 움직이다, 작동하다
- 歌 노래
- 歌う 노래하다
- 写す 베끼다, (사진을) 찍다
- 海 바다
- 売る 팔다
- 売れる 팔리다
- 運転 운전
- 運動 운동
- 営業 영업
- 英語 영어
- 駅員 역무원
- 起きる 일어나다, 깨다
- 送る 보내다, (우편을) 부치다, 배웅하다

☐ 起(お)こす	깨우다, 일으켜 세우다		☐ 北(きた)	북, 북쪽
☐ お正月(しょうがつ)	정월, 1월 1일(일본의 설날)		☐ 切手(きって)	우표
☐ 押(お)す	밀다		☐ 気分(きぶん)	기분
☐ お姉(ねえ)さん	언니, 누나		☐ 決(き)まる	결정되다
☐ 重(おも)い	무겁다		☐ 着物(きもの)	기모노(일본 전통 복장)
☐ 親指(おやゆび)	엄지손가락, 엄지발가락		☐ 急行(きゅうこう)	급행, 급행 열차
☐ 泳(およ)ぐ	수영하다, 헤엄치다		☐ 急(きゅう)に	갑자기
☐ 終(お)わる	끝나다		☐ 教室(きょうしつ)	교실
☐ 音楽(おんがく)	음악		☐ 去年(きょねん)	작년
			☐ 銀色(ぎんいろ)	은색

か행

☐ 会場(かいじょう)	회장, 행사장		☐ 銀行(ぎんこう)	은행
☐ 帰(かえ)る	돌아가다, 돌아오다		☐ 近所(きんじょ)	근처, 이웃집
☐ 顔(かお)	얼굴		☐ 区(く)	구(행정 구역)
☐ 火事(かじ)	화재		☐ 空港(くうこう)	공항
☐ 貸(か)す	빌려주다		☐ 薬(くすり)	약
☐ 風(かぜ)	바람		☐ 首(くび)	목
☐ 数(かぞ)える	세다		☐ 雲(くも)	구름
☐ 家族(かぞく)	가족		☐ 暗(くら)い	어둡다
☐ 方(かた)	분(사람의 높임말)		☐ 黒(くろ)い	검다
☐ 紙(かみ)	종이		☐ 計画(けいかく)	계획
☐ 通(かよ)う	다니다		☐ 経験(けいけん)	경험
☐ 体(からだ)	몸		☐ 県(けん)	현(행정 구역)
☐ 軽(かる)い	가볍다		☐ 研究(けんきゅう)	연구
☐ 代(か)わり	대신		☐ 公園(こうえん)	공원
☐ 考(かんが)える	생각하다, 고민하다		☐ 工場(こうじょう)	공장
			☐ 声(こえ)	목소리

☐ 氷 (こおり)	얼음			☐ 白い (しろい)	하얗다	
☐ 心 (こころ)	마음			☐ 人口 (じんこう)	인구	
☐ 答える (こたえる)	대답하다, 응답하다			☐ 親切だ (しんせつだ)	친절하다	
☐ 今度 (こんど)	이번, 이 다음			☐ 新聞社 (しんぶんしゃ)	신문사	

さ행

☐ 最近 (さいきん)	최근			☐ 水道 (すいどう)	수도(물 시설)	
☐ 最後 (さいご)	최후, 마지막			☐ 好きだ (すきだ)	좋아하다	
☐ 寒い (さむい)	춥다			☐ 少し (すこし)	조금	
☐ 皿 (さら)	그릇, 접시			☐ 進む (すすむ)	나아가다, 전진하다	
☐ 産業 (さんぎょう)	산업			☐ 生産 (せいさん)	생산	
☐ 試合 (しあい)	시합			☐ 西洋 (せいよう)	서양	
☐ 仕事 (しごと)	일, 업무			☐ 世界 (せかい)	세계	
☐ 質問 (しつもん)	질문			☐ 説明 (せつめい)	설명	
☐ 自転車 (じてんしゃ)	자전거			☐ 世話 (せわ)	신세, 시중, 돌봄	
☐ 品物 (しなもの)	물품, 상품			☐ 祖母 (そぼ)	조모, 할머니	
☐ 死ぬ (しぬ)	죽다					

た행

☐ 市民 (しみん)	시민			☐ 大使館 (たいしかん)	대사관	
☐ 社会 (しゃかい)	사회			☐ 台どころ (だいどころ)	부엌	
☐ 住所 (じゅうしょ)	주소			☐ 建物 (たてもの)	건물	
☐ 出発 (しゅっぱつ)	출발			☐ 楽しい (たのしい)	즐겁다	
☐ 小説 (しょうせつ)	소설			☐ 足りる (たりる)	충분하다, 충족되다	
☐ 食堂 (しょくどう)	식당			☐ 近い (ちかい)	가깝다	
☐ 食料品 (しょくりょうひん)	식료품			☐ 力 (ちから)	힘	
☐ 女性 (じょせい)	여성			☐ 茶色 (ちゃいろ)	갈색	
☐ 知る (しる)	알다			☐ 注意 (ちゅうい)	주의	
				☐ 中止 (ちゅうし)	중지	

☐ 地理（ちり）	지리		☐ 乗る（の）	(탈 것・교통수단을) 타다

は행

☐ 使う（つか）	사용하다	
☐ 着く（つ）	도착하다	
☐ 机（つくえ）	책상	
☐ 都合（つごう）	형편, 사정	
☐ 強い（つよ）	강하다	
☐ 手紙（てがみ）	편지	
☐ 店員（てんいん）	점원	
☐ 遠い（とお）	멀다	
☐ 遠く（とお）	먼 곳, 멀리	
☐ 通る（とお）	지나가다, 통과하다	
☐ 都会（とかい）	도회, 도시	
☐ 特別だ（とくべつ）	특별하다	
☐ 図書館（としょかん）	도서관	
☐ 特急（とっきゅう）	특급, 특급 열차	
☐ 止まる（と）	멈추다, 정지하다	
☐ 鳥（とり）	새	

は행 항목:

☐ 運ぶ（はこ）	옮기다, 운반하다
☐ 始める（はじ）	시작하다
☐ 場所（ばしょ）	장소
☐ 走る（はし）	달리다
☐ 働く（はたら）	일하다, 근무하다
☐ 発音（はつおん）	발음
☐ 花（はな）	꽃
☐ 早く（はや）	빨리
☐ 春（はる）	봄
☐ 反対（はんたい）	반대
☐ 光（ひかり）	빛
☐ 光る（ひか）	빛나다
☐ 引く（ひ）	당기다, 빼다
☐ 低い（ひく）	낮다
☐ 病院（びょういん）	병원
☐ 昼（ひる）	낮
☐ 広い（ひろ）	넓다
☐ 服（ふく）	옷
☐ 太い（ふと）	두껍다
☐ 船（ふね）	배
☐ 不便だ（ふべん）	불편하다
☐ 冬（ふゆ）	겨울
☐ 古い（ふる）	오래되다, 낡다

な행

☐ 夏（なつ）	여름
☐ 習う（なら）	익히다, 학습하다, 배우다
☐ 何枚（なんまい）	몇 장
☐ 二台（にだい）	두 대
☐ 日記（にっき）	일기
☐ 眠い（ねむ）	졸리다
☐ 眠る（ねむ）	자다, 잠들다

□ 文	글, 문장
□ 文学	문학
□ 勉強	공부

ま행

□ 毎朝	매일 아침
□ 町	마을
□ 待つ	기다리다
□ 間に合う	제시간에 맞추다, 제시간에 도착하다
□ 短い	짧다
□ 港	항구
□ 村	마을
□ 目	눈
□ 持つ	가지다, 견디다
□ 森	숲, 산림
□ 門	문

や행

□ 野菜	채소, 야채
□ 夕方	저녁 무렵, 해질녘
□ 有名だ	유명하다
□ 用事	볼일, 용건, 용무
□ 洋服	양복
□ 予習	예습
□ 予定	예정
□ 夜	밤

□ 弱い	약하다

ら행

□ 利用	이용
□ 旅行	여행

わ행

□ 別れる	헤어지다, 이별하다
□ 悪い	나쁘다

もんだい 2 한자 표기

あ 행

- 会う — 만나다
- 青い — 파랗다
- 赤い — 빨갛다
- 明るい — 밝다
- 秋 — 가을
- 開ける — 열다
- 足 — 발
- 暑い — 덥다
- 集まる — 모이다
- 兄 — 오빠, 형
- 姉 — 언니, 누나
- 洗う — 씻다, 닦다
- 歩く — 걷다
- 言う — 말하다
- 行き方 — 가는 방법
- 池 — 연못
- 医者 — 의사
- 以上 — 이상
- 犬 — 개
- 意味 — 의미
- 妹 — 여동생
- 動く — 움직이다, 작동하다
- 歌 — 노래
- 海 — 바다
- 売る — 팔다
- 運転 — 운전
- 運動 — 운동
- 映画 — 영화
- 映画館 — 영화관
- 営業 — 영업
- 英語 — 영어
- 屋上 — 옥상
- 送る — 보내다, 발송하다, 배웅하다
- 教える — 가르치다
- 音 — 소리
- 弟 — 남동생
- 同じだ — 같다, 동일하다
- 重い — 무겁다
- 思い出す — 생각나다, 떠오르다
- 思う — 생각하다
- 終わる — 끝나다

か 행

- 買う — 사다
- 帰る — 돌아가다, 돌아오다
- 顔 — 얼굴
- 書き方 — 쓰는 방법
- 貸す — 빌려주다
- 風 — 바람

☐	家族 (かぞく)	가족	☐	質問 (しつもん)	질문
☐	借りる (かりる)	빌리다	☐	自転車 (じてんしゃ)	자전거
☐	軽い (かるい)	가볍다	☐	自動車 (じどうしゃ)	자동차
☐	代わり (かわり)	대신	☐	死ぬ (しぬ)	죽다
☐	考える (かんがえる)	생각하다, 고민하다	☐	市民 (しみん)	시민
☐	漢字 (かんじ)	한자	☐	閉める (しめる)	닫다
☐	帰国 (きこく)	귀국	☐	写真 (しゃしん)	사진
☐	決まる (きまる)	결정되다	☐	住所 (じゅうしょ)	주소
☐	牛肉 (ぎゅうにく)	소고기	☐	授業 (じゅぎょう)	수업
☐	教室 (きょうしつ)	교실	☐	出発 (しゅっぱつ)	출발
☐	薬 (くすり)	약	☐	食堂 (しょくどう)	식당
☐	暗い (くらい)	어둡다	☐	食料品 (しょくりょうひん)	식료품
☐	黒い (くろい)	검다	☐	女性 (じょせい)	여성
☐	計画 (けいかく)	계획	☐	調べる (しらべる)	조사하다, 알아보다
☐	経験 (けいけん)	경험	☐	知る (しる)	알다
☐	研究 (けんきゅう)	연구	☐	白い (しろい)	하얗다
☐	工場 (こうじょう)	공장	☐	親切だ (しんせつだ)	친절하다
☐	交通 (こうつう)	교통	☐	好きだ (すきだ)	좋아하다
☐	声 (こえ)	목소리	☐	進む (すすむ)	나아가다, 전진하다
☐	氷 (こおり)	얼음	☐	住む (すむ)	살다, 거주하다
☐	答える (こたえる)	대답하다, 응답하다	☐	説明 (せつめい)	설명
☐	小鳥 (ことり)	작은 새	☐	先週 (せんしゅう)	지난주

さ행

☐	寒い (さむい)	춥다
☐	試合 (しあい)	시합, 경기

た행

☐	台どころ (だいどころ)	부엌
☐	台風 (たいふう)	태풍

☐ 正(ただ)しい	맞다, 바르다, 정당하다		☐ 場所(ばしょ)	장소, 곳
☐ 建(た)てる	(건물을) 세우다, 건축하다		☐ 走(はし)る	달리다, 뛰다
☐ 近(ちか)く	근처, 가까이		☐ 働(はたら)く	일하다, 근무하다
☐ 地図(ちず)	지도		☐ 発音(はつおん)	발음
☐ 注意(ちゅうい)	주의		☐ 話(はなし)	이야기
☐ 使(つか)う	쓰다, 사용하다		☐ 早(はや)く	빨리, 일찍
☐ 作(つく)る	만들다		☐ 林(はやし)	수풀, 삼림
☐ 店員(てんいん)	점원		☐ 光(ひかり)	빛
☐ ～度(ど)	～번		☐ 引(ひ)く	당기다, 빼다
☐ 遠(とお)い	멀다		☐ 病院(びょういん)	병원
☐ 特別(とくべつ)だ	특별하다		☐ 開(ひら)く	열리다
☐ 時計(とけい)	시계		☐ 昼(ひる)ご飯(はん)	점심밥, 점심 식사
☐ 閉(と)じる	닫다		☐ 昼休(ひるやす)み	점심 식사 후 휴식
☐ 土曜日(どようび)	토요일		☐ 広(ひろ)い	넓다
☐ 鳥(とり)	새		☐ 服(ふく)	옷

な 행

☐ 夏(なつ)	여름		☐ 船(ふね)	배, 선박
☐ 習(なら)う	배우다		☐ 冬(ふゆ)	겨울
☐ 日記(にっき)	일기		☐ 古(ふる)い	오래되다, 낡다
☐ 入院(にゅういん)	입원		☐ 文(ぶん)	글, 문장
☐ 眠(ねむ)い	졸리다		☐ 便利(べんり)だ	편리하다
☐ 乗(の)る	(탈 것・교통수단을) 타다		☐ 本屋(ほんや)	서점

は 행

ま 행

☐ 運(はこ)ぶ	운반하다
☐ 始(はじ)める	시작하다

☐ 毎朝(まいあさ)	매일 아침
☐ 町(まち)	마을
☐ 待(ま)つ	기다리다

☐	森(もり)	숲
☐	問題(もんだい)	문제

や행

☐	野菜(やさい)	채소, 야채
☐	夕方(ゆうがた)	저녁 무렵, 해질녘
☐	夕飯(ゆうはん)	저녁밥, 저녁 식사
☐	有名だ(ゆうめいだ)	유명하다
☐	雪(ゆき)	눈
☐	用事(ようじ)	볼일, 용건, 용무
☐	予定(よてい)	예정
☐	夜(よる)	밤
☐	弱い(よわい)	약하다

ら행

☐	料理(りょうり)	요리
☐	旅館(りょかん)	여관
☐	旅行(りょこう)	여행

もんだい3 문맥 규정

あ行

- 浅（あさ）い　　얕다, (정도가) 덜하다
- アルバイト　　아르바이트
- アンケート　　앙케트, 설문 조사
- 安全（あんぜん）だ　　안전하다
- 案内（あんない）　　안내
- 以下（いか）　　이하
- いくら〜ても　　아무리 〜해도
- 意見（いけん）　　의견
- 以上（いじょう）　　이상
- 一軒（いっけん）　　집 한 채
- 一生懸命（いっしょうけんめい）　　열심히
- 行（い）って参（まい）る　　다녀오다 〈겸양어〉
- 植（う）える　　심다
- 受付（うけつけ）　　접수, 접수처
- 薄（うす）い　　(농도가) 옅다
- 打（う）つ　　때리다, 치다
- 映（うつ）る　　비치다
- 腕（うで）　　팔, 솜씨
- 生（う）む　　낳다
- うるさい　　시끄럽다
- 営業（えいぎょう）　　영업
- お祝（いわ）い　　축하, 축하 선물
- 往復（おうふく）　　왕복
- 屋上（おくじょう）　　옥상
- 遅（おく）れる　　늦다, 늦어지다
- お大事（だいじ）に　　몸조리 잘 하세요
- おつり　　잔돈, 거스름돈
- 落（お）とす　　떨어뜨리다
- 覚（おぼ）える　　기억하다, 암기하다
- お土産（みやげ）　　선물, 기념품
- 思（おも）い出（で）　　추억
- おもちゃ　　장난감
- お礼（れい）　　감사 인사, 감사 선물
- 折（お）れる　　부러지다, 꺾이다

か行

- 会場（かいじょう）　　회장, 행사장
- 鏡（かがみ）　　거울
- 飾（かざ）る　　장식하다, 꾸미다
- 固（かた）い　　단단하다, 딱딱하다
- 形（かたち）　　형태, 모양
- 片付（かたづ）ける　　치우다, 정리하다
- カッター　　커터, 칼
- 壁（かべ）　　벽
- 構（かま）わない　　상관없다
- かむ　　씹다
- 通（かよ）う　　다니다, 통학하다
- 乾（かわ）く　　건조해지다, 마르다
- 関係（かんけい）　　관계

☐ 機会 (きかい)	기회	☐ 寂しい (さびしい)	외롭다, 쓸쓸하다
☐ 危険だ (きけんだ)	위험하다	☐ さわる	만지다, 손대다
☐ 技術 (ぎじゅつ)	기술	☐ 残念だ (ざんねんだ)	안타깝다, 유감스럽다
☐ 気分 (きぶん)	기분	☐ しかられる	혼나다
☐ 急行 (きゅうこう)	급행	☐ 失敗 (しっぱい)	실패
☐ 競争 (きょうそう)	경쟁	☐ 失礼だ (しつれいだ)	실례다
☐ 興味 (きょうみ)	흥미, 관심	☐ 習慣 (しゅうかん)	습관
☐ 具合 (ぐあい)	몸 상태, 컨디션	☐ 自由に (じゆうに)	자유롭게, 마음대로
☐ 比べる (くらべる)	비교하다	☐ 十分だ (じゅうぶんだ)	충분하다
☐ 経験 (けいけん)	경험	☐ 準備 (じゅんび)	준비
☐ ゲーム	게임	☐ 紹介 (しょうかい)	소개
☐ 結果 (けっか)	결과	☐ 招待 (しょうたい)	초대
☐ けんか	싸움	☐ 将来 (しょうらい)	장래
☐ 郊外 (こうがい)	교외	☐ 調べる (しらべる)	조사하다, 알아보다
☐ 心 (こころ)	마음	☐ 心配 (しんぱい)	걱정
☐ 故障 (こしょう)	고장	☐ スイッチ	스위치
☐ 細かい (こまかい)	자세하다, 상세하다	☐ 過ぎる (すぎる)	지나다
☐ 混む (こむ)	붐비다, 혼잡하다	☐ 進む (すすむ)	나아가다, 전진하다
☐ 怖い (こわい)	무섭다	☐ 捨てる (すてる)	버리다

さ 행

		☐ ～製 (せい)	～제
☐ 坂 (さか)	언덕	☐ 生産 (せいさん)	생산
☐ 探す (さがす)	찾다	☐ 説明 (せつめい)	설명
☐ 差す (さす)	(우산을) 쓰다	☐ ぜひ	꼭, 아무쪼록
☐ 誘う (さそう)	권유하다, 유혹하다	☐ 世話 (せわ)	시중, 돌봄
☐ さっき	아까, 조금 전	☐ センチ	센티미터(cm)
		☐ 相談 (そうだん)	상담, 상의, 논의

☐ 育てる	키우다, 양육하다		☐ 届く	도달하다, 전해지다
☐ それに	게다가		☐ 止まる	멈추다, 정지하다
☐ そろそろ	슬슬		☐ 取り替える	바꾸다, 교체하다
			☐ どんどん	자꾸자꾸, 계속

た행

な행

☐ 大事だ	중요하다, 소중하다		☐ 直す	고치다
☐ 高い	높다, 비싸다		☐ 直る	낫다, 회복하다
☐ だから	그래서, 그러니까		☐ なるべく	되도록, 가능한 한
☐ 確かだ	확실하다, 분명하다		☐ 慣れる	익숙해지다
☐ 足す	더하다, 보태다		☐ 匂い	냄새
☐ 出す	내놓다		☐ 苦い	쓰다
☐ 頼む	부탁하다, 주문하다		☐ 人気	인기
☐ 足りない	부족하다		☐ 値段	가격, 값
☐ 暖房	난방		☐ 熱心だ	열심이다
☐ チェック	체크, 확인		☐ 寝坊	늦잠
☐ チケット	티켓, 표		☐ 眠い	졸리다
☐ 遅刻	지각		☐ 残る	남다
☐ チャンス	찬스, 기회		☐ 喉	목, 목구멍
☐ 注意	주의		☐ 乗り換える	갈아타다, 환승하다
☐ 中止	중지			
☐ 貯金	저금			

は행

☐ 伝える	전하다, 전달하다		☐ パートタイム	파트 타임, 시간제 근무
☐ 包む	싸다, 감싸다, 포장하다		☐ 運ぶ	옮기다, 운반하다
☐ 丁寧だ	정중하다, 친절하다		☐ はさみ	가위
☐ 手伝う	돕다, 도와주다		☐ 恥ずかしい	창피하다
☐ とうとう	드디어, 겨우		☐ パソコン	PC, 컴퓨터

□ はっきり	확실히, 분명히	
□ はる	붙이다	
□ 番組(ばんぐみ)	방송 프로그램	
□ 冷える(ひえる)	식다, 차가워지다	
□ 引き出し(ひきだし)	서랍, 인출	
□ 引っ越し(ひっこし)	이사	
□ 必要だ(ひつようだ)	필요하다	
□ 拾う(ひろう)	줍다	
□ 深い(ふかい)	깊다	
□ 踏む(ふむ)	밟다	
□ 貿易(ぼうえき)	무역	
□ 放送(ほうそう)	방송	
□ ポスター	포스터, 벽 광고지	
□ 翻訳(ほんやく)	번역	

ま행

□ 負ける(まける)	지다	
□ または	또는	
□ まっすぐ	쭉, 곧바로	
□ 見つかる(みつかる)	발견되다, 들키다	
□ 迎える(むかえる)	마중하다, 맞이하다	
□ めずらしい	드물다, 희귀하다	

や행

□ 約束(やくそく)	약속	
□ 役に立つ(やくにたつ)	도움이 되다, 쓸모가 있다	
□ やちん	집세, 방세	
□ やっと	드디어, 겨우	
□ やっぱり	역시	
□ 止める(とめる)	멈추다, 그만두다	
□ 柔らかい(やわらかい)	부드럽다	
□ 夢(ゆめ)	꿈	
□ 用意(ようい)	준비, 대비	
□ 予約(よやく)	예약	
□ 寄る(よる)	들르다, 다가가다	
□ 喜ぶ(よろこぶ)	기뻐하다	

ら행

□ 来週(らいしゅう)	다음 주	
□ 理由(りゆう)	이유	
□ 利用(りよう)	이용	
□ ルール	룰, 규칙	
□ 留守(るす)	부재, 부재중	
□ 冷房(れいぼう)	냉방	
□ レジ	금전 출납기, 계산 담당 (레지스터의 준말)	
□ レポート	리포트, 보고서	
□ レンジ	전자레인지	
□ 連絡(れんらく)	연락	

わ행

□ 割れる(われる)	부서지다, 깨지다, 갈라지다	

もんだい4 유의어

- □ あいさつする 인사하다
  - ≒ 「こんにちは」と言う '안녕하세요.'라고 말하다

- □ あしたはちょっと 내일은 좀
  - ≒ あしたはだめだ 내일은 안 된다

- □ 新しい家に住む 새 집에 살다
  - ≒ 新しい家に引っ越す 새 집에 이사하다

- □ 危ない 위험하다
  - ≒ 危険だ 위험하다

- □ 雨がざあざあ降る 비가 주룩주룩 쏟아지다
  - ≒ 雨が強く降る 비가 세차게 내리다

- □ 謝る 사과하다
  - ≒ 「ごめんなさい」と言う '미안해요.'라고 말하다

- □ アルバイトをする 아르바이트를 하다
  - ≒ 働く 일하다

- □ 安全だ 안전하다
  - ≒ 危なくない 위험하지 않다

- □ 意見がいいと思う 의견이 좋다고 생각하다
  - ≒ 意見に賛成する 의견에 찬성하다

- □ いじめてはいけない 괴롭혀서는 안 된다
  - ≒ 大切にする 소중히 여기다

- □ 1番の部屋、または2番の部屋 1번 방, 또는 2번 방
  - ≒ 1番の部屋か2番の部屋 1번 방이나 2번 방

- □ 一生懸命 열심히
  - ≒ 熱心に 열심히

- □ 要る 필요하다
  - ≒ 必要だ 필요하다

- □ 後ろ 뒤
  - ≒ 裏 뒤, 뒷면

- □ 嘘 거짓말
  - ≒ 本当じゃない 정말이 아니다

- □ 美しい 아름답다
  - ≒ きれいだ 예쁘다, 깨끗하다

- □ うまい 능숙하다, 맛있다
  - ≒ 上手だ 잘하다, 능숙하다

- □ うるさくする 시끄럽게 하다
  - ≒ 騒ぐ 떠들다, 소란 피우다

- □ 嬉しい 기쁘다
  - ≒ 喜ぶ 기뻐하다

- □ 運動 운동
  - ≒ スポーツ 스포츠, 운동

- □ 映画に誘う 영화를 권유하다
  - ≒ 映画を見に行きませんかと言う 영화를 보러 가지 않을래요 하고 말하다

- □ 多くなる 많아지다
  - ≒ 増える 늘다, 증가하다

- □ お客さんが多い 손님이 많다
  - ≒ こんでいる 붐비고 있다

- □ 起きるのが遅くなる 일어나는 것이 늦어지다
  - ≒ 寝坊する 늦잠 자다

- □ 遅れる 늦다
  - ≒ 間に合わない 시간을 못 맞추다

- □ 怒られる 혼나다
  - ≒ しかられる 혼나다
- □ 教わる 배우다
  - ≒ 習う 배우다, 익히다
- □ お宅に伺う 댁에 찾아뵙다
  - ≒ お宅に参る 댁에 찾아뵙다
- □ 落とす 떨어뜨리다
  - ≒ なくす 잃어버리다
- □ おとなしい 얌전하다
  - ≒ 静かだ 조용하다
- □ 踊る 춤추다
  - ≒ ダンスをする 댄스를 하다, 춤을 추다
- □ 驚く 놀라다
  - ≒ びっくりする 깜짝 놀라다
- □ お願いする 부탁하다
  - ≒ 頼む 부탁하다, 주문하다
- □ 泳ぐの 수영, 헤엄치는 것
  - ≒ 水泳 수영
- □ お礼を言う 감사 인사를 하다
  - ≒ 「ありがとう」と言う '고마워요.'라고 말하다
- □ 家具 가구
  - ≒ テーブルやベッド 테이블이나 침대
- □ かならず来ると思う 꼭 올 거라고 생각한다
  - ≒ きっと来る 반드시 온다
- □ 簡単だ 간단하다
  - ≒ やさしい 쉽다

- ☐ 聞く 묻다
  - ≒ たずねる 찾다, 묻다, 방문하다

- ☐ 帰国する 귀국하다
  - ≒ 国へ帰る 고국에 돌아가다

- ☐ 規則 규칙
  - ≒ ルール 룰, 규칙

- ☐ 汚い 더럽다
  - ≒ 汚れている 더러워져 있다

- ☐ 厳しい時代はもう過ぎた 혹독한 시대는 이제 지났다
  - ≒ 大変な時代だった 힘든 시대였다

- ☐ 客が少ない 손님이 적다
  - ≒ 空いている 한산하다

- ☐ 教育を受けられる人が多くない 교육을 받을 수 있는 사람이 많지 않다
  - ≒ 多くの人が学校へ行けない 많은 사람이 학교에 가지 못한다

- ☐ 近所 근처, 이웃
  - ≒ 近く 근처, 가까이

- ☐ 具合がよくなる 몸 상태가 좋아지다
  - ≒ 元気になる 건강해지다

- ☐ 空港 공항
  - ≒ 飛行機に乗るところ 비행기를 타는 곳

- ☐ 車の工場 자동차 공장
  - ≒ 車を作るところ 자동차를 만드는 곳

- ☐ 経験がある 경험이 있다
  - ≒ ~たことがある ~한 적이 있다

- ☐ 景色のいいところ 경치가 좋은 곳
  - ≒ きれいな山や森が見えるところ 예쁜 산이나 숲이 보이는 곳

- □ 講義に出席する 강의에 출석하다
  - ≒ 大学で先生の話を聞く 대학교에서 선생님의 이야기를 듣다
- □ 交通が便利だ 교통이 편리하다
  - ≒ バスや地下鉄がたくさん走る 버스나 지하철이 많이 달리다
- □ 5時に来るのは無理だ 5시에 오는 것은 무리다
  - ≒ 5時に来られない 5시에 올 수 없다
- □ 故障する 고장 나다
  - ≒ 壊れる 망가지다, 부서지다, 고장 나다
- □ 来なかったわけを聞く 오지 않은 이유를 듣다
  - ≒ どうして来なかったのかたずねる 어째서 오지 않았는지를 묻다
- □ ごはんを食べる 밥을 먹다
  - ≒ 食事をする 식사를 하다
- □ 細かく 잘게, 미세하게
  - ≒ 小さく 작게
- □ これからのこと 앞으로의 일
  - ≒ 将来 장래
- □ 最初 최초, 처음
  - ≒ 初め 처음, 맨 처음
- □ サインをする 사인을 하다
  - ≒ 名前を書く 이름을 쓰다
- □ 盛んになる 번성하다, 활발해지다
  - ≒ する人が増える 하는 사람이 늘다
- □ 社長のかわりに田中さんがパーティーに出た 사장님 대신 다나카 씨가 파티에 참석했다
  - ≒ 社長はパーティーに出なかった 사장님은 파티에 참석하지 않았다
- □ 住所 주소
  - ≒ 住んでいる場所 살고 있는 장소

- □ 授業に遅れる 수업에 늦다
  - ≒ 授業が始まってから来る 수업이 시작한 후에 오다

- □ 授業の前に勉強する 수업 전에 공부하다
  - ≒ 予習する 예습하다

- □ すべりやすい 미끄러지기 쉽다
  - ≒ 歩きにくい 걷기 어렵다

- □ 外にいたので体が冷えてしまった 밖에 있어서 몸이 차가워져 버렸다
  - ≒ 外は寒かった 밖은 추웠다

- □ 退院する 퇴원하다
  - ≒ 病院から帰ってくる 병원에서 돌아오다

- □ 大事だ 중요하다, 소중하다
  - ≒ 大切だ 소중하다, 중요하다

- □ たずねる 방문하다, 묻다
  - ≒ 家に行く 집에 가다

- □ たばこを吸ってはいけない 담배를 피워서는 안 된다
  - ≒ たばこは禁止されている 담배는 금지되어 있다

- □ チェックする 체크하다
  - ≒ 調べる 알아보다, 검토하다

- □ 遅刻しないで 지각하지 말고
  - ≒ 始まる時間に遅れないで 시작하는 시간에 늦지 말고

- □ 駐車場 주차장
  - ≒ 車を止める場所 자동차를 세우는 장소

- □ 使う 쓰다, 사용하다
  - ≒ 利用する 이용하다

- □ 丁寧に書く 정성껏 쓰다
  - ≒ きれいに書く 깨끗하게 쓰다

- ☐ 出かけている 외출해 있다
  - ≒ 留守だ 부재중이다
- ☐ 独身だ 독신이다
  - ≒ 結婚していない 결혼하지 않았다
- ☐ 友だちを迎えに空港に行く 친구를 마중하러 공항에 가다
  - ≒ 空港で友だちに会う 공항에서 친구를 만나다
- ☐ なくす 잃다, 분실하다
  - ≒ 失う 잃다, 잃어버리다
- ☐ にこにこする 생긋생긋 웃다
  - ≒ 笑う 웃다
- ☐ 乗り物 탈것, 교통수단
  - ≒ 飛行機や船 비행기나 배
- ☐ 運ぶ 옮기다, 운반하다
  - ≒ 持っていく 가지고 가다
- ☐ 始めた理由 시작한 이유
  - ≒ なぜ始めたか 어째서 시작했는지
- ☐ 始めに 처음에, 먼저
  - ≒ まず 먼저, 우선
- ☐ 冷えている 차가워져 있다
  - ≒ 冷たい 차갑다
- ☐ 日が暮れる 해가 지다, 날이 저물다
  - ≒ 空が暗くなる 하늘이 어두워지다
- ☐ 久しぶりに会う 오랜만에 만나다
  - ≒ 何年も会っていない 몇 년이나 만나지 않았다
- ☐ 秘密 비밀
  - ≒ 誰にも言わない 아무에게도 말하지 않다

- □ 美容院に行く 미용실에 가다
  - ≒ 髪の毛を切りに行く 머리카락을 자르러 가다

- □ 他の国から買う 다른 나라로부터 사다
  - ≒ 輸入する 수입하다

- □ 他の人の意見を聞く 다른 사람의 의견을 묻다(듣다)
  - ≒ 他の人が何を考えているか聞く 다른 사람이 무엇을 생각하고 있는지 묻다(듣다)

- □ ほとんど忘れる 거의 잊다
  - ≒ 少ししか覚えていない 조금밖에 기억하지 못하다

- □ 間違えやすい 틀리기 쉽다
  - ≒ 間違える人が多い 틀리는 사람이 많다

- □ みんなが帰った後で帰った 모두가 돌아간 후에 귀가했다
  - ≒ 帰る前にみんなが帰った 귀가하기 전에 모두가 돌아갔다

- □ 娘が大学生になる 딸이 대학생이 되다
  - ≒ 娘の入学式がある 딸의 입학식이 있다

- □ やせる 살이 빠지다
  - ≒ 細くなる 가늘어지다, 날씬해지다

- □ やわらかい 부드럽다
  - ≒ 固くない 단단하지 않다

- □ 用意 준비, 대비
  - ≒ 準備 준비

もんだい5 용법

あ행

- 浅(あさ)い　　얕다, (정도가) 덜하다
- 謝(あやま)る　　사과하다, 사죄하다
- 安全(あんぜん)　　안전
- 案内(あんない)　　안내
- いくら〜ても　　아무리 〜해도
- 意見(いけん)　　의견
- 急(いそ)ぐ　　서두르다
- いたす　　하다〈겸양어〉
- いただく　　먹다, 마시다, 받다〈겸양어〉
- うまい　　잘하다, 맛있다
- 多(おお)い　　많다
- 大勢(おおぜい)　　많은 사람, 여럿
- おかげさまで　　덕분에
- 音(おと)　　소리
- 驚(おどろ)く　　놀라다
- おみまい　　병문안, 문병
- 思(おも)い出(で)　　추억
- お礼(れい)　　감사, 감사 인사, 감사 선물

か행

- かう　　(반려동물을) 키우다
- 飾(かざ)る　　꾸미다, 장식하다
- かしこまりました　　알겠습니다〈겸양어〉
- 片付(かたづ)ける　　치우다, 정리하다
- かまいません　　상관없습니다, 괜찮습니다
- 乾(かわ)く　　마르다, 건조해지다
- 機会(きかい)　　기회
- 厳(きび)しい　　심하다, 엄하다, 혹독하다
- 近所(きんじょ)　　근처, 이웃
- 計画(けいかく)　　계획
- けが　　상처, 부상
- 景色(けしき)　　경치
- 結果(けっか)　　결과
- 原因(げんいん)　　원인
- 見学(けんがく)　　견학
- 元気(げんき)　　건강
- 工事(こうじ)　　공사
- 故障(こしょう)　　고장
- 混(こ)む　　붐비다, 혼잡하다
- 壊(こわ)れる　　망가지다, 부서지다, 고장 나다

さ행

- 最近(さいきん)　　최근, 요즘
- さしあげる　　드리다〈겸양어〉
- 寂(さび)しい　　외롭다, 쓸쓸하다
- 寒(さむ)い　　춥다
- しかる　　혼내다
- 支度(したく)　　준비, 채비
- しっかり　　확실히, 똑똑히, 단단히
- 閉(し)める　　닫다

準備(じゅんび)	준비
紹介(しょうかい)	소개
招待(しょうたい)	초대
人口(じんこう)	인구
親切(しんせつ)	친절
心配(しんぱい)	걱정
捨(す)てる	버리다
すると	그러자
生産(せいさん)	생산
ぜひ	꼭, 아무쪼록
狭(せま)い	좁다
世話(せわ)	돌봄, 시중
洗濯(せんたく)	세탁, 빨래
相談(そうだん)	상담, 상의, 논의
育(そだ)てる	기르다, 양육하다

た행

たいてい	대체로, 대개
倒(たお)れる	쓰러지다
足(た)す	더하다, 보태다
だめ	안 됨
遅刻(ちこく)	지각
中止(ちゅうし)	중지
都合(つごう)	형편, 사정
包(つつ)む	싸다, 감싸다, 포장하다
丁寧(ていねい)	정중함, 신중함
適当(てきとう)	적당
とうとう	드디어, 결국
途中(とちゅう)	도중
どんどん	자꾸자꾸, 계속

な행

似合(にあ)う	어울리다
苦(にが)い	쓰다
逃(に)げる	도망치다
似(に)る	닮다
人気(にんき)	인기
熱(ねつ)	열
熱心(ねっしん)	열심
寝(ね)る	자다

は행

恥(は)ずかしい	창피하다
はっきり	분명히, 확실히
引(ひ)っ越(こ)す	이사하다
太(ふと)る	살찌다
不便(ふべん)	불편
プレゼント	선물
返事(へんじ)	답변, 응답, 답신

ま행

真面目(まじめ)	진지함, 성실함
迎(むか)える	마중하다, 맞이하다
むし暑(あつ)い	무덥다

や행

- 約束 (やくそく) — 약속
- 止む (やむ) — (눈·비가) 그치다
- 輸出 (ゆしゅつ) — 수출
- ゆっくり — 천천히, 느긋하게
- 予約 (よやく) — 천천히, 느긋하게
- 喜ぶ (よろこぶ) — 기뻐하다

ら행

- 留守 (るす) — 부재, 부재중
- 連絡 (れんらく) — 연락

わ행

- わかす — 물을 끓이다

3 합격 어휘

❶ 명사

□ あいさつ	인사
□ 間（あいだ）	사이, 동안
□ 赤ん坊（あかんぼう）	갓난아기
□ 秋（あき）	가을
□ 朝（あさ）	아침
□ 足（あし）	발
□ 味（あじ）	맛
□ 暑さ（あつさ）	더위
□ 兄（あに）	형, 오빠
□ 姉（あね）	언니, 누나
□ 安心（あんしん）	안심
□ 案内（あんない）	안내
□ 以外（いがい）	이외
□ 医学（いがく）	의학
□ 生き方（いきかた）	생활 방식, 사는 법
□ 池（いけ）	연못
□ 意見（いけん）	의견
□ 石（いし）	돌
□ 医者（いしゃ）	의사
□ 以上（いじょう）	이상
□ 一度（いちど）	한 번
□ 一軒（いっけん）	한 채, 한 동(집을 세는 단위)
□ 犬（いぬ）	개
□ 意味（いみ）	의미
□ 妹（いもうと）	여동생
□ 色（いろ）	색
□ 受付（うけつけ）	접수
□ 牛（うし）	소(동물)
□ うそ	거짓말
□ 歌（うた）	노래
□ 腕（うで）	팔
□ 海（うみ）	바다
□ 運転（うんてん）	운전
□ 運動（うんどう）	운동
□ 絵（え）	그림
□ 営業（えいぎょう）	영업
□ 英語（えいご）	영어
□ 駅（えき）	역
□ 遠慮（えんりょ）	사양
□ お祝い（おいわい）	축하
□ 屋上（おくじょう）	옥상(건축물)
□ 押し入れ（おしいれ）	반침, 벽장
□ お嬢さん（おじょうさん）	아가씨, 따님

합격 어휘 41

☐	お茶	차	☐	代わり	대신, 대리
☐	おつり	거스름돈	☐	考え方	생각, 사고방식
☐	音	소리	☐	関係	관계
☐	弟	남동생	☐	看護	간호
☐	お兄さん	형, 오빠	☐	看護師	간호사
☐	お姉さん	언니, 누나	☐	漢字	한자
☐	お見舞い	문병	☐	技術	기술
☐	お土産	선물	☐	季節	계절
☐	おもちゃ	장난감	☐	規則	규칙
☐	お湯	뜨거운 물	☐	切手	우표
☐	お礼	감사, 감사 인사, 감사 선물	☐	気分	기분
☐	終わり	끝, 마지막	☐	気持ち	기분
☐	音楽	음악	☐	着物	옷, 기모노
☐	会社	회사	☐	急行	급행
☐	会場	회장(모임 장소)	☐	牛肉	소고기
☐	買い物	쇼핑, 구매	☐	教育	교육
☐	会話	회화	☐	教室	교실
☐	顔	얼굴	☐	競走	경주(달리기)
☐	鏡	거울	☐	兄弟	형제
☐	書き方	쓰는 법	☐	興味	흥미
☐	火事	화재	☐	去年	작년
☐	風	바람	☐	銀行	은행
☐	家族	가족	☐	近所	근처
☐	壁	벽	☐	区	구(행정구역)
☐	紙	종이	☐	具合	상태
☐	体	몸	☐	空気	공기

☐	空港 くうこう	공항	☐	今度 こんど	지난번, 이번, 다음번
☐	薬 くすり	약	☐	坂 さか	비탈, 언덕
☐	首 くび	목	☐	魚 さかな	물고기, 생선
☐	計画 けいかく	계획	☐	作文 さくぶん	작문
☐	経験 けいけん	경험	☐	産業 さんぎょう	산업
☐	怪我 けが	상처, 부상	☐	散歩 さんぽ	산책
☐	景色 けしき	경치	☐	字 じ	글씨, 글자
☐	結婚 けっこん	결혼	☐	試合 しあい	시합
☐	県 けん	현(행정 구역)	☐	仕方 しかた	방법
☐	原因 げんいん	원인	☐	仕事 しごと	일, 업무
☐	けんか	싸움	☐	辞書 じしょ	사전
☐	研究 けんきゅう	연구	☐	地震 じしん	지진
☐	公園 こうえん	공원	☐	時代 じだい	시대
☐	郊外 こうがい	교외	☐	支度 したく	준비
☐	講義 こうぎ	강의	☐	失敗 しっぱい	실패, 실수
☐	工業 こうぎょう	공업	☐	質問 しつもん	질문
☐	工場 こうじょう	공장	☐	自転車 じてんしゃ	자전거
☐	校長 こうちょう	교장	☐	自動車 じどうしゃ	자동차
☐	交通 こうつう	교통	☐	品物 しなもの	물건
☐	交番 こうばん	파출소	☐	自分 じぶん	자기 자신, 나
☐	声 こえ	목소리	☐	市民 しみん	시민
☐	心 こころ	마음	☐	社会 しゃかい	사회
☐	故障 こしょう	고장	☐	写真 しゃしん	사진
☐	今年 ことし	올해, 금년	☐	じゃま	방해
☐	小鳥 ことり	작은 새	☐	自由 じゆう	자유
☐	米 こめ	쌀	☐	習慣 しゅうかん	습관

☐ 住所 (じゅうしょ)	주소		☐ 先輩 (せんぱい)	선배
☐ 主人 (しゅじん)	주인, 남편		☐ 掃除 (そうじ)	청소
☐ 出席 (しゅっせき)	출석		☐ 相談 (そうだん)	상담
☐ 出発 (しゅっぱつ)	출발		☐ 祖父 (そふ)	할아버지
☐ 趣味 (しゅみ)	취미		☐ 祖母 (そぼ)	할머니
☐ 準備 (じゅんび)	준비		☐ 空 (そら)	하늘
☐ 紹介 (しょうかい)	소개		☐ 退院 (たいいん)	퇴원
☐ 小説 (しょうせつ)	소설		☐ 大使 (たいし)	대사
☐ 招待 (しょうたい)	초대		☐ 大使館 (たいしかん)	대사관
☐ 将来 (しょうらい)	장래		☐ 台所 (だいどころ)	부엌
☐ 食事 (しょくじ)	식사		☐ 台風 (たいふう)	태풍
☐ 食堂 (しょくどう)	식당		☐ 畳 (たたみ)	다다미(방에 까는 바닥재)
☐ 食料品 (しょくりょうひん)	식료품		☐ 建物 (たてもの)	건물
☐ 人口 (じんこう)	인구		☐ だめ	안 됨, 무의미
☐ 心配 (しんぱい)	걱정		☐ 暖房 (だんぼう)	난방
☐ 新聞社 (しんぶんしゃ)	신문사		☐ 近く (ちか く)	근처
☐ 水道 (すいどう)	수도		☐ 地下鉄 (ちかてつ)	지하철
☐ 隅 (すみ)	구석		☐ 力 (ちから)	힘
☐ 生産 (せいさん)	생산		☐ 遅刻 (ちこく)	지각
☐ 西洋 (せいよう)	서양		☐ 地図 (ちず)	지도
☐ 世界 (せかい)	세계		☐ 父親 (ちちおや)	아버지
☐ 席 (せき)	자리, 좌석		☐ 茶色 (ちゃいろ)	갈색
☐ 説明 (せつめい)	설명		☐ 注意 (ちゅうい)	주의
☐ 世話 (せわ)	돌봄, 보살핌		☐ 中止 (ちゅうし)	중지
☐ 先週 (せんしゅう)	지난주		☐ 駐車場 (ちゅうしゃじょう)	주차장
☐ 洗濯 (せんたく)	세탁		☐ 地理 (ちり)	지리

机 (つくえ)	책상	寝坊 (ねぼう)	늦잠
都合 (つごう)	사정, 형편	喉 (のど)	목(구멍)
つもり	작정, 생각	乗り物 (のりもの)	탈것, 교통수단
手紙 (てがみ)	편지	売店 (ばいてん)	매점
出口 (でぐち)	출구	場所 (ばしょ)	장소
店員 (てんいん)	점원	発音 (はつおん)	발음
電気 (でんき)	전기	母親 (ははおや)	어머니
天ぷら (てん)	튀김	林 (はやし)	숲
展覧会 (てんらんかい)	전람회	春 (はる)	봄
電話代 (でんわだい)	전화요금	番組 (ばんぐみ)	방송 프로그램
一度 (いちど)	한 번	反対 (はんたい)	반대
動物 (どうぶつ)	동물	光 (ひかり)	빛
通り (とおり)	도로, 통로	引き出し (ひきだし)	서랍, (현금)인출
時計 (とけい)	시계	久しぶり (ひさしぶり)	오래간만
床屋 (とこや)	이발소	美術館 (びじゅつかん)	미술관
図書館 (としょかん)	도서관	引っ越し (ひっこし)	이사
特急 (とっきゅう)	특급	病院 (びょういん)	병원
土曜日 (どようび)	토요일	昼 (ひる)	낮
鳥 (とり)	새	昼ご飯 (ひるごはん)	점심밥, 점심 식사
夏 (なつ)	여름	昼ごろ (ひる)	점심 무렵
何度 (なんど)	몇 번, 여러 번	昼休み (ひるやすみ)	점심 식사 후 휴식
二軒 (にけん)	두 채, 두 집	広場 (ひろば)	광장
二台 (にだい)	두 대	服 (ふく)	옷
日本製 (にほんせい)	일본제	復習 (ふくしゅう)	복습
荷物 (にもつ)	짐	布団 (ふとん)	이불
熱 (ねつ)	열	冬 (ふゆ)	겨울

☐	文(ぶん)	문장	☐	曜日(ようび)	요일
☐	文学(ぶんがく)	문학	☐	洋服(ようふく)	양복, 서양식 의복
☐	勉強(べんきょう)	공부	☐	予習(よしゅう)	예습
☐	返事(へんじ)	대답, 답장	☐	予約(よやく)	예약
☐	貿易(ぼうえき)	무역	☐	夜(よる)	밤
☐	放送(ほうそう)	방송	☐	来週(らいしゅう)	다음 주
☐	本屋(ほんや)	책방, 서점	☐	料理(りょうり)	요리
☐	毎朝(まいあさ)	매일 아침	☐	旅館(りょかん)	여관
☐	町(まち)	마을	☐	旅行(りょこう)	여행
☐	店(みせ)	가게	☐	留守(るす)	부재중
☐	港(みなと)	항구	☐	練習(れんしゅう)	연습
☐	村(むら)	마을	☐	連絡(れんらく)	연락
☐	目(め)	눈	☐	ろうか	복도
☐	森(もり)	숲	☐	わけ	이유
☐	門(もん)	문	☐	わたくし	저, 나 (わたし보다 공손함)
☐	問題(もんだい)	문제			
☐	約束(やくそく)	약속	**❷ い형용사**		
☐	野菜(やさい)	야채	☐	青い(あおい)	푸르다, 파랗다
☐	山道(やまみち)	산길	☐	赤い(あかい)	붉다, 빨갛다
☐	夕方(ゆうがた)	저녁때	☐	明るい(あかるい)	밝다
☐	夕飯(ゆうはん)	저녁 식사	☐	浅い(あさい)	얕다
☐	夕べ(ゆうべ)	어젯밤	☐	新しい(あたらしい)	새롭다
☐	雪(ゆき)	눈	☐	暑い(あつい)	덥다
☐	夢(ゆめ)	꿈	☐	うまい	맛있다, 능숙하다
☐	用意(ようい)	준비	☐	うるさい	시끄럽다
☐	用事(ようじ)	용무, 용건	☐	嬉しい(うれしい)	기쁘다

☐ 多い	많다			☐ 広い	넓다	
☐ おとなしい	점잖다, 얌전하다			☐ 深い	깊다	
☐ 重い	무겁다			☐ 太い	굵다	
☐ 固い	단단하다, 딱딱하다			☐ 古い	낡다, 오래되다	
☐ かまわない	상관없다			☐ 短い	짧다	
☐ 軽い	가볍다			☐ 珍しい	드물다, 희귀하다	
☐ 厳しい	엄격하다			☐ 柔らかい	부드럽다	
☐ 暗い	어둡다			☐ 弱い	약하다	
☐ 黒い	검다			☐ 悪い	나쁘다	
☐ 細かい	자세하다, 작다					
☐ 怖い	무섭다			**❸ な형용사**		
☐ 寂しい	외롭다			☐ 安全な	안전한	
☐ 寒い	춥다			☐ 同じ	같음	
☐ 素晴らしい	훌륭하다			☐ 簡単な	간단한	
☐ 正しい	올바르다			☐ 危険な	위험한	
☐ 楽しい	즐겁다			☐ けっこうな	좋은, 훌륭한, 충분한, 만족스러운	
☐ 小さい	작다			☐ 元気な	건강한, 활기찬	
☐ 近い	가깝다			☐ 盛んな	왕성한, 활발한	
☐ 強い	세다, 강하다			☐ 残念な	유감스러운	
☐ 遠い	멀다			☐ 十分な	충분한	
☐ 苦い	씁쓸하다, 쓰다			☐ 親切な	친절한	
☐ 眠い	졸리다			☐ 好きな	좋아하는	
☐ 恥ずかしい	부끄럽다			☐ 大事な	중요한	
☐ 早い	이르다, 빠르다			☐ 大丈夫な	괜찮은, 문제없는	
☐ 低い	낮다			☐ 大切な	중요한	
☐ ひどい	심하다					

☐	大変な	대단한, 힘든		☐	致す	하다(する의 겸손)
☐	ていねいな	정중한, 꼼꼼한		☐	いただく	받다, 먹다, 마시다 〈겸손〉
☐	適当な	적당한		☐	祈る	빌다, 기원하다
☐	特別な	특별한		☐	いやがる	싫어하다
☐	熱心な	열심인		☐	植える	심다
☐	複雑な	복잡한		☐	うかがう	듣다, 묻다, 방문하다
☐	不便な	불편한		☐	受ける	받다
☐	便利な	편리한		☐	動く	움직이다
☐	まじめな	성실한		☐	歌う	노래하다
☐	無理な	무리한		☐	打つ	치다, 때리다
☐	有名な	유명한		☐	写す	옮겨 적다, 사진 찍다
				☐	生まれる	태어나다

❹ 동사

				☐	売る	팔다
☐	会う	만나다		☐	起きる	일어나다
☐	空く	비다, 들어 있지 않다		☐	送る	보내다
☐	開ける	열다		☐	遅れる	늦다
☐	あげる	주다		☐	起こす	일으키다
☐	集まる	모이다		☐	行う	행하다, 실행하다
☐	集める	모으다		☐	怒る	화내다
☐	謝る	사과하다		☐	教える	가르치다
☐	洗う	씻다, 세탁하다		☐	押す	밀다, 누르다
☐	歩く	걷다		☐	落ちる	떨어지다
☐	言う	말하다		☐	おっしゃる	말씀하시다(言う의 존경)
☐	生きる	살다, 생존하다		☐	落とす	떨어뜨리다, 분실하다
☐	いじめる	괴롭히다		☐	踊る	춤추다
☐	急ぐ	서두르다		☐	驚く	놀라다

☐ お腹がすく	배가 고프다		☐ 比べる	비교하다
☐ 覚える	기억하다, 익히다		☐ 暮れる	저물다, 해가 지다
☐ 思い出す	떠올리다, 생각해내다		☐ 答える	대답하다
☐ 思う	생각하다		☐ 混む	붐비다, 혼잡하다
☐ 泳ぐ	헤엄치다		☐ さしあげる	드리다
☐ 折れる	접히다, 꺾어지다		☐ さす	뻗다, 내밀다
☐ 終わる	끝나다		☐ 誘う	권유하다, 유혹하다
☐ 買う	사다		☐ 騒ぐ	떠들다
☐ 返す	돌려주다		☐ 触る	손대다, 만지다
☐ 帰る	돌아오다, 돌아가다		☐ 叱る	꾸짖다
☐ かける	걸다		☐ 死ぬ	죽다
☐ 飾る	장식하다, 꾸미다		☐ 閉まる	닫히다
☐ 貸す	빌려주다		☐ 閉める	닫다
☐ 片づける	정리하다, 치우다		☐ 調べる	조사하다
☐ かむ	물다, 씹다		☐ 知る	알다
☐ 通う	다니다(통학, 통근)		☐ すく	한산하다
☐ 借りる	빌리다		☐ 進む	진행되다
☐ 乾く	마르다, 건조되다		☐ 捨てる	버리다
☐ 考える	생각하다		☐ すべる	미끄러지다
☐ 聞く	듣다, 묻다		☐ 住む	살다, 거주하다
☐ 決まる	결정되다		☐ 済む	끝나다, 해결되다
☐ 決める	결정하다		☐ 育てる	기르다, 키우다
☐ 着る	입다		☐ 足す	더하다
☐ 切る	자르다, 끊다		☐ 出す	꺼내다
☐ 切れる	끊어지다, 잘리다		☐ 尋ねる	묻다, 질문하다
☐ くださる	주시다		☐ 訪ねる	방문하다

□	立つ	서다, 일어서다	□	似合う	어울리다
□	建つ	(건물) 지어지다, 건설되다	□	似る	닮다
□	建てる	(건물) 짓다, 건설하다	□	脱ぐ	(옷, 신발) 벗다
□	足りる	충분하다	□	盗む	훔치다
□	使う	사용하다	□	濡れる	젖다
□	着く	도착하다	□	残る	남다
□	作る	만들다	□	飲む	마시다
□	伝える	전달하다	□	乗り換える	갈아타다, 환승하다
□	包む	포장하다	□	乗る	타다(교통수단)
□	手伝う	돕다	□	拝見する	보다(見る, 読む의 겸손)
□	出る	나오다, 나가다	□	はく	(바지, 치마를) 입다, (양말, 신발을) 신다
□	通る	지나다, 통과하다	□	運ぶ	옮기다, 운반하다
□	閉じる	닫다	□	始まる	시작되다
□	届く	도달하다, 도착하다	□	始める	시작하다
□	届ける	전달하다, 신고하다	□	走る	달리다
□	止まる	멈추다, 서다	□	働く	일하다
□	止める	멈춰 세우다	□	払う	지불하다
□	泊める	재우다, 숙박시키다	□	冷える	차가워지다
□	治す	고치다(치료하다)	□	引く	끌다, 당기다
□	直す	고치다(수리하다, 수정하다)	□	弾く	연주하다
□	直る	고쳐지다(수리되다, 수정되다)	□	引っ越す	이사하다
□	治る	낫다(치료되다)	□	開く	열다, 개최하다
□	亡くなる	죽다	□	拾う	줍다
□	投げる	던지다	□	増える	증가하다, 늘다
□	習う	배우다	□	太る	살찌다
□	慣れる	익숙해지다			

☐ ほめる	칭찬하다		
☐ 間違える	잘못하다, 착각하다		
☐ 待つ	기다리다		
☐ 間に合う	제시간에 맞추다		
☐ 見える	보이다		
☐ 見つかる	발견되다		
☐ 見つける	발견하다, 찾아내다		
☐ 迎える	맞이하다		
☐ めしあがる	드시다(たべる의 존경)		
☐ 持つ	들다, 갖다		
☐ 役に立つ	유용하다, 도움이 되다		
☐ 役に立てる	활용하다, 도움이 되게 하다		
☐ やせる	마르다, 살이 빠지다		
☐ やむ	멈추다, 그치다		
☐ やめる	그만두다		
☐ ゆれる	흔들리다		
☐ 汚れる	더러워지다		
☐ 寄る	들르다		
☐ よろこぶ	기뻐하다		
☐ 沸かす	끓이다		
☐ 別れる	헤어지다, 작별하다		
☐ 沸く	끓다		
☐ 忘れる	잊어버리다, 물건을 두고 오다		
☐ 割る	쪼개다, 깨뜨리다		
☐ 割れる	갈라지다, 깨지다		

❺ 가타카나

☐ アイディア	아이디어
☐ アパート	아파트, 연립주택
☐ アルバイト	아르바이트
☐ エスカレーター	에스컬레이터
☐ エレベーター	엘리베이터
☐ オートバイ	오토바이
☐ オーバー	오버, 초과
☐ ガソリン	가솔린, 휘발유
☐ ガソリンスタンド	주유소
☐ ゲーム	게임
☐ コンサート	콘서트
☐ サンダル	샌들
☐ スーツケース	수트케이스, 캐리어 가방
☐ セーター	스웨터
☐ タクシー	택시
☐ チェック	체크, 확인
☐ チケット	티켓, 표
☐ パートタイム	파트 타임, 아르바이트
☐ パソコン	컴퓨터
☐ ハンカチ	손수건
☐ ビル	빌딩
☐ プレゼント	선물
☐ メートル	미터(m)
☐ ルール	룰, 규칙
☐ レジ	계산대

□ レポート	리포트

❻ 부사

□ いくら	아무리(뒤에 ても가 와서 '아무리 ~해도'의 형태로 사용)
□ いっしょうけんめい	열심히
□ 必ず	반드시, 틀림없이
□ 急に	갑자기
□ さっき	조금 전, 아까
□ しっかり	단단히, 확실히
□ 少し	조금
□ すっかり	완전히
□ ずっと	계속, 훨씬
□ ぜひ	부디, 아무쪼록
□ そろそろ	슬슬
□ 大抵	대개, 대부분(=大体)
□ 確かに	분명히
□ たまに	간혹, 드물게
□ できるだけ	가능한 한(=なるべく)
□ とうとう	끝내, 마침내
□ 特に	특히, 특별하게
□ どんどん	척척(순조롭게), 자꾸자꾸(계속해서)
□ なるべく	가능한 한(=できるだけ)
□ びっくり	깜짝 놀람
□ ほとんど	거의, 대부분
□ 本当に	정말로
□ まず	먼저(=はじめに)
□ もっと	더욱, 더
□ やっと	겨우, 간신히
□ やはり/やっぱり	역시
□ ゆっくり	천천히

❼ 접속사

□ すると	그러자, 그랬더니
□ それで	그래서
□ だから	그러므로
□ または	또는

합격 어휘 확인 문제 ❶   [/ 36]

다음 단어의 읽기로 가장 알맞은 것을 a, b 중에서 고르시오.

1. 絵   （a い   b え）
2. 秋   （a あき   b さき）
3. 昼   （a よる   b ひる）
4. 字   （a ち   b じ）
5. 歌   （a うた   b そと）
6. 文   （a もん   b ぶん）
7. 夢   （a ゆめ   b あめ）
8. 町   （a みち   b まち）
9. 味   （a いじ   b あじ）
10. 海 （a かみ   b うみ）
11. 声 （a こえ   b おと）
12. 体 （a からだ b あたま）
13. 魚 （a さかな b ふね）
14. 風 （a そら   b かぜ）
15. 妹 （a おとうと b いもうと）
16. 春 （a はる   b まる）
17. 席 （a たび   b せき）
18. 光 （a ひかり b あかり）
19. 間 （a あいだ b からだ）
20. 色 （a おと   b いろ）
21. 壁 （a まど   b かべ）
22. 鳥 （a しま   b とり）
23. 林 （a もり   b はやし）
24. 森 （a はやし b もり）
25. 米 （a ゆめ   b こめ）
26. 朝 （a けさ   b あさ）
27. 薬 （a くすり b とおり）
28. 姉 （a あね   b あに）
29. 顔 （a くび   b かお）
30. 夏 （a なみ   b なつ）
31. 駅 （a えき   b せき）
32. 池 （a いけ   b さけ）
33. 熱 （a ねつ   b れつ）
34. 紙 （a たな   b かみ）
35. 空 （a そら   b そと）
36. 力 （a たから b ちから）

정답 1 b   2 a   3 b   4 b   5 a   6 b   7 a   8 b   9 b   10 b   11 a   12 a
13 a   14 b   15 b   16 a   17 b   18 a   19 a   20 b   21 b   22 b   23 b   24 b
25 b   26 b   27 a   28 a   29 b   30 b   31 a   32 a   33 a   34 b   35 a   36 b

합격 어휘 확인 문제 ❷   [/ 36]

다음 단어의 읽기로 가장 알맞은 것을 a, b 중에서 고르시오.

1	会話	(a かいわ　　b かいぎ)	19	都合	(a つこう　　b つごう)
2	夕方	(a ゆうがた　b ゆうかた)	20	運動	(a うんてん　b うんどう)
3	医者	(a いしや　　b いしゃ)	21	原因	(a げんいん　b けんいん)
4	住所	(a じゅしょう b じゅうしょ)	22	準備	(a じゅんび　b じゅうんび)
5	建物	(a たちもの　b たてもの)	23	洗濯	(a せんざい　b せんたく)
6	遠慮	(a えんりょう b えんりょ)	24	意見	(a いかん　　b いけん)
7	空気	(a くき　　　b くうき)	25	医学	(a いかく　　b いがく)
8	趣味	(a しゅみ　　b しゅうみ)	26	以外	(a いがい　　b いかい)
9	旅行	(a りょこう　b りょうこう)	27	人口	(a にんこう　b じんこう)
10	社会	(a しかい　　b しゃかい)	28	問題	(a もんだい　b しつもん)
11	具合	(a ぐあい　　b しあい)	29	台風	(a だいふう　b たいふう)
12	生産	(a せいせん　b せいさん)	30	用事	(a ようごと　b ようじ)
13	研究	(a けんきゅう b せんきゅう)	31	自由	(a じゆ　　　b じゆう)
14	連絡	(a えんらく　b れんらく)	32	復習	(a ふっしゅう b ふくしゅう)
15	予約	(a ようやく　b よやく)	33	将来	(a しょうらい b せいらい)
16	屋上	(a おくしょう b おくじょう)	34	場所	(a ばじょ　　b ばしょ)
17	洋服	(a ようふく　b よふく)	35	注意	(a ちゅうい　b しゅうい)
18	心配	(a しんばい　b しんぱい)	36	主人	(a しゅじん　b しゅにん)

정답　1 a　2 a　3 b　4 b　5 b　6 b　7 b　8 a　9 a　10 b　11 a　12 b
　　　13 a　14 b　15 b　16 b　17 a　18 b　19 b　20 b　21 a　22 a　23 b　24 b
　　　25 b　26 a　27 b　28 a　29 b　30 b　31 b　32 b　33 a　34 b　35 a　36 a

합격 어휘 확인 문제 ❸

[/ 36]

다음 단어의 읽기로 가장 알맞은 것을 a, b 중에서 고르시오.

1. 漢字　（ a かんし　　b かんじ ）
2. 祖母　（ a そふ　　　b そぼ ）
3. 一度　（ a いちど　　b いちせき ）
4. 火事　（ a かじ　　　b ひじ ）
5. 営業　（ a えいぎょう　b えいぎょ ）
6. 先輩　（ a しんぱい　b せんぱい ）
7. 説明　（ a せつめい　b せつまい ）
8. 世界　（ a せいかい　b せかい ）
9. 小説　（ a しょうせつ　b しゅうせつ ）
10. 水道　（ a すうどう　b すいどう ）
11. 時代　（ a じたい　　b じだい ）
12. 会場　（ a かいじょ　b かいじょう ）
13. 失敗　（ a しっぱい　b しつれい ）
14. 案内　（ a あんない　b かんない ）
15. 安心　（ a あんしん　b あんじん ）
16. 計画　（ a けかく　　b けいかく ）
17. 約束　（ a やきそく　b やくそく ）
18. 交通　（ a きょうつう　b こうつう ）
19. 季節　（ a きせい　　b きせつ ）
20. 工業　（ a こうぎょう　b のうぎょう ）
21. 相談　（ a しょうだん　b そうだん ）
22. 関係　（ a かんれん　b かんけい ）
23. 広場　（ a こうば　　b ひろば ）
24. 教育　（ a きょういく　b きょういき ）
25. 中止　（ a じゅうし　b ちゅうし ）
26. 荷物　（ a にぶつ　　b にもつ ）
27. 招待　（ a しょうたい　b しょうかい ）
28. 売店　（ a うりてん　b ばいてん ）
29. 品物　（ a ほんもの　b しなもの ）
30. 規則　（ a きちく　　b きそく ）
31. 遅刻　（ a ちこく　　b ちごく ）
32. 返事　（ a はんじ　　b へんじ ）
33. 通り　（ a とおり　　b かおり ）
34. お祝い（ a おみまい　b おいわい ）
35. 動物　（ a どうもの　b どうぶつ ）
36. 貿易　（ a ぼうえき　b ぼえき ）

정답　1 b　2 b　3 a　4 a　5 a　6 b　7 a　8 b　9 a　10 b　11 b　12 b
13 a　14 a　15 a　16 b　17 b　18 b　19 b　20 a　21 b　22 b　23 b　24 a
25 b　26 b　27 a　28 b　29 b　30 b　31 a　32 b　33 a　34 b　35 b　36 a

합격 어휘 확인 문제 ❹ [/ 36]

다음 단어의 읽기로 가장 알맞은 것을 a, b 중에서 고르시오.

1. 嬉しい（a たのしい　b うれしい）
2. 眠い（a くらい　b ねむい）
3. 苦い（a にがい　b つらい）
4. 新しい（a いそがしい　b あたらしい）
5. 暑い（a あつい　b うすい）
6. 恥ずかしい（a むずかしい　b はずかしい）
7. 重い（a おもい　b たかい）
8. 軽い（a ながい　b かるい）
9. 暗い（a とおい　b くらい）
10. 怖い（a くやしい　b こわい）
11. 寒い（a さむい　b あつい）
12. 正しい（a きびしい　b ただしい）
13. 楽しい（a すずしい　b たのしい）
14. 細かい（a せかい　b こまかい）
15. 近い（a ちかい　b せまい）
16. 強い（a よわい　b つよい）
17. 遠い（a とおい　b つよい）
18. 低い（a ちかい　b ひくい）
19. 広い（a ひろい　b かるい）
20. 太い（a ふとい　b おおい）
21. 古い（a ひどい　b ふるい）
22. 短い（a やわらかい　b みじかい）
23. 弱い（a ねむい　b よわい）
24. 簡単な（a かんだんな　b かんたんな）
25. 危険な（a きけんな　b いかんな）
26. 大変な（a だいへんな　b たいへんな）
27. 残念な（a ざんにんな　b ざんねんな）
28. 十分な（a じゅうふんな　b じゅうぶんな）
29. 親切な（a しんせつな　b しんさつな）
30. 大切な（a たいさいな　b たいせつな）
31. 適当な（a てきとうな　b てきどな）
32. 複雑な（a ふくざつな　b ふくじゃつな）
33. 無理な（a むりな　b むだな）
34. 有名な（a ゆめいな　b ゆうめいな）
35. 特別な（a とくべつな　b どくべつな）
36. 熱心な（a ねっしんな　b えっしんな）

정답　1 b　2 b　3 a　4 b　5 a　6 b　7 a　8 b　9 b　10 b　11 a　12 b
　　　13 b　14 b　15 a　16 b　17 a　18 b　19 a　20 a　21 b　22 b　23 b　24 b
　　　25 a　26 b　27 b　28 b　29 a　30 b　31 a　32 a　33 a　34 b　35 a　36 a

합격 어휘 확인 문제 ❺   [/ 36]

다음 단어의 읽기로 가장 알맞은 것을 a, b 중에서 고르시오.

1. 覚える （ a みえる　　b おぼえる ）
2. 動く　 （ a うごく　　b はたらく ）
3. 見える （ a ひえる　　b みえる ）
4. 決まる （ a しまる　　b きまる ）
5. 考える （ a まちがえる b かんがえる ）
6. 空く　 （ a あく　　　b うごく ）
7. 急ぐ　 （ a いそぐ　　b およぐ ）
8. 通う　 （ a ひろう　　b かよう ）
9. 怒る　 （ a ひかる　　b おこる ）
10. 答える （ a こたえる　b おぼえる ）
11. 行う　 （ a かう　　　b おこなう ）
12. 忘れる （ a わすれる　b よごれる ）
13. 借りる （ a かりる　　b おりる ）
14. 売る　 （ a うる　　　b わる ）
15. 返す　 （ a かえす　　b なおす ）
16. 進む　 （ a たのむ　　b すすむ ）
17. 比べる （ a しらべる　b くらべる ）
18. 使う　 （ a つかう　　b ならう ）
19. 思う　 （ a あらう　　b おもう ）
20. 生きる （ a おきる　　b いきる ）
21. 調べる （ a ならべる　b しらべる ）
22. 送る　 （ a おくる　　b しかる ）
23. 受ける （ a とどける　b うける ）
24. 直す　 （ a おす　　　b なおす ）
25. 始める （ a やめる　　b はじめる ）
26. 押す　 （ a はなす　　b おす ）
27. 慣れる （ a ゆれる　　b なれる ）
28. 育てる （ a たてる　　b そだてる ）
29. 引く　 （ a きく　　　b ひく ）
30. 運ぶ　 （ a とぶ　　　b はこぶ ）
31. 切る　 （ a しる　　　b きる ）
32. 終わる （ a なおる　　b おわる ）
33. 残る　 （ a のこる　　b うる ）
34. 集まる （ a はじまる　b あつまる ）
35. 遅れる （ a おくれる　b なれる ）
36. 増える （ a ふえる　　b むかえる ）

정답　1 b　2 a　3 b　4 b　5 b　6 a　7 a　8 b　9 b　10 a　11 b　12 a
　　　13 a　14 a　15 a　16 b　17 b　18 a　19 b　20 b　21 b　22 a　23 b　24 b
　　　25 b　26 b　27 b　28 b　29 b　30 b　31 b　32 b　33 a　34 b　35 a　36 a

합격 어휘 확인 문제 ❻ [/ 18]

다음 단어의 일본어 표현으로 가장 알맞은 것을 a, b 중에서 고르시오.

1. 맞이하다 (a つたえる　　b むかえる)
2. 싫어하다 (a ほしがる　　b いやがる)
3. 권유하다 (a さそう　　b たのむ)
4. 칭찬하다 (a ほめる　　b あつめる)
5. 지나다, 통과하다 (a とおる　　b かよう)
6. 그만두다 (a はじめる　　b やめる)
7. 흔들리다 (a ゆれる　　b ながれる)
8. 기뻐하다 (a はこぶ　　b よろこぶ)
9. 지불하다 (a はらう　　b すてる)
10. 끓다 (a わく　　b かく)
11. 버리다 (a たてる　　b すてる)
12. 태어나다 (a うまれる　　b わかれる)
13. 더하다 (a だす　　b たす)
14. 줍다 (a かよう　　b ひろう)
15. 더러워지다 (a よごれる　　b こわれる)
16. 춤추다 (a うたう　　b おどる)
17. 붐비다, 혼잡하다 (a こむ　　b たのむ)
18. 도착하다 (a つける　　b つく)

정답 1 b   2 b   3 a   4 a   5 a   6 b   7 a   8 b   9 a
　　 10 a 11 b 12 a 13 b 14 b 15 a 16 b 17 a 18 b

합격 어휘 확인 문제 ❼ [/ 18]

다음 단어의 일본어 표현으로 가장 알맞은 것을 a, b 중에서 고르시오.

1. 파트타임 (a パトタイム　　b パートタイム)
2. 미터(m) (a メダル　　b メートル)
3. 룰, 규칙 (a ルール　　b ルル)
4. 수트케이스, 캐리어 가방 (a スーツケース　　b スーツコース)
5. 체크, 확인 (a ロック　　b チェック)
6. 가솔린, 휘발유 (a ガツリン　　b ガソリン)
7. 게임 (a ゲーム　　b ズーム)
8. 콘서트 (a ロンサート　　b コンサート)
9. 스웨터 (a セーター　　b スエーター)
10. 아이디어 (a ライディア　　b アイディア)
11. 샌들 (a サンダル　　b センダル)
12. 아파트, 연립주택 (a アパート　　b デパート)
13. 티켓, 표 (a ターゲット　　b チケット)
14. 컴퓨터 (a パーソナル　　b パソコン)
15. 손수건 (a ハンカチ　　b ヘンカチ)
16. 빌딩 (a ビール　　b ビル)
17. 엘리베이터 (a オレベートー　　b エレベーター)
18. 리포트 (a レーポート　　b レポート)

정답　1 b　2 b　3 a　4 a　5 b　6 b　7 a　8 b　9 a
　　　10 b　11 a　12 a　13 b　14 b　15 a　16 b　17 b　18 b

합격 어휘 확인 문제 ❽ [/ 18]

다음 단어의 일본어 표현으로 가장 알맞은 것을 a, b 중에서 고르시오.

1. 반드시, 틀림없이 　　(a かならず　　b ぜんぜん)
2. 갑자기 　　(a ずっと　　b きゅうに)
3. 완전히 　　(a はっきり　　b すっかり)
4. 단단히, 확실히 　　(a うっかり　　b しっかり)
5. 끝내, 마침내 　　(a どんどん　　b とうとう)
6. 계속 　　(a じっと　　b ずっと)
7. 부디, 아무쪼록 　　(a とうとう　　b ぜひ)
8. 슬슬 　　(a そろそろ　　b わざわざ)
9. 대개, 대부분 　　(a たいてい　　b まだ)
10. 분명히 　　(a いちばん　　b たしかに)
11. 가능한 한 　　(a どうして　　b できるだけ)
12. 특히, 특별하게 　　(a ときどき　　b とくに)
13. 가능한 한 　　(a まっすぐ　　b なるべく)
14. 깜짝 놀람 　　(a びっくり　　b ゆっくり)
15. 거의, 대부분 　　(a たぶん　　b ほとんど)
16. 먼저, 우선 　　(a また　　b まず)
17. 겨우, 간신히 　　(a やっと　　b ずっと)
18. 천천히 　　(a ゆっくり　　b きゅうに)

정답　1 a　2 b　3 b　4 b　5 b　6 b　7 b　8 a　9 a
　　　10 b　11 b　12 b　13 b　14 a　15 b　16 b　17 a　18 a

4 고득점 어휘

① 명사

赤ちゃん (あか)	아기
あご	턱
足音 (あしおと)	발소리
明日 (あした)	내일
汗 (あせ)	땀
遊び (あそび)	놀이
頭 (あたま)	머리
飴 (あめ)	사탕, 엿
以下 (いか)	이하
行き方 (いきかた)	길 찾는 법, 가는 법
一日中 (いちにちじゅう)	하루 종일
糸 (いと)	실
以内 (いない)	이내
田舎 (いなか)	시골
命 (いのち)	목숨
居間 (いま)	거실
色紙 (いろがみ)	색종이
飲酒 (いんしゅ)	음주
内 (うち)	안, 속
内側 (うちがわ)	안쪽
裏 (うら)	뒤쪽, 반대쪽
売り場 (うりば)	매장
運 (うん)	운
運転手 (うんてんしゅ)	운전수
運動会 (うんどうかい)	운동회
英会話 (えいかいわ)	영어 회화
駅員 (えきいん)	역무원
枝 (えだ)	가지
横断歩道 (おうだんほどう)	횡단보도
大雨 (おおあめ)	큰 비, 폭우
大雪 (おおゆき)	폭설
おかげ	덕분
億 (おく)	억(숫자)
奥様 (おくさま)	부인(호칭)
贈り物 (おくりもの)	선물
お子さん (おこさん)	자녀분
おじ	아저씨(친척)
おしまい	끝
お宅 (おたく)	댁
夫 (おっと)	남편
お手洗い (おてあらい)	화장실
お出かけ (おでかけ)	외출

☐ 落(おと)し物(もの)	분실물		☐ 家内(かない)	아내
☐ お年寄(としよ)り	노인		☐ 金持(かねも)ち	부자
☐ 踊(おど)り	춤		☐ 彼女(かのじょ)	그녀
☐ おば	아주머니(친척)		☐ 髪(かみ)	머리카락
☐ お祭(まつ)り	축제		☐ 彼(かれ)	그 (사람)
☐ 表(おもて)	겉, 표면		☐ 彼(かれ)ら	그들
☐ ～会(かい)	～회(飲(の)み会(かい) 회식, 運動会(うんどうかい) 운동회)		☐ 観光(かんこう)	관광
			☐ 気(き)	생각, 마음, 기력
☐ 海岸(かいがん)	해안		☐ 機械(きかい)	기계
☐ 会議(かいぎ)	회의		☐ 機会(きかい)	기회
☐ 会議室(かいぎしつ)	회의실		☐ 期間(きかん)	기간
☐ 外国(がいこく)	외국		☐ 聞(き)き取(と)り	청취, 듣기
☐ 外食(がいしょく)	외식		☐ 記者(きしゃ)	기자
☐ 外部(がいぶ)	외부		☐ 汽車(きしゃ)	기차
☐ 帰(かえ)り	귀가		☐ 絹(きぬ)	비단, 실크
☐ 科学(かがく)	과학		☐ 君(きみ)	자네, 너
☐ ～か月(げつ)	～개월(一(いっ)か月(げつ) 1개월)		☐ 客(きゃく)	손님
☐ 飾(かざ)り	장식		☐ 教会(きょうかい)	교회
☐ 歌手(かしゅ)	가수		☐ 金魚(きんぎょ)	금붕어
☐ ガス代(だい)	가스 요금		☐ 草(くさ)	풀
☐ 方(かた)	분(남을 높이는 말)		☐ 雲(くも)	구름
☐ 肩(かた)	어깨		☐ 曇(くも)り	흐림
☐ 形(かたち)	모양, 형태		☐ 区役所(くやくしょ)	구청
☐ 課長(かちょう)	과장, 과장님		☐ 軍人(ぐんじん)	군인
☐ 格好(かっこう)	모양, 겉모습		☐ 毛(け)	털
☐ 家庭(かてい)	가정		☐ 経済(けいざい)	경제

☐	警察 けいさつ	경찰		☐	個人 こじん	개인
☐	消しゴム け	지우개		☐	ご存じ ぞん	알고 계심(존경어)
☐	下宿 げしゅく	하숙		☐	答え こた	대답, 해답
☐	欠席 けっせき	결석		☐	ごちそう	맛있는 음식, 대접
☐	～軒 けん	～채(집을 세는 단위)		☐	事 こと	일, 것
☐	玄関 げんかん	현관		☐	言葉 ことば	말, 언어
☐	研究室 けんきゅうしつ	연구실		☐	子猫 こねこ	새끼 고양이
☐	見物 けんぶつ	구경		☐	この間 あいだ	지난번
☐	子 こ	아이		☐	このごろ	요즈음
☐	子犬 こいぬ	강아지		☐	木の葉 こ/き は	나뭇잎
☐	功 こう	공, 공로		☐	この辺 へん	이 근처
☐	公開 こうかい	공개		☐	ごみ	쓰레기
☐	高校 こうこう	고교, 고등학교		☐	～頃 ごろ	～경, ～무렵
☐	高校生 こうこうせい	고교생, 고등학생		☐	今回 こんかい	이번
☐	交差点 こうさてん	교차로		☐	今夜 こんや	오늘 밤
☐	工事 こうじ	공사		☐	～歳 さい	～세(나이)
☐	講堂 こうどう	강당		☐	最近 さいきん	최근
☐	工場 こうば	(작은) 공장(こうじょう로 읽으면 커다란 공장)		☐	最後 さいご	최후, 마지막
☐	公務員 こうむいん	공무원		☐	最初 さいしょ	최초
☐	氷 こおり	얼음		☐	魚屋 さかなや	생선 가게
☐	国際 こくさい	국제		☐	作品 さくひん	작품
☐	国産 こくさん	국산		☐	桜 さくら	벚꽃, 벚나무
☐	国内 こくない	국내		☐	～冊 さつ	～권(책)
☐	国民 こくみん	국민		☐	砂糖 さとう	설탕
☐	国立 こくりつ	국립		☐	再来月 さらいげつ	다다음 달
				☐	再来週 さらいしゅう	다다음 주

☐ 再来年(さらいねん)	내후년		☐ しょうゆ	간장
☐ 三角(さんかく)	삼각		☐ 将来(しょうらい)	장래
☐ 算数(さんすう)	산수		☐ 女性(じょせい)	여성
☐ 賛成(さんせい)	찬성		☐ 神社(じんじゃ)	신사
☐ 市(し)	시(행정구역)		☐ 新年(しんねん)	신년
☐ 試験(しけん)	시험		☐ 水泳(すいえい)	수영
☐ 事故(じこ)	사고		☐ 数学(すうがく)	수학
☐ 舌(した)	혀		☐ 砂(すな)	모래
☐ 下着(したぎ)	속옷		☐ すり	소매치기
☐ 室内(しつない)	실내		☐ 生活(せいかつ)	생활
☐ 失礼(しつれい)	실례		☐ 政治(せいじ)	정치
☐ 辞典(じてん)	사전		☐ 世界中(せかいじゅう)	온 세상
☐ 自動(じどう)	자동		☐ 背中(せなか)	등, 뒤쪽
☐ 市内(しない)	시내		☐ 線(せん)	선, 줄
☐ 支払い(しはらい)	지불		☐ 全国(ぜんこく)	전국
☐ 島(しま)	섬		☐ 選手(せんしゅ)	선수
☐ 姉妹(しまい)	자매		☐ 先々月(せんせんげつ)	지지난달
☐ しまい	끝, 종료		☐ 先々週(せんせんしゅう)	지지난주
☐ 事務所(じむしょ)	사무소		☐ 戦争(せんそう)	전쟁
☐ 市役所(しやくしょ)	시청		☐ 全体(ぜんたい)	전체
☐ 社長(しゃちょう)	사장, 사장님		☐ 専門(せんもん)	전문
☐ 車道(しゃどう)	차도		☐ 早退(そうたい)	조퇴
☐ 柔道(じゅうどう)	유도		☐ 卒業(そつぎょう)	졸업
☐ 授業(じゅぎょう)	수업		☐ 外側(そとがわ)	바깥쪽
☐ 正月(しょうがつ)	정월, 설		☐ 大学生(だいがくせい)	대학생
☐ 小学校(しょうがっこう)	초등학교		☐ 竹(たけ)	대나무

☐	多^た数^{すう}	다수	☐	都^と	도(행정구역. 東京都 도쿄도)
☐	縦^{たて}	세로	☐	道具^{どうぐ}	도구
☐	棚^{たな}	선반	☐	動物園^{どうぶつえん}	동물원
☐	楽^{たの}しみ	즐거움	☐	遠^{とお}く	먼 곳
☐	食^たべすぎ	과식	☐	時^{とき}	때, 시간
☐	ため	~때문임, ~을 위함	☐	途中^{とちゅう}	도중
☐	男性^{だんせい}	남성	☐	泥棒^{どろぼう}	도둑
☐	血^ち	피	☐	内部^{ないぶ}	내부
☐	茶碗^{ちゃわん}	밥공기	☐	生^{なま}ビール	생맥주
☐	中学生^{ちゅうがくせい}	중학생	☐	におい	냄새
☐	中学校^{ちゅうがっこう}	중학교	☐	肉屋^{にくや}	정육점
☐	駐車^{ちゅうしゃ}	주차	☐	日記^{にっき}	일기
☐	月^{つき}	달	☐	入院^{にゅういん}	입원
☐	妻^{つま}	처, 아내	☐	入学^{にゅうがく}	입학
☐	爪^{つめ}	손톱	☐	入社^{にゅうしゃ}	입사
☐	梅雨^{つゆ}	장마	☐	人形^{にんぎょう}	인형
☐	出入口^{でいりぐち}	출입구	☐	にんじん	당근
☐	手袋^{てぶくろ}	장갑	☐	値段^{ねだん}	가격
☐	手前^{てまえ}	바로 자기 앞	☐	熱^{ねつ}	열
☐	手元^{てもと}	수중, 자기 주변	☐	年代^{ねんだい}	연대, 시대
☐	寺^{てら}	절	☐	飲^のみすぎ	과음
☐	点^{てん}	점, 점수	☐	乗^のり換^かえ	환승, 갈아타기
☐	電気代^{でんきだい}	전기 요금	☐	葉^は	잎
☐	天気予報^{てんきよほう}	일기 예보	☐	場合^{ばあい}	경우
☐	電灯^{でんとう}	전등	☐	歯医者^{はいしゃ}	치과의사
☐	電報^{でんぽう}	전보	☐	白菜^{はくさい}	배추

☐	箱 (はこ)	상자	☐	文書 (ぶんしょ)	문서
☐	橋 (はし)	다리, 교각	☐	文章 (ぶんしょう)	문장
☐	始まり (はじまり)	시작	☐	文法 (ぶんぽう)	문법
☐	はず	~할 것, ~할 예정	☐	弁当 (べんとう)	도시락
☐	花見 (はなみ)	꽃놀이	☐	法律 (ほうりつ)	법률
☐	羽 (はね)	날개	☐	僕 (ぼく)	나(남자가 사용)
☐	晴れ (はれ)	맑음	☐	星 (ほし)	별
☐	~半 (はん)	~반(3時半 3시 반)	☐	骨 (ほね)	뼈
☐	~番線 (ばんせん)	~번선(5番線 5번선)	☐	本気 (ほんき)	본심, 제정신
☐	半分 (はんぶん)	절반	☐	本棚 (ほんだな)	책장
☐	パン屋 (パンや)	빵 가게	☐	本当 (ほんとう)	사실, 정말
☐	日 (ひ)	날, 해	☐	孫 (まご)	손주
☐	ひげ	수염	☐	窓ガラス (まどガラス)	창유리
☐	飛行場 (ひこうじょう)	비행장	☐	窓口 (まどぐち)	창구
☐	左 (ひだり)	왼쪽	☐	万 (まん)	10,000(숫자)
☐	百貨店 (ひゃっかてん)	백화점	☐	漫画 (まんが)	만화
☐	秒 (びょう)	초(시간)	☐	真ん中 (まんなか)	한가운데
☐	昼間 (ひるま)	낮, 대낮	☐	万年筆 (まんねんひつ)	만년필
☐	広さ (ひろさ)	넓이	☐	皆 (みな)	모두
☐	封筒 (ふうとう)	봉투	☐	昔 (むかし)	옛날
☐	豚肉 (ぶたにく)	돼지고기	☐	向こう (むこう)	맞은편, 건너편
☐	部長 (ぶちょう)	부장	☐	虫 (むし)	벌레
☐	普通 (ふつう)	보통	☐	息子さん (むすこさん)	아드님
☐	ぶどう	포도	☐	娘 (むすめ)	딸
☐	船 (ふね)	배	☐	娘さん (むすめさん)	따님, 아가씨
☐	文化 (ぶんか)	문화	☐	もう一つ (もうひとつ)	하나 더

☐ 持ち帰り	포장 판매, 테이크 아웃	**② い형용사**	
☐ 木綿	면, 무명	☐ 熱い	뜨겁다
☐ 夜間	야간	☐ 厚い	두껍다
☐ 湯	뜨거운 물	☐ 美しい	아름답다
☐ 夕食	저녁 식사	☐ おかしい	이상하다 / 재미있다, 우습다
☐ 郵便局	우체국		
☐ 輸出	수출	☐ かっこいい	멋지다
☐ 輸入	수입	☐ かっこ悪い	꼴사납다, 멋이 없다
☐ 指	손가락	☐ 悲しい	슬프다
☐ 指輪	반지	☐ 苦しい	괴롭다
☐ 予定	예정	☐ 仕方ない	어쩔 수 없다
☐ 読み方	읽는 법	☐ 親しい	친하다
☐ 読み物	읽을거리	☐ すごい	대단하다, 굉장하다
☐ 理由	이유	☐ 涼しい	시원하다
☐ 利用	이용	☐ 足りない	부족하다
☐ 両親	부모, 양친	☐ つまらない	시시하다
☐ 両方	양쪽	☐ 冷たい	차갑다
☐ りんご	사과(과일)	☐ 温い	미지근하다
☐ 零	영, 0(숫자)	☐ 眠たい	졸리다
☐ 冷蔵庫	냉장고	☐ 欲しい	갖고 싶다
☐ 冷房	냉방	☐ 細い	가늘다
☐ 歴史	역사	☐ 易しい	쉽다
☐ 列車	열차	☐ 優しい	상냥하다
☐ 老人	노인	☐ 宜しい	좋다(いい보다 정중한 말)
☐ 忘れ物	분실물	☐ 若い	젊다
☐ 私	저(わたし의 겸손)		

❸ な형용사

☐ 下手な	서투른	
☐ 別な	다른, 별개인	
☐ 変な	이상한	
☐ 立派な	훌륭한, 멋진	
☐ 必要な	필요한	

❹ 동사

☐ 合う	맞다, 일치하다
☐ いらっしゃる	오시다, 가시다, 계시다 (来る, 行く, いる의 존경)
☐ 祝う	축하하다
☐ 選ぶ	고르다, 선택하다
☐ おいでになる	오시다, 가시다, 계시다 (来る, 行く, いる의 존경)
☐ お休みになる	주무시다 (寝る, 眠る의 존경)
☐ 下りる	내려오다, 내려가다
☐ おる	있다 (いる의 겸손)
☐ 飼う	기르다, 사육하다
☐ 変える	바꾸다
☐ 勝つ	이기다
☐ がまんする	참다
☐ 変わる	바뀌다, 변하다
☐ がんばる	노력하다
☐ 気がある	마음(관심)이 있다
☐ 聞こえる	들리다
☐ 気に入る	마음에 들다
☐ 曇る	흐리다
☐ くれる	(남이 나에게) 주다
☐ ござる	있다 (ある의 정중한 표현)
☐ ご覧になる	보시다
☐ 転ぶ	구르다, 넘어지다
☐ 壊す	부수다, 고장 내다
☐ 壊れる	부서지다, 고장 나다
☐ 探す	찾다
☐ 下がる	내려가다
☐ 下げる	내리다
☐ しまう	끝내다, 치우다
☐ 知らせる	알리다
☐ 過ぎる	지나다, 통과하다
☐ 存じる	알다(知る의 겸손), 생각하다(思う의 겸손)
☐ 倒れる	쓰러지다, 넘어지다
☐ 楽しむ	즐기다
☐ 頼む	부탁하다, 주문하다
☐ 違う	다르다
☐ 捕まえる	잡다, 체포하다
☐ 疲れる	지치다, 피로하다
☐ 付く	붙다
☐ 付ける	붙이다
☐ 続く	계속되다
☐ 続ける	계속하다

☐ 勤める	근무하다	☐ ぶつかる	부딪치다
☐ 積もる	쌓이다	☐ 踏む	밟다
☐ 釣る	낚시하다	☐ 参る	가다, 오다(行く, 来る의 겸손)
☐ 連れる	데리고 가(오)다, 따르다	☐ 負ける	지다, 패배하다
☐ 出かける	나가다, 외출하다	☐ 守る	지키다
☐ 出来る	가능하다, 완성되다, 발생하다	☐ 回る	돌다
☐ 泊まる	묵다, 숙박하다	☐ 申し上げる	말씀드리다, 아뢰다
☐ 取り替える	교체하다	☐ 申す	말씀드리다
☐ 取る	(손에) 들다, 잡다	☐ 戻す	되돌리다
☐ 流れる	흐르다	☐ 戻る	돌아오다, 돌아가다
☐ 泣く	울다	☐ もらう	받다
☐ 無くす	잃다, 없애다	☐ 焼く	굽다, 태우다
☐ 無くなる	없어지다	☐ 焼ける	타다, 구워지다
☐ なさる	하시다(する의 존경)	☐ やる	(내가 남에게) 주다
☐ 並ぶ	늘어서다, 진열되다	☐ やる	하다(＝する, 行う)
☐ 並べる	늘어놓다, 진열하다	☐ 渡す	건네다
☐ 鳴る	울리다	☐ 渡る	건너다
☐ 逃げる	도망치다	☐ 笑う	웃다
☐ 塗る	바르다, 칠하다		
☐ 願う	바라다, 희망하다	### ⑤ 가타카나	
☐ 眠る	자다, 잠들다	☐ アイロン	다리미
☐ はる	(풀 등으로) 붙이다	☐ アクセサリー	액세서리
☐ 晴れる	날씨가 개다	☐ アジア	아시아
☐ 光る	빛나다	☐ アナウンサー	아나운서
☐ 吹く	불다	☐ アニメ	애니메이션

☐	アフリカ	아프리카		☐	ステレオ	스테레오, 오디오
☐	アメリカ	미국		☐	スピーカー	스피커
☐	アルコール	알코올		☐	スピーチ	스피치
☐	イヤリング	귀걸이		☐	スピード	스피드
☐	エアコン	에어컨		☐	スリッパ	슬리퍼
☐	カーテン	커튼		☐	セット	세트
☐	ガス	가스		☐	ソフト	소프트
☐	ガラス	유리		☐	タイプ	타입
☐	カレー	카레		☐	ダンス	댄스
☐	キッチン	부엌, 키친		☐	テキスト	텍스트, 교재
☐	キログラム	킬로그램(kg)		☐	テニス	테니스
☐	キロメートル	킬로미터(km)		☐	トラック	트럭
☐	ケーキ	케이크		☐	ドラマ	드라마
☐	コート	코트		☐	ドレス	드레스
☐	コンピューター	컴퓨터		☐	ニュース	뉴스
☐	サイン	사인		☐	パーティー	파티
☐	サラダ	샐러드		☐	バケツ	물통, 버킷
☐	サンドイッチ	샌드위치		☐	バター	버터
☐	ジャム	잼		☐	パパ	아빠(아버지)
☐	ジュース	주스		☐	ハンバーグ	햄버그
☐	スーツ	수트, 정장		☐	ピアノ	피아노
☐	スーパー	마트, 슈퍼마켓(=スーパーマーケット의 준말)		☐	ビール	맥주
				☐	ピクニック	피크닉
☐	スクリーン	스크린		☐	ピンク	핑크
☐	ステーキ	스테이크		☐	ファックス	팩스

☐	フィルム	필름	☐	かなり	꽤, 상당히
☐	プール	풀장, 수영장	☐	きっと	반드시, 틀림없이
☐	フォーク	포크	☐	けっこう	꽤, 상당히
☐	プリント	프린트	☐	決(けっ)して	결코
☐	ページ	페이지	☐	これから	이제부터, 앞으로
☐	ベッド	침대	☐	こんなに	이토록, 이렇게나
☐	ペット	반려동물	☐	ずいぶん	몹시, 아주, 대단히
☐	ベル	벨	☐	全然(ぜんぜん)	전혀
☐	ボート	보트	☐	全部(ぜんぶ)	전부
☐	ボール	볼, 공	☐	それほど	그 정도로, 그다지(＝あまり)
☐	ポスト	우편함	☐	そんなに	그렇게
☐	マスク	마스크	☐	大体(だいたい)	대개, 대부분
☐	マッチ	성냥	☐	だいぶ	상당히, 몹시
☐	メロン	멜론	☐	ただいま	지금 막
☐	レコード	레코드	☐	たとえば	예를 들면
☐	レベル	레벨	☐	多分(たぶん)	아마
☐	ワイシャツ	와이셔츠	☐	ちっとも	조금도
☐	ワンピース	원피스	☐	ちょうど	정확히
			☐	どんなに	아무리
			☐	なかなか	꽤, 상당히 좀처럼(~않는다)

❻ 부사

☐	あんなに	저렇게	☐	なるほど	과연(남의 주장에 동조)
☐	いかが	어떻게	☐	はじめて	처음으로
☐	いちいち	하나하나(전부), 일일이	☐	はじめに	우선, 먼저(＝まず)
☐	いつか	언젠가	☐	はっきり	분명히
☐	いったい	도대체	☐	非常(ひじょう)に	매우
☐	いっぱい	가득			

☐	ぺらぺら	술술(유창하게 말하는 모습)
☐	もう	이미, 벌써
☐	もうすぐ	이제 곧, 머지않아
☐	もし	만약
☐	もちろん	물론
☐	よく	잘, 자주
☐	わざわざ	일부러

❼ 조사

☐	～など	～등
☐	～ばかり	～뿐, ～만

❽ 접속사

☐	けれども	하지만, 그렇지만
☐	しかし	그러나
☐	すると	그러자, 그랬더니
☐	そして	그리고
☐	それから	그리고, 그러고 나서
☐	それで	그래서
☐	それでは	그러면
☐	それに	게다가
☐	だから	그러므로
☐	または	또는

❾ 인사말, 감탄사

☐	おや	어?, 이런, 어머 (뜻밖이라는 의미의 감탄사)
☐	あら	어머
☐	行ってまいります	다녀오겠습니다
☐	おかげさまで	덕분에
☐	お大事に	몸조심하세요
☐	かしこまりました	잘 알겠습니다, 분부대로 하겠습니다(인사말)
☐	行ってらっしゃい	다녀오세요
☐	お帰りなさい	어서 돌아오세요
☐	お元気ですか	잘 지내십니까?
☐	お待たせしました	오래 기다리셨습니다
☐	おめでとうございます	축하합니다
☐	ありがとうございます	감사합니다
☐	いただきます	잘 먹겠습니다
☐	いらっしゃい	어서 와요
☐	いらっしゃいませ	어서 오십시오
☐	おねがいします	부탁합니다
☐	お休みなさい	안녕히 주무세요
☐	ごちそうさまでした	잘 먹었습니다
☐	ごめんください	실례합니다
☐	ごめんなさい	미안합니다
☐	失礼します	실례합니다
☐	どういたしまして	천만에요
☐	はじめまして	처음 뵙겠습니다

고득점 어휘 확인 문제 ❶

[　/ 36]

다음 단어의 읽기로 가장 알맞은 것을 a, b 중에서 고르시오.

1	汗	(a あせ	b なみだ)		19	砂	(a すな	b いし)
2	内	(a うら	b うち)		20	血	(a ち	b み)
3	糸	(a いと	b はと)		21	月	(a つき	b すき)
4	命	(a からだ	b いのち)		22	妻	(a しま	b つま)
5	髪	(a あたま	b かみ)		23	僕	(a ぼく	b おれ)
6	点	(a てん	b せん)		24	湯	(a ゆう	b ゆ)
7	お宅	(a おたく	b おいえ)		25	橋	(a ほし	b はし)
8	夫	(a おと	b おっと)		26	羽	(a はね	b かね)
9	形	(a あたま	b かたち)		27	葉	(a ほ	b は)
10	船	(a はね	b ふね)		28	答え	(a こたえ	b かんがえ)
11	彼	(a かれ	b かた)		29	星	(a ほし	b いし)
12	君	(a きみ	b おれ)		30	骨	(a ほね	b み)
13	客	(a きゃく	b かく)		31	孫	(a まま	b まご)
14	草	(a はな	b くさ)		32	昔	(a いま	b むかし)
15	雲	(a くし	b くも)		33	虫	(a むし	b あし)
16	毛	(a け	b げ)		34	熱	(a れつ	b ねつ)
17	氷	(a こおり	b みず)		35	指	(a こめ	b ゆび)
18	島	(a はたけ	b しま)		36	箱	(a ばこ	b はこ)

정답　1 a　2 b　3 a　4 b　5 b　6 a　7 a　8 b　9 b　10 b　11 a　12 a
　　　13 a　14 b　15 b　16 a　17 a　18 b　19 a　20 a　21 a　22 b　23 a　24 b
　　　25 b　26 a　27 b　28 a　29 a　30 a　31 b　32 b　33 a　34 b　35 b　36 b

고득점 어휘 확인 문제 ❷　　　　　　　　　　　　[　　/ 36]

다음 단어의 읽기로 가장 알맞은 것을 a, b 중에서 고르시오.

1 海岸　（ a かいがん　b かいかん ）
2 家内　（ a かない　　b かにゅう ）
3 記者　（ a ぎしゃ　　b きしゃ ）
4 半分　（ a はんぶん　b はんぴん ）
5 水泳　（ a すうえい　b すいえい ）
6 公開　（ a こうかい　b こうしき ）
7 失礼　（ a しつれい　b しちれい ）
8 見物　（ a けんぶつ　b けんもつ ）
9 社長　（ a しゃちょう　b しゃじょう ）
10 政治　（ a せいち　　b せいじ ）
11 駅員　（ a えきえん　b えきいん ）
12 老人　（ a ろうじん　b ろうにん ）
13 正月　（ a しょうがつ　b せいがつ ）
14 予定　（ a よてい　　b ようてい ）
15 玄関　（ a けんかん　b げんかん ）
16 文章　（ a ぶんしょう　b ぶんしょ ）
17 女性　（ a じょせい　b じょし ）
18 機会　（ a きはい　　b きかい ）

19 専門　（ a せんぶん　b せんもん ）
20 途中　（ a どちゅう　b とちゅう ）
21 豚肉　（ a ぶたにく　b とりにく ）
22 今回　（ a ぜんかい　b こんかい ）
23 会議　（ a かいぎ　　b かいき ）
24 国際　（ a こっさい　b こくさい ）
25 個人　（ a こじん　　b かじん ）
26 場合　（ a しあい　　b ばあい ）
27 文化　（ a ぶんか　　b もんか ）
28 事故　（ a じこ　　　b しご ）
29 国民　（ a こくにん　b こくみん ）
30 値段　（ a ちだん　　b ねだん ）
31 警察　（ a こうばん　b けいさつ ）
32 外食　（ a がいしょく　b かいしょく ）
33 市内　（ a しがい　　b しない ）
34 期間　（ a きかん　　b きげん ）
35 課長　（ a かちょ　　b かちょう ）
36 全体　（ a ぜんてい　b ぜんたい ）

정답　1 a　2 a　3 b　4 a　5 b　6 a　7 a　8 a　9 a　10 b　11 b　12 a
　　　13 a　14 a　15 b　16 a　17 a　18 b　19 b　20 b　21 a　22 b　23 a　24 b
　　　25 a　26 b　27 a　28 a　29 b　30 b　31 b　32 a　33 b　34 a　35 b　36 b

고득점 어휘 확인 문제 ❸ [/ 36]

다음 단어의 읽기로 가장 알맞은 것을 a, b 중에서 고르시오.

1. 弁当　（a ぺんと　　b べんとう）
2. 再来月（a さいらいがつ b さらいげつ）
3. 普通　（a ぼつう　　b ふつう）
4. 売り場（a うりば　　b のりば）
5. 人形　（a にんぎょ　b にんぎょう）
6. 選手　（a せんしゅう　b せんしゅ）
7. 欠席　（a きせき　　b けっせき）
8. 卒業　（a そつぎょう　b そうぎょう）
9. 駐車　（a ちょうしゃ　b ちゅうしゃ）
10. 試験　（a しけん　　b じけん）
11. 生活　（a せいかつ　b さいかつ）
12. 利用　（a りよう　　b しよう）
13. 冷蔵庫（a れいじょうこ b れいぞうこ）
14. 国内　（a こくない　b くにない）
15. 内側　（a うちがわ　b ないがわ）
16. 列車　（a きしゃ　　b れっしゃ）
17. 窓口　（a そうこう　b まどぐち）
18. 新年　（a しんとし　b しんねん）
19. 予報　（a よほう　　b よぼう）
20. 授業　（a じゅうぎょう b じゅぎょう）
21. 全国　（a せんごく　b ぜんこく）
22. 家庭　（a かてい　　b かない）
23. 観光　（a かんけい　b かんこう）
24. 小学校（a しょがっこう b しょうがっこう）
25. 研究室（a げんきゅうしつ b けんきゅうしつ）
26. 世界中（a せかいじゅう b せかいちゅう）
27. 入院　（a にゅういん　b よういん）
28. 姉妹　（a しまい　　b しめい）
29. 作品　（a さっぴん　b さくひん）
30. 最近　（a さいぜん　b さいきん）
31. 真ん中（a まんなか　b しんなか）
32. 田舎　（a いなか　　b いのち）
33. 工事　（a こうし　　b こうじ）
34. 最後　（a さいご　　b さいこう）
35. 自動　（a しどう　　b じどう）
36. 将来　（a しょらい　b しょうらい）

정답　1 b　2 b　3 b　4 a　5 b　6 b　7 b　8 a　9 b　10 a　11 a　12 a
　　　13 b　14 a　15 a　16 b　17 b　18 b　19 a　20 b　21 b　22 a　23 b　24 b
　　　25 b　26 a　27 a　28 a　29 b　30 b　31 a　32 a　33 b　34 a　35 b　36 b

고득점 어휘 확인 문제 ❹

[/ 36]

다음 단어의 읽기로 가장 알맞은 것을 a, b 중에서 고르시오.

1	渡す （a わたす　b みたす）		19	飼う （a うかがう　b かう）
2	願う （a かよう　b ねがう）		20	負ける （a うける　b まける）
3	楽しむ（a くるしむ　b たのしむ）		21	存じる （a かんじる　b ぞんじる）
4	違う （a ちがう　b ちかう）		22	焼く （a やく　b きく）
5	戻る （a かえる　b もどる）		23	倒れる （a おれる　b たおれる）
6	泣く （a なく　b たく）		24	吹く （a つく　b ふく）
7	祝う （a うたう　b いわう）		25	疲れる （a つかれる　b こわれる）
8	過ぎる（a にぎる　b すぎる）		26	参る （a まいる　b おる）
9	鳴る （a ほる　b なる）		27	探す （a ながす　b さがす）
10	回る （a まわる　b よわる）		28	変わる （a かわる　b まわる）
11	転ぶ （a ころぶ　b むすぶ）		29	積もる （a くもる　b つもる）
12	勝つ （a たつ　b かつ）		30	取る （a とる　b みる）
13	続ける（a さける　b つづける）		31	並べる （a しらべる　b ならべる）
14	眠る （a ねむる　b けむる）		32	晴れる （a はれる　b おれる）
15	選ぶ （a ならぶ　b えらぶ）		33	合う （a かう　b あう）
16	連れる（a つれる　b なれる）		34	守る （a おこる　b まもる）
17	申す （a もうす　b いたす）		35	逃げる （a にげる　b さげる）
18	笑う （a わらう　b ならう）		36	無くなる（a なくなる　b よくなる）

정답　1 a　2 b　3 b　4 a　5 b　6 a　7 b　8 b　9 b　10 a　11 a　12 b
　　　13 b　14 a　15 b　16 a　17 a　18 a　19 b　20 b　21 b　22 a　23 b　24 b
　　　25 a　26 a　27 b　28 a　29 b　30 a　31 b　32 a　33 b　34 b　35 a　36 a

고득점 어휘 확인 문제 ❺   [/ 18]

다음 단어의 일본어 표현으로 가장 알맞은 것을 a, b 중에서 고르시오.

1. 건너다　　　　　　(a おこる　　　b わたる)
2. 들리다　　　　　　(a きこえる　　b みえる)
3. 묵다, 숙박하다　　(a とまる　　　b たまる)
4. 잃다, 없애다　　　(a なくす　　　b なくなる)
5. 참다　　　　　　　(a つかまえる　b がまんする)
6. 받다　　　　　　　(a もらう　　　b あげる)
7. 밟다　　　　　　　(a とぶ　　　　b ふむ)
8. 부딪치다　　　　　(a ながれる　　b ぶつかる)
9. 부서지다, 고장나다(a こわれる　　b たおれる)
10. 묶다　　　　　　　(a とめる　　　b とまる)
11. 잃다, 없애다　　　(a むくす　　　b なくす)
12. (풀 등으로) 붙이다(a はる　　　　b かう)
13. 흐리다　　　　　　(a つもる　　　b くもる)
14. 계속되다　　　　　(a つずく　　　b つづく)
15. 끝내다, 치우다　　(a しまる　　　b しまう)
16. 보시다　　　　　　(a はいけんする　b ごらんになる)
17. 교체하다　　　　　(a のりかえる　b とりかえる)
18. 알리다　　　　　　(a しらせる　　b でかける)

정답　1 b　2 a　3 a　4 a　5 b　6 a　7 b　8 b　9 a
　　　10 b　11 b　12 a　13 b　14 b　15 b　16 b　17 b　18 a

고득점 어휘 확인 문제 ❻   [/ 18]

다음 단어의 일본어 표현으로 가장 알맞은 것을 a, b 중에서 고르시오.

1. 가늘다   (a ひどい   b ほそい)
2. 괴롭다   (a くるしい   b ただしい)
3. 젊다   (a つよい   b わかい)
4. 졸리다   (a ねむたい   b たのしい)
5. 차갑다   (a さめたい   b つめたい)
6. 친하다   (a したしい   b おとなしい)
7. 두껍다   (a あつい   b ひろい)
8. 뜨겁다   (a あつい   b こわい)
9. 미지근하다   (a ひどい   b ぬるい)
10. 어쩔 수 없다 (a つまらない   b しょうがない)
11. 이상하다   (a おかしい   b おしい)
12. 부족하다   (a たりない   b ほしい)
13. 아름답다   (a うつくしい   b めずらしい)
14. 시원하다   (a うれしい   b すずしい)
15. 시시하다   (a つまらない   b すばらない)
16. 필요한   (a ひつような   b ねっしんな)
17. 이상한   (a まじめな   b へんな)
18. 훌륭한, 멋진 (a りっぱな   b むりな)

정답 1 b   2 a   3 b   4 a   5 b   6 a   7 a   8 a   9 b
     10 b 11 a 12 a 13 a 14 b 15 a 16 a 17 b 18 a

고득점 어휘 확인 문제 ❼   [/ 18]

다음 단어의 일본어 표현으로 가장 알맞은 것을 a, b 중에서 고르시오.

1 침대　　　　　　(a ベッド　　　b ペット)
2 포크　　　　　　(a フォーク　　b ポーク)
3 다리미　　　　　(a アパート　　b アイロン)
4 레벨　　　　　　(a レベル　　　b メートル)
5 마스크　　　　　(a マスク　　　b チケット)
6 물통, 버킷　　　(a パケツ　　　b バスケ)
7 볼, 공　　　　　(a メール　　　b ボール)
8 사인　　　　　　(a サイン　　　b コイン)
9 샐러드　　　　　(a サンダル　　b サラダ)
10 슬리퍼　　　　 (a スリッパ　　b スリーパ)
11 수트, 정장　　 (a スーツ　　　b ソース)
12 케이크　　　　 (a ケイク　　　b ケーキ)
13 아시아　　　　 (a ラジオ　　　b アジア)
14 에어컨　　　　 (a エアコン　　b ハンカチ)
15 와이셔츠　　　 (a ワイシャツ　b アイディア)
16 우편함　　　　 (a レポート　　b ポスト)
17 유리　　　　　 (a ガラス　　　b カラス)
18 스피치　　　　 (a スピッチ　　b スピーチ)

정답　1 a　2 a　3 b　4 a　5 a　6 b　7 b　8 a　9 b
　　　10 a　11 a　12 b　13 b　14 a　15 a　16 b　17 a　18 b

고득점 어휘 확인 문제 ❽   [/ 18]

다음 단어의 일본어 표현으로 가장 알맞은 것을 a, b 중에서 고르시오.

1. 결코 (a けっして　　b やっと)
2. 대개, 대부분 (a なるべく　　b だいたい)
3. 매우 (a ひじょうに　　b すこし)
4. 도대체 (a いったい　　b どんなに)
5. 꽤, 상당히 (a こんなに　　b けっこう)
6. 몹시, 아주, 대단히 (a ずいぶん　　b やはり)
7. 예를 들면 (a たとえば　　b よければ)
8. 반드시, 틀림없이 (a きっと　　b さっき)
9. 전혀 (a ぜんぜん　　b たまに)
10. 꽤, 상당히 (a かならず　　b かなり)
11. 분명히 (a びっくり　　b はっきり)
12. 술술 (a ぺらぺら　　b そろそろ)
13. 아마 (a どんどん　　b たぶん)
14. 조금도 (a すくなくとも　　b ちっとも)
15. 이제부터, 앞으로 (a とくに　　b これから)
16. 일부러 (a わざわざ　　b すっかり)
17. 과연 (a それほど　　b なるほど)
18. 정확히 (a ちょうど　　b ちょっと)

정답 1 a　2 b　3 a　4 a　5 b　6 a　7 a　8 a　9 a
10 b　11 b　12 a　13 b　14 b　15 b　16 a　17 b　18 a

문자·어휘 완전 정복을 위한 꿀팁!

한 번에 완벽하게 정리하려고 하지 말고 몇 번이고 반복하겠다는 마음가짐으로 진행하시기 바랍니다. 특히 틀렸던 문제의 단어와 혼동되기 쉬운 단어를 정리해 두면 도움이 됩니다.

● もんだい 1 한자 읽기
훈독과 음독, 탁음, 장음, 촉음 등을 확실하게 구분할 수 있도록 학습하는 것이 좋습니다.

● もんだい 2 한자 표기
한자의 형태를 꼼꼼하게 분석해 가며 단어를 학습하도록 합니다. 특히 長, 張, 帳처럼 모양이 비슷하지만 전혀 다른 뜻을 갖는 한자에 주의하면서 학습하도록 합시다.

● もんだい 3 문맥 규정
고득점을 위해서는 동사 학습이 특히 중요합니다. 또한 문장을 많이 읽어서 사전적 의미 이외에도 그 단어가 갖는 다양한 뉘앙스를 익히도록 합니다.

● もんだい 4 유의어
문맥 규정을 확장한 응용 유형으로, 문제로 제시되는 문장을 보다 쉬운 말로 풀어서 표현하는 연습을 해 보면 좋습니다.

● もんだい 5 용법
가능한 한 많은 문장을 읽어서, 문장 속에서 각 단어가 어떻게 쓰이는지 자연스럽게 익히는 것이 중요합니다

1교시
문자 · 어휘

유형별 실전 문제

- もんだい 1 한자 읽기 ………… p.84
- もんだい 2 한자 표기 ………… p.89
- もんだい 3 문맥 규정 ………… p.94
- もんだい 4 유의어 ………… p.98
- もんだい 5 용법 ………… p.108

もんだい1

한자 읽기 실전 연습 ❶ [/ 10]

もんだい1 _____ の ことばは ひらがなで どう かきますか。1・2・3・4から いちばん いい ものを ひとつ えらんで ください。

1 先生、質問が ありますが…。
   1 しつぶん   2 しつもん   3 ひつぶん   4 ひつぶん

2 ひるごはんは いつも がっこうの 食堂で たべて います。
   1 しょくど   2 しょくどう   3 しょくじょ   4 しょくじょう

3 こうこうを そつぎょうしたら、大学に 進む つもりです。
   1 しずむ   2 たのむ   3 すむ   4 すすむ

4 この ほん、何日間 借りる ことが できますか。
   1 がりる   2 たりる   3 おりる   4 かりる

5 らいしゅう 日本へ 旅行に 行きます。
   1 りょこ   2 りょうこ   3 りょこう   4 りょうこう

6 ホテルの 予約は もう して あります。
   1 けやく   2 けいやく   3 よやく   4 ようやく

7 その 荷物、私が おもちします。
   1 かぶつ   2 かもつ   3 にぶつ   4 にもつ

8 とても たのしんで くれて 嬉しかったです。
   1 めずらしかった 2 すばらしかった 3 たのしかった 4 うれしかった

9 空港に ついたら でんわしますね。
   1 こうく   2 こうくう   3 くうこ   4 くうこう

10 まいにち 運動するのは ちょっと たいへんでしょう。
    1 うんてん   2 うんどん   3 うんどう   4 うんど

정답 1② 2② 3④ 4④ 5③ 6③ 7④ 8④ 9④ 10③   해설 p.314

한자 읽기 실전 연습 ❷　　　　　　　　　　　　　　　　　[　／10]

もんだい1 ＿＿＿の ことばは ひらがなで どう かきますか。1・2・3・4から いちばん いい ものを ひとつ えらんで ください。

1 あちらの くろい ビルが 病院です。
　1 びょうえん　　2 びょえん　　3 びょういん　　4 びょいん

2 英語ほど 世界中で ひろく つかわれて いる 言語は ありません。
　1 せかいちゅう　2 せいかいちゅう　3 せかいじゅう　4 せいかいじゅう

3 ことしの なつは 去年ほど あつく ないですね。
　1 さくねん　　2 さっくねん　　3 きょうねん　　4 きょねん

4 重い ものを はこぶ ときは 気を つけて ください。
　1 おもい　　2 おおい　　3 たかい　　4 ふとい

5 その 本は すずきさんに 貸して もらったの。
　1 けして　　2 かえして　　3 かして　　4 だして

6 いままで こんなに 親切に された ことは ない。
　1 ていねい　　2 しんせつ　　3 たいせつ　　4 しんせん

7 私が つれて いきますから 安心して ください。
　1 やすごころ　2 やすこころ　3 あんじん　　4 あんしん

8 としょかんで 働きながら がっこうに かよって います。
　1 うごき　　2 はたらき　　3 きき　　4 みがき

9 あたらしい しごとを はじめるために 銀行で おかねを かりた。
　1 ぎんこ　　2 きんこ　　3 ぎんこう　　4 きんこう

10 ははは わたしを 医者に したいと 言って います。
　1 いっし　　2 いし　　3 いしゃ　　4 いしや

정답　1 ③　2 ③　3 ④　4 ①　5 ③　6 ②　7 ④　8 ②　9 ③　10 ③　　　해설 p.314

한자 읽기 실전 연습 ❸   [/ 10]

もんだい1 ＿＿＿の ことばは ひらがなで どう かきますか。1・2・3・4から いちばん いい もの を ひとつ えらんで ください。

1. これから なつやすみの 計画を たてる つもりです。
   1 けいかい　　2 けかい　　3 けいかく　　4 けかく

2. この 店は ねだんも やすいし 店員も しんせつです。
   1 ていにん　　2 ていいん　　3 てんにん　　4 てんいん

3. ひっこして いまは がっこうの ちかくに 住んで います。
   1 ふんで　　2 こんで　　3 すんで　　4 ふんで

4. いぬの 世話を するのは ちょっと たいへんです。
   1 めわく　　2 めいわく　　3 せは　　4 せわ

5. この にもつ、いっしょに 運んで もらえないかな。
   1 まなんで　　2 あそんで　　3 はこんで　　4 ならんで

6. 夕方に なって すずしく なった。
   1 ゆうがた　　2 ゆうかた　　3 ゆがた　　4 ゆかた

7. えきから とおくて こうつうが とても 不便です。
   1 ふべん　　2 ぶへん　　3 ふつべん　　4 ぶつへん

8. バスが なかなか 来ない。じゅぎょうに 間に合わないかも…。
   1 かんにおわない　2 まにおわない　3 かんにあわない　4 まにあわない

9. かさも ないのに、急に あめが ふりだした。
   1 しゅうに　　2 じゅうに　　3 きゅうに　　4 ちゅうに

10. アルバイトを して いろいろな 経験を する ことが できました。
    1 けえけん　　2 けえげん　　3 けいけん　　4 けいげん

정답　1 ③　2 ④　3 ③　4 ④　5 ③　6 ①　7 ①　8 ④　9 ③　10 ③　　해설 p.314

한자 읽기 실전 연습 ❹ [　　/ 10]

もんだい1 ＿＿＿の ことばは ひらがなで どう かきますか。1・2・3・4から いちばん いい ものを ひとつ えらんで ください。

1 にほんごの べんきょうは せんげつ、始めたばかりです。
1 ほめた　　2 やめた　　3 あつめた　　4 はじめた

2 こちらに 住所と お名前を おかきください。
1 じゅうしょう　2 じゅしょ　3 じゅうしょ　4 じゅしょう

3 やっと 自分の へやが できて うれしいです。
1 しふん　　2 しぶん　　3 じふん　　4 じぶん

4 ビルの 屋上から ふじさんが よく 見えます。
1 おくじょう　2 おくじょ　3 やじょう　4 やじょ

5 きのうから 強い かぜが ふいて います。
1 さむい　　2 つめたい　3 こわい　　4 つよい

6 つぎの 文を よんで こたえて ください。
1 ぶん　　2 もん　　3 ふん　　4 むん

7 私は よく 他人の 意見に あわせて しまいます。
1 いみ　　2 いけん　　3 いかん　　4 いし

8 すでに 用意が できて います。
1 ようじ　　2 よんじ　　3 ようい　　4 よい

9 夜、運転するのは あぶないです。
1 うんぜん　2 うんせん　3 うんてん　4 うんでん

10 こんなに 遠くまで ひとりで よく こられたね。
1 ちかく　　2 ちこく　　3 とおく　　4 どおく

정답　1④　2③　3④　4①　5④　6①　7②　8③　9③　10③　　해설 p.314

한자 읽기 실전 연습 ❺   [/ 10]

もんだい1　＿＿＿の ことばは ひらがなで どう かきますか。1・2・3・4から いちばん いい ものを ひとつ えらんで ください。

1 台所から いい においが して いる。
　　1　だいどころ　　2　だいところ　　3　たいどころ　　4　たいところ

2 せんせいの しつもんに 答える ことが できなかった。
　　1　こたえる　　2　かんがえる　　3　おぼえる　　4　おしえる

3 まいあさ、ちかくの 公園に ジョギングに 行きます。
　　1　ごうえん　　2　こうえん　　3　ごういん　　4　こういん

4 10キロメートル 以上 あるいて、もう つかれて しまった。
　　1　いしょ　　2　いしょう　　3　いじょ　　4　いじょう

5 誕生日に なにか 特別な ものを あげたいと 思って います。
　　1　どくべつな　　2　とくべつな　　3　どくべすな　　4　とくべすな

6 家の にわに ちいさな 池を つくりたいです。
　　1　みずうみ　　2　かわ　　3　いけ　　4　うみ

7 ゆかたを 着て 花火大会に いきました。
　　1　きて　　2　にて　　3　ついて　　4　つけて

8 市民に 安心して もらえるように がんばります。
　　1　じみん　　2　じょみん　　3　しみん　　4　しょみん

9 いなかの 祖母に てがみを かきました。
　　1　そば　　2　そぼ　　3　おば　　4　おぼ

10 スーパーは とおいから、近所の コンビニで かって きても いい？
　　1　きんじょ　　2　ぎんじょ　　3　きんじょう　　4　ぎんじょう

정답　1①　2①　3②　4④　5②　6③　7①　8③　9②　10①　　해설 p.315

もんだい 2

한자 표기 실전 연습 ❶

[/ 10]

もんだい2 ＿＿＿の ことばは どう かきますか。1・2・3・4から いちばん いい ものを ひとつ えらんで ください。

1 今日は いつも より はやく おきました。
　1 超きました　　2 越きました　　3 起きました　　4 走きました

2 ダイエットの ために やさいを たくさん 食べて います。
　1 野採　　2 理菜　　3 野菜　　4 理採

3 手に もって いるのは なに？
　1 持って　　2 待って　　3 寺って　　4 特って

4 タクシーで 来たので やっと まにあった。
　1 間に会った　　2 間に合った　　3 問に会った　　4 問に合った

5 ぎゅうにゅうは 家に あるから かわなくても いいよ。
　1 買わなくても　　2 売わなくても　　3 貸わなくても　　4 貝わなくても

6 カーナビ あるから ちずは いらない。
　1 地道　　2 地図　　3 池道　　4 池図

7 私の すんで いる この まちは こうつうが べんりです。
　1 村　　2 町　　3 都　　4 市

8 えきから あるいて 10分ぐらいしか かかりません。
　1 渋いて　　2 徒いて　　3 歩いて　　4 走いて

9 先生は 目を とじて ラジオを きいて いました。
　1 開じて　　2 閉じて　　3 閑じて　　4 閲じて

10 なつやすみは やっぱり うみへ 行くよね。
　1 梅　　2 洋　　3 毎　　4 海

정답　1 ③　2 ③　3 ①　4 ②　5 ①　6 ②　7 ②　8 ③　9 ②　10 ④　해설 p.315

한자 표기 실전 연습 ❷　　　　　　　　　　　　　　　　　　[　　/ 10]

もんだい2 ＿＿＿＿の ことばは どう かきますか。1・2・3・4から いちばん いい ものを ひとつ えらんで ください。

1　おんがくを ききながら シャワーを あびます。
　　1　音薬　　　　2　音楽　　　　3　暗薬　　　　4　暗楽

2　いもうとは こうこうで えいごを おしえて います。
　　1　教えて　　　2　授えて　　　3　考えて　　　4　学えて

3　くるまの うんてんは いつ はじめましたか。
　　1　連転　　　　2　運転　　　　3　連軽　　　　4　運軽

4　この とおりを まっすぐ 行くと えきが あります。
　　1　道り　　　　2　痛り　　　　3　通り　　　　4　運り

5　どういう いみで いってるんですか。
　　1　音未　　　　2　音味　　　　3　意味　　　　4　意未

6　わたしも あたらしい スマホ かおうかな。
　　1　親しい　　　2　祈しい　　　3　新しい　　　4　亲しい

7　たいしかんで はたらくため、えいごの べんきょうを して います。
　　1　大使館　　　2　代使館　　　3　大吏館　　　4　代吏館

8　まいにち あつい ひが つづいて います。
　　1　者い　　　　2　著い　　　　3　署い　　　　4　暑い

9　だいがくで いがくを べんきょうして います。
　　1　医学　　　　2　匠学　　　　3　病学　　　　4　痛学

10　ひろばに ひとが たくさん あつまって います。
　　1　広陽　　　　2　広場　　　　3　拡陽　　　　4　拡場

정답　1② 2① 3② 4③ 5③ 6③ 7① 8④ 9① 10②　　　해설 p.315

한자 표기 실전 연습 ❸   [/ 10]

もんだい2 ＿＿＿の ことばは どう かきますか。1·2·3·4から いちばん いい ものを ひとつ えらんで ください。

1 えきの ばいてんの サンドイッチが おどろくほど おいしかった。
　1　買店　　　2　売店　　　3　買点　　　4　売点

2 すみません、この せき あいて いますか。
　1　開いて　　2　空いて　　3　明いて　　4　合いて

3 ゆうがたとは なんじから なんじまででしょうか。
　1　夕昉　　　2　多昉　　　3　夕方　　　4　多方

4 あした がっこうの まえに あつまって ください。
　1　策まって　2　集まって　3　会まって　4　結まって

5 あの みせは ちいさいのに てんいんが はちにんも いる。
　1　店員　　　2　店人　　　3　店損　　　4　店者

6 いぬの せわって いがいと たいへんですね。
　1　生活　　　2　世和　　　3　生舌　　　4　世話

7 大学生に なってから かぞくと はなれて ひとりで すんで います。
　1　往んで　　2　住んで　　3　注んで　　4　柱んで

8 じぶんで かんがえて きめた ほうが いいよ。
　1　思がえて　2　思えて　　3　考えて　　4　考がえて

9 どうして たいふうの 目は てんきが いいの？
　1　太風　　　2　大風　　　3　台風　　　4　強風

10 いま ちょうど くすりを のんだところなので コーヒーは いいです。
　1　菜　　　　2　楽　　　　3　薬　　　　4　葉

정답 1② 2② 3③ 4② 5① 6④ 7② 8③ 9③ 10③   해설 p.315

한자 표기 실전 연습 ❹ [/ 10]

もんだい2 ＿＿＿の ことばは どう かきますか。1・2・3・4から いちばん いい ものを ひとつ えらんで ください。

1 まえの くるまが きゅうに とまって、こちらも ブレーキを かけました。
 1 早に 2 速に 3 急に 4 走に

2 かしゅに なりたいですが、ゆうめいに なりたいわけでは ないです。
 1 有各 2 有名 3 著各 4 著名

3 りょこうって いく のは たのしいけど、つかれませんか。
 1 旅行 2 旅行 3 流行 4 歩行

4 この にもつを げんかんまで はこんで ください。
 1 動んで 2 転んで 3 連んで 4 運んで

5 この ほんやで はたらくのは らくだけど、きゅうりょうが やすい。
 1 働く 2 動く 3 勤く 4 労く

6 ごめん。ようじが できて パーティーには いけなく なった。
 1 用事 2 要事 3 用業 4 要業

7 ともだちから かりた ほんを なくして しまった。
 1 借りた 2 昔りた 3 貸りた 4 賃りた

8 スマホで とった しゃしんを SNSに あげた。
 1 写直 2 与直 3 写真 4 与真

9 この ボタンを おすと ドアが ひらきます。
 1 開きます 2 閉きます 3 関きます 4 間きます

10 そろそろ かいぎを はじめましょう。
 1 初めましょう 2 始めましょう 3 治めましょう 4 発めましょう

정답 1③ 2② 3① 4④ 5① 6① 7① 8③ 9① 10②   해설 p.316

한자 표기 실전 연습 ❺   [/ 10]

もんだい2 ＿＿＿の ことばは どう かきますか。1・2・3・4から いちばん いい ものを ひとつ えらんで ください。

1 いろいろ、たりない ぶぶんが おおすぎました。
　1　足りない　　　2　満りない　　　3　補りない　　　4　多りない

2 せんせいは けんきゅうしつから でて こない。
　1　研突室　　　　2　研救室　　　　3　研求室　　　　4　研究室

3 この バナナ、まだ あおいのに たべるの？
　1　青い　　　　　2　赤い　　　　　3　晴い　　　　　4　責い

4 かのじょは いぬを 3びきも かって います。
　1　飼って　　　　2　司って　　　　3　詞って　　　　4　伺って

5 ちいさい ころ よく おとうとと ここで あそんだ ものです。
　1　姉　　　　　　2　妹　　　　　　3　第　　　　　　4　弟

6 山田さんが かして くれた りょうりの ほんを みて つくりました。
　1　借して　　　　2　貸して　　　　3　賃して　　　　4　返して

7 テレビで えいがを みる ときは へやの なかを くらく します。
　1　里く　　　　　2　黒く　　　　　3　暗く　　　　　4　倍く

8 いなかの おばあさんに おくって もらった くだものです。
　1　遠って　　　　2　速って　　　　3　返って　　　　4　送って

9 このごろ イタリア りょうりを ならって います。
　1　考って　　　　2　教って　　　　3　学って　　　　4　習って

10 家より カフェの ほうが もっと べんきょうに しゅうちゅうできます。
　1　勉強　　　　　2　俛強　　　　　3　勉触　　　　　4　俛触

정답　1 ①　2 ④　3 ①　4 ①　5 ④　6 ②　7 ③　8 ④　9 ④　10 ①　　해설 p.316

もんだい 3

문맥 규정 실전 연습 ❶　　　　　　　　　　　　　[　　／10　]

もんだい3　(　　　) に なにを いれますか。1・2・3・4から いちばん いい ものを ひとつ えらんで ください。

1　大阪に いった とき、友だちの いえに (　　　)。
　　1　かりた　　　2　やめた　　　3　とまった　　　4　かよった

2　テレビを (　　　) まま 出かけて しまいました。
　　1　ひいた　　　2　とった　　　3　つけた　　　4　かけた

3　いくら はしっても 電車には (　　　) おもうよ。
　　1　おくれないと　2　まにあわないと　3　つくと　　　4　のれると

4　かぜは もう すっかり (　　　) ぐあいが よく なった。
　　1　なおって　　2　ならんで　　3　ならって　　4　ならべて

5　さいふの 中に 入れといた たいせつな しゃしんを (　　　) しまった。
　　1　なくて　　　2　なくして　　3　なくなって　　4　ないで

6　新しい プロジェクトは どの くらい (　　　) いますか。
　　1　すんで　　　2　すすんで　　3　ひいて　　　4　ついて

7　彼女は やくそくの 時間に おくれた りゆうを (　　　)。
　　1　よんだ　　　2　かけた　　　3　ひいた　　　4　きいた

8　(　　　) の 日本人は おんせんが 好きですね。
　　1　すっかり　　2　はっきり　　3　たいてい　　4　ずいぶん

9　よく 見える ように カレンダーを へやの (　　　) に かけました。
　　1　おくじょう　2　たたみ　　　3　いけ　　　　4　かべ

10　私は 日本に いって りょうりの 勉強が (　　　) です。
　　1　したい　　　2　ほしい　　　3　つもり　　　4　よてい

정답　1 ③　2 ③　3 ②　4 ①　5 ②　6 ②　7 ④　8 ③　9 ④　10 ①　　　해설 p.316

문맥 규정 실전 연습 ❷   [/ 10]

もんだい3 （　　　）に なにを いれますか。1・2・3・4から いちばん いい ものを ひとつ えらんで ください。

1　こんど （　　　） つれて 行って ください。
　　1　けっして　　2　なるほど　　3　たぶん　　4　ぜひ

2　山田さんとの 約束を （　　　） 忘れて いました。
　　1　はっきり　　2　たいてい　　3　すっかり　　4　けっこう

3　きょうしつの かべに ポスターが （　　　） あります。
　　1　ひろって　　2　おいて　　3　ならんで　　4　はって

4　明日 テストでしょ？ （　　　） はやく 勉強してね。
　　1　しかし　　2　それに　　3　だから　　4　けれど

5　せんぱいは この 仕事に ついて （　　　） 説明して くれた。
　　1　ざんねんに　　2　ひつように　　3　べんりに　　4　ていねいに

6　すみませんが、（　　　）は どこに ありますか。
　　1　アルバイト　　2　パーティー　　3　エスカレーター　　4　メートル

7　（　　　） 聞いても こたえて くれない。
　　1　ちっとも　　2　いくら　　3　いくつ　　4　けっして

8　（　　　） 本田さんから れんらくが ありました。
　　1　もうすぐ　　2　ほとんど　　3　さっき　　4　これから

9　試験は （　　　） ごうかくは むりみたいですね。
　　1　みたけど　　2　とったけど　　3　もらったけど　　4　うけたけど

10　買い物の あとは いつも （　　　）を 見ながら かくにんします。
　　1　レジ　　2　おつり　　3　レシート　　4　さいふ

정답　1 ④　2 ③　3 ④　4 ③　5 ④　6 ③　7 ②　8 ③　9 ④　10 ③　　해설 p.316

문맥 규정 실전 연습 ❸　　　　　　　　　　　　[　 / 10]

もんだい3 (　　　) に なにを いれますか。1・2・3・4から いちばん いい ものを ひとつ えらん で ください。

1 500 (　　　) ぐらいは およげます。
　　1 メール　　　2 メッセージ　　3 メダル　　　4 メートル

2 あそこの 赤い (　　　) を はいて いる 人が 吉田さんです。
　　1 ワンピース　　2 シャツ　　　3 スーツ　　　4 スカート

3 彼との デートは (　　　) たのしく なかった。
　　1 うっかり　　　2 とても　　　3 ちっとも　　4 いくら

4 食事の (　　　) は もう できて いますよ。
　　1 ようい　　　2 しょうたい　　3 しんぱい　　4 りよう

5 私の 話した ことを (　　　) ぶんぽうに なおして くれた。
　　1 たりない　　　2 すずしい　　3 ただしい　　4 うれしい

6 もっと ひろい 家へ (　　　) ことに した。
　　1 とどく　　　2 とりかえる　　3 ひっこす　　4 のりこす

7 うちの こが 大学に にゅうがく できて (　　　)。
　　1 ただしかった　2 やさしかった　3 うれしかった　4 ふかかった

8 つぎの れっしゃは 5分ぐらい (　　　) そうです。
　　1 まにあう　　　2 おくれる　　3 おくる　　　4 つく

9 ゆうべ つよい かぜが ふいて 木の えだが (　　　) いました。
　　1 たおれて　　　2 やぶれて　　3 おれて　　　4 こわれて

10 これは 先生から (　　　) 本です。
　　1 いただいた　　2 さしあげた　　3 くれた　　　4 あげた

정답 1 ④　2 ④　3 ③　4 ①　5 ③　6 ③　7 ③　8 ②　9 ③　10 ①　　　해설 p.317

문맥 규정 실전 연습 ❹   [/ 10]

もんだい3 （　　　）に なにを いれますか。1・2・3・4から いちばん いい ものを ひとつ えらんで ください。

1　インターネットで しらべて （　　　） わかりました。
　　1　そろそろ　　　2　やっと　　　3　うっかり　　　4　ぜんぜん

2　日本での 新しい せいかつに だんだん （　　　） きました。
　　1　ならって　　　2　すんで　　　3　なれて　　　4　ひっこして

3　北九州の おもな さんぎょうは （　　　）です。
　　1　じゅぎょう　　2　こうぎょう　　3　ぎょうむ　　　4　ぎょうじ

4　木村先生は ぶんぽうは （　　　） ぶんかにも くわしいです。
　　1　もちろん　　　2　それほど　　3　もっと　　　4　いじょう

5　先生と そうだんして、りゅうがくする ことに （　　　）。
　　1　しました　　　2　しらべました　　3　くらべました　　4　きました

6　せっかくですから、パーティーに かおを （　　　） ください。
　　1　あげて　　　2　だして　　　3　みえて　　　4　くれて

7　しけんが （　　　） 旅行に 行く つもりです。
　　1　おくれたら　　2　やめたら　　3　おわったら　　4　やんだら

8　この プールは とても （　　　）ので、 気を つけて ください。
　　1　うすい　　　2　たかい　　　3　あさい　　　4　ふかい

9　パーティーに 山田さんも （　　　）しようと おもってるんだ。
　　1　しょうらい　　2　しょうたい　　3　しょうち　　　4　しょうにん

10　暗くて （　　　）から ひとりで いきたく ない。
　　1　こわい　　　2　きびしい　　　3　たりない　　　4　あさい

정답　1②　2③　3②　4①　5①　6②　7③　8④　9②　10①　　해설 p.317

もんだい 4

유의어 실전 연습 ❶　　　　　　　　　　　　　　　　　[　　 / 10]

もんだい4 ＿＿＿ の ぶんと だいたい おなじ いみの ぶんが あります。1・2・3・4から いちばん いい ものを ひとつ えらんで ください。

1　先生からの　てがみを　はいけんしました。
　1　先生に　もらった　てがみを　よみました。
　2　先生に　もらった　てがみを　みせました。
　3　先生に　あげる　てがみを　おくりました。
　4　先生に　あげる　てがみを　かきました。

2　もう　すぐ　日が　くれます。
　1　そろそろ　くやしく　なります。
　2　そろそろ　くるしく　なります。
　3　そろそろ　くろく　なります。
　4　そろそろ　くらく　なります。

3　教室は　いつも　きれいに　して　おく　ように　しましょう。
　1　いつも　教室の　よういを　して　おきましょう。
　2　いつも　教室の　せわを　して　おきましょう。
　3　いつも　教室の　そうじを　して　おきましょう。
　4　いつも　教室の　せんたくを　して　おきましょう。

4　この　バスは　けっこう　すいて　いますね。
　1　この　バスには　人が　すこしも　のって　いませんね。
　2　この　バスには　かなり　おおくの　人が　のって　いますね。
　3　のって　いる　人が　いない　バスですね。
　4　のって　いる　人が　すくない　バスですね。

5　やまださんが　たいいんしたそうです。
　1　やまださんは　ことし　大学に　すすんだそうです。
　2　やまださんは　もう　仕事を　やめたそうです。
　3　やまださんは　はやく　家に　かえったそうです。
　4　やまださんは　もう　びょうきが　なおったそうです。

6 どうぶつを　いじめては　いけません。
　1　どうぶつに　さわらないで　ください。
　2　どうぶつに　あげないで　ください。
　3　どうぶつを　たいせつに　して　ください。
　4　どうぶつを　かって　ください。

7 自分の　へやを　ていねいに　そうじして　ください。
　1　自分の　へやを　しずかに　そうじして　ください。
　2　自分の　へやを　きれいに　そうじして　ください。
　3　自分の　へやを　はやく　そうじして　ください。
　4　自分の　へやを　かんたんに　そうじして　ください。

8 この　まちは　こうつうが　とても　べんりで　すみやすいです。
　1　この　まちは　スーパーや　コンビニが　たくさん　あります。
　2　この　まちは　こどもが　おおくて　がっこうも　おおいです。
　3　この　まちは　バスや　ちかてつが　たくさん　はしって　います。
　4　この　まちは　アパートや　ぎんこうが　すくなく　ないです。

9 店員：お客さま、おまたせしました。
　1　お客さんは　てんいんを　またせました。
　2　お客さんは　ながい　じかん　まって　いました。
　3　店員は　おきゃくさんを　まって　いました。
　4　店員は　おきゃくさんと　ずっと　まちました。

10 上野さんは「さきに　かえらせて　いただきます」と　いった。
　1　上野さんは「おさきに　どうぞ」と　いった。
　2　上野さんは「さきに　かえった　ほうが　いい」と　いった。
　3　上野さんは「おさきに　しつれいします」と　いった。
　4　上野さんは「さきに　かえらない　ほうが　いい」と　いった。

정답　1 ①　2 ④　3 ③　4 ④　5 ④　6 ③　7 ②　8 ③　9 ②　10 ③　　해설 p.318

유의어 실전 연습 ❷　　　　　　　　　　　　　　[　　/ 10]

もんだい4 　　　　の ぶんと だいたい おなじ いみの ぶんが あります。1・2・3・4から いちばん いい ものを ひとつ えらんで ください。

1　ひろとくんは　あかんぼうです。
　　1　ひろとくんは　すぐ　かおが　あかく　なります。
　　2　ひろとくんは　よく　おこりだす　ひとです。
　　3　ひろとくんは　ことし　はたちに　なりました。
　　4　ひろとくんは　せんげつ　うまれた　ばかりです。

2　学生は　一人も　のこって　いません。
　　1　学生は　一人う　みんな　かえりました。
　　2　学生は　一人しか　いません。
　　3　学生は　のこした　ものを　なくして　しまいました。
　　4　学生は　なにも　のこしませんでした。

3　ズボンが　よごれて　います。
　　1　ズボンは　ぜんぶ　うれて　います。
　　2　ズボンは　ちっとも　うすく　ないです。
　　3　ズボンが　きたないです。
　　4　ズボンが　つめたいです。

4　この　車は　よく　こしょうします。
　　1　この　車は　つかいやすいです。
　　2　この　車は　たいせつです。
　　3　この　車は　こわれやすいです。
　　4　この　車は　じょうぶです。

5　学校の　友だちと　びじゅつかんに　いきました。
　　1　学校の　友だちと　ひろばに　いきました。
　　2　学校の　友だちと　かみを　きりに　いきました。
　　3　学校の　友だちと　えを　みに　いきました。
　　4　学校の　友だちと　こうじょうに　いきました。

6　先生に　しかられました。
　1　先生に　こられました。
　2　先生に　なかれました。
　3　先生に　ほめられました。
　4　先生に　おこられました。

7　弟は　あたらしい　パソコンを　かいました。
　1　弟の　パソコンは　おもく　ありません。
　2　弟の　パソコンは　ふるく　ありません。
　3　弟の　パソコンは　きれいじゃ　ありません。
　4　弟の　パソコンは　べんりじゃ　ありません。

8　しょうらいの　ゆめに　ついて　みんなで　はなしました。
　1　らいしゅうの　りょこうに　ついて　みんなで　はなしました。
　2　いままでの　けいかくに　ついて　みんなで　はなしました。
　3　これから　なにに　なりたいか　みんなで　はなしました。
　4　きのう　どんな　ゆめを　みたか　みんなで　はなしました。

9　いそがしくて　テレビは　あまり　みません。
　1　テレビは　すきでは　ないです。
　2　テレビは　よく　ないです。
　3　テレビを　かう　じかんが　ないです。
　4　テレビを　みる　じかんが　ないです。

10　作り方を　もっと　かんたんに　せつめいして　ください。
　1　どうして　作るのか　しんせつに　せつめいして　ください。
　2　どう　作るのか　やすまずに　せつめいして　ください。
　3　どうして　作るのか　たいせつに　せつめいして　ください。
　4　どう　作るのか　わかりやすく　せつめいして　ください。

정답　1 ④　2 ①　3 ③　4 ③　5 ③　6 ④　7 ②　8 ③　9 ④　10 ④　　해설 p.318

유의어 실전 연습 ❸ [/ 10]

もんだい4　＿＿＿　の　ぶんと　だいたい　おなじ　いみの　ぶんが　あります。1・2・3・4から　いちばん　いい　ものを　ひとつ　えらんで　ください。

1　あしたは　はれるでしょう。
　1　あしたは　さむく　なるでしょう。
　2　あしたは　ゆきが　ふるでしょう。
　3　あしたは　あめが　あがるでしょう。
　4　あしたは　かぜが　ふくでしょう。

2　ごご　2時に　びよういんを　よやくしました。
　1　体の　ぐあいが　わるいです。
　2　ふくを　買いに　いく　つもりです。
　3　かみのけを　きりに　いく　よていです。
　4　くすりを　買いに　いきます。

3　げんかんに　だれか　います。
　1　家の　いりぐちに　人が　います。
　2　まどに　人が　います。
　3　だいどころに　人が　います。
　4　へやの　なかに　人が　います。

4　きのうの　かいぎに　しみずさん　いがいは　来ました。
　1　きのうの　かいぎに　しみずさんが　来る　前に、ほかの　人が　来ました。
　2　きのうの　かいぎに　しみずさんは　来ませんでしたが、ほかの　人は　来ました。
　3　きのうの　かいぎに　しみずさんは　来ましたが、ほかの　人は　来ませんでした。
　4　きのうの　かいぎに　しみずさんが　来た　後で、ほかの　人が　来ました。

5　わたしは　せんしゅう　ひっこしました。
　1　せんしゅう　仕事を　やめました。
　2　せんしゅう　住所が　かわりました。
　3　せんしゅう　旅行から　かえって　きました。
　4　せんしゅう　両親に　あいに　いって　きました。

6 こまかい ことまで しんぱいしないで ください。
1 たのしい ことは わすれないで ください。
2 ちいさい ことでも おぼえて ください。
3 たいせつじゃ ない ことは きに しないで ください。
4 どんな ことでも まじめに かんがえて ください。

7 まず しょるいの コピーを して ください。
1 はじめに しょるいの コピーを して ください。
2 しっかり しょるいの コピーを して ください。
3 できるだけ しょるいの コピーを して ください。
4 きょうじゅうに しょるいの コピーを して ください。

8 それでは あした うかがいます。
1 それでは あした いらっしゃいます。
2 それでは あした まいります。
3 それでは あした はいけんします。
4 それでは あした おっしゃいます。

9 この 問題は まちがえやすい。
1 この 問題は まちがえる 人が 多い。
2 この 問題は まちがえる 人が ぜんぜん いない。
3 この 問題は まちがえる 人が 少ししか いない。
4 この 問題は まちがえる 人が 少ない。

10 日本語は ほとんど わすれて しまいました。
1 日本語は ぜんぶ わすれて しまいました。
2 日本語は なにも おぼえて いません。
3 日本語は すっかり わすれて しまいました。
4 日本語は すこししか おぼえて いません。

정답 1③ 2③ 3① 4② 5② 6③ 7① 8② 9① 10④   해설 p.319

유의어 실전 연습 ❹   [/ 10]

もんだい4 ＿＿＿の ぶんと だいたい おなじ いみの ぶんが あります。1・2・3・4から いちばん いい ものを ひとつ えらんで ください。

① きのう えきまえで 先生に お目に かかりました。
1 きのう えきまえで 先生に 会いました。
2 きのう えきまえで 先生に 聞きました。
3 きのう えきまえで 先生と 歩きました。
4 きのう えきまえで 先生と えいがを 見ました。

② ほとんどの 人は これを 食べません。
1 だいたいの 人が これを 食べます。
2 ふつう これを 食べる 人は いません。
3 これを 食べない 人が いるかも しれません。
4 これを 食べない 人は すこししか いません。

③ アルバイトの けいけんが あります。
1 アルバイトを する きが あります。
2 アルバイトを した ことが あります。
3 アルバイトを する ことに なって います。
4 アルバイトを する のは むりです。

④ すずきさんは わたしの あねと けっこんしました。
1 あねは すずきさんの しゅじんに なりました。
2 あねは すずきさんの かないに なりました。
3 あねは すずきさんの おきゃくさんに なりました。
4 あねは すずきさんの おねえさんに なりました。

⑤ この 時計 5分 すすんで いますね。
1 この 時計 5分 はやいです。
2 この 時計 5分 おくれて いますね。
3 この 時計 5分かん とまって いますね。
4 この 時計 5分かん うれて います。

6 ゴルフが　さかんに　なりました。
　1　ゴルフを　する　人が　ほとんど　いません。
　2　ゴルフを　する　人が　へりました。
　3　ゴルフを　する　人が　ふえました。
　4　ゴルフの　人気が　さがって　います。

7 あの　しょくどうは　いつも　こんで　います。
　1　あの　しょくどうには　いつも　人が　おおいです。
　2　あの　しょくどうには　いつも　きゃくが　すくないです。
　3　あの　しょくどうは　いつも　すいて　います。
　4　あの　しょくどうは　いつも　しまって　います。

8 先生、ちょっと　聞きたい　ことが　ありますが…。
　1　先生、ちょっと　はいけんしたい　ことが　ありますが…。
　2　先生、ちょっと　めしあがりたい　ことが　ありますが…。
　3　先生、ちょっと　おっしゃいたい　ことが　ありますが…。
　4　先生、ちょっと　うかがいたい　ことが　ありますが…。

9 かえりに　友だちの　家に　よって　はなしを　しました。
　1　家へ　かえる　まえに、友だちの　いえで　はなしを　しました。
　2　家へ　かえって、友だちと　はなしを　しました。
　3　友だちと　はなしを　する　まえに、家へ　かえりました。
　4　家へ　かえってから、ともだちの　いえに　はなしを　しに　いきました。

10 びょういんで　さわいでは　いけません。
　1　びょういんで　さんぽしては　いけません。
　2　びょういんで　さわっては　いけません。
　3　びょういんで　いそいでは　いけません。
　4　びょういんで　うるさくしては　いけません。

정답　1①　2②　3②　4②　5①　6③　7①　8④　9①　10④　　해설 p.320

유의어 실전 연습 ❺　　　　　　　　　　　[　　/ 10]

もんだい4 　　　　の ぶんと だいたい おなじ いみの ぶんが あります。1・2・3・4から いちばん いい ものを ひとつ えらんで ください。

1　この　きかいは　べんりです。
　　1　この　きかいは　たまに　こわれます。
　　2　この　きかいは　とても　つかいやすいです。
　　3　この　きかいは　きけんです。
　　4　この　きかいは　ふくざつです。

2　かいぎの　じゅんびは　だいたい　すみました。
　　1　かいぎの　じゅんびは　ぜんぶ　すみました。
　　2　かいぎの　じゅんびは　ちっとも　すみました。
　　3　かいぎの　じゅんびは　ほとんど　すみました。
　　4　かいぎの　じゅんびは　めったに　すみました。

3　むすめを　むかえに　駅へ　行きました。
　　1　むすめを　つれて　駅へ　行きました。
　　2　駅まで　むすめを　おくって　あげました。
　　3　駅で　むすめと　わかれました。
　　4　むすめに　あいに　駅へ　行きました。

4　先生が　おっしゃって　いた　ことを　おぼえて　いますか。
　　1　先生が　なにを　かったか　おぼえて　いますか。
　　2　先生が　なにを　くれたか　おぼえて　いますか。
　　3　先生が　いつ　きたのか　おぼえて　いますか。
　　4　先生が　なにを　はなして　いたか　おぼえて　いますか。

5　2週間おきに　ボランティアに　いって　います。
　　1　きょう　ボランティアに　いって　きたので、つぎは　来週です。
　　2　きょう　ボランティアに　いって　きたので、つぎは　再来週です。
　　3　週　いっかい　ボランティアに　いって　います。
　　4　毎週　ボランティアに　いって　います。

6 日本語の 授業を とって いる 人は 10人 いじょうだそうです。
　1 日本語の 授業を とって いる 人は 10人より おおいそうです。
　2 日本語の 授業を とって いる 人は 10人より すくないそうです。
　3 10人しか 日本語の 授業を とって いないそうです。
　4 ちょうど 10人が 日本語の 授業を とって いるそうです。

7 ねぼうして 授業に まにあわなかった。
　1 あさ はやく おきて 授業に おくれなかった。
　2 あさ おきるのが おそくなって 授業に ちこくした。
　3 あさ はやく おきたけど 学校に おくれてしまった。
　4 あさ おきるのが おそく なったけど 授業に おくれなかった。

8 たなかさんの かわりに すずきさんが 来ました。
　1 たなかさんは 来ましたが、すずきさんは 来ませんでした。
　2 すずきさんも たなかさんも 来ませんでした。
　3 たなかさんと すずきさんが 来ました。
　4 すずきさんは 来ましたが、たなかさんは 来ませんでした。

9 いもうとは えが うまいです。
　1 いもうとは えが へたです。
　2 いもうとは えが きらいです。
　3 いもうとは えが じょうずです。
　4 いもうとは えが すきです。

10 自分の こたえを、もう 一度 チェックして ください。
　1 自分の こたえを、もう 一度 しらべて ください。
　2 自分の こたえを、もう 一度 しまって ください。
　3 自分の こたえを、もう 一度 さがして ください。
　4 自分の こたえを、もう 一度 たずねて ください。

정답　1 ②　2 ③　3 ④　4 ④　5 ②　6 ①　7 ②　8 ④　9 ③　10 ①　　해설 p.321

もんだい 5

용법 실전 연습 ❶　　　　　　　　　　　　　　　　　[　/ 10]

もんだい5 つぎの ことばの つかいかたで いちばん いい ものを 1・2・3・4から ひとつ えらんで ください。

[1] ひろう
1　あちらの つくえは いらないから ひろって ください。
2　パスポートを ひろって 旅行に でかけました。
3　うんどうじょうで さいふを ひろいました。
4　部屋の 中を もっと ひろって ください。

[2] すっかり
1　うんどうして きもちが すっかりです。
2　行くか どうか すっかり 話して ください。
3　すっかり べんきょうして ください。
4　かぜは もう すっかり なおりました。

[3] かなしい
1　かなしくて まどを あけました。
2　かなしいから きれいに して ください。
3　かなしい えいがは みたく ないです。
4　やさいの ねだんが かなしく なった。

[4] ふくざつ
1　いま まちが ふくざつです。
2　あの 人は ふくざつの ひとです。
3　人が すくなくて ふくざつですね。
4　その ニュースを 読んで ふくざつな きもちに なって しまった。

[5] おくる
1　あの 店は まいしゅうの どようび おくって あります。
2　ねぼうして 授業に おくって しまった。
3　いらない ものは そとに おくって おいた。
4　ゆうびんきょくで にもつを おくりました。

6 なかなか
  1 一人ずつ　店の　なかに　なかなか　はいりました。
  2 おかしを　なかなか　食べて　ください。
  3 バスが　なかなか　来なくて　あるいて　いく　ことに　した。
  4 よる　おそくまで　なかなか　仕事を　しました。

7 とおる
  1 この　みちは　車が　たくさん　とおって　います。
  2 たばこを　とおるのは　よく　ないです。
  3 さいきん　料理教室に　とおって　います。
  4 そとに　とおらない　ほうが　いいよ。

8 つよい
  1 にくが　つよくて　食べたく　ないです。
  2 この　コートは　つよいから　あたたかそうです。
  3 いま　そとは　つよい　かぜが　ふいて　います。
  4 日本の　おちゃは　コーヒーより　つよいです。

9 ひらく
  1 みんな　その　ニュースを　ひらいて　います。
  2 おかねを　かりて　店を　ひらきました。
  3 この　ボタンを　ひらくと　とまります。
  4 みなさん　中に　ひらいて　ください。

10 おれい
  1 あの　先生は　おれいの　かたです。
  2 友だちが　ひるごはんに　おれいを　作って　くれた。
  3 プレゼントを　もらったので　おれいを　いいました。
  4 にゅういんして　いる　ともだちに　おれいを　おくりました。

용법 실전 연습 ❷   [/ 10]

もんだい5 つぎの ことばの つかいかたで いちばん いい ものを 1・2・3・4から ひとつ えらんで ください。

1 いくら
1　いくら 聞いても こたえて くれません。
2　いくら 考えたら やっと わかった。
3　たくさん 食べても いくら ふとりません。
4　日本には いくら いって います。

2 いたす
1　先生が 学校の あんないを いたしました。
2　あした そちらに いたしても いいですか。
3　かいぎの じゅんびは わたしが いたします。
4　かれは レストランを いたして います。

3 プレゼント
1　かいぎで わたしが はっぴょうを プレゼントした。
2　にゅういんして いる 友だちに くだものを プレゼントした。
3　おしょうがつに 先生に あいさつを プレゼントした。
4　ははの たんじょうびに スカーフを プレゼントした。

4 ゆっくり
1　かみのけを ゆっくり きって ください。
2　風邪は もう ゆっくり なおりました。
3　時間が なくて ゆっくり 食べなければ ならなかった。
4　おんがくを 聞きながら ゆっくり あるきました。

5 うまい
1　いちばん うまい せきに すわりましょう。
2　やまださんは テニスが うまいです。
3　うまくて つかい にくいです。
4　この コートは うまいから あたたかく ないです。

6 むかえる
1 つくえの 上を きれいに むかえました。
2 一日中 スマホで ゲームばかり むかえて います。
3 よい お年を むかえて ください。
4 あしたまでに レポートを むかえて ください。

7 きびしい
1 やまだ先生は とても きびしいです。
2 この かばんが きびしくて 一人で はこべません。
3 くだものの 中で なにが いちばん きびしいですか。
4 こどもは いつも きびしい ところで あそんだ ほうが いい。

8 へんじ
1 この へんじは だれに かりましたか。
2 へやの へんじは きれいに して ほしい。
3 先生の しつもんには へんじ できなかった。
4 へんじが たりなくて かして あげられません。

9 よろこぶ
1 かれと 食事を しながら よろこぶ 時間を すごしました。
2 かぜを ひいて 家で よろこんで います。
3 大学に にゅうがく できて とても よろこんで います。
4 あの 店は あまり 客が いなくて よろこんで います。

10 しっかり
1 かれとの 約束を しっかり わすれて いた。
2 ドアを しっかり しめて ください。
3 れいぞうこの 中に くだものが しっかり して いる。
4 この カメラは しっかり ふるいですね。

정답 1① 2③ 3④ 4④ 5② 6③ 7① 8③ 9③ 10②   해설 p.322

용법 실전 연습 ❸ [/ 10]

もんだい5　つぎの ことばの つかいかたで いちばん いい ものを 1・2・3・4から ひとつ えらんで ください。

1 かたづける
    1 つくえの うえを きれいに かたづけなさい。
    2 きのう この ペンを かたづけて かきやすく なった。
    3 まいあさ あさごはんは サンドイッチで かたづいて います。
    4 しけんべんきょうを ねっしんに かたづけなさい。

2 しめる
    1 ねる 前には テレビを しめて ください。
    2 この くすりは 一日 3回 しめて ください。
    3 ここで 写真を とる のは しめて ください。
    4 さむいから ドアを しめて ください。

3 そうだん
    1 ことばの いみが わからなくて じしょを そうだんしました。
    2 ゆきちゃんは 好きな デザートの そうだんを して います。
    3 それに ついては 先生に そうだんした ほうが いいよ。
    4 スカートの ねだんが いくらか 店員に そうだんしました。

4 たくさん
    1 きょうは たくさん さむいですよね。
    2 SNSは きけんが たくさんだから 気を つけよう。
    3 さいきん、子どもの ことで 心配が たくさんです。
    4 図書館には たくさんの 本が ありました。

5 わかす
    1 あつい シャワーを わかして あらいました。
    2 いま、おふろを わかして いる ところです。
    3 この おかしは わかして たべた ほうが いい。
    4 さむいから ストーブを わかしましょうか。

6 こしょう
1 この カーテンは こしょうして います。
2 すずきさんは かぜを ひいて からだを こしょうして います。
3 きのう かった じてんしゃが こしょうして います。
4 あの レストランは さいきん こしょうして います。

7 るす
1 テストも おわったし、さいきん るすに なりました。
2 この 店は げつようびに るすです。
3 にもつを わたしに 行ったんだけど ひろとくんは るすだった。
4 あまり のって いる 人が いなくて るすの せきが おおかった。

8 おどろく
1 うけつけに 大きな 犬が いたので、おどろいて しまいました。
2 日本の けいざいが おどろいて ものの ねだんが 高く なります。
3 空が おどろいて 雨が ふりました。
4 わたしには おどろいて いる しゅみが あります。

9 いけん
1 つかいかたが よく わかるように、いけんを して ください。
2 あの 人から「ありがとう。」と いけんを 言われました。
3 この ことばの いけんを しらべました。
4 みんなの 前で わたしの いけんを 言いました。

10 とうとう
1 しょくじの あとで とうとう おちゃを おねがいします。
2 しんぶんの 字は とうとう こまかいです。
3 とうとう しけんの 日が 来ました。
4 わからなかったら、とうとう じしょを ひいて ください。

정답　1 ①　2 ④　3 ③　4 ④　5 ②　6 ③　7 ③　8 ①　9 ④　10 ③

용법 실전 연습 ❹ [/ 10]

もんだい5 つぎの ことばの つかいかたで いちばん いい ものを 1・2・3・4から ひとつ えらんで ください。

1 あやまる
　1 すずきくんに すうがくを 教えて もらって すぐ あやまりました。
　2 バスの 中で となりの 人と ぶつかった とき すぐ あやまりました。
　3 ひどい ことを きいて しまったので かれに あやまりました。
　4 みんなで 「おだいじに」と 大きい こえで あやまりました。

2 にあう
　1 よやくした チケットと にんずうが にあいません。
　2 おたがい きのうの ことに ついて にあった ほうが いいと おもいます。
　3 ちょうど 授業の 時間に にあいました。
　4 かのじょには 明るい 色の ふくが にあいます。

3 したく
　1 テストが おわってから 友だちと したくして みました。
　2 部屋の したくは いつも あさの 時間に して います。
　3 食事の したくを てつだいました。
　4 友だちと したくする のは はずかしい ことです。

4 たいてい
　1 さむいから たいてい まどを しめましょう。
　2 カフェの 中に 人が たいてい います。
　3 もう 時間だから たいてい かえりましょうか。
　4 ひろとくんって 雨の 日は たいてい ちこくする。

5 おとなしい
　1 さいきん いそがしくて 仕事が おとなしいです。
　2 あの ねこは おとなしく 見えても いたずらっ子ですよ。
　3 春に なって おとなしい 日が つづいて います。
　4 この 肉、とても おとなしいね。

6 つめたい
1 どちらの かばんが もっと つめたそうですか。
2 かなしい 映画を 見て 目が つめたく なって しまった。
3 かのじょは いつも わたしに つめたく する。
4 この 本は つめたすぎて よめません。

7 じゅうしょ
1 図書館の となりの じゅうしょは ゆうびんきょくです。
2 あしたの かいぎの じゅうしょは 5かいです。
3 ここに あなたの 家の じゅうしょを 書いて ください。
4 わたしに Eメールの じゅうしょを 教えて ください。

8 だめ
1 あしたは よていが あるので だめです。
2 わたしの だめが やっと なおりました。
3 きのうは 時間を だめに つかって しまった。
4 シャツを 買おうとしたら、あと 500円 だめだった。

9 そだてる
1 たいせつに そだてて いた 花が さきました。
2 この 料理は おいしく なるまで、よく そだてました。
3 なんども なおして さくぶんを そだてました。
4 じが 小さくて 見えないので、もう すこし そだてて ください。

10 すると
1 天気が よく なかったです。すると、テニスを しませんでした。
2 なんかいも 聞きました。すると、わかりませんでした。
3 ボタンを おしました。すると、ドアが あきました。
4 あしたは しけんが あります。すると、よく 勉強して ください。

정답 1② 2④ 3③ 4④ 5② 6③ 7③ 8① 9① 10③   해설 p.324

용법 실전 연습 ❺

もんだい5 つぎの ことばの つかいかたで いちばん いい ものを 1・2・3・4から ひとつ えらんで ください。

1 おみまい
1 これは ほっかいどうの おみまいです。どうぞ。
2 かぜで けっせきした 前田くんの おみまいに いきます。
3 先生の けっこんしきで みんなで おみまいを わたしました。
4 すてきな レストランで おみまいを しました。

2 せわ
1 知らない 人に せわを もらって しまいました。
2 旅行の せわを しっかり して ください。
3 ねる 前に いつも きょうの せわを かんがえます。
4 うちの こは 犬と あそんで ばかりで せわは しない。

3 ひっこす
1 この にもつを かいぎしつまで ひっこして ください。
2 となりの せきに ひっこしても いいですか。
3 学校の ちかくに ひっこして べんりです。
4 会社まで いつも じてんしゃで ひっこして います。

4 はずかしい
1 さいきん、かかくの きょうそうが はずかしく なった。
2 きのう 作った カレーは とても はずかしくて おいしかった。
3 あさの さんぽは いつも はずかしいです。
4 人の 前で うたうのは ちょっと はずかしいです。

5 なおす
1 どこかで さいふを なおして しまいました。
2 あの テレビは もう なおして ありますよ。
3 ここでは しゃしんを なおしては いけません。
4 かいぎが おわったら、テーブルの 上を なおして ください。

6 やくそく
   1 レポートの やくそくは いつまでですか。
   2 ホテルの やくそくは して おきましたか。
   3 なつやすみに ハワイへ 行く やくそくを しました。
   4 もう すぐ ひこうきの やくそくの 時間なので いそいで いきます。

7 しらべる
   1 テーブルの 上に この おさらを しらべて ください。
   2 ことしの なつは きょねんに しらべて あつく ない。
   3 たこやきの レシピを インターネットで しらべました。
   4 やおやに たくさんの やさいが しらべて あります。

8 つたえる
   1 お母さんに よろしく つたえて ください。
   2 すみません、その しおを つたえて もらえますか。
   3 この いすを 教室に つたえて ください。
   4 友だちを 空港まで つたえて あげました。

9 うるさい
   1 コーヒーが うるさくて いい かおりが します。
   2 今年の 冬は うるさくて ゆきも たくさん ふるそうです。
   3 かれの レポートは いつも しっかりして いて うるさいです。
   4 かちょうは コーヒーの 味に うるさいです。

10 しかる
    1 しからない ことが あれば いつでも 聞いて ください。
    2 こどもとは いつも たのしく しかって います。
    3 おおごえで しかられて とても はずかしかったです。
    4 「だいじょうぶだよ」と しかられて あんしんしました。

정답 1 ② 2 ④ 3 ③ 4 ④ 5 ② 6 ③ 7 ③ 8 ① 9 ④ 10 ③   해설 p.325

2교시

문법

もんだい1 문법 형식 판단
もんだい2 문장 완성
もんだい3 문맥 이해

1 문제 유형 공략법

もんだい1 문법 형식 판단

●● 유형 분석

1 13문제가 출제된다.
2 8분 이내로 푸는 것이 좋다.
3 가장 기본적인 출제 유형으로 문법 내용에 맞는 표현 형식을 묻는다.
4 조사, 동사의 활용, 추측, 경어 등과 관련된 표현들이 출제된다.
5 전 단계에 속하는 N5 수준의 핵심적인 문법 내용을 포함한다.
6 출제 유형
   (1) 문형 접속 이해하기
   (2) 문형 의미 이해하기

✓ 평소에 문장을 소리 내어 정확히 읽는 연습을 하자!
✓ 다양한 변형 및 응용 문제 출제! 단순 암기는 No!
✓ 조사, 추측, 수동, 사역, 경어, 수수표현 정리 필수.

예시 문제

A 「先生、もう くすりを のまなくても いいですか。」
B 「いいえ、来週の げつよう日までは （　　　）。」
1　のんでも いいです　　　　2　のまないで ください
3　のんで ください　　　　　4　のんでは いけません

정답 3

해석　A: 선생님, 이제 약을 먹지 않아도 됩니까?
　　　　B: 아니요, 다음 주 월요일까지 드십시오.

해설　허가 ~ても いいです(~해도 좋습니다)와 금지 ~ては いけません(~해서는 안 됩니다), 그리고 의뢰 ~て ください(~해주세요,~하십시오) 표현을 묻는 문제다. 「いいえ」라고 말했기 때문에 약을 먹어야 한다는 의미의 3번이 정답이다.

2교시 문법

もんだい2 문장 완성

● ● 유형 분석

1 5문제가 출제된다.
2 3분 이내로 푸는 것이 좋다.
3 선택지 1, 2, 3, 4의 표현들을 재구성하여 문장을 완성하는 유형이다.
4 문장 완성 후 ★ 부분에 해당되는 순서의 표현을 선택하여 답을 체크한다.

✓ 특정 동사에 쓰이는 조사가 힌트인 경우가 많다!
✓ 주어와 서술어를 먼저 파악하면 나머지 배열이 쉬워진다!
✓ 평소 필수 문형의 의미와 문장을 통째로 외워두기!

예시 문제

A 「おれいの 手紙は もう 出しましたか。」
B 「いいえ、＿＿＿ ＿＿＿ ★ ＿＿＿ です。」
1 書いて　　　2 今　　　3 ところ　　　4 いる

정답 4(2-1-4-3)

해석　A: 감사 편지는 벌써 보냈습니까?
　　　B: 아니요, 지금 쓰고 있는 중입니다.

해설　'진행중에 있다'라는 의미의 「～ているところだ(～하는 참이다)」를 묻는 문제다. 동사 진행 ～ている에 ところ를 붙이면 '한창 진행중'이라는 표현이다. 이때 ところ가 명사의 성격을 지녀 문장 끝의 です에 붙을 수 있다는 특징을 알고 있다면, 문제를 푸는 힌트가 된다.

もんだい3 문맥 이해

1 4문제가 출제된다.
2 5분 이내로 푸는 것이 좋다.
3 독해의 중문 형식에 해당하는 약 250~300자 정도의 글을 읽고, 문맥에 맞는 표현을 선택하여 전체 문장을 완성하는 유형이다.
4 단순한 포인트 암기 위주의 문법이 아니라 문장에 대한 이해도를 체크하는 측면을 강조한 유형이다.
5 일본어 기본 문법의 전반적인 내용에 대한 이해를 요구한다.
6 출제 유형
   (1) 적절한 문말 표현 넣기
   (2) 적절한 접속사 넣기
   (3) 적절한 지시어 넣기

✓ 문말 표현은 필수 출제! 놓치지 말자!
✓ 접속사 문제에서는 역접 표현이 자주 등장한다!
✓ 지시어 문제에서는 반드시 지시어의 앞쪽 문장에 주목하자!
✓ 독해 중 막히는 부분이 있어도 끝까지 통독하는 습관을 갖자.

예시 문제

わたしは　兄弟(きょうだい)が　いないので、ずっと　さびしかったです。しかし、ポチを　かってからは、　1　。わたしたちは　いつも　いっしょです。ポチは　わたしが　家(いえ)を　出(で)る　とき、いつも　げんかんまで　出(で)て　きます。

1

1　さびしく　なります
2　さびしく　なくなりました
3　さびしく　なるかもしれません
4　さびしく　なくなったそうです

정답 2

해석　저는 형제가 없기 때문에 계속 외로웠습니다. 그러나 포치를 키우고 나서부터는 외롭지 않게 되었습니다. 우리는 언제나 함께입니다. 포치는 내가 집을 나올 때 항상 현관까지 나옵니다.

1　외로워집니다
2　외롭지 않게 되었습니다
3　외로워질지도 모릅니다
4　외롭지 않게 되었다고 합니다

해설　포치를 키운 후부터는 혼자가 아니라, 언제나 함께라고 말하고 있다. 문장의 흐름으로 보아, '외롭지 않게 되었습니다'라는 표현이 적절하므로 2번을 선택해야 한다.

2 기출 문법

두 번 이상 출제된 문법·문형 정리

☐ ~あいだに ~동안에	• ここに いる あいだに 여기에 있는 동안에	
☐ ~か ~인지, ~한지(불확실)	• 知って いるか 聞いて みる 알고 있는지 물어보다	
☐ ~かた(方) ~방법	• 使い方 사용법	
☐ ~か~ないか ~할지 ~말지	• 行くか 行かないか 갈지 말지	
☐ ~かもしれない ~지도 모른다	• かれは 来るかも しれない 그는 올지도 몰라	
☐ ~から ~로(재료)	• ぶどうから ワインを 作る 포도로 와인을 만들다	
☐ ~ことがある ~하는 일이 있다	• 一人で 行く ことが ある 혼자서 갈 때가 있다	
☐ ~ことができる ~할 수 있다	• 一人で 行く ことが できる 혼자서 갈 수 있다	
☐ ~ことにする ~하기로 하다	• 一人で 行く ことに する 혼자서 가기로 하다	
☐ ~しか ~밖에(+ 부정문)	• 水しか 飲まない 물밖에 안 마신다	
☐ ~すぎる 너무 ~하다	• 食べすぎる 과식하다, 너무 많이 먹다	
☐ ~ずに ~하지 않고	• どこにも 行かずに 어디에도 가지 않고	
☐ ~そうだ ~할 것 같다(양태)	• 雨が 降りそうだ 비가 내릴 것 같다	
☐ ~そうだ ~라고 한다(전문)	• 雨が 降るそうだ 비가 내린다고 한다	
☐ ~たがる ~하고 싶어 하다	• かれも 行きたがって いる 그도 가고 싶어 하고 있다	
☐ ~だけ ~만(한정)	• ここには 私だけです 여기에는 저뿐입니다	
☐ ~だす ~하기 시작하다	• きゅうに 泣きだす 갑자기 울음을 터뜨리다	
☐ ~たところだ 막 ~한 참이다	• 今、着いた ところだ 지금 막 도착한 참이다	
☐ ~たばかり ~한 지 얼마 안 된	• 先週、買った ばかりだ 지난주 산 지 얼마 안 됐다	
☐ ~たまま ~한 채	• めがねを かけた まま 안경을 쓴 채	

☐ ~ために ~때문에	• 食べすぎたために 과식했기 때문에	
☐ ~ために ~하기 위해	• 日本に 行く ために 일본에 가기 위해서	
☐ ~たら ~하면(가정)	• もし、先生に 会ったら 혹시, 선생님을 만나면	
☐ ~つづける 계속 ~하다	• 働きつづける 계속 일하다	
☐ ~つもり ~할 예정, ~할 작정	• かれに 言う つもりだ 그에게 말할 생각이다	
☐ ~で ~로 인해	• 風邪で けっせきする 감기로 결석하다	
☐ ~で ~으로(수단)	• カタカナで 書く 가타카나로 쓰다	
☐ ~で ~으로(시간)	• 30分で 行ける 30분으로 갈 수 있다	
☐ ~ておく ~해 두다	• まず、宿題を して おく 우선 숙제를 해 두다	
☐ ~てはいけない ~해서는 안 된다	• ここで 走っては いけない 여기에서 달려서는 안 된다	
☐ ~でも ~라도	• 散歩でも しましょう 산책이라도 합시다	
☐ ~てもいい ~해도 좋다	• ここに 座っても いい 여기에 앉아도 좋다	
☐ ~てもかまわない ~해도 상관없다	• 人に 話しても かまわない 다른 사람에게 말해도 상관없다	
☐ ~といい ~하면 좋다	• 明日、晴れると いいね 내일 맑으면 좋겠네	
☐ ~という ~라고 하는, ~라는	• 「富士山」という 山 '후지산'이라는 산	
☐ ~とか ~라든가	• たとえば ラーメンとか 가령 라면이라든가	
☐ ~ところ ~(하는) 참	• 今、食べて いる ところ 지금 먹고 있는 중	
☐ どんな 어떤	• どんな タイプの 人? 어떤 타입의 사람?	
☐ ~な ~(하지) 마(금지)	• 心配するな 걱정하지 마	
☐ ~ないで ~(하지) 말아	• 心配しないで 걱정하지 마	
☐ ~なさい ~하거라	• 手を 洗いなさい 손을 씻거라	
☐ ~なら ~(이)라면	• これなら 買います 이거라면 사겠습니다	
☐ ~なら ~한다면	• 山に 行くなら 富士山が いい 산에 간다면 후지산이 좋다	
☐ ~に ~로부터, ~한테	• これ、だれに もらったの？ 이거, 누구한테 받았어?	
☐ ~にくい ~하기 어렵다	• 字が 小さくて 読みにくい 글씨가 작아서 읽기 어렵다	

☐ ～にする ~로 하다	・私は カレーに する	나는 카레로 할래
☐ ～になる ~해지다, ~가 되다	・先生に なる	선생님이 되다
☐ ～によると ~에 의하면	・天気予報に よると	일기예보에 의하면
☐ ～の ~의 것	・これは だれのですか	이것은 누구의 것입니까?
☐ ～のに ~인데	・たくさん 食べるのに 太らない	많이 먹는데 살찌지 않다
☐ ～はじめる ~하기 시작하다	・日本語を 習いはじめる	일본어를 배우기 시작하다
☐ ～はず ~것이다(확신)	・見れば 分かる はずだ	보면 알 것이다
☐ ～はずがない ~할 리가 없다	・かれは 来る はずが ない	그는 올 리가 없다
☐ ～ほう ~쪽, ~편	・買わない ほうが いい	사지 않는 편이 좋다
☐ ～ほど ~만큼	・ぼくほど つよい 人	나만큼 강한 사람
☐ ～まで ~까지(기간)	・朝、10時まで 寝る	아침 10시까지 자다
☐ ～までに ~까지(기한)	・水曜日までに 出す	수요일까지 제출하다
☐ ～も ~이나	・三つも 食べた	세 개나 먹었다
☐ ～やすい ~하기 쉽다	・食べやすい サイズ	먹기 편한 사이즈
☐ ～ようだ ~한 것 같다	・この 本を 読んだ ようだ	이 책을 읽은 것 같다
☐ ～ようにする ~하도록 하다	・タバコは 吸わない ように する	담배를 피우지 않도록 하다
☐ ～ようになる ~하게 되다	・できるように なる	할 수 있게 되다
☐ ～より ~보다(비교)	・これより 安い	이것보다 싸다
☐ ～らしい ~(라는 것) 같다	・よく 行って いる らしい	자주 가고 있다는 것 같다
☐ ～らしい ~답다	・学生らしい	학생답다
☐ ～られる ~할 수 있다	・何でも 食べられる	무엇이든 먹을 수 있다

출제된 문장의 흐름 및 구성

- あしたは家でゆっくり休もうと思う。　내일은 집에서 푹 쉬려고 생각한다.(의지)
- あそこにいるのは、田中さんじゃなさそうです。
  저기에 있는 것은 다나카 씨가 아닌 것 같습니다.(ない + そうだ = なさそうだ)
- あの花は5月にならないとさきません。　저 꽃은 5월이 되지 않으면 피지 않습니다.(조건)
- あの店は、あまり高くなくて、店員も親切です。
  저 가게는 그다지 비싸지 않고, 점원도 친절합니다.(열거)
- あぶないですから、子どもを一人であそばせないでください。
  위험하니까, 어린이를 혼자서 놀게 하지 말아 주세요.(이유 + 금지)
- いろいろしらべて、その駅がいちばん便利だということがわかった。
  다양하게 조사해 그 역이 가장 편리하다는 사실을 알았다.(というもの가 아님에 주의)
- お金もないし、時間もないから、あそびに行けない。
  돈도 없고 시간도 없으니까 놀러 갈 수 없다.(이유의 열거/가능동사)
- 今日のじゅぎょうは休みだとだれかが言っているのを聞きました。
  오늘 수업은 쉰다고 누군가가 말하는 것을 들었습니다.(の의 용법)
- ここにカバンがあるから、中村さんはまだ学校にいるはずです。
  여기에 가방이 있으니까 나카무라 씨는 아직 학교에 있을 거예요.(당연한 결과)
- こちらのカバンをごらんください。　이쪽의 가방을 보십시오.(경어)
- このケーキはつめたくなければ、おいしくありません。
  이 케이크는 차갑지 않으면 맛이 없습니다.(조건, ば의 연결)
- このコンピューターをお使いください。　이 컴퓨터를 이용해 주세요.(경어/존경)
- この本は、あさってまでにかえしてください。
  이 책은 모레까지 돌려주세요.(기한. 정해진 시간 안에 한 번만 하면 되는 행위. まで가 아님에 주의)
- このメールをだれかに見られるとこまる。　이 메일을 누군가가 보면 곤란하다.(수동)
- これからカレーを作ろうと思います。　지금부터 카레를 만들려고 생각합니다.(동사의 의지 표현)
- これからパンをやくところです。
  지금부터 빵을 구울 참입니다.(시제 일치. 이제부터가 있으므로 やく가 와야 함)

- 最近、いろんなしゅるいのガムがスーパーマーケットで売られています。
  최근 여러 가지 종류의 껌이 슈퍼마켓에서 팔리고 있습니다.(단순 수동)

- さっき起きたばかりで、まだねむいです。 조금 전에 막 일어난 참이라 아직 졸립니다.(이유, ばかり)

- スポーツをするのと、見るのと、どちらが好きですか。
  스포츠를 하는 것과 보는 것과 어느 쪽을 좋아합니까?(비교)

- すみません、あした用事があるので、仕事を休ませていただきたいんですが。
  죄송합니다만, 내일 볼일이 있어서 일을 쉬게 해 주셨으면 합니다만.(경어 표현)

- 先月からテニスを始めました。 지난달부터 테니스를 시작했습니다.(시제 일치 및 자·타동사의 구분)

- 先生、わたしがそのにもつをお持ちします。 선생님 제가 그 짐을 들겠습니다.(경어/겸양 표현)

- 先生はもうお帰りになりました。 선생님은 이미 귀가하셨습니다.(경어/존경 お〜になる)

- 外に出ると、ゆきがふっていました。 밖에 나가니, 눈이 내리고 있었습니다.(시간의 순차적 흐름)

- その仕事は、ぜひわたしにやらせてください。 그 일은 꼭 제가 하게 해 주세요.(사역)

- 台所からいいにおいがします。
  부엌에서 좋은 냄새가 납니다.(においがする 냄새가 나다 / おとがする 소리가 나다)

- 田中さんが大学をそつぎょうできたかどうか、知っていますか。
  다나카 씨가 대학을 졸업했는지 어떤지 알고 있습니까?(불확실한 사실)

- 田中さんの来る日は火曜日です。
  다나카 씨가 오는 날은 화요일입니다.(절의 명사를 수식할 때 が가 の로 대체)

- 田中さんはちこくをしないと言ったのに、またちこくをした。
  다나카 씨는 지각을 하지 않겠다고 말했는데, 또 지각을 했다.(のに의 용법)

- 田中ともうしますが、山下さんをおねがいします。
  다나카라고 합니다만, 야마시타 씨를 부탁합니다.(전제, 전화에서)

- チケットは、あとでおわたしいたします。 티켓은 나중에 건네 드리겠습니다.(경어/겸양 표현)

- ちょっと今いそがしいので、ほかの人に聞いてもらえますか。
  지금은 좀 바쁘니까 다른 사람에게 물어 줄 수 있겠습니까?(수수 표현, 동사 가능 표현)

- ちょっとお待ちください。 잠시 기다려 주십시오.(경어/존경어)

- 電車におくれる。急げ。 전철에 늦는다. 서둘러라.(동사 명령 표현)

- 日本の料理はまだよくわからないので、ときどき日本人の友だちに教えてもらいます。
  일본 요리는 아직 잘 모르기 때문에 종종 일본인 친구에게서 가르침 받습니다.(수수 표현)

3 합격 문법

□ 001 **か**

- **〜까? (의문)** 一番 いい ものは どれですか。 가장 좋은 것은 어느 것입니까?
- **〜가! (감탄, 감동)** ああ、きょうも 雨か。 아, 오늘도 비인가.
- **〜이, 〜이나** コーヒーか ジュースに しましょう。 커피나 주스로 합시다.

何か 무언가 だれか 누군가 いつか 언젠가 どこか 어딘가 どれか 어느 것인가 なぜか 왠지

□ 002 **が**

- **〜이, 〜가 (주어)** 友だちが くれました。 친구가 주었습니다.
- **〜을, 〜를 (목적어)** この 漢字が 読めますか。 이 한자를 읽을 수 있습니까?
- **〜(지)만 (의문)** 高いですが、おいしいですね。 비쌉니다만 맛있습니다.

□ 003 **を**

- **〜을, 〜를** 毎日、散歩を します。 매일 산책을 합니다.
  道を 渡って ください。 길을 건너 주세요.

□ 004 **から**

- **〜에서, 〜부터** 2時から 始まります。 2시부터 시작합니다.
  駅から 近いです。 역에서 가깝습니다.
- **〜(으)로 (원료, 재료)** ぶどうから ワインを 作ります。 포도로 와인을 만듭니다.
- **〜여서, 〜니까** 時間 ないから、急ごう。 시간 없으니까 서두르자.

005 で

~으로 (수단)	漢字で 書いて ください。 한자로 써 주세요.
~(로) 인해 (원인)	仕事で 忙しいです。 일로 바쁩니다.
~에서 (장소)	駅で 売って います。 역에서 팔고 있습니다.
~으로 (재료)	紙で 作った とり 종이로 만든 새
~에 (합산)	三つで いくらですか。 3개에(3개 해서) 얼마입니까?
~으로 (기준)	あの 店は 6時で 閉まります。 저 가게는 6시로 문을 닫습니다.

006 と

~과, ~와, ~랑	3人家族で、父と 母と 私です。 세 식구로, 아빠와 엄마와 저입니다.
~과, ~와(함께)	吉田さんと いっしょに 作りました。 요시다 씨와 함께 만들었습니다.
~라고 (전달, 인용)	分かったと 言って います。 알았다고 말했습니다.
~면	まっすぐ 行くと、学校が あります。 곧장 가면, 학교가 있습니다.

007 に

~에 (장소)	あした、東京に 行きます。 내일 도쿄에 갑니다.
~에 (합산)	月曜日に テストが あります。 월요일에 시험이 있습니다.
~한테, ~에게 (대상)	先生に 聞いて みましょう。 선생님한테 물어봅시다.
~(하)러	デパートへ 買い物に 行きます。 백화점에 쇼핑하러 갑니다.
~에, ~당	週に 一回は プールに 行きます。 주에 한 번은 수영장에 갑니다.

☐ 008 の

- **~의 (소유격 조사)** だれの かばんですか。 누구의 가방입니까?
- **~의 (소유격 대명사)** これは 私の です。 이것은 나의 것입니다.
- **~인 (동격, 소속)** 私の 妹の チエです。 나의 여동생인 지에입니다.
- **~이, ~가 (주격 조사 が 대체)** お金の 多い 人 돈이 많은 사람

☐ 009 は

- **~은, ~는 (주제 제시)** 今の 部屋は 広くて いい。 지금 방은 넓어서 좋다.
- **~은, ~는 (단정, 대비)** トマトは あまり 食べません。 토마토는 그다지 먹지 않습니다.

☐ 010 へ

- **~에, ~로 (방향)** どうぞ、こちらへ。 이쪽으로(오세요).

  アメリカへ 行きます。 미국으로 갈 겁니다.

☐ 011 も

- **~에 (첨가)** これも 一つ ください。 이것도 한 개 주세요.
- **~도 (전면적 부정)** 何も ありません。 아무것도 없습니다.
- **~이나 (강조, 과장)** 3つも 買いました。 3개나 샀습니다.

☐ 012 や

- **~랑, ~과/와, ~라든가** 白や 黄色など、明るい 色が 好きです。
  하양이나 노랑 등 밝은 색을 좋아합니다.

013 〜はじめる ~하기 시작하다

동사 ます형에 접속하여, 동작을 하기 시작한다는 의미다.

- 彼女は 泣き始めました。 그녀는 울기 시작했습니다.
- 料理を 習い始めました。 요리를 배우기 시작했습니다.

014 〜つづける 계속 ~하다

동사 ます형에 접속하여, 동작을 계속 한다는 의미다.

- 働きつづけて います。 계속해서 일하고 있다
- 2時間も 話しつづけて いる。 두 시간이나 계속 이야기하고 있다.

015 〜おわる 다 ~하다, ~을 끝내다

동사 ます형에 접속하여, 해 오던 동작을 끝낸다는 의미다. 주로 타동사에 붙여 사용한다.

- やっと 読み終わった。 겨우 다 읽었다.
- ご飯を 食べ終わったら、こっちに きて。 밥을 다 먹으면, 이쪽으로 와.

016 〜だす (갑자기) ~하기 시작하다

동사 ます형에 접속하여, 동작이 시작된다는 의미로 쓰인다. 〜はじめる와 바꾸어 쓸 수 있지만, 〜だす 쪽이 급작스러운 동작의 시작을 의미한다.

- 急に 泣きだす。 갑자기 울음을 터뜨리다.
- 雨が 降りだした。 비가 갑자기 쏟아졌다.

☐ 017 ～すぎる 너무(지나치게) ~하다

동사 ます형, い・な형용사의 어간에 접속하여, 행동이나 상황의 정도가 지나치다는 의미로 사용된다.

- 食べすぎてしまいました。 과식하고 말았습니다.
- まじめすぎる 고지식하다(지나치게 성실하다)

☐ 018 ～たい ~하고 싶다

동사 ます형에 접속하여, 본인의 하고 싶은 행동을 말할 때 쓰인다. 목적어가 필요할 경우 を・が 모두 사용할 수 있다.

- 新しい 車が 買いたいです。 새 자동차를 사고 싶습니다.
- どんな ことを したいですか。 어떤 일을 하고 싶습니까?

☐ 019 ～たがる ~하고 싶어하다

동사 ます형에 접속하며, ～たい가 본인의 희망을 말한다면, ～たがる는 제3자의 희망을 언급하는 표현이다. 단, 목적격 조사는 を만 사용한다.

- 彼も 本を 読みたがって いる。 그도 책을 읽고 싶어합니다.
- 何を したがって いますか。 무엇을 하고 싶어합니까?

☐ 020 ～やすい ~하기 쉽다, ~하기 편하다

동사 ます형에 접속하며, '수월하다'라는 의미와 '어떤 경향이 있다', '~하기 십상이다'의 의미 둘 다 쓰인다.

- 寒くて 風邪を ひきやすい。 추워서 감기 걸리기 십상이다.
- この かばん、持ちやすいね。 가방 들기 편하네.

021 〜にくい ~하기 어렵다

동사 ます형에 접속하여, 어떤 행동을 하는 것이 어렵고 곤란하다는 의미를 나타낸다.

- 彼には 話しかけにくい。 그에게는 말 걸기 어렵다.
- 古くて 使いにくいです。 낡아서 사용하기 불편하다.

022 ます형의 명사화 ~하기, ~하는 일

동사 ます형은 명사(동명사)로 바꾸어 '~하기', '~하는 일'과 같이 사용할 수 있다.

休む 쉬다 → 休み 쉬기, 휴식 / 遊ぶ 놀다 → 遊び 놀이 / 帰る 돌아가다 → 帰り 돌아감, 귀가

- この あそびは だれでも 楽しめる。 이 놀이는 누구라도 즐길 수 있다.

023 〜かた ~하는 법

동사 ます형에 かた(方)를 붙여 '~하는 방법'이라는 의미로 쓰인다.

- この 漢字の 書き方を 教えて ください。 이 한자의 쓰는 법을 가르쳐 주세요.
- 作り方は 簡単です。 만드는 법은 간단합니다.

024 〜て いる ~하고 있다

동사 て형에 접속하여 1)행동의 진행과 지속, 2) 자동사의 상태를 의미한다.

- 彼は いま 寝て います。 그는 지금 자고 있습니다.
- 電気が ついて います。 전기가 켜져 있습니다.

☐ 025 ～て ある ~되어 있다

타동사의 て형에 접속하여, 의도에 의해 벌어진 상태를 의미한다.

- 名前が 書いて あります。 이름이 쓰여 있습니다.
- 窓が 開けて ある。 창문이 열려 있다.

☐ 026 ～て みる ~해 보다

동사 て형에 접속하여, 어떠한 행동을 시도한다는 의미로 쓰인다.

- 一度、行って みたいです。 한번 가 보고 싶다.
- 先生に 聞いて みよう。 선생님한테 물어보자.

☐ 027 ～て おく ~해 두다

동사 て형에 접속하여, 동작의 결과를 분명하게 남긴다는 표현으로 쓰인다. 미리 준비한다는 의미로 쓸 수 있다.

- 行く 前に 予約して おこう。 가기 전에 예약해 두자.
- レポートは ぜんぶ 書いて おきました。 리포트는 전부 써 두었습니다.

☐ 028 ～て しまう ~해 버리다

동사 て형에 접속하여, 어떠한 동작이나 상태가 완전히 끝났다는 것을 강조한다. 곤란하거나 유감스럽다는 감정을 강조할 수도 있다.

- 人の 話を 聞いて しまいました。 다른 사람의 이야기를 듣고 말았습니다.
- 桜の 花が 落ちて しまった。 벚꽃이 떨어지고 말았다.

029 〜て くる ~해 오다

동사 て형에 접속하여, 현 시점까지 점점 변화되어온 결과를 의미한다.

- かなり 寒(さむ)く なって きた。 꽤 추워져 왔다.(추워졌다.)
- だんだん 明(あか)るく なって くる。 점점 밝아져 온다.(밝아진다.)

030 〜て いく ~해 가다

동사 て형에 접속하여, 어떠한 동작이나 상태가 현 시점을 포함하여 점점 더 강해져 간다는 의미를 나타낸다.

- これからも 続(つづ)けて いく つもりです。 앞으로도 계속해 나갈 생각입니다.
- もっと 暑(あつ)く なって いくだろう。 더 더워져 가겠지.

031 〜ても ~해도, ~하더라도

동사 て형에 접속하며, 「い형용사 어간+くても」, 「な형용사 어간+でも」의 형태로도 쓰인다. 다음 문장에는 다른 내용이나 반대되는 내용이 뒤따른다.

- いくら 話(はな)しても 聞(き)いて くれない。 아무리 이야기해도 들어주지 않는다.
- 高(たか)くても 買(か)いたい。 비싸도 사고 싶다.

032 〜ても いい ~해도 좋다

동사 て형에 접속하여, 행동을 해도 좋다는 '허가'의 의미를 나타낸다.

- ボールペンで 書(か)いても いいですか。 볼펜으로 써도 됩니까?
- もう 帰(かえ)っても いい。 이제 귀가해도 좋아.

☐ 033 〜ても かまわない ~해도 상관없다

동사 て형에 접속하며, 「〜ても いい」와 같이 허가의 의미로 쓰인다.

- これ、使っても かまわない。이거 사용해도 상관없어.
- 人に 話しても かまいません。다른 사람에게 말해도 상관없습니다.

☐ 034 〜ては いけない ~해서는 안 된다

동사 て형에 접속하여, 그러한 행동을 해서는 안 된다는 금지의 의미를 나타낸다.

- ここに 入っては いけないよ。여기에 들어와서는 안 됩니다.
- タバコを すっては いけません。담배를 피워서는 안 됩니다.

☐ 035 〜ちゃ いけない ~해서는 안 된다

동사 て형에 접속하며, 「〜ては いけない」와 같은 뜻이다. 편안한 회화체라고 이해하면 된다.

- これ、食べちゃ いけないよ。이거 먹어선 안 돼.
- そんな こと しちゃ いけません。그런 일 해선 안 됩니다.

☐ 036 〜た まま ~한 채로

동사 た형에 접속하여, 어떤 상태가 유지되거나 방치된 상황을 말한다.

- めがねを かけた まま、寝た。안경을 쓴 채로 잤다.
- 窓を 開けた まま、出かけて しまった。창문을 연 채로, 나가버렸다.

☐ 037 〜た ほうが いい ~하는 편이 좋다

동사 た형에 접속하여, 어떠한 행동을 하는 게 좋다고 권하거나 조언할 때 쓰인다.

- 先生と 話して みた 方が いいですよ。 선생님과 이야기해 보는 편이 좋아요.
- セールだから、買った 方が いいよ。 세일이니까, 사는 게 좋겠다.

☐ 038 〜たら どうですか ~하면 어떨까요?

동사 た형에 접속하여, '그렇게 하는 것이 좋다'는 의미로 조언할 때 쓴다. 「〜た ほうが いい」와 비슷하게 쓰이지만 '동의'를 구한다는 뉘앙스가 있다.

- 運動でも 始めたら どうですか? 운동이라도 시작하면 어떨까요?
- 明日 はやいから、早く 寝たら どう? 내일 일찍이니까, 얼른 자는 게 어때?

☐ 039 〜ないで ~하지 않고, ~하지 말고

동사 ない형에 접속하여, 어떠한 행동을 하지 않고 다른 행동을 한다는 의미를 나타낸다.

- 何も しないで、寝て いる。 아무것도 하지 않고, 자고 있다.
- バスに 乗らないで 歩いて 行こう。 버스를 타지 말고 걸어서 가자.

☐ 040 〜ないで ください ~하지 마세요

동사 ない형에 접속하여, 특정 행동을 하지 않도록 부탁하는 경우에 쓰인다.

- 私に 何も 聞かないで ください。 나에게 아무것도 묻지 말아 주세요.
- 作品に さわらないで ください。 작품에 손대지 말아 주세요.

041 ～ず(に) ~하지 않고, ~하지 말고

동사 ない형에 접속하여, 「～ないで」와 같이 어떤 행동을 하지 않은 상태를 말한다. (예외: する → せずに)

- 何も 言わずに 行って しまった。 아무것도 말하지 않고 가 버렸다.
- 思わず 笑って しまった。 무심코 웃고 말았다.

042 ～なければ ならない ~하지 않으면 안 된다

동사 ない형에 접속하여, 반드시 그 행동을 해야 한다는 의무를 나타내는 표현이다.

- 7時までに つかなければ ならない。 7시까지 도착하지 않으면 안 됩니다.
- 今日は はやく 寝なければ ならない。 오늘은 일찍 자지 않으면 안 됩니다.

043 ～なくては いけない ~하지 않으면 안 된다

동사 ない형에 접속하여, 반드시 그 행동을 해야 한다는 의무를 나타내는 표현이다.

- 今日中に レポートを 出さなくては いけない。
  오늘중으로 리포트를 제출하지 않으면 안 됩니다.
- もう 急がなくては いけません。 이제 서두르지 않으면 안 됩니다.

044 ～なくても いい ~하지 않아도 좋다

동사 ない형에 접속하여, 그렇게 할 필요 없다는 의미를 나타낸다.

- 電話番号は 書かなくても いいです。 전화번호는 쓰지 않아도 됩니다.
- 私には 謝らなくても いい。 나에게는 사과하지 않아도 괜찮아.

외국어 공부의 지름길

동양북스 외국어 베스트 도서

🔖 동양북스 문의 02-337-1737 팩스 02-334-6624
www.dongyangbooks.com

기타 외국어

기초부터 회화까지 한 권에 **첫걸음 시리즈**

합격으로 가는 지름길 **외국어 수험서 시리즈**

045 ～なくても かまわない ~하지 않아도 상관없다

동사 ない형에 접속하여, 그렇게 할 필요가 없다는 허가의 의미를 나타낸다. 「～なくても いい」보다 더 조심스러운 느낌을 준다.

- 塩は 入れなくても かまわない。 소금은 넣지 않아도 상관없어.
- 弁当は 持って こなくても かまいません。
  도시락은 가지고 오지 않아도 상관없습니다.

046 ～なくちゃ（＝～なきゃ） ~하지 않으면 안 된다

동사 ない형에 접속하여, 주로 회화체로 쓰이는 '의무'를 나타내는 표현이다. 「～なくちゃ」는 「～なくては」 또는 「～なくては いけない」의 준말이며, 「～なきゃ」는 「～なければ」 또는 「～なければ いけない」의 준말이다. 「～ないと」라고도 쓸 수 있다.

- もう こんな 時間、早く 帰らなきゃ。 벌써 이 시간, 얼른 돌아가야 해.
- これ、買わなきゃ。 이거 사야 해.

047 あげる (다른 사람에게) 주다

내가(또는 다른 사람이) 다른 사람에게 무언가를 줄 때 사용하는 표현이다.

- 友だちに プレゼントを あげた。 친구에게 선물을 주었다.
- それは だれに あげる つもり？ 그건 누구한테 줄 생각이야?

048 くれる (나에게) 주다

다른 사람이 나에게 무언가를 줄 때 사용하는 표현이다.

- この 時計、父が くれたの。 이 시계 아빠가 줬어.
- 友だちが 私に お土産を くれました。 친구가 나한테 기념품을 주었습니다.

☐ 049 もらう 받다

누가 누구에게든 상관없이 무언가를 받을 때 사용하는 표현이다.

- この 時計、父に もらったの。 이 시계 아빠한테 받았어.
- 友だちに お土産を もらいました。 친구한테 기념품을 받았습니다.

☐ 050 〜て あげる (다른 사람에게) ~해 주다

내가 다른 사람에게, 또는 다른 사람끼리 유익한 행동을 해주는 경우에 쓰는 표현이다.

- 私が 手伝って あげるよ。 내가 도와 줄게.
- 友だちに 雑誌を 貸して あげました。 친구에게 잡지를 빌려 주었습니다.

☐ 051 〜て くれる ~해 주다

다른 사람이 나에게 도움이 되는 행동을 해 주는 경우에 사용하는 표현이다.

- 友だちが 私に ケーキを 作って くれました。
  친구가 나에게 케이크를 만들어 주었습니다.
- ちょっと 待って くれる? 잠시 기다려 줄래?

☐ 052 〜て もらう ~해 받다

다른 사람으로부터 행위를 제공받는 경우에 쓰인다. 특히 감사나 고마움의 느낌을 담고 있다.

- (私は) 友だちに ケーキを 作って もらいました。
  (나는) 친구한테 케이크를 만들어 받았습니다.
- ミンジに 紹介して もらった 本です。 민지한테서 소개받은 책입니다.

□ 053 さしあげる 드리다

「あげる」의 겸양 표현으로, 내가 남에게 무언가를 줄 때 내 행동을 겸손하게 낮추어 말할 때 쓴다.

- 先生に プレゼントを さしあげました。 선생님께 선물을 드렸습니다.

□ 054 くださる 주시다

「くれる」의 존경 표현으로, 윗사람이 나에게 무언가를 줄 때 윗사람의 행동을 높여 말한다.

- これは 山田先生が くださった 本です。
  이것은 야마다 선생님이 주신 책입니다.

□ 055 いただく 받다

「もらう」의 겸양 표현으로, 윗사람으로부터 무언가를 받을 때 나의 행동을 낮추어 말한다.

- この 本は 山田先生から いただきました。
  이 책은 야마다 선생님한테 받았습니다.

□ 056 ～て さしあげる ～해 드리다

「～て あげる」의 겸양 표현으로, 내가 다른 사람에게 어떠한 행동을 할 때 내 행동을 낮추어 말한다.

- 先生の 重い かばんを 持って さしあげた。
  선생님의 무거운 가방을 들어드렸다.

□ 057 ～て くださる ～해 주시다

「～て くれる」의 존경 표현으로, 윗사람이 한 행동을 높여 말한다.

- 先生は 私の 書いた 字を ほめて くださった。
  선생님은 내가 쓴 글씨를 칭찬해 주셨다.

☐ 058 〜て いただく ~해 받다

「〜て もらう」의 겸양 표현으로, 상대방에게 받은 자신의 행동을 낮추어 말한다.

- 先生に ほめて いただいた。 선생님한테 칭찬받았다.

> ❋ 참고
>
> 대등하거나 아랫사람에게 무언가를 줄 때는 **あげる** 대신에 **やる**를 사용하기도 한다. 또한 동물에게 먹이를 주거나 식물에게 물을 줄 때도 **やる**를 사용한다. 어떠한 동작을 해 줄 때는 **〜て やる**의 형태로 표현한다.
>
> - わたしは 弟に ボールペンを やりました。
>   나는 남동생에게 볼펜을 주었습니다.
> - わたしは 弟に ボールペンを 買って やりました。
>   나는 남동생에게 볼펜을 사 주었습니다.

● 물건을 주고 받는 표현

		보통체	경어
주다		あげる(남에게 주다)	さしあげる(드리다) 〈겸손〉
		くれる(나에게 주다)	くださる(주시다) 〈존경〉
받다		もらう(받다)	いただく(받다) 〈겸손〉

● 동작을 주고 받는 표현

		보통체	경어
주다		〜て あげる(남에게 주다)	〜て さしあげる(드리다) 〈겸손〉
		〜て くれる(나에게 주다)	〜て くださる(주시다) 〈존경〉
받다		〜て もらう(받다)	〜て いただく(받다) 〈겸손〉

☐ 059 〜そうだ

(1) 양태: ~할 것 같다, ~해 보인다

동사 ます형이나 い・な형용사 어간에 접속한다(명사에는 붙지 않는다). 금방이라도 일어날 것 같은 일, 사물의 모양에 대한 느낌을 말할 때 쓰인다. 주로 시각적인 정보에 근거를 두고 말하는 경우가 많다. (예외: いい → よさそうだ(좋을 것 같다), ない → なさそうだ(없을 것 같다))

- 雨が 降りそうですね。비가 내릴 것 같네요.
- もう 花が 落ちそうです。벌써 꽃이 떨어질 것 같습니다.
- わあ、この ケーキ、おいしそう！ 오, 이 케이크 맛있어 보인다!

(2) 전문: ~라고 한다

외부로부터 얻은 정보를 다른 사람에게 전달할 때 사용한다. 동사와 い・な형용사의 종지형에 접속하며, 특히 명사는 「명사だ+そうだ」로 활용되는 점에 주의하자.

- ニュースに よると、雨が 降るそうです。뉴스에 의하면 비가 온다고 합니다.
- 部長に よると キムさんは まじめだそうです。
  부장님에 의하면 김 씨는 성실하다고 합니다.

☐ 060 ~ようだ

そうだ는 양태(추측의 한 형태)와 전문(전달)의 두 가지가 있다.

(1) 추측: ~인 것 같다, ~한 것 같다

감각이나 경험을 근거로 과거, 현재, 미래의 일을 추측하거나 판단하는 경우에 사용한다. 현재 시제에 접속할 때, 동사와 い형용사는 사전형, な형용사는 어간, 명사는 の+ようだ의 형태로 접속한다.

- ベルが なって いる。だれか 来たようだね。
  벨이 울리고 있다. 누군가 왔는가 보다.
- みんな 傘を 持って いる。外は 雨が 降って いるようです。
  모두 우산을 가지고 있다. 밖은 비가 내리고 있는 것 같습니다.

(2) 비유, 예시: (마치) ~같다

명사+の+ようだ에 접속하여, 구체적인 대상에 빗대어 말하거나 예시를 들어 설명하는 의미로 쓰인다.

- まるで 人形の ように かわいいですね。
  마치 인형같이 귀엽네요
- うどんの ような あたたかい ものが 食べたい。
  우동 같은 따뜻한 것을 먹고 싶다.

합격 문법

061 ～らしい ～라는 것 같다

외부로부터 얻은 정보, 즉 객관적인 근거를 토대로, 상당한 확신을 가지고 추측하는 의미를 나타낸다. 동시에 그런 추측을 다른 사람에게 전하는 의미를 내포한다.

- 二人は つきあって いるらしいよ。 둘은 사귀고 있다는 것 같아요.
- 山田さんは 国に 帰ったらしいですね。
  야마다 씨는 고국으로 돌아갔다는 것 같네요.

062 ～だろう ～겠지, ～일 것이다

미래의 일이나 확인되지 않은 내용에 대해 어느 정도 확신을 가지고 말하는 표현이다. 보통 たぶん이나 きっと 등의 부사와 함께 쓰여 호응한다. 동사와 い형용사의 사전형, な형용사의 어간, 명사에는 그대로 접속한다.

- 木村さんは 知って いるだろう。 기무라 씨는 알고 있겠지.
- 明日は 晴れるだろう。 내일은 맑겠지.

063 ～でしょう ～겠죠, ～일 겁니다

「～だろう」의 정중한 표현이다. 접속 형태도 동일하다. 일기예보에서는 '～하겠습니다'라는 뜻으로 많이 쓰인다.

- 会社を やめるんですか？ 冗談でしょう。 회사를 그만두나요? 농담이겠죠.
- 明日は 雨が 降るでしょう。 내일은 비가 내리겠습니다.

064 ～かも しれない ～지도 모른다

그럴 가능성이 있다고 말하는 표현이다. 그럴 가능성이 없을 수도 있다고도 쓰인다. 「～だろう」보다는 확신이나 가능성이 낮은 경우에 사용된다. 접속 형태 역시 「～だろう」와 동일하다.

- 吉田さんは パーティーに 来ないかも しれない。
  요시다 씨는 파티에 오지 않을지도 몰라.
- こっちの ほうが いいかも しれません。 이쪽 편이 좋을지도 몰라요.

☐ 066 ～はずだ (틀림없이) ~할 것이다, ~일 것이다
～はずが ない ~할 리가 없다, ~일 리가 없다

분명한 근거를 가지고 추측하기 때문에 확신에 가까워 강한 어감을 지닌다. 동사, い・な형용사, 명사의 명사수식형으로 접속한다.

- きっと 何かが あるはずだ。 분명 뭔가가 있는 게 분명하다.
- 学校だから 先生も いるはずだし、大丈夫でしょう。
  학교니까 선생님도 있을 테고 괜찮겠죠.

☐ 066 ～と 言う ~라고 하다

누군가의 말을 인용하거나 전달하는 의미다. 직접, 간접 화법으로 모두 표현할 수 있다.

- 彼は 「もう けっこうです」と 言いました。
  그는 "이제 더 이상 됐습니다."라고 말했습니다.
- 先生は 少し 遅れると 言いました。 선생님은 조금 늦는다고 말했습니다.

☐ 067 ～と

(1) ~하면

필연을 나타내는 표현으로, 자연 법칙이나 100% 하는 습관 또는 규칙 등을 말할 때 쓰인다. 뒤의 문장에 명령, 의뢰, 부탁, 희망, 의지를 나타내는 문장이 올 수 없다.

- 1に 2を たすと 3に なります。 1에 2를 더하면 3이 됩니다.
- 朝 起きると いつも 窓を 開けます。 아침에 일어나면 항상 창문을 엽니다.

(2) ~했더니

행동을 했더니, 어떤 결과가 되었다는 패턴의 문장을 이룬다. 뒤에는 결과나 현재 이미 일어난 상태를 말하는 문장이 온다. 결과가 '즉시' 일어났다는 뉘앙스가 있다.

- 窓を 開けると、風が 入って きた。 창문을 열자 바람이 들어왔다.

068 〜ば ~하면

기본적으로 조건과 가정을 표현한다. 「〜と」처럼 자연 법칙을 나타내거나 당연성을 표현할 수도 있다.

- 今行けば、彼に 会えますよ。 지금 가면, 그를 만날 수 있어요.
- 忙しければ、来なくても いいです。 바쁘면 오지 않아도 괜찮아요.

069 〜たら

(1) ~하면

「〜と」・「〜ば」가 지니는 의미를 포함하며, 가정의 의미도 표현할 수 있다. 뒤에 오는 문장에는 제약이 없다. 동사의 た형, い형용사 어간+かったら, な형용사 어간+だったら, 명사+だったら의 형태로 접속한다.

- これ、必要だったら、貸しますよ。 이거 필요하다면, 빌려 줄게요.
- もし、彼に 会ったら、よろしく 伝えて ください。
  혹시, 그를 만나면, 안부 전해 주세요.

(2) ~했더니

「〜と」처럼 '행동을 했더니, 어떤 결과가 되었다'라는 패턴을 이룬다. '즉시' 일어난 결과는 물론, 시간이 경과한 경우의 결과도 말할 수 있다.

- 図書館に 行ったら、山田くんも 来ていた。 도서관에 갔더니 야마다 군도 와 있었다.

070 〜なら ~라면, ~할 거라면

가정을 말하는 표현이다. 또, 상대방의 말을 이어가거나 그것을 토대로 권유나 조언을 말할 때도 쓰인다.

- パソコン 買うなら、あちらの 店が 安いですよ。
  컴퓨터를 살 거라면 저쪽 가게가 싸요.
- 山田くんの 電話番号なら 私が 知って います。
  야마다 군의 전화번호라면 제가 알고 있습니다.

071 ～(ら)れる ～하게 되다, ~를 당하다

어떤 상황이나 다른 사람의 행동에 의해 받은 영향을 설명하는 수동 표현이다.

- となりの 人が 足を ふむ。 → となりの 人に 足を ふまれる。
  옆사람이 발을 밟다.　　　　　　　　　옆사람한테 발을 밟히다.
- この 本は 多くの 人に 読まれて いる。
  이 책은 많은 사람들한테 읽히고 있다.

> ✾ **수동형(れる/られる) 만들기**
>
> 1그룹: あ단 + れる ● 書く 쓰다 → 書かれる 쓰이다
> 　　　　　　　　　● 使う 사용하다 → 使われる 사용되다 (어미 う → わ)
> 2그룹: る → られる ● 食べる 먹다 → 食べられる 먹히다
> 3그룹: くる(오다) → こられる(옴을 당하다) / する(하다) → される(함을 당하다)

072 ～(さ)せる ～하게 하다, ~시키다

어떠한 동작이나 행위를 시키는 사역 표현이다.

- 彼女を 笑わせて しまった。 그녀를 웃게 하고 말았습니다.
- 子どもに ピアノを 習わせて います。 아이에게 피아노를 배우게 하고 있습니다.

> ✾ **사역형(せる/させる) 만들기**
>
> 1그룹: あ단 + せる ● 書く 쓰다 → 書かせる 쓰게 하다
> 　　　　　　　　　● 使う 사용하다 → 使わせる 사용하게 하다 (어미 う → わ)
> 2그룹: る → させる ● 食べる 먹다 → 食べさせる 먹게 하다
> 3그룹: くる(오다) → こさせる(오게 하다) / する(하다) → させる(시키다)

073 ～(さ)せられる (누군가 시켜서 억지로) ~하다

사역형과 수동형이 결합된 형태로, 특정 행동을 시킨 대상이 있고, 그 때문에 '시킴을 당하다(=억지로 하다)'를 의미하는 표현이다.

- 母に ピーマンを 食べさせられました。 엄마 때문에 피망을 억지로 먹었습니다.
- 先生に 本を 読ませられました。(＝読まされました。)
  선생님 때문에 책을 억지로 읽었습니다.

> ❋ **사역수동(せられる/させられる) 만들기**
> 1그룹: あ단+せられる(어미가 う인 경우는 わ로 바뀜)
> 2그룹: る → させられる
> 3그룹: くる → こさせられる / する → させられる
>
> ❋ **사역수동의 축약**
> す로 끝나지 않는 1그룹 동사는 せられる를 される로 축약할 수 있다.
> 예) 待たせられる → 待たされる 어쩔 수 없이 기다리다(축약)

074 お ＋ 동사 ます형 ＋ になる ~하시다(존경)

상대방이나 남의 행동을 높이는 존경 표현 중 하나다.

- お父さんは いつ お帰りに なりますか。 아버지께서는 언제 귀가하십니까?
- どんな 科目を お教えに なって いますか。 어떤 과목을 가르치고 계십니까?

075 ～(ら)れる ~하시다

상대방이나 남의 행동을 높이는 존경어. 수동의「～(ら)れる」와 접속 형태가 같다.

- お父さんは いつ 帰られますか。 아버지께서는 언제 귀가하십니까?
- どんな 科目を 教えられて いますか。 어떤 과목을 가르치고 계십니까?

076 お ＋ 동사 ます형 ＋ ください ~해 주십시오(존경)

남에게 무언가 부탁할 때 사용하며, 상대방을 높여 말하는 표현이다.「〜て ください」보다 격식 있는 표현이다.

- 自由に お取りください。 자유롭게 가져 가세요.
- 少々 お待ちください。 잠시 기다려 주십시오.

077 お ＋ 동사 ます형 ＋ する ~하다(겸손)

자신이나 우리의 행동을 낮추어 말하는 겸양 표현이다.

- 先生、その かばん、私が お持ちします。 선생님, 그 가방 제가 들겠습니다.
- この 本は 今日 お読みします。 이 책은 오늘 읽겠습니다.

078 お ＋ 동사 ます형 ＋ いたす ~하다(겸손)

「お+동사 ます형+する」보다 더 겸손하고 정중한 느낌의 겸양 표현이다.

- ご覧の スポンサーが お送りいたします。 보고 계시는 스폰서가 보내드립니다.
- お客さま、お待たせいたしました。 손님 기다리시게 해서 죄송합니다.

079 명사 ＋ で ございます ~입니다(겸손)

「〜です」보다 다 겸손하고 깍듯한 겸양 표현이다.

- 受け付けは 3階で ございます。 접수처는 3층입니다.
- イ・スジで ございます。よろしく お願いします。
  이수지입니다. 잘 부탁드립니다.

080 특별 경어 동사

다음 동사들은 앞에서 제시한 문법으로 경어를 만들지 않고, 특별한 동사 그 자체로 존경과 겸양을 표현하므로, 필수로 암기해야 한다.

존경어	보통	겸손
いらっしゃる おいでになる	いく (가다)	まいる
いらっしゃる おいでになる	くる (오다)	まいる
いらっしゃる おいでになる	いる (있다)	おる
なさる	する (하다)	いたす
おっしゃる	いう (말하다)	もうす / もうしあげる
めしあがる	たべる (먹다) のむ (마시다)	いただく
ごらんになる	みる (보다)	はいけんする
ご存じだ	知っている (알고 있다)	存じている
	あう (만나다)	お目に かかる
	きく (듣다)	うかがう

- 田中先生、いらっしゃいますか。(いる → いらっしゃる)
  다나카 선생님 계십니까?
- 社長は 何と おっしゃいましたか。(言う → おっしゃる)
  사장님은 뭐라고 말씀하셨습니까?
- 私は イ・ソヒョンと 申します。(言う → 申す)
  저는 이서현이라고 합니다.
- 駅の 前で 先生に お目に かかりました。(会う → お目に かかる)
  역 앞에서 선생님을 뵈었습니다.
- 明日、うかがっても いいですか。(たずねる → うかがう)
  내일 찾아 뵈어도 괜찮습니까?

합격 문법 확인 문제 ❶   [/ 16]

다음 문장의 괄호 안에 들어갈 가장 알맞은 말을 a, b 중에서 고르시오.

① 今日は 電車（ a で　b に ）来ました。

② 飲み物は 何（ a に　b を ）しますか。

③ お腹が すいて りんごを 二つ（ a も　b と ）食べました。

④ お米（ a で　b から ）お酒を つくります。

⑤ イさんは この 動物病院（ a に　b で ）はたらいて います。

⑥ いっしょに デパートへ 買い物（ a を　b に ）行きませんか。

⑦ あの 角（ a を　b まで ）左に 曲がって ください。

⑧ スーパーで 牛乳（ a に　b や ）ジュース などを 買いました。

⑨ あの あおい シャツ（ a を　b が ）ほしいです。

⑩ テストは 明日（ a で　b まで ）終わります。

⑪ かれ（ a の　b を ）言って いる ことが 理解できません。

⑫ 駅（ a から　b と ）歩いて きました。

⑬ かれは 有名な 歌手（ a が　b に ）なりました。

⑭ これを 見て どう 思う（ a か　b とか ）分かりませんね。

⑮ トマト（ a を　b は ）好きじゃ ありません。

⑯ こちらは 課長（ a の　b で ）田中さんです。

정답 1 a　2 a　3 a　4 b　5 b　6 b　7 a　8 b
　　　 9 b　10 a　11 a　12 a　13 b　14 a　15 b　16 a
해설 p.326

합격 문법 확인 문제 ❷　　　　　　　　　　　[　　/ 16]

다음 문장의 괄호 안에 들어갈 가장 알맞은 말을 a, b 중에서 고르시오.

1　ふねが 少しずつ （ a うごいて　b うごき ） はじめました。

2　彼は （ a はたらいて　b はたらき ） すぎて います。

3　今日は 自分で 運転 （ a しないで　b しなくて ） バスに 乗りました。

4　いくら （ a 食べても　b 食べたら ） また 食べたく なる。

5　いつか あの 車を （ a 買い　b 買っ ） たいです。

6　くだものは もう （ a 洗ったら　b 洗って ） おきました。

7　コップに 水が （ a 入って　b 入れて ） あります。

8　今日は どこへも （ a 行かない　b 行かず ） で 家に いました。

9　はやく 先生に （ a 言った　b 言うの ） ほうが いいですよ。

10　お好み焼きの （ a 作り　b 作っ ） かたを 教えて ください。

11　1つ 1000円は （ a たか　b たかい ） すぎますよ。

12　まず、そうじを して （ a おきましょう　b ありましょう ）。

13　妹は あの 人形を （ a 買いたがって　b 買いたくて ） います。

14　もう 約束の 時間だ。 （ a いそがなくても　b いそがなければ ） いけない。

15　だれにも 聞か （ a なくて　b ないで ） 辞書を ひいて みた。

16　彼も 知って いるか （ a 聞いて　b 聞いてから ） みよう。

정답　1 b　2 b　3 a　4 a　5 a　6 b　7 b　8 b
　　　　9 a　10 a　11 a　12 a　13 a　14 b　15 b　16 a

해설 p.326

합격 문법 확인 문제 ❸

[/ 16]

다음 문장의 괄호 안에 들어갈 가장 알맞은 말을 a, b 중에서 고르시오.

1. この 本、私にも 貸して (a あげない   b くれない)?

2. 先生から (a もらった   b くれた) 本は どれですか。

3. この ケーキ、山田くんに (a あげたい   b くれたい) ですね。

4. この 時計 かわいいでしょ？誕生日の 日、父が (a くれた   b あげた) よ。

5. 高木くんに 私の レポートを 見せて (a くれ   b あげ) ました。

6. この まちは (a すんで   b すみ) やすい ことろです。

7. 日曜日だから、今日は 学校に (a いかなくては   b いかなくても) いいです。

8. これから もっと 高く なって (a いく   b くる) でしょう。

9. 友だちの 日記を 読んで (a しまい   b にくい) ました。

10. ここに にもつを (a おいて   b おいた) は ならないです。

11. レポートは (a 書いて   b 書き) おわったから、ちょっと休みます。

12. もう 時間だから、そろそろ (a かえりよう   b かえろう) と 思って います。

13. うっかりして 約束に おくれて (a しまい   b き) ました。

14. となりの 女の 子が きゅうに (a 泣いて   b 泣き) だして びっくりした。

15. 私は いつも 彼に (a 会いたいです   b 会いたがっています)。

16. 何も (a 買わなきゃ   b 買わないで) 店を 出ました。

정답 1 b 2 a 3 a 4 a 5 b 6 b 7 b 8 a
9 a 10 a 11 b 12 b 13 a 14 b 15 a 16 b

해설 p.326

합격 문법 확인 문제 ❹ [/ 16]

다음 문장의 괄호 안에 들어갈 가장 알맞은 말을 a, b 중에서 고르시오.

1. 先生は いつごろ 日本へ (a お行きになり　b 行かれ) ますか。
2. 少々、(a お待ちして　b お待ち) ください。
3. お客さま、なにに (a いたしますか　b なさいますか)。
4. 先生が きょうしつに (a お入りに　b お入り) なりました。
5. 漢字で (a 書かなくても　b 書かなければ) かまいません。
6. この 本は 字が 小さくて (a 読み　b 読ま) にくいです。
7. 今日の 昼ごはんは すしを (a 食べろう　b 食べよう) と 思って います。
8. あまり ほしく なければ (a 買っても　b 買わなくても) いい。
9. 今日中に レポートを (a 出さないでは　b 出さなきゃ) なりません。
10. この 席に (a 座らないでは　b 座っては) いけません。
11. (a 山下さんに　b 山下さんが) この 本を くれました。
12. その 問題は わたしが 教えて (a くれても　b あげても) いい？
13. 外に 出て (a みたら　b みれば) あたたかかったです。
14. 春に (a なると　b なったら) 花見に いきましょう。
15. きっと かれは (a まじめ　b まじめな) だろう。
16. 二人は (a たのし　b たのしい) そうに 話して います。

정답　1 b　2 b　3 b　4 a　5 a　6 a　7 b　8 b
　　　 9 b　10 b　11 b　12 b　13 a　14 b　15 a　16 a

해설 p.327

합격 문법 확인 문제 ❺   [/ 16]

다음 문장의 괄호 안에 들어갈 가장 알맞은 말을 a, b 중에서 고르시오.

1 彼は あたまが (a い b よさ) そうです。

2 あの 人は 新しい 日本語の (a 先生だ b 先生の) そうです。

3 まどを 開けて (a みたら b みるなら) 雨が 降って いた。

4 これは 先生が (a さしあげた b くださった) プレゼントです。

5 あの 人、(a 日本人の b 日本人) ようです。ずっと 日本語で 話して いるから。

6 海に (a 行くと b 行くなら) 明日 行った ほうが いい。

7 宿題は 友だちに 手伝って (a もらいました b くれました)。

8 山本さんの 誕生日パーティーに 彼も (a 来る b 来) らしいよ。

9 かれは もう 家に (a 帰った b 帰り) ようですね。

10 こんな 時は、どう (a すれば b するなら) いいですか。

11 お金なら 私が かして (a くれる b あげる) よ。

12 彼女は ほんとうに (a 大人の b 大人) らしい 人ですね。

13 先生、みんな (a お待ちにして b お待ちして) いました。

14 この りんごは まるで (a さとうの b さとう) ように あまい。

15 どんな お仕事を (a なさって b なされて) いますか。

16 先生は いつ (a いらっしゃい b おいらしゃいになり) ますか。

정답 1 b   2 a   3 a   4 b   5 a   6 b   7 a   8 a
     9 a   10 a 11 b 12 b 13 b 14 a 15 a 16 a

해설 p.327

합격 문법 확인 문제 ❻ [/ 16]

다음 문장의 괄호 안에 들어갈 가장 알맞은 말을 a, b 중에서 고르시오.

1. みんな 彼を 知って いる。ほんとうに （a ゆうめいな　b ゆうめい） ようです。

2. みんなの 前で（a 笑われて　b 笑わさせて） はずかしかったです。

3. キムさんは お父さん（a が　b に）死なれて、今日 けっせきしました。

4. それでは、お電話（a お待ちにして　b お待ちして）おります。

5. 英語は 多くの 国で（a 使われて　b 使わされた）います。

6. 日曜日なのに 先生に 学校へ（a 来られました　b 来させられました）。

7. 先生は いつ 韓国に（a 帰られ　b お帰られ）ましたか。

8. 沖縄の おかしです。どうぞ（a めしあがって　b いただいて）ください。

9. コーヒーでも（a めしあがり　b おめしあがり）ますか。

10. 先生も あの ニュースを（a そんじていますか　b ごぞんじですか）。

11. 今日も 母に へやの そうじを（a なさいました　b させられました）。

12. 店員に 無理やり ブラウスを（a 買われ　b 買わされ）ました。

13. 子どもは たくさん（a 遊ばせた　b 遊ばされた）ほうが いいです。

14. すみません。（a お待たせしました　b お待たせになりました）。

15. 私には 二人の 弟が（a おり　b おっしゃい）ます。

16. こちらに お名前を（a お書き　b お書いて）ください。

정답　1 a　2 a　3 b　4 b　5 a　6 b　7 a　8 a
　　　9 a　10 b　11 b　12 b　13 a　14 a　15 a　16 a

해설 p.327

4 고득점 문법

☐ 001 자동사와 타동사

행위의 대상이 객체(목적어)를 반드시 필요로 하는 동사를 '타동사'라고 한다. 목적어 '~을, ~를'을 취한다. 이에 반해 '자동사'는 목적어를 필요로 하지 않는 동사를 말한다.

● 타동사

ドアを 開ける。 문을 열다. / 本を 読む。 책을 읽다.

● 자동사

ドアが 開く。 문이 열리다. / 子どもが 遊ぶ。 아이가 놀다.

자동사	타동사	자동사	타동사
開く (열리다)	~を 開ける (열다)	閉まる (닫히다)	~を 閉める (닫다)
入る (들어가다)	~を 入れる (넣다)	集まる (모이다)	~を 集める (모으다)
並ぶ (늘어서다)	~を 並べる (늘어놓다)	立つ (서다)	~を 立てる (세우다)
始まる (시작되다)	~を 始める (시작하다)	終わる (끝나다)	~を 終える (끝내다)
かかる (걸리다)	~を かける (걸다)	つく (붙다)	~を つける (붙이다)
上がる (오르다)	~を 上げる (올리다)	止まる (서다)	~を 止める (세우다)
広がる (넓어지다)	~を 広げる (넓히다)	消える (꺼지다)	~を 消す (끄다)
変わる (변하다)	~を 変える (바꾸다)	出る (나오다)	~を 出す (꺼내다)
直る (고쳐지다)	~を 直す (고치다)	治る (병이 낫다)	~を 治す (병을 고치다)
落ちる (떨어지다)	~を 落とす (떨어뜨리다)	起きる (일어나다)	~を 起こす (깨우다)

002 ～(よ)う ～하자, ～해야지

말하는 사람의 의지 또는 결심을 나타낸다. 다른 사람에게 무언가를 권유할 때도 사용한다.

- 明日から、はやく 起きよう。 내일부터 일찍 일어나야지.
- いっしょに 行こう。 함께 가자.

> ❋ 의지형 만들기
> 1그룹: お단 + う 예 行く → 行こう / 飲む → 飲もう
> 2그룹: る → よう 예 見る → 見よう / 食べる → 食べよう
> 3그룹: くる → こよう / する → しよう

003 ～(よ)うと おもう ～하려고 생각하다

어떠한 행동을 할 의지가 있다는 것을 상대방에게 전하는 경우에 쓰는 표현이다.

- いつか この 家を 買おうと 思って いる。
  언젠가 이 집을 사려고 생각하고 있다.
- 試験も 終わったから、今日は 遊ぼうと 思って います。
  시험도 끝났으니까, 오늘은 놀려고 생각하고 있습니다.

004 ～(よ)うと する ～하려고 하다

어떤 상황이 막 일어나려고 하는 순간을 설명하거나, 자신이 생각하고 있는 것을 행동으로 옮기려고 할 때 사용하는 표현이다.

- さくらの 花が 落ちようと して いる。 벚꽃이 떨어지려고 하고 있다.
- いま、出かけようと して いるけど…。 지금 나가려고 하고 있는데…….

005 〜つもりだ ~할 생각이다, ~할 작정이다

말하는 사람의 의지를 나타내는 표현이다. 이미 결정하여 예정된 것을 말하는 경우가 많다.

- 日本に 留学に 行く つもりです。 일본에 유학 갈 생각입니다.
- どう する つもりなの？ 어떻게 할 작정이야?

006 명령형 ~해라, ~해

상대방에게 어떠한 행동을 지시하는 강한 표현이다. 상하관계가 명확한 경우에 많이 쓰인다. よ를 붙여서 조금 부드러운 느낌을 주기도 한다.

- はやく 書け。 빨리 써.
- もっと 勉強しろ。 좀 더 공부해.

> ✽ 명령형 만들기
>
> 1그룹: 行く → 行け / 飲む → 飲め ＊う단→え단
> 2그룹: 見る → 見ろ / 食べる → 食べろ ＊る→ろ
> 3그룹: くる → こい / する → しろ, せよ

007 금지형 ~하지 마, ~하지 마라

어떠한 행동을 하지 못하도록 강하게 지시하는 표현이다. 동사 종류와 관계없이 기본형에 종조사 な를 붙인다.

- まだ 時間 あるから、心配するな。 아직 시간 있으니까 걱정하지 마.
- ここに 入るな。 이곳에 들어오지 마.

> ✽ 금지형 만들기
>
> 1, 2, 3그룹 모두 기본형(사전형) + な
> 1그룹: 行く → 行くな / 飲む → 飲むな
> 2그룹: 見る → 見るな / 食べる → 食べるな
> 3그룹: くる → くるな / する → するな

008 ～なさい　～하시오, ~하거라

명령하는 표현이지만, 부드럽고 정중한 느낌을 준다. 어른이 아이에게, 선생님이 학생에게 쓰는 경우가 많다. 당연하고 자연스러운 행위는 '~하시오'라는 뉘앙스로 말하는 경우가 많다.

- もう 休（やす）みなさい。 이제 쉬거라.
- ここで 待（ま）ちなさい。 여기서 기다리렴.

> ❀ なさい의 접속
>
> 1, 2, 3그룹 모두 ます형 + なさい
>
> 1그룹: 行（い）く → 行（い）きなさい / 飲（の）む → 飲（の）みなさい
>
> 2그룹: 見（み）る → 見（み）なさい / 食（た）べる → 食（た）べなさい
>
> 3그룹: くる → きなさい / する → しなさい

009 ～ように する　～하도록 하다

어떠한 행동을 최선을 다해 가급적 하려고 하는 의미를 나타낸다. 동사의 기본형이나 부정형에 접속한다.

- できるだけ 早く 起きるように して います。
  가급적 일찍 일어나려고 하고 있습니다.
- たばこは すわないように して ください。 담배는 피우지 않도록 해 주세요.

010 ～より ～ほうが　～보다 ~쪽이

두 가지를 비교하여 어느 한 가지를 선택하여 말하는 경우 사용한다. 비교 대상을 명확히 하는 어감이 있다. '～より' 부분이 생략되는 경우도 있다.

- 肉（にく）より 野菜（やさい）の ほうが 健康（けんこう）に いいですよ。 고기보다 채소 쪽이 건강이 좋아요.
- 人に 聞くより 自分で 考えた ほうが いい。
  남에게 묻기보다 스스로 생각하는 편이 좋다

011 ～ほど ～ない　~만큼 ~하지 않다

두 가지를 비교하여 말하는 방법이다. 다만 한쪽을 기준으로 평가하는 의미를 가진다.

- 去年ほど 寒く ないね。 작년만큼 춥지 않네.
- 私ほど よく 知って いる 人は いない。 나만큼 잘 아는 사람은 없다.

012 ～ことが できる　~할 수 있다, ~하는 일이 가능하다

동사 기본형에 접속하여 어떠한 일을 할 수 있다는 '가능'의 의미를 나타낸다.

- この 漢字を 読む ことが できますか。 이 한자를 읽을 수 있습니까?
- 一人で 行く ことが できません。 혼자서 갈 수 없습니다.

013 가능 동사　~할 수 있다

동사의 어미를 활용하여 어떠한 일을 할 수 있다는 '가능'을 표현한다. 가능형이라고도 한다. 이 때 목적어에는 조사 '～を'이 아닌 '～が'를 사용한다.

- この 漢字が 読めますか。 이 한자를 읽을 수 있습니까?
- 一人で 行けません。 혼자서 갈 수 없습니다.

> ❋ 가능(~할 수 있다) 표현 만들기
> (1) 기본형 + ことが できる
> (2) 가능형 만들기
> 1그룹: え단 + る 예) 行く → 行ける
> 2그룹: る → られる 예) 見る → 見られる
> 3그룹: くる → こられる / する → できる

014 가능 동사 + ように なる ~할 수 있게 되다

가능 동사(가능형) 뒤에 ように なる를 붙여, 전에는 할 수 없었던 일을 할 수 있게 되었다는 '변화'를 표현한다.

- 彼の こころが 分かるように なりました。 그의 마음을 이해할 수 있게 됐습니다.
- 少しは 日本語で 話せるように なりました。
  조금은 일본어로 말할 수 있게 됐습니다.

015 ~ことに する ~하기로 하다

동사 기본형에 접속하여, 주체가 어떠한 일을 결정하거나 결심할 때 사용하는 표현이다.

- 少しでも 毎日 運動する ことに しました。
  조금이라도 매일 운동하기로 했습니다.
- 駅前で 会う ことに しました。 역 앞에서 만나기로 했습니다.

016 ~ことに なる ~하게 되다

의지와는 상관없이 정해진 결정에 따르게 되었다는 상황을 말하는 표현이다.

- 明日、日本に 出張に 行く ことに なりました。
  내일 일본으로 출장 가게 되었습니다.
- 私が 発表する ことに なりました。 제가 발표하게 되었습니다.

017 ~ことが ある ~하는 경우가 있다

동사의 기본형에 접속하여, 과거나 현재에 때때로 일어나거나 반복되는 행위를 말한다.

- 時々、一人で ご飯を 食べる ことが あります。
  가끔 혼자서 밥을 먹을 때가 있습니다.
- 自分で 運転しないで、電車に 乗って いく ことが あります。
  직접 운전하지 않고, 전차를 타고 갈 때가 있습니다.

018 〜た ことが ある ~한 적이 있다

동사 た형에 접속하여, 과거에 어떠한 일을 한 경험에 대해 묻거나 말할 수 있다.

- オーロラを 見た ことが ありますか。 오로라를 본 적이 있습니까?
- 彼とは 話した ことが ありません。 그와는 이야기한 적이 없습니다.

019 〜ところだ ~(하려는) 참이다

동사 기본형에 접속하여, 지금 어떤 동작을 하기 직전이나 순간이라는 의미를 나타낸다.

- 薬は いま 飲む ところです。 약은 지금 막 먹으려던 참입니다.

020 〜て いる ところだ ~하고 있는 참이다, ~하는 중이다

동사 て형에 접속하여, 현재 한창 진행중이라는 행동과 상황을 설명하는 표현이다.

- いま、そちらに 向かって いる ところです。 지금 그쪽으로 가고 있는 중입니다.

021 〜た ところだ 막 ~한 참이다

동사 た형에 접속하여, 어떠한 일이 지금 막 완료되었다는 의미를 나타내는 표현이다.

- いま 空港に 着いた ところです。 지금 막 공항에 막 도착한 참입니다.

022 문장 + こと ~하는 것

문장 끝에 こと를 붙여서 문장을 명사화한다.

- 私の 趣味は 音楽を 聞く ことです。 저의 취미는 음악을 듣는 것입니다.
- こちらの 方が いいという ことですね。 이쪽편이 더 좋다는 거네요.

023 문장 ＋ の ~하는 것

문장 끝에 の를 붙여 문장을 명사화한다. こと와 같은 기능을 하지만, 특히 뒷문장에 지각동사 (聞く・聞こえる・見る・見える・感じる・感じられる)나 待つ・手伝う 동사가 오는 경우에는 반드시 の를 사용한다.

- 犬が 泳いで いる のを 見ました。 개가 헤엄치고 있는 것을 보았습니다.
- 一人で 歩く のが 好きです。 혼자서 걷는 것을 좋아합니다.

024 ～とき ~때

특정의 순간, 상황, 타이밍 등을 표현한다.

- 家に 帰って 中に 入る とき、「ただいま」と 言います。
  집에 돌아와 안으로 들어올 때, "다녀왔습니다."라고 말합니다.
- 日本に 行った とき、まねきねこの 人形を 買いました。
  일본에 갔을 때, 마네키네코 인형을 샀습니다.

025 ～うち(に) ~동안에, ~때에

시간적 범위를 의미하는 말로 쓰인다.

- あたたかい うちに 食べて ください。 따뜻할 때 드세요.

026 ～に する ~로 하다, ~로 결정하다

무언가를 선택하여 명확히 결정할 때 사용하는 표현이다.

- 私は カレーに します。 저는 카레로 하겠습니다.
- 場所は どこに しましょうか。 장소는 어디로 할까요?

☐ 027　〜という　~라는

「명사+という+명사」의 형태로 쓰이며, 무언가를 설명할 때 사용한다.

- もんじゃ焼きという 料理を 食べました。 몬자야키라는 요리를 먹었습니다.

☐ 028　〜く なる・〜に なる　~해지다, ~이 되다

어떠한 상태로 변화된다는 의미를 나타낸다.

(1) 형용사 어간 + く なる
- ねだんが だんだん 高く なって いる。 가격이 점점 비싸지고 있다.

(2) 형용사 어간 + に なる
- 掃除を して、きれいに なりました。 청소를 해서 깨끗해졌습니다.

(3) 명사 + に なる
- 先生に なりたいです。 선생님이 되고 싶습니다.

☐ 029　もう/まだ　벌써/아직

もう는 어떤 상황이나 시기가 실현되었다는(완료) 의미를 나타내고, まだ는 어떤 상황이나 시기가 실현되지 않았다는(미완)의 의미다.

- レポートは もう 書きました。 리포트는 이미 썼습니다.
- レポートは まだ 書いて いません。 리포트는 아직 쓰지 않았습니다.

☐ 030　〜たち/〜がた　~들/~분

명사에 〜たち와 〜がた를 붙여 여러 사람이라는 복수의 의미를 나타낸다. 이때 〜がた는 대상에 대한 존경의 의미까지 지닌다.

- 学生たちが 運動場に 集まって います。 학생들이 운동장에 모여 있습니다.
- 先生がたへの 感謝を もうしあげます。 선생님들께 감사를 드립니다.

☐ 031 　**형용사의 명사화**

い형용사 또는 な형용사의 어간에 「～さ」를 붙여 명사로 활용할 수 있다.

- 食べやすい 大きさに 切って おきます。 먹기 편한 크기로 잘라 두겠습니다.
- この 部屋の 広さは どれぐらいですか。 이 방의 넓이는 어느 정도입니까?
- 彼女の しんせつさを 感じました。 그녀의 친절함을 느꼈습니다.

☐ 032 　**～がる** ～해하다

い형용사 또는 な형용사의 어간에 붙어서, 제3자가 그렇게 행동하거나 생각한다는 의미를 나타낸다.

- 彼は 新しい 車を ほしがって いる。 그는 새 차를 사고 싶어 한다.

☐ 033 　**명사 + らしい** ～답다

앞에 제시된 명사의 고유한 성질을 강조한다. '～라고 하기에 적합하다'라는 의미로 사용되는데, 보통 '～답다'로 해석한다.

- あの 人は 学生らしく ない。 저 사람은 학생답지 않다.

☐ 034 　**～くらい(ぐらい)** ～정도

대략적인 정도를 나타낸다.

- 30分ぐらい かかる。 30분 정도 걸린다.
- カレーぐらいは 作れます。 카레 정도는 만들 수 있다.

☐ 035 　**～だけ** ～만, ～뿐

범위를 한정하여 '～만', '～뿐'이라는 의미로 쓰인다. 뒤에 긍정문이 붙는다.

- 教室には 私だけでした。 교실에는 저뿐이었습니다.
- できるだけ、早く 来て ください。 가능한 한 일찍 와 주세요.

036 〜しか ~밖에(한정)

수량이 매우 적다는 의미로 쓰인다. 뒤에 부정문이 따른다.

- 一(ひと)つしか ない。 1개밖에 없다.

037 〜まで ~까지

시간적, 공간적인 범위의 끝을 나타낸다.

- 明日(あした)まで 休(やす)みます。 내일까지 쉽니다.

038 〜までに ~까지

어떤 일이 이루어지는 기한(시간적 한도)을 나타낸다. 해당 범위 내에 1회성 행동으로, 마감기한 등을 말할 때 쓰인다.

- 明日(あした)までに 出(だ)して ください。 내일까지 제출해 주세요.

039 〜ばかり ~만(한정), ~정도(분량), ~한 지 얼마 안 된(상태)

범위를 한정하여 나타낸다.

- テレビばかり 見(み)て いる。 텔레비전만 보고 있다.
- 30分(ぶん)ばかり 休(やす)んだ。 30분 정도 쉬었다.
- 日本語(にほんご)は 始(はじ)めたばかりです。 일본어는 시작한 지 얼마 되지 않았습니다.

040 〜でも ~라도(예시), ~이든(전면 긍정)

가볍게 예를 들 때 쓰이거나 なに, いつ, どれ 등의 의문사에 붙어서 전면적인 긍정으로 쓰인다.

- コーヒーでも 飲(の)みませんか。 커피라도 마시지 않겠습니까?
- だれでも 知(し)って います。 누구라도 알고 있습니다.

041 〜とか 〜라든가

어떤 사물이나 동작을 열거하거나 예시를 들 때 쓰인다.

- りんご**とか**　バナナなど、果物が　たくさん　あります。
  사과라든가 바나나 등 과일이 많이 있습니다.

042 〜し 〜인 데다가, 〜(하)고

어떤 사실을 점층적으로 열거할 때 나타낸다.

- 背も　高い**し**　やさしい**し**　頭も　いい。 키도 큰 데다 상냥한 데다 머리도 좋다.

043 〜ので 〜이어서, 〜이므로

이유나 원인을 나타낸다.

- 春に　なった**ので**　暖かい。 봄이 되었기에 따뜻하다.

044 〜のに 〜인데, 〜인데도 불구하고

앞의 문장과 뒤의 문장이 대립하거나 모순된다는 의미의 역접 용도로 쓰인다. 명사가 앞에 올 때는 なのに로 쓴다.

- 雨な**のに**　山に　登った。 비인데 산에 올랐다.

045 こう／そう／ああ／どう 이렇게 / 그렇게 / 저렇게 / 어떻게

어떠한 상태나 상황을 가리킨다. 부사에 속한다.

- **こう**　あつくては　勉強も　できない。 이렇게 더워서는 공부도 할 수 없다.
- 彼女は　もう　50歳だが、**そう**　見えない。
  그녀는 벌써 50세이지만, 그렇게 보이지 않는다.
- わたしは　**ああ**　なりたくない。 나는 저렇게 되고 싶지 않다.
- 「さかな」は　漢字で　**どう**　書くんですか。
  'さかな(물고기)'는 한자로 어떻게 쓰는 겁니까?.

046 こんな／そんな／あんな／どんな 이러한/그러한/저러한/어떠한

こ·そ·あ·ど를 활용한 지시어의 한 종류이다. 명사 앞에 위치하여, 그 명사의 성질이나 상태를 나타낸다.

- こんな 服は だれが 着るんですか。 이런 옷은 누가 입습니까?
- そんな 本は 読まない ほうが いいですよ。 그런 책은 읽지 않는 게 좋아요.
- あんな 映画は 見たく ない。 저런 영화는 보고 싶지 않다.
- 彼は どんな コンピューターでも つかえる。 그는 어떤 컴퓨터라도 쓸 수 있다.

047 〜中 온~, 전부

시간이나 공간을 나타내는 명사에 붙어서, '그 범위 내의 전부'라는 의미를 나타낸다.

- この 国は 一年中 あたたかいです。 이 나라는 일 년 내내 따뜻합니다.
- カギを なくして 家じゅうを さがした。 열쇠를 잃어버려서 온 집안을 찾았다.

048 だから 그러니까, 그러므로

원인을 나타내는 접속사 중의 하나로, 회화에서 자주 사용한다. 앞에 서술한 내용이 뒤에 오는 내용의 원인이나 이유가 된다.
참고로 접속사란, 단어와 단어, 문장과 문장을 이어 주는 구실을 하는 단어를 말한다.

- 時間が ありません。だから、急ぎましょう。
  시간이 없습니다. 그러니까 서두릅시다.
- 今日は とても 寒いです。だから 外に 出ないで ください。
  오늘은 매우 춥습니다. 그러니까 밖에 나가지 마세요.

049 それで 그래서

주로 원인과 결과를 객관적으로 나타내는 느낌이 강하므로, 뒤에는 명령이나 의지가 아닌 사실이 와야 한다.

- かぜを ひいて しまった。それで、学校を やすんだ。
  감기에 걸려 버렸다. 그래서 학교를 쉬었다.
- 電車の 事故が ありました。それで、会社に おくれて しまいました。
  전철 사고가 있었습니다. 그래서 회사에 늦어 버렸습니다.

050 しかし 그러나

가장 대표적인 역접 표현이다.

- 旅行に 行きたい。しかし お金が ない。 여행을 가고 싶다. 그러나 돈이 없다.
- この 家は ひろくて いい。しかし、駅から 遠くて 通勤に 不便だ。
  이 집은 넓어서 좋다. 그러나 역에서 멀어 통근하기에 불편하다.

051 けれども 그렇지만

역접 표현으로 회화에서 많이 사용한다. しかし보다 회화적이며, けれど, けど 등의 다양한 형태로 쓰인다.

- 何度も れんしゅうした。けれども じょうずに ならない。
  몇 번이나 연습했다. 그렇지만 능숙해지지 않는다.
- 英語の 本は 読める。けれども、話す ことは できない。
  영어 책은 읽을 수 있다. 그렇지만 말은 못한다.

052 それに 게다가, 더군다나

앞에 제시된 내용에 뒷문장의 내용이 추가되는 '첨가'의 의미를 지닌다.

- 彼は あたまが いい。それに スポーツも できる。
  그는 머리가 좋다. 게다가 스포츠도 잘한다.
- 雨が 降って いる。それに 風も ひどい。
  비가 내리고 있다. 게다가 바람도 심하다.

□ 053 　～か どうか　～인지 어떤지

의문이나 불확실한 상황을 나타낸다.

- この ケーキが おいしいか どうか 食べて みて ください。
  이 케이크가 맛있는지 어떤지 먹어 보세요.

□ 054 　～など　～등

제시된 것 외에도 여러 가지가 있다는 의미를 나타낸다.

- つくえの 上に 本や ノート などが あります。
  책상 위에 책이랑 노트 등이 있습니다.

□ 055 　～ね　～로군

가볍게 감탄하거나 상대방에게 동의를 요구할 때 사용한다.

- いい 天気ですね。 좋은 날씨로군요.(가벼운 감동)
- A: 木村さんを お願いします。 기무라 씨를 부탁합니다.
  B: 木村さんですね。 기무라 씨 말이로군요.(확인)

□ 056 　～ので　～이어서, ~때문에

원인이나 이유를 나타낸다.

- かぜを ひいたので 頭が 痛い。 감기에 걸려서 머리가 아프다.

고득점 문법 확인 문제 ❶ [/ 16]

다음 문장의 괄호 안에 들어갈 가장 알맞은 말을 a, b 중에서 고르시오.

1. ドアが（a 開いて　b 開けて）います。
2. かばんの　中に　お弁当を（a 入って　b 入れて）おきました。
3. 自転車が　こわれたから、明日（a まで　b までに）直して　ください。
4. 二人が　楽しく　話して　いる（a のが　b ことが）見えます。
5. この　部屋は　いつも　電気が（a 消して　b 消えて）あります。
6. 今は　カタカナが　読める（a ことに　b ように）なりました。
7. 日本語で　メールが（a 書けますか　b 書きますか）。
8. きれいな　お皿（a が　b を）集めて　あります。
9. 暑いですが、去年（a ぐらい　b ほど）暑く　ないです。
10. その　本なら　まだ（a 読みませんでした　b 読んでいません）。
11. お昼は　ミンジちゃんと（a 食べろうと　b 食べようと）思って　います。
12. こちらの　席に（a 座りなさい　b 座らなさい）。
13. 部屋の　そうじは　もう　して（a います　b あります）。
14. 店の　前に　たくさんの　人が（a 並べて　b 並んで）います。
15. きゅうに　会社から　連絡が　来て　出張に　行く（a ように　b ことに）なりました。
16. めがねを　かけなくても（a 見える　b 見る）ことが　できます。

정답　1 a　2 b　3 b　4 a　5 a　6 b　7 a　8 a
　　　9 b　10 b　11 b　12 a　13 b　14 b　15 b　16 b

해설 p.327

고득점 문법 확인 문제 ❷

[/ 16]

다음 문장의 괄호 안에 들어갈 가장 알맞은 말을 a, b 중에서 고르시오.

1. いっしょうけんめい 勉強して 日本語で 話せる（ a ことに　b ように ） なりました。

2. 留学に 行く（ a ように　b ために ）勉強して います。

3. たばこは すわない（ a ように　b ために ）して います。

4. 来月、本田さんと 結婚する（ a ように　b ことに ）なりました。

5. コーヒーより ジュース（ a ほう　b のほう ）が いいです。

6. 風邪の（ a から　b ために ）今日は 行けません。

7. 明日は 30分 はやく 来る（ a ように　b ことに ）して ください。

8. 風が 入る（ a ために　b ように ）まどを 開けて ください。

9. 赤と 青と（ a どれ　b どちら ）が すきですか。

10. 自分の へや（ a ほど　b ぐらい ）は 自分で そうじしなさい。

11. 約束に（ a おくれなく　b おくれない ）ように 走って きました。

12. パーティーの じゅんび（ a ために　b のために ）買い物に 行きました。

13. ネクタイ（ a のより　b より ）シャツの ほうが いいでしょう。

14. いま 行けば、先生（ a に　b が ）会えます。

15. 彼が 来る（ a まで　b までに ）ずっと 待って いました。

16. レポートは 来週の 水曜日（ a まで　b までに ）出して ください。

정답　1 b　2 b　3 a　4 b　5 b　6 b　7 a　8 b
　　　9 b　10 b　11 b　12 b　13 b　14 a　15 a　16 b

해설 p.328

고득점 문법 확인 문제 ❸   [/ 16]

다음 문장의 괄호 안에 들어갈 가장 알맞은 말을 a, b 중에서 고르시오.

1. テストが 終わったら 山登りに（a 行く　b 行こう）つもりです。
2. 二つも 持って いる（a ので　b のに）また 買って しまった。
3. お酒は あまり（a 飲まなさそうに　b 飲まないように）して います。
4. 今 教室の 中には 学生が 一人（a しか　b だけ）いません。
5. 約束の 場所は どこ（a に　b で）しましょうか。
6. 花が 落ちようと（a 思って　b して）います。
7. この 席には（a 座るな　b 座らな）。
8. 漢字の 勉強を もっと がんばる（a ために　b ように）して ください。
9. 家に 本を 忘れて しまって 友だちのを 借りる こと（a を　b に）した。
10. かれが ここに 来る（a ようが　b はずが）ない。
11. 朝ごはんは できるだけ 食べる（a ように　b ものに）して います。
12. ときどき、一人で 映画を 見に 行く ことが（a する　b ある）。
13. 野菜を たくさん（a たべよう　b たべるように）して います。
14. 紅茶と ジュース、それから コーヒーが あります。（a どちら　b なに）が いいですか。
15. 先生に 「今日は はやく（a 帰ろ　b 帰れ）」と 言われました。
16. しゅくだいも（a しずに　b せずに）寝て います。

정답　1 a　2 b　3 b　4 a　5 a　6 b　7 a　8 b
　　　　9 b　10 b　11 a　12 b　13 b　14 a　15 b　16 b

해설 p.328

고득점 문법 확인 문제 ❹ [/ 16]

다음 문장의 괄호 안에 들어갈 가장 알맞은 말을 a, b 중에서 고르시오.

1. 今日 ピクニック（ a のに　b なのに ）朝から 雨が 降って います。
2. 二人で こっそり デートして いる（ a こと　b の ）を 見ました。
3. ここから 30分（ a ごろ　b ほど ）いけば コンビニが あります。
4. いま、家で ご飯を 食べて いる（ a ところ　b ばかり ）です。
5. うちの 子は 一日中 テレビ（ a のばかり　b ばかり ）みて います。
6. この スマホは 先週 買った（ a ところ　b ばかり ）です。
7. デパートで 上着（ a とか　b の ）スカート などを 買いました。
8. あの 人は（ a しんせつし　b しんせつだし ）性格が あかるくて 人気が あります。
9. 私は 医者（ a が　b に ）なりたいです。
10. 今年の 3月（ a までに　b まで ）韓国に いる つもりです。
11. 白くて 長い スカート（ a を　b が ）買いたがって います。
12. 飲み物は ジュース（ a で　b に ）いいです。
13. 彼は いちごを（ a いやだ　b いやがる ）から いちごケーキは やめよう。
14. この ゲームの（ a おもしろさ　b おもしろい ）は スピードに ある。
15. あの 人は 高校生（ a のに　b なのに ）お酒を 飲んで いる。
16. かれが 帰って 来る（ a こと　b の ）を 待って います。

정답　1 b　2 b　3 b　4 a　5 b　6 b　7 a　8 b
　　　9 b　10 b　11 a　12 a　13 b　14 a　15 b　16 b

해설 p.328

고득점 문법 확인 문제 ❺ [/ 16]

다음 문장의 괄호 안에 들어갈 가장 알맞은 말을 a, b 중에서 고르시오.

1 100メートル（ a ごろ   b ぐらい ）行けば　銀行が　あります。

2 歩いて　30分（ a ごろ   b ほど ）です。

3 もう　6月だ。これから　暑く　なって（ a くる   b いく ）だろうね。

4 私には（ a 何も   b 何でも ）いいから　話してね。

5 明日　先生も　来る（ a とか   b か ）どうか　わかりません。

6 ぜんぜん　寝ないで　勉強した（ a のに   b ほど ）結果は　よく　ない。

7 ときどき　自分で　パンを　作る（ a の   b こと ）が　あります。

8 ここからは　くつは　ぬぐ（ a よう   b こと ）に　なって　います。

9 この　パンは　今　オーブンから　出した（ a ところ   b とき ）だから　まだ　あたたかいです。

10 彼が（ a そう   b そんな ）ことを　したとは　信じられません。

11 お金が　できたら、（ a どう   b どんな ）車を　買いたいですか。

12 漢字が　きれいに　書ける（ a ことに   b ように ）なりました。

13 これから（ a でかける   b でかけた ）ところです。

14 この　漢字は（ a どう   b どんな ）書きますか。

15 彼も　私の　作った　ケーキを（ a 食べたがっています   b 食べたいです ）。

16 あの　ビルの（ a たかさ   b たかい ）は　どの　ぐらいですか。

정답 1 b   2 b   3 b   4 b   5 b   6 a   7 b   8 b
　　　9 a   10 b   11 b   12 b   13 a   14 a   15 a   16 a

해설 p.329

고득점 문법 확인 문제 ❻   [/ 16]

다음 문장의 괄호 안에 들어갈 가장 알맞은 말을 a, b 중에서 고르시오.

1. 私（ a ほう　 b ほど ）よく 知って いる 人も いないだろう。
2. 教室を（ a でろう　 b でよう ）と した とき、先生に よばれた。
3. ほんとうに 春（ a ぐらい　 b らしい ）てんきですね。
4. この パソコンの（ a かるい　 b かるさ ）に おどろきました。
5. 田中さんは ギターも ひける（ a し　 b のに ）歌も 上手だ。
6. はやく こちらに（ a 来　 b 来 ）なさい。
7. こわれた 自転車は もう（ a 直して　 b 直って ）あります。
8. カタカナで 名前が（ a 書けられ　 b 書け ）ます。
9. レポートは まだ（ a 出しませんでした　 b 出していません ）。
10. たまに 一人で カラオケに（ a 行き　 b 行く ）ことが ある。
11. まだ 時間が ある（ a のに　 b だから ）、いらいらして いる。
12. 「ふくわらい」 というのは どんな（ a 遊びさ　 b 遊び ）ですか。
13. 今日 見た 映画は 思った（ a しか　 b より ）おもしろく なかった。
14. 今年の 冬の （ a さむく　 b さむさ ）は きびしいですね。
15. 日本に 来る 外国人は これからも 多く なって（ a くる　 b いく ）と 思う。
16. あの ねこが 私の 家の 中に（ a 入ろうと　 b 入りようと ）して いる。

정답　1 b　　2 b　　3 b　　4 b　　5 a　　6 a　　7 a　　8 b
　　　9 b　　10 b　　11 a　　12 b　　13 b　　14 b　　15 b　　16 a
해설 p.329

문법 완전 정복을 위한 꿀팁!

N4 레벨은 일본어 학습 입문 단계의 기초적인 내용을 포함하여 다양한 수준의 문법 실력을 확인합니다. 전체적으로 모든 품사에 걸쳐 기본 지식을 물어봅니다. 특히, 서술어 즉 어미 활용을 할 수 있는 동사・い형용사・な형용사에 집중하여 기본 활용을 정리하는 것이 중요합니다.

● もんだい 1 문법 형식 판단
조사는 여러 가지 용법으로 쓰이는 경우가 많은데, 단편적으로 암기하는 것이 아니라 문장 전체를 읽어 해당 용법을 파악하는 연습을 해야 합니다. 특히 동사・い형용사・な형용사 어미 활용의 규칙성을 정리하며 학습합니다.

● もんだい 2 문장 완성
문장 분석 능력이 요구되는 문제입니다. 특정 조사를 사용하는 동사 숙어를 암기해 두면 큰 도움이 됩니다. 문제를 풀 때는 제일 먼저 포인트가 되는 문법을 찾아낸 후 앞뒤 다른 요소를 배치해 나가는 것이 기본입니다.

● もんだい 3 문맥 이해
장문의 글을 읽으면서, 문장 안의 지시어 こ~/そ~/あ~/ど~가 무엇을 가리키는지 파악하는 훈련을 합니다. 또, 문장과 문장 사이의 관계를 나타내는 접속사에 주목하면 문장 흐름을 파악하는 데 큰 도움이 됩니다.

유형별 실전 문제

2교시 문법

- 문법 형식 판단 ······ p.182
- 문장 완성 ······ p.192
- 문맥 이해 ······ p.198

もんだい1

문법 형식 판단 실전 연습 ❶ [/ 8]

もんだい1 (　　) に 何を 入れますか。1・2・3・4から いちばん いい ものを 一つ えらんで ください。

1　(　　) いいから、手伝って くれる？
　　1　だれが　　　2　だれにも　　　3　だれでも　　　4　だれとか

2　さっき、ここで (　　) 人は だれですか。
　　1　寝る　　　　2　寝て いる　　　3　寝ての　　　　4　寝て いた

3　いっしょに ごはんを 食べ (　　) 行きませんか。
　　1　が　　　　　2　に　　　　　　3　を　　　　　　4　で

4　今年の 春は 去年 (　　) あたたかいですね。
　　1　より　　　　2　のほう　　　　3　しか　　　　　4　まで

5　5時の 会議に (　　) いけません。
　　1　行かなくても　2　行かないで　　3　行かずに　　　4　行かなくては

6　うちの 子は アンパンマンの 人形を (　　)。
　　1　ほしいです　　　　　　　　　2　ほしそうです
　　3　ほしいようです　　　　　　　4　ほしがって います

7　ニュースに よると、明日、(　　) そうです。
　　1　雨　　　　　2　雨の　　　　　3　雨な　　　　　4　雨だ

8　食事が 終わったら 散歩 (　　) しませんか。
　　1　に　　　　　2　で　　　　　　3　にも　　　　　4　でも

정답　1 ③　2 ④　3 ②　4 ①　5 ④　6 ④　7 ①　8 ④　　　해설 p.329

문법 형식 판단 실전 연습 ❷   [/ 8]

もんだい1 （　）に 何を 入れますか。1・2・3・4から いちばん いい ものを 一つ えらんで ください。

[1] チケットを （　　） ください。
　　1　お持って　　2　お持ちに　　3　お持ちして　　4　お持ち

[2] これは どなたでも （　　） なれます。
　　1　お使い　　2　お使いして　　3　お使いに　　4　お使って

[3] その 本、（　　） いいですか。
　　1　お借りても　　　　　　2　お借りしても
　　3　お借りに なっても　　　4　お借りなっても

[4] あの 店の ケーキ、（　　） ですね。
　　1　おいしそう　　　　　　2　おいしよう
　　3　おいしらしい　　　　　4　おいしさそう

[5] 二人は （　　） そうに 話して います。
　　1　たのし　　2　たのしい　　3　たのしく　　4　たのしさ

[6] 今、行けば 約束に （　　） そうです。
　　1　間に 合った　　2　間に 合える　　3　間に 合え　　4　間に 合い

[7] 彼は ほんとうに あたまが （　　） です。
　　1　いそう　　2　よそう　　3　いさそう　　4　よさそう

[8] その かわいい ブラウス、どこで かった （　　） おしえて。
　　1　とか　　2　か　　3　の　　4　のに

정답　1④　2③　3②　4①　5①　6④　7④　8②　　　해설 p.329

문법 형식 판단 실전 연습 ❸ [/ 8]

もんだい1 (　　)に 何を 入れますか。1・2・3・4から いちばん いい ものを 一つ えらんで ください。

1　きみの ノート、私に かして (　　)？
　　1　もらえない　　2　くれない　　3　あげない　　4　もらいない

2　えき (　　) あるいて 来ました。
　　1　で　　　　　2　だけ　　　　3　から　　　　4　でも

3　先生が (　　) 本は もう 読みました。
　　1　さしあげた　2　いただいた　3　もらった　　4　くださった

4　あの レポートなら 山田さん (　　) 手伝って もらいました。
　　1　が　　　　　2　に　　　　　3　へ　　　　　4　か

5　バスの 窓から 手を (　　) は いけません。
　　1　出す　　　　2　出して　　　3　出した　　　4　出し

6　いそげば 浜田さん (　　) 会えるかも しれない。
　　1　を　　　　　2　が　　　　　3　に　　　　　4　へ

7　わからない ことが あったら 先生に 教えて (　　)。
　　1　くれます　　2　あげます　　3　くれます　　4　もらいます

8　その ワンピースは 母が 誕生日に 買って (　　)。
　　1　くれたんです　　　　　　　2　もらったんです
　　3　あげたんです　　　　　　　4　やったんです

정답　1②　2③　3④　4②　5②　6③　7④　8①　　　해설 p.330

문법 형식 판단 실전 연습 ❹   [/ 8]

もんだい1 （　）に 何を 入れますか。1・2・3・4から いちばん いい ものを 一つ えらんで ください。

1 ソヒョンさんには　まだ（　　）。
　1　聞きませんでした　　　　2　聞きました
　3　聞いていた　　　　　　　4　聞いていません

2 この　写真は　山田先生に（　　）つもりです。
　1　くださる　　2　いただく　　3　さしあげる　　4　めしあがる

3 あした　何時（　　）出せば　いいですか。
　1　まで　　　2　までに　　　3　ほど　　　4　とき

4 山田さんには　まだ　お会い（　　）ことが　ありません。
　1　しょう　　2　する　　　3　になった　　4　した

5 ここに　ごみを　すてる（　　）。
　1　ないで　　　2　だ　　　3　な　　　4　なくて

6 一日中　レポートを（　　）つづけて　手が　つかれました。
　1　書く　　　2　書き　　　3　書いて　　　4　書いた

7 ごはんを（　　）おわってから、さんぽに　出かけました。
　1　食べる　　　2　食べ　　　3　食べた　　　4　食べての

8 A「野球を　しても　いいですか。」
　B「う〜ん、ここでは（　　）。」
　1　しないと　かまいません　　　2　しなければ　ならないです
　3　しては　なりません　　　　　4　しなくても　いけません

정답　1 ④　2 ③　3 ②　4 ④　5 ③　6 ②　7 ②　8 ③　　　　해설 p.330

문법 형식 판단 실전 연습 ❺   [　／8］

もんだい1 (　　)に 何を 入れますか。1·2·3·4から いちばん いい ものを 一つ えらんで ください。

1　あの 人に 一度 会った (　　)。
　　1　ことに します　　　　　2　ことが できます
　　3　ことが あります　　　　4　ことに なります

2　私に 話して (　　) のは 山下さんです。
　　1　あげた　　2　もらった　　3　やった　　4　くれた

3　ベルが なると、みんな (　　) 出した。
　　1　走り　　2　走れ　　3　走る　　4　走ろう

4　どれが いい (　　) 思いますか。
　　1　か　　2　は　　3　で　　4　と

5　この 店で 韓国の お金 (　　) 使えますか。
　　1　が　　2　を　　3　で　　4　のに

6　薬を 飲んで すこし (　　) ほうが いいですよ。
　　1　休み　　2　休んで　　3　休んだ　　4　休みの

7　お酒を (　　) すぎて 気分が わるいです。
　　1　飲んで　　2　飲み　　3　飲む　　4　飲んだ

8　ここでは たばこを (　　) かまいません。
　　1　すっては　　2　すっても　　3　すわなければ　　4　すわなくては

정답　1③　2④　3①　4④　5①　6③　7②　8②　　　　해설 p.330

문법 형식 판단 실전 연습 ❻ [/ 8]

もんだい1 （　　）に 何を 入れますか。1·2·3·4から いちばん いい ものを 一つ えらんで ください。

1 雨が 降って いる（　　）かさも 持たずに 出て しまった。
　　1 し　　　　　2 より　　　　3 ので　　　　4 のに

2 人を ながく（　　）のは しつれいです。
　　1 お待たせる　2 お待ちにする　3 待たせる　　4 待たれる

3 わたしの 家は ここから 1時間（　　）かかります。
　　1 しか　　　　2 より　　　　3 と　　　　　4 も

4 いつも 母に 部屋の そうじを（　　）います。
　　1 させられて　2 せずに　　　3 されなくて　　4 させないで

5 発表なら 私が（　　）。
　　1 お手伝いいたします　　　　2 お手伝って あげます
　　3 お手伝いに します　　　　4 お手伝いいただきます

6 姉の 赤ちゃんに（　　）こまりました。
　　1 泣かせて　　2 泣かれて　　3 泣かられて　　4 泣いて

7 お父さんは 何時ごろ（　　）。
　　1 お帰りしますか　　　　　　2 お帰りに しますか
　　3 帰りに しますか　　　　　4 帰られますか

8 あした、雨が（　　）でしょうか。
　　1 ふり　　　　2 ふら　　　　3 ふる　　　　4 ふっ

정답 1④ 2③ 3④ 4① 5① 6② 7④ 8③　　　　해설 p.330

문법 형식 판단 실전 연습 ❼ [　／8]

もんだい1 (　) に 何を 入れますか。1・2・3・4から いちばん いい ものを 一つ えらんで ください。

① 今日 雨(　) 降られて、風邪を ひいて しまった。
　1 が　　　2 に　　　3 を　　　4 と

② この パンフレットは もう (　)。
　1 お読みしましたか　　　2 読まれましたか
　3 お読みに しましたか　　4 読まれに なりましたか

③ こどもを 一人で (　) ください。
　1 遊ばせないで　　　2 遊ばれないで
　3 遊ばせなくて　　　4 遊びさせなくて

④ 大阪まで バス (　) のって いきました。
　1 を　　　2 で　　　3 に　　　4 へ

⑤ 辞書を (　) 日本の 新聞を 読む ことが できますか。
　1 使わなくて　　2 使いすぎて　　3 使わずに　　4 使わないように

⑥ この メールを だれかに (　) こまりますよ。
　1 見ると　　2 見えられると　　3 見つける　　4 見られると

⑦ 私が ここに いる (　) を だれから 聞きましたか。
　1 ところ　　2 もの　　3 こと　　4 のに

⑧ ちょっと 飲んで (　) とても あまかったです。
　1 みたなら　　2 みれば　　3 みたら　　4 みるなら

정답　1② 2② 3① 4③ 5③ 6④ 7③ 8③　　해설 p.330

문법 형식 판단 실전 연습 ❽   [/ 8]

もんだい1 （   ）に 何を 入れますか。1・2・3・4から いちばん いい ものを 一つ えらんで ください。

1 こんな ことを （   ） いけないよ。
1　しちゃ　　　2　しても　　　3　しなくても　　4　しないで

2 とても 大人（   ） いい 人だと 思います。
1　らしくて　　2　そうで　　　3　のようで　　　4　だそうで

3 彼は まだです。（   ）他の 人は みんな 来て います。
1　それで　　　2　どうして　　3　しかし　　　　4　だから

4 まだ そうじが 終わって（   ）。外で 待って ください。
1　ありません　2　おきません　3　いません　　　4　なりません

5 えきも 近いし、へやも （   ）し、とても 住みやすいです。
1　きれい　　　2　きれいだ　　3　きれいな　　　4　きれいなの

6 明日は 木村さんの （   ）らしいよ。
1　誕生日　　　2　誕生日の　　3　誕生日だった　4　誕生日で

7 私は だれと （   ）友だちに なれる 性格です。
1　にも　　　　2　へも　　　　3　でも　　　　　4　をも

8 自転車を （   ）駅前の 店が やすいですよ。
1　買ったら　　2　買うなら　　3　買うと　　　　4　買えば

정답　1①　2①　3③　4③　5②　6①　7③　8②　　　해설 p.330

문법 형식 판단 실전 연습 ❾   [/ 8]

もんだい1 （　　）に 何を 入れますか。1・2・3・4から いちばん いい ものを 一つ えらんで ください。

1 お風呂に （　　） した とき、げんかんの ベルが なりました。
　1 入りようと　　2 入ろうと　　3 入れようと　　4 入れろうと

2 卒業して、父の 仕事を （　　） つもりです。
　1 手伝い　　2 手伝って　　3 手伝おう　　4 手伝う

3 どうぞ、ここに （　　） ください。
　1 お座られ　　2 お座り　　3 お座って　　4 お座りして

4 晴れて いたのに、きゅうに 雨が （　　） だした。
　1 降る　　2 降って　　3 降り　　4 降りに

5 先生は 何を お読みに （　　） か。
　1 します　　2 あります　　3 います　　4 なります

6 かばんの なかに 本が たくさん 入れて （　　）。
　1 います　　2 いません　　3 あります　　4 ありません

7 雨が 降るので 駅まで むかえに 行く （　　） に しました。
　1 こと　　2 ため　　3 もの　　4 ところ

8 A「レポートは 出しましたか。」
　B「ええ、今 （　　） です。」
　1 出したはず　　　　　　2 出した とき
　3 出したところ　　　　　4 出したよう

정답 1② 2④ 3② 4③ 5④ 6③ 7① 8③　　　　해설 p.331

문법 형식 판단 실전 연습 ❿ [　/ 8]

もんだい1　(　)に 何を 入れますか。1·2·3·4から いちばん いい ものを 一つ えらんで ください。

1　A「その 本、おもしろそうですね。」
　　B「うん、田中さんも (　　)。」
　　1　読みたいです　　　　　　2　読む つもりです
　　3　読んで みたいです　　　　4　読みたがって います

2　部屋の まど (　　) 見える 富士山は とても きれいです。
　　1　で　　　2　へ　　　3　から　　　4　に

3　まどを (　　) まま、出かけて しまいました。
　　1　開いた　　2　開く　　3　開けた　　4　開ける

4　A「そろそろ、帰りませんか。」
　　B「ごめん、仕事が たくさん あって、(　　)。」
　　1　帰れません　2　帰せません　3　帰られません　4　帰らせません

5　かぜを (　　) 時は、この くすりを のみます。
　　1　ひき　　2　ひく　　3　ひいて　　4　ひいた

6　忙しかったら、あしたは (　　)。
　　1　来なくても かまいません　　2　来なくては いけません
　　3　来なくて ください　　　　　4　来ないで かまいません

7　れいぞうこの 中に (　　) メロンが おいて あった。
　　1　おいしそうに　2　おいしそうで　3　おいしいそうな　4　おいしそうな

8　先生、きょうは はやく (　　) ください。
　　1　帰らせて　　2　帰れて　　3　帰されて　　4　お帰りして

정답　1④　2③　3③　4①　5④　6①　7④　8①　　　　해설 p.331

もんだい 2

문장 완성 실전 연습 ❶　　　　　　　　　　　　　　　　　　　　　　[　 / 8]

もんだい2 ＿＿＿ ★ ＿＿＿ に 入る ものは どれですか。1·2·3·4から いちばん いい ものを 一つ えらんで ください。

1　来週　旅行します。＿＿＿＿ ＿＿＿＿ ★ ＿＿＿＿。
　　1　ときは　　　2　きしゃで　　　3　その　　　　4　いきます

2　彼女は　中国 ＿＿＿＿ ＿＿＿＿ ＿＿＿＿ ★ ＿＿＿＿。
　　1　来た　　　　2　です　　　　　3　から　　　　4　りゅうがくせい

3　コンピューターに　くわしい　人に　＿＿＿＿ ＿＿＿＿ ＿＿＿＿ ★ ＿＿＿＿。
　　1　いいです　　2　ほうが　　　　3　きいて　　　4　みた

4　私は　そうじを　する　のは　きらいですが、＿＿＿＿ ＿＿＿＿ ★ ＿＿＿＿ います。
　　1　そうじを　　2　私に　　　　　3　させて　　　4　母は

5　私は ＿＿＿＿ ★ ＿＿＿＿ ＿＿＿＿ しまいました。
　　1　じゅぎょうに　2　注意　　　　3　されて　　　4　おくれて

6　部屋の ＿＿＿＿ ＿＿＿＿ ★ ＿＿＿＿。
　　1　を　　　　　2　いる　　　　　3　して　　　　4　そうじ

7　A「この　スカート、かわいいでしょ？　昨日　買ったの。」
　　B「いいね。私 ＿＿＿＿ ＿＿＿＿ ★ ＿＿＿＿ ほしいな。」
　　1　スカート　　2　そんな　　　　3　が　　　　　4　も

8　二人は　来月 ＿＿＿＿ ★ ＿＿＿＿ ＿＿＿＿ よ。
　　1　けっこん　　2　らしい　　　　3　する　　　　4　です

정답　1② 2② 3① 4① 5④ 6③ 7① 8③　　　　　　　해설 p.331

문장 완성 실전 연습 ❷   [/ 8]

もんだい2 ___★___ に 入(はい)る ものは どれですか。1・2・3・4から いちばん いい ものを 一(ひと)つ えらんで ください。

1 つくえの 上(うえ)に 本(ほん)とか ____ ____ ★ ____ あります。
　　1　が　　　　2　ノート　　　3　おいて　　　4　など

2 イさんは ____ ____ ★ ____ です。
　　1　じょうず　2　歌(うた)も　3　ひけるし　　4　バイオリンも

3 ____ ★ ____ ____ 、げんかんの ベルが なりました。
　　1　かけよう　2　電話(でんわ)を　3　とき　　4　とした

4 すみませんが、きょうは ____ ____ ★ ____ 。
　　1　じゅぎょう　2　ください　3　を　　　　4　休(やす)ませて

5 ____ ____ ____ ★ 作(つく)れば よかったのに。
　　1　ケーキを　2　買(か)わ　3　あたらしい　4　ないで

6 山田(やまだ)さん ____ ____ ★ ____ 会社(かいしゃ)に きて います。
　　1　な　　　　2　病気(びょうき)　3　は　　　　4　のに

7 この プレゼント ____ ____ ★ ____ だれですか。
　　1　くれた　　2　を　　　　3　の　　　　4　は

8 空港(くうこう) ____ ____ ★ ____ ありがとう。
　　1　きて　　　2　むかえに　3　くれて　　4　まで

정답 1① 2② 3① 4④ 5④ 6① 7③ 8①   해설 p.331

문장 완성 실전 연습 ❸ [/ 8]

もんだい2 ＿＿ ★ ＿＿に 入る ものは どれですか。1・2・3・4から いちばん いい ものを 一つ えらんで ください。

1 学校で てるてるぼうず ＿＿＿ ＿＿＿ ★ ＿＿＿ 習いました。
 1 かた   2 を   3 作り   4 の

2 この バスは おりる 時に ＿＿＿ ＿＿＿ ★ ＿＿＿ なって います。
 1 に   2 こと   3 はらう   4 お金を

3 私も 今 ＿＿＿ ＿＿＿ ★ ＿＿＿ 。
 1 ところ   2 ついた   3 です   4 学校に

4 ふとるから、あまい もの ＿＿＿ ★ ＿＿＿ います。
 1 ように   2 食べない   3 して   4 は

5 あの 本なら いま ＿＿＿ ＿＿＿ ★ 。
 1 ところ   2 いる   3 なんだ   4 読んで

6 来月から ＿＿＿ ＿＿＿ ★ ＿＿＿ なりました。
 1 はたらく   2 この   3 ことに   4 学校で

7 ＿＿＿ ＿＿＿ ★ ＿＿＿ 話して くれない。
 1 何   2 いくら   3 も   4 聞いても

8 先生は ＿＿＿ ＿＿＿ ★ ＿＿＿ です。
 1 もう   2 いる   3 知って   4 よう

정답 1① 2② 3① 4② 5③ 6① 7① 8②   해설 p.332

문장 완성 실전 연습 ❹   [/ 8]

もんだい2 ＿★＿ に 入(はい)る ものは どれですか。1・2・3・4から いちばん いい ものを 一(ひと)つ えらんで ください。

1. あの 子は ＿＿＿ ＿＿＿ ★ ＿＿＿ です。
   1　の　　　　2　かわいい　　　3　ように　　　4　にんぎょう

2. ＿＿＿ ＿＿＿ ★ ＿＿＿ は うそだと 思(おも)います。
   1　ゆめの　　2　そんな　　　　3　ような　　　4　話(はな)し

3. わからない ことが ＿＿＿ ＿＿＿ ＿＿＿ ★ ください。
   1　いつ　　　2　きいて　　　　3　でも　　　　4　あったら

4. この テーブル、＿＿＿ ＿＿＿ ★ ＿＿＿ ませんか。
   1　はこんで　2　まで　　　　　3　くれ　　　　4　あそこ

5. 妹(いもうと)は ＿＿＿ ＿＿＿ ★ ＿＿＿ です。
   1　もらって　2　よう　　　　　3　うれしい　　4　おかしを

6. まつりが ある ＿＿＿ ＿＿＿ ＿＿＿ ★ だ。
   1　みちは　　2　はず　　　　　3　から　　　　4　にぎやかな

7. こどもが ＿＿＿ ＿＿＿ ＿＿＿ ★ います。
   1　そうに　　2　寝(ね)て　　　3　よさ　　　　4　気持(きも)ち

8. あそこ ＿＿＿ ＿＿＿ ★ ＿＿＿、かわいいですね。
   1　スカート　2　かけて　　　　3　に　　　　　4　ある

정답 1③ 2③ 3② 4① 5③ 6② 7② 8④　　　　해설 p.332

문장 완성 실전 연습 ❺　　　　　　　　　　　　　　[　　/ 8]

もんだい2　___★___ に 入る ものは どれですか。1·2·3·4から いちばん いい ものを 一つ えらんで ください。

1　仕事が 終わったら、病院 _____ _____ _____ ★ 思って います。
　　1　みよう　　　2　いって　　　3　に　　　　　4　と

2　運転しながら _____ _____ ★ _____ だめですよ。
　　1　の　　　　　2　スマホを　　3　は　　　　　4　みる

3　田中さんに あまり _____ _____ ★ _____ ください。
　　1　ように　　　　2　すわない　　3　言って　　　4　タバコを

4　わさびが 苦手でしたが、今は _____ _____ _____ ★ 　。
　　1　に　　　　　2　食べられる　3　なりました　4　よう

5　この 本は _____ _____ ★ _____ 。
　　1　かえさなきゃ　2　までに　　3　いけない　　4　水曜日

6　さとう _____ _____ ★ _____ ぜんぜん 甘く ない。
　　1　のに　　　　2　たくさん　　3　を　　　　　4　いれた

7　弟は _____ _____ ★ _____ 読んで います。
　　1　ばかり　　　2　本　　　　　3　の　　　　　4　まんが

8　どんなに _____ _____ ★ _____ なさい。
　　1　はは　　　　2　ても　　　　3　みがき　　　4　いそがしく

정답　1 ④　2 ①　3 ①　4 ③　5 ①　6 ④　7 ②　8 ①　　　　　　해설 p.332

문장 완성 실전 연습 ❻ [/ 8]

もんだい2 ＿＿ ★ ＿＿ に 入る ものは どれですか。1・2・3・4から いちばん いい ものを 一つ えらんで ください。

1 こうばんに 行きたいんですが、＿＿＿ ＿＿＿ ★ ＿＿＿ か。
   1 いい   2 どう   3 行けば   4 です

2 鈴木さんは ＿＿＿ ＿＿＿ ＿＿＿ ★ しれません。
   1 会社   2 かも   3 やめる   4 を

3 連絡して ありますから、＿＿＿ ＿＿＿ ＿＿＿ ★ です。
   1 も   2 さとうさん 3 はず   4 くる

4 先生は ＿＿＿ ＿＿＿ ★ ＿＿＿ よ。
   1 けっこん 2 らしい   3 して   4 いる

5 ニュースに ＿＿＿ ＿＿＿ ★ ＿＿＿ そうです。
   1 と   2 よる   3 ふる   4 雨が

6 ＿＿＿ ＿＿＿ ★ ＿＿＿ が せが たかいです。
   1 ほう   2 妹の   3 より   4 わたし

7 彼女は 明日 試合なので、パーティー ＿＿＿ ＿＿＿ ＿＿＿ ★ ない。
   1 が   2 来る   3 には   4 はず

8 弁当 ＿＿＿ ＿＿＿ ★ ＿＿＿ かまいません。
   1 来なくて 2 は   3 持って   4 も

정답 1① 2② 3③ 4④ 5④ 6② 7① 8①   해설 p.332

もんだい 3

문맥 이해 실전 연습 ❶ [/ 4]

もんだい3　1 から 4 に 何を 入れますか。文章の 意味を 考えて、1・2・3・4から いちばん いい ものを 一つ えらんで ください。

　ゆうべは 大学の 集まりが あって おそく 帰って きた。それで 今日は ゆっくり 1 したが、7時ごろ 電話の 音 2 起きて しまった。電話は 母からだった。一人暮らしの むすこが 気に なって 毎日の ように 電話を して いる。母も スマホを 持って いるから メールで 連絡して ほしいと 言って いるけど、電話の ほうが 声が 聞けるから いいらしい。 3 、明日からは 母が 心配 4 こちらからも 電話を しようと 思う。

・一人暮らし：혼자 삶

1

1　起きようと　　2　起きろうと　　3　起きそうと　　4　起きそうに

2

1　に　　　　　2　で　　　　　3　だから　　　　4　でも

3

1　それで　　　2　しかし　　　3　それに　　　　4　でも

4

1　しないようと　　　　　2　しないように
3　するように　　　　　　4　しそうに

정답　1 ①　2 ②　3 ①　4 ②　　　　해설 p.332

문맥 이해 실전 연습 ❷   [/ 4]

もんだい3　　1 から 4 に 何を 入れますか。文章の 意味を 考えて、1・2・3・4から いちばん いい ものを 一つ えらんで ください。

> はじめて 会った 人の 名前を 知りたい とき、 1 聞く のが いいでしょうか。「名前を 教えてください」では ちょっと 失礼です。「お名前を 2 ても いいですか」とか「お名前を 教えて 3 ますか」の ように、質問を する ように 聞いた ほうが いいでしょう。はじめに「失礼ですが」という 言葉を つけると もっと やわらかい 4 に なります。

1
1　どんな　　2　どう　　3　どの　　4　どうして

2
1　お聞いて　　2　お聞きに　　3　お聞きし　　4　お聞きにし

3
1　さしあげ　　2　あげ　　3　いただけ　　4　いただき

4
1　言うがた　　2　言いがた　　3　言うかた　　4　言いかた

정답　1 ②　2 ③　3 ③　4 ④　　해설 p.333

문맥 이해 실전 연습 ❸

もんだい3 ① から ④ に 何を 入れますか。文章の 意味を 考えて、1・2・3・4から いちばん いい ものを 一つ えらんで ください。

私は 先月 ひっこした。前の アパートは 学校 ① 遠くて 不便だったからだ。今の アパートは 少し せまいけど、歩いて 大学に 行けるので 前の アパート ② とても 便利だ。③ 、大学から 近いので 友だちが よく 遊びに くる。もう すぐ テストが あるのに 今日も 遊びに 来た。ほんとうに こまる。④ 、このごろは また 前の アパートに もどりたいと 思って いる。

1
1 で　　　2 から　　　3 に　　　4 へ

2
1 ぐらい　　2 ほど　　　3 だけ　　4 より

3
1 たとえば　2 それに　　3 でも　　4 または

4
1 それで　　2 それに　　3 しかし　　4 それとも

정답 1② 2④ 3③ 4①　　　해설 p.333

문맥 이해 실전 연습 ❹   [/ 4]

もんだい3 1 から 4 に 何を 入れますか。文章の 意味を 考えて、1・2・3・4から いちばん いい ものを 一つ えらんで ください。

　　日本の タクシーは、運転手が 後ろの ドアを 自動で 開けて 1 ので、客が 後ろの せきに 座ります。 2 、客が 4人だったら、3人が 後ろの せき、1人が 運転手の よこに 座る 3 ますが、そうでは ない 時は 後ろの せきに 座るのが ふつうです。もし 前の せきに 座りたい 時は、運転手に 言えば 4 ますが、そういう 人は あまり いないようです。

1
1　くれる　　　2　あげる　　　3　くださる　　　4　さしあげる

2
1　たぶん　　　2　または　　　3　もし　　　　　4　それで

3
1　ことに なり　　　　　2　ものに なり
3　ように なり　　　　　4　ようと なり

4
1　座られて くれ　　　　2　座れて あげ
3　座らせて あげ　　　　4　座らせて くれ

정답 1 ①   2 ③   3 ①   4 ④　　　　　　　해설 p.333

문맥 이해 실전 연습 ❺   [/ 4]

もんだい3 １ から ４ に 何を 入れますか。文章の 意味を 考えて、1・2・3・4から いちばん いい ものを 一つ えらんで ください。

> どこの 国 １ 海外旅行者は 毎年 ふえて いる。いちばん 多いのは ２ そうだ。次に 中国、ドイツと つづく。韓国は 6番目で 日本は 7番目だ。調査 ３ 、韓国人が 旅行で いちばん よく 行く 国は 日本で、中でも 大阪、北海道、東京が 人気が あるそうだ。日本人が よく 行く ところは タイワンの タイペイ、その 次が ソウルと いう ことだ。私も 夏休みに 旅行に ４ つもりだ。
>
> ・調査 : 조사

１
1 に　　　2 にも　　　3 でも　　　4 へも

２
1 アメリカだ　　2 アメリカの　　3 アメリカ　　4 アメリカな

３
1 によるなら　　2 によると　　3 でよって　　4 でよると

４
1 行こう　　2 行くよう　　3 行く　　4 行き

정답 1 ③　2 ①　3 ②　4 ③

문맥 이해 실전 연습 ❻　　　　　　　　　　　　　　　　　[　　/ 4]

もんだい3　1　から　4　に　何を　入れますか。文章の　意味を　考えて、1・2・3・4から　いちばん　いい　ものを　一つ　えらんで　ください。

　このごろ　読まなく　なった　本や　着なく　なった　服を　ネットで　売ったり　買ったり　する　人が　多く　なって　います。売る　人は　要らない　ものを　売って　お金が　1　し、買う　人は　ほしかった　ものが　お店より　安く　2　からです。それに、すてたら　ごみに　なりますが、ほかの　人に　使って　3　と　環境にも　いいので　エコ生活に　なります。でも、中には　それを　ネットで　高く　売る　人が　いて　問題に　なる　4　あります。

・環境：환경

1

1　くれる　　　2　くれられる　　　3　もらう　　　4　もらえる

2

1　買う　　　2　買える　　　3　買わせる　　　4　買えられる

3

1　あげる　　　2　やる　　　3　あげる　　　4　もらう

4

1　ことに　　　2　ことが　　　3　ものが　　　4　ものにも

정답　1 ④　2 ②　3 ④　4 ②　　　　　　　　　　　　　해설 p.333

2교시

독해

もんだい 4　내용 이해(단문)
もんだい 5　내용 이해(중문)
もんだい 6　정보 검색

1 문제 유형 공략법

もんだい 4　내용 이해(단문)

●● 유형 분석

1. 4지문 4문제가 출제된다.
2. 주로 일상생활, 즉 일기나 생활, 학습, 간단한 정보, 소개 글 등을 주제로 한 100~200자 정도의 글을 읽고 내용을 이해하는지를 묻는 문제다.
3. 문제당 2~3분 내외로 푸는 것이 좋다.
4. 출제 유형
   (1) 필자의 주장을 묻는 문제
       필자의 주장을 찾는 문제는 주로 마지막 부분에 결정적인 힌트가 주어지는 경우가 많다.
   (2) 밑줄 친 부분의 의미 파악 문제
   (3) 내용 파악 문제

- ✓ 문제를 먼저 읽고 지문을 읽자!
- ✓ 문장의 전체적인 흐름을 파악할 것!
- ✓ 어려운 문법 지식에 고민하기보다는 기본 어휘에 충실할 것!
- ✓ 정답이 아닌 선택지를 삭제해 가는 방법이 실수를 줄일 수 있다.

예시 문제

つぎの文章を読んで、質問に答えてください。答えは1・2・3・4から、いちばんいいものを一つえらんでください。

田中さんは吉田さんに文字メッセージを送りました。

本を貸してくれてありがとうございました。学校の書店になかったので困っていましたが、助かりました。吉田さんが借りたいと言っていた5冊の本は、妹の友だちが読みたいと言って、持っていってしまいました。でも、今週末、5冊のうち3冊を返してくれると言いましたから、来週の月曜日には、学校に持っていけると思います。

田中

---

1 田中さんは、来週、何をすると言っていますか。
1 吉田さんに本を5冊返します。
2 吉田さんに本を3冊返します。
3 吉田さんに本を5冊貸します。
4 吉田さんに本を3冊貸します。

정답 4

해석 다음 글을 읽고 질문에 답하세요. 답은 1·2·3·4에서 가장 좋은 것을 하나 고르세요.

다나카 씨는 요시다 씨에게 문자 메시지를 보냈습니다.

> 책을 빌려주어서 고마웠습니다. 학교 서점에 없어서 난처했는데, 도움이 되었어요. 요시다 씨가 빌리고 싶다고 했던 다섯 권의 책은 여동생 친구가 읽고 싶다면서 가져가 버렸어요. 하지만 이번 주말 다섯 권 중에서 세 권을 돌려준다고 했으니까, 다음 주 월요일에는 학교에 가지고 갈 수 있다고 생각합니다.
>
> 다나카

1 다나카 씨는 다음 주에 무엇을 할 거라고 말하고 있습니까?

1 요시다 씨에게 책을 5권 돌려줍니다.
2 요시다 씨에게 책을 3권 돌려줍니다.
3 요시다 씨에게 책을 5권 빌려줍니다.
4 요시다 씨에게 책을 3권 빌려줍니다.

풀이 내용 파악을 묻는 질문으로, '언제(어디서/누가/왜) ~합니까?'라는 패턴의 질문이다. 질문에 **来週**(다음 주)라고 시점을 지정했고, 이번 주말에 5권 중 3권이 돌아오므로, 3권만 빌려줄 수 있는 상황이다. 따라서 3권의 책이 언급된 2번과 4번이 정답 가능성이 있다. 이때 다나카 씨가 가지고 가는 행동은 **吉田さんが借りたいと言っていた本**(요시다 씨가 빌리고 싶다고 한 책)에 대한 상대적 행동이므로, **貸す**(빌려주다)를 사용하여 표현한 4번이 정답이 된다.

단어 文字 문자 | メッセージ 메시지 | 送る 보내다 | 貸す 빌려주다 | 書店 서점 | 困る 곤란하다, 난처하다 | 助かる 도움이 되다 | 借りる 빌리다 | ~冊 ~권(노트나 책을 세는 단위) | 読む 읽다 | 持つ 들다, 가지다 | 来週 다음 주 | 返す 갚다, 돌려주다

もんだい 5　내용 이해(중문)

● ● 유형 분석

1. 1지문 4문제가 출제된다.
2. 약 450자 정도 길이의 글로 구성되며 단락이 나뉘어 있다. 필자의 생각이나 주장의 이유를 묻는 문제로, 각 단락의 주제 관련성 및 인과관계를 파악할 수 있는지 테스트한다.
3. 약 10분 이내에 푸는 것이 좋다.
4. 출제 유형
   (1) 필자의 주장을 묻는 문제
       필자의 주장이나 문장의 결론을 찾는 문제는 주로 마지막 부분에 결정적인 힌트가 주어지는 경우가 많다.
   (2) 밑줄 친 부분의 의미 파악 문제
       중문 독해에서 가장 자주 출제되는 유형으로, 밑줄 부분과 관련된 문제는 밑줄 앞뒤의 문장에 대부분 답이 있다.

- 마지막 1~2줄에 결정적 힌트가 나오는 경우가 많다!
- 문제를 먼저 읽고, 단락과 단락 사이의 인과관계를 파악하자.
- '누가, 언제, 어디에서, 무엇을, 어떻게, 왜'에 주의하여 글을 읽자.
- 글의 흐름을 파악하기 위해서는 접속사(순접, 역접, 이유, 원인, 예시 등)에 주의하자.
- 질문에서 제시되는 의문사(だれ・どこ・なに・どう・どうして・いつ)에 주의하자.

예시 문제

つぎの文章（ぶんしょう）を読（よ）んで、質問（しつもん）に答（こた）えてください。答（こた）えは 1・2・3・4 から、いちばんいいものを一（ひと）つえらんでください。

夏休（なつやす）みに、私（わたし）は家族（かぞく）で海（うみ）の近（ちか）くにあるホテルに泊（と）まりました。

ホテルまでの交通は不便でした。新幹線で2時間、駅からホテルの近くのバス停まで、バスで2時間以上かかりました。またバス停からホテルまで、1時間も歩きました。ホテルは小さくて古かったですが、中はとてもきれいでした。ホテルにはテレビも冷蔵庫もエアコンもありませんでした。ちょっと不便かなと思いました。

　　でも、部屋の窓を開けると、海から涼しい風が入ってきて、全然暑くありませんでした。荷物を置いてから、散歩に出かけました。空気がきれいで、景色もよかったです。夕食には新鮮な魚と野菜で作った料理が出ましたので、みんなおいしく食べました。夜になると、星が出て、とてもきれいでした。ホテルにいる間は毎日、みんなで散歩したり、海で水遊びをしたり、海の向こうをずっと見ていたり、昼寝をしたりしました。

　　予定の五日間が過ぎ、家に帰りました。帰り道でわたしは、「こんな生活もいいなあ。」と思いました。

1　どこに泊まりましたか。
　1　海が見える大きなホテル
　2　古いが、中はきれいなホテル
　3　エアコンの風が涼しいホテル
　4　いろいろなものがあって、便利なホテル

2　ホテルまでどうやって行きましたか。
　1　新幹線とバスなどを利用して、4時間ぐらいかかりました。
　2　地下鉄とバスなどを利用して、4時間ぐらいかかりました。
　3　地下鉄とバスなどを利用して、5時間ぐらいかかりました。
　4　新幹線とバスなどを利用して、5時間ぐらいかかりました。

3 ホテルに着いてから、何をしましたか。
1 窓を開けておいて、休みました。
2 少し休んでから、水遊びに行きました。
3 おいしい料理を食べてから、星を見に外へ出ました。
4 荷物を置いてから、散歩に行きました。

4 こんな生活とありますが、どんな生活ですか。
1 海で遊んだり、昼寝をしたりする生活
2 星を見たり、テレビ見たりする生活
3 冷蔵庫もエアコンも利用しない生活
4 毎日食べて、何もしない生活

정답 2/4/4/1

해석 다음 글을 읽고 질문에 답하세요. 답은 1·2·3·4에서 가장 좋은 것을 하나 고르세요.

여름휴가 때, 나는 가족과 바다 근처에 있는 호텔에 묵었습니다.
호텔까지의 교통은 불편했습니다. 신칸센으로 2시간, 역에서 호텔 근처 버스 정류장까지 버스로 2시간 이상 걸렸습니다. 또 버스 정류장에서 호텔까지 1시간이나 걸었습니다. 호텔은 작고 오래됐습니다만, 안은 매우 깨끗했습니다. 호텔에는 텔레비전도 냉장고도 에어컨도 없었습니다. 조금 불편하다고 생각했습니다.
그런데 방 창문을 열었더니, 바다로부터 시원한 바람이 들어와 전혀 덥지 않았습니다. 짐을 두고 나서 산책하러 나섰습니다. 공기가 깨끗하고 경치도 좋았습니다. 저녁 식사에는 신선한 생선과 야채로 만든 요리가 나와서 모두 맛있게 먹었습니다. 밤이 되자 별이 나와서 매우 예뻤습니다. 호텔에 있는 동안은 매일 다 같이 산책을 하거나 바다에서 물놀이를 하거나 바다 저편을 하염없이 보고 있거나 낮잠을 자기도 했습니다.
예정한 5일간이 지나 집으로 돌아왔습니다. 돌아오는 길에 나는 "이런 생활도 좋구나." 하고 생각했습니다.

1 어디에 묵었습니까?
 1 바다가 보이는 큰 호텔
 2 오래됐지만, 안은 깨끗한 호텔
 3 에어컨 바람이 시원한 호텔
 4 다양한 것들이 있어서, 편리한 호텔

2 호텔까지 어떻게 갔습니까?

1. 신칸센과 버스 등을 이용하여, 4시간 정도 걸렸습니다.
2. 지하철과 버스 등을 이용하여, 4시간 정도 걸렸습니다.
3. 지하철과 버스 등을 이용하여, 5시간 정도 걸렸습니다.
4. **신칸센과 버스 등을 이용하여, 5시간 정도 걸렸습니다.**

3 호텔에 도착하고 나서, 무엇을 했습니까?

1. 창문을 열어 두고 쉬었습니다.
2. 조금 쉬고 나서 물놀이를 갔습니다.
3. 맛있는 요리를 먹고 별을 보러 밖으로 나갔습니다.
4. **짐을 두고 나서 산책하러 갔습니다.**

4 이런 생활이라고 있습니다만, 어떤 생활입니까?

1. **바다에서 놀거나 낮잠을 자기도 하는 생활**
2. 별을 보거나, 텔레비전을 보기도 하는 생활
3. 냉장고도 에어컨도 이용하지 않는 생활
4. 매일 먹고 아무것도 하지 않는 생활

풀이

1 どこ(어디)가 문제의 핵심어이므로, 장소와 그 장소를 묘사하는 표현에 중점을 두어 정보를 수집해야 한다. 제일 먼저 발견할 수 있는 것은 海(바다)이고, 小さい(작다), 古い(낡다), きれいだ(깨끗하다) 등의 수식어를 발견할 수 있다. 이 정도만 정보를 모아도 정답이 2번임을 알 수 있다. 단, 海(바다)가 언급된 선택지 1번은 함정이므로 조심하자.

2 질문의 どうやって는 방법을 묻는 의문사로, 도착하기까지의 여정을 꼼꼼하게 살펴야 한다. 우선 교통수단을 보면, 新幹線(신칸센), バス(버스), 歩きました(도보)이고, 시간은 모두 합치면 5시간이므로 정답은 4번이다. 新幹線(신칸센)이 지하철이 아니라 고속철도라는 사실을 알아 두는 것도 좋다.

3 〜てから(〜하고 나서), 즉 시간의 순서를 나타내는 표현이 나왔으므로, 이와 같은 표현이 쓰인 부분, 즉 「荷物を置いてから、散歩に出かけました」(짐을 놓고 나서 산책하러 나섰습니다)를 찾으면 정답이다. 단, 「窓を開けると、海から涼しい風が入ってきて」(창문을 열었더니 바다로부터 시원한 바람이 들어와서)라는 문장은 시간의 순서와는 무관하므로 주의하자.

4 마지막 문장의 こんな(이러한〜) 표현은 거의 대부분 바로 직전에 설명이 제시되어 있다. 즉 바로 위 단락의 호텔에서 한 행동(동사)들에 집중하여 散歩する(산책하다), 水遊びをする(물놀이를 하다), 昼寝をする(낮잠을 자다) 등을 힌트로 답을 찾으면 쉽게 정답을 고를 수 있다.

단어 夏休み 여름휴가(방학) | 近く 근처 | 泊まる 묵다 | 不便だ 불편하다 | 新幹線 신칸센(일본의 고속철도) | バス停 버스 정류장 | かかる 걸리다, 소요되다 | 古い 오래되다, 낡다 | 部屋 방 | 窓 창문 | 開ける 열다 | 涼しい 시원하다 | 荷物 짐 | 置く 두다, 놓다 | 出かける 나가다, 외출하다 | 景色 경치 | 水遊び 물놀이 | 向こう 건너편, 맞은편 | ずっと 계속, 하염없이 | 昼寝をする 낮잠을 자다 | 過ぎる 지나다 | 帰り道 돌아오(가)는 길

もんだい6 정보 검색

●● 유형 분석

1. 1지문 2문제가 출제된다.
2. 약 400자 정도로 구성된다. 주로 일상생활과 관련된 정보성 글(교통 요금표, 부동산 정보, 모집 광고, 행사 안내, 수업이나 일정표, 주의 사항 등)에서 필요한 정보를 찾을 수 있는지 묻는다.
3. 약 10분 내외로 푸는 것이 좋다.
4. 출제 유형
   (1) 내용 파악 문제
       문제에서 제시하는 특정 조건(수단의 선택, 가격 결정 등)이나 행위를 구별한다.
   (2) 정보 검색 문제
       문제가 요구하는 사항을 주어진 정보에서 유추할 수 있는지를 묻는다.

- ✓ 날짜, 시간 등의 숫자 및 조수사 관련 어휘력이 중요!
- ✓ 주의(※), 참고(☞) 등의 예외 조건에 의한 함정에 주의한다.

예시 문제

右のページの「スポーツ教室」のお知らせを見て、下の質問に答えてください。答えは1・2・3・4から、いちばんいいものを一つえらんでください。

1 小学生がトランポリンを利用する場合、いくら払いますか。

1　ただ　　　　2　100円　　　　3　200円　　　　4　300円

2 お昼を食べてからバレーボールをしたい人は、まずどうしなければなりませんか。

1　13：00までに運動場に行きます。
2　13：00までに体育館に行きます。
3　13：30までに運動場に行きます。
4　13：30までに体育館に行きます。

さくら市 スポーツ教室

さくら市では、市民の健康のため、毎月、第3日曜日にスポーツ教室を開催しております。みんなでスポーツを楽しみましょう。

日時：10月 21日(日) 10：00〜15：30
場所：さくら運動場

	スポーツ	時間	場所	料金
①	自転車	10：00〜15：00	運動場	ただ
①	サッカー	10：00〜15：30	運動場	300円
②	トランポリン	10：00〜15：30	体育館	100円
②	バレーボール	10：00〜15：30	体育館	500円

＊注意：小学生以下は無料で利用できます。

① 自転車、トランポリン
　好きな時間に始めることができます。
　トランポリンは先生がおしえます。

② サッカー、バレーボール
　午前は10:30から始めます。
　午後は13:30から始めます。

③ バレーボール
　先生がルールを教えますので、30分まえに来てください。

　　　　問い合わせ：さくら市民センター（電話 012-345-6789）

해석 오른쪽 페이지의 '스포츠 교실' 알림을 보고 아래의 질문에 답하세요. 답은 1·2·3·4에서 가장 좋은 것을 하나 고르세요.

1 초등학생이 트램펄린을 이용할 경우, 얼마를 지불합니까?

1 무료
2 100엔
3 200엔
4 300엔

2 점심 식사를 하고 나서 배구를 하고 싶은 사람은 우선 어떻게 하지 않으면 안 됩니까?

1 13:00까지 운동장으로 갑니다.
2 13:00까지 체육관으로 갑니다.
3 13:30까지 운동장으로 갑니다.
4 13:30까지 체육관으로 갑니다.

사쿠라 시 스포츠 교실

사쿠라 시에서는 시민의 건강을 위해, 매월 셋째 일요일에 스포츠 교실을 개최하고 있습니다. 모두 함께 스포츠를 즐깁시다.

일시: 10월 21일(일) 10:00～15:30
장소: 사쿠라 운동장

	스포츠	시간	장소	요금
①	자전거	10:00～15:00	운동장	무료
	축구	10:00～15:30	운동장	300엔
②	트램펄린	10:00～15:30	체육관	100엔
	배구	10:00～15:30	체육관	500엔

*주의: 초등학생 이하는 무료로 이용할 수 있습니다.

① 자전거, 트램펄린
　원하는 시간에 시작할 수 있습니다.
　트램펄린은 선생님이 가르쳐 줍니다.
② 축구, 배구
　오전은 10:30부터 시작합니다.
　오후는 13:30부터 시작합니다.
③ 배구
　선생님이 규칙을 가르쳐 주므로, 30분 전에 와 주세요.

문의: 사쿠라 시민센터(전화 012-345-6789)

풀이　① 표의 트램펄린 항목에는 100엔이라고 되어 있으나, 중요 표시(*)를 읽어 보면, 초등학생 이하는 무료로 이용할 수 있다고 했으므로, 정답은 1번이다.

②　문제에서 점심 식사를 한 다음이므로, 오후임을 알 수 있다. 또 배구는 시작 전에 룰을 가르쳐 주기 때문에 30분 전에 와야 한다고 했으므로, 시작 시간(13:30)보다 30분 이른 13시까지 와야 하고 장소는 체육관이므로 정답은 2번이다.

단어　スポーツ 스포츠 | 教室 교실 | 知らせ 알림 | トランポリン 트램펄린 | 利用する 이용하다 | いくら 얼마 | 払う 지불하다 | ～なければなりませんか ~(하)지 않으면 안 됩니까? | ただ 무료, 공짜 | ～円 ~엔 | バレーボール 배구 | 運動場 운동장 | 体育館 체육관 | 市民 시민 | 健康 건강 | 毎月 매월 | 第3日曜日 셋째 일요일 | 開催 개최 | みんなで 다 함께 | 楽しむ 즐기다 | 教える 가르치다 | サッカー 축구 | 注意 주의 | 始める 시작하다 | 午前 오전 | 午後 오후 | 電話 전화

2 품사별 독해 필수 어휘

필수 명사 200

- 挨拶 (あいさつ) — 인사
- 間 (あいだ) — 사이
- 明日 (あした) — 내일
- 後 (あと) — 후, 나중
- 以外 (いがい) — 이외
- 意見 (いけん) — 의견
- 医者 (いしゃ) — 의사
- 以上 (いじょう) — 이상
- 一番 (いちばん) — 최고, 제일, 가장
- 一緒 (いっしょ) — 동시, 함께
- 以内 (いない) — 이내
- 田舎 (いなか) — 시골, 고향
- 意味 (いみ) — 의미
- 受付 (うけつけ) — 접수
- 売り場 (うりば) — 매장
- 運転 (うんてん) — 운전
- 運動 (うんどう) — 운동
- 映画館 (えいがかん) — 영화관
- 駅 (えき) — 역
- 遠慮 (えんりょ) — 사양, 거절
- お菓子 (おかし) — 과자
- お金持ち (おかねもち) — 부자
- 奥さん (おくさん) — (남의) 부인
- 贈り物 (おくりもの) — 선물
- お酒 (おさけ) — 술
- 夫 (おっと) — 남편
- お手洗い (おてあらい) — 화장실
- 大人 (おとな) — 어른, 성인
- お腹 (おなか) — 배
- お弁当 (おべんとう) — 도시락
- お祭り (おまつり) — (일본) 축제
- お見舞い (おみまい) — 병문안
- お土産 (おみやげ) — (기념품) 선물
- 外国 (がいこく) — 외국
- 会社 (かいしゃ) — 회사
- 階段 (かいだん) — 계단
- 買い物 (かいもの) — 장보기, 쇼핑
- 風邪 (かぜ) — 감기
- 考え (かんがえ) — 생각
- 関係 (かんけい) — 관계
- 漢字 (かんじ) — 한자
- 季節 (きせつ) — 계절

☐ 喫茶店(きっさてん)	찻집		☐ 交番(こうばん)	파출소
☐ 気持(きも)ち	기분		☐ 公務員(こうむいん)	공무원
☐ 急行(きゅうこう)	급행		☐ 国際(こくさい)	국제
☐ 休日(きゅうじつ)	휴일		☐ 国内(こくない)	국내
☐ 牛乳(ぎゅうにゅう)	우유		☐ 午後(ごご)	오후
☐ 教育(きょういく)	교육		☐ 故障(こしょう)	고장
☐ 教室(きょうしつ)	교실		☐ 午前中(ごぜんちゅう)	오전 중
☐ 兄弟(きょうだい)	형제		☐ 答(こた)え	대답
☐ 興味(きょうみ)	흥미		☐ 言葉(ことば)	말, 언어, 단어
☐ 去年(きょねん)(= 昨年(さくねん))	작년		☐ 頃(ころ)	경, 때, 즈음
☐ 銀行(ぎんこう)	은행		☐ 今度(こんど)	지난번, 이번, 다음번
☐ 具合(ぐあい)	상태		☐ 今晩(こんばん)	오늘 밤
☐ 空気(くうき)	공기		☐ 最後(さいご)	마지막
☐ 空港(くうこう)	공항		☐ 最初(さいしょ)	처음
☐ 薬(くすり)	약		☐ 財布(さいふ)	지갑
☐ 国(くに)	나라, 고국		☐ 雑誌(ざっし)	잡지
☐ 計画(けいかく)	계획		☐ 試合(しあい)	시합
☐ 経験(けいけん)	경험		☐ 塩(しお)	소금
☐ 今朝(けさ)	오늘 아침		☐ 仕方(しかた)	하는 법
☐ 景色(けしき)	경치		☐ 試験(しけん)	시험
☐ 結婚(けっこん)	결혼		☐ 事故(じこ)	사고
☐ 県(けん)	현(일본의 행정단위)		☐ 仕事(しごと)	일, 업무, 직업
☐ 喧嘩(けんか)	다툼		☐ 辞書(じしょ)	사전
☐ 玄関(げんかん)	현관		☐ 地震(じしん)	지진
☐ 公園(こうえん)	공원		☐ 自然(しぜん)	자연
☐ 交通(こうつう)	교통		☐ 時代(じだい)	시대, 시절

☐ 失敗(しっぱい)	실패, 실수		☐ 説明(せつめい)	설명
☐ 質問(しつもん)	질문		☐ 世話(せわ)	신세, 시중, 돌봄
☐ 失礼(しつれい)	실례		☐ 先輩(せんぱい)	선배
☐ 自転車(じてんしゃ)	자전거		☐ 全部(ぜんぶ)	전부
☐ 自分(じぶん)	나 자신, 스스로		☐ 専門家(せんもんか)	전문가
☐ 事務所(じむしょ)	사무소		☐ 掃除(そうじ)	청소
☐ 社員(しゃいん)	사원		☐ 相談(そうだん)	상담
☐ 写真(しゃしん)	사진		☐ 卒業(そつぎょう)	졸업
☐ 社長(しゃちょう)	사장, 사장님		☐ 大使館(たいしかん)	대사관
☐ 自由(じゆう)	자유		☐ 建物(たてもの)	건물
☐ 習慣(しゅうかん)	습관		☐ 男性(だんせい)	남성
☐ 授業(じゅぎょう)	수업		☐ 近く(ちかく)	근처
☐ 宿題(しゅくだい)	숙제		☐ 地下鉄(ちかてつ)	지하철
☐ 主人(しゅじん)	남편, 주인		☐ 注意(ちゅうい)	주의
☐ 出発(しゅっぱつ)	출발		☐ 駐車場(ちゅうしゃじょう)	주차장
☐ 趣味(しゅみ)	취미		☐ 都合(つごう)	상황, 형편
☐ 準備(じゅんび)	준비		☐ 妻(つま)	(나의) 아내, 처
☐ 紹介(しょうかい)	소개		☐ 店員(てんいん)	점원
☐ 招待(しょうたい)	초대		☐ 電話(でんわ)	전화
☐ 女性(じょせい)	여성		☐ 動物(どうぶつ)	동물
☐ 心配(しんぱい)	걱정		☐ 隣り(となり)	옆, 이웃
☐ 水泳(すいえい)	수영		☐ 夏休み(なつやすみ)	여름방학
☐ 生活(せいかつ)	생활		☐ 荷物(にもつ)	짐
☐ 生徒(せいと)	학생		☐ 飲み物(のみもの)	마실 것, 음료수
☐ 世界(せかい)	세계		☐ 乗り物(のりもの)	탈것, 교통수단
☐ 席(せき)	자리		☐ 熱(ねつ)	열

□ 歯(は)	이, 치아	□ 道(みち)	길
□ 場合(ばあい)	경우	□ 緑(みどり)	초록
□ 始(はじ)め	처음, 시초	□ 未来(みらい)	미래
□ 場所(ばしょ)	장소	□ 魅力(みりょく)	매력
□ 晴(は)れ	맑음	□ 昔(むかし)	옛날
□ 番号(ばんごう)	번호	□ 息子(むすこ)	아들
□ 反対(はんたい)	반대	□ 娘(むすめ)	딸
□ 飛行機(ひこうき)	비행기	□ 村(むら)	마을
□ 久(ひさ)しぶり	오랜만임	□ 問題(もんだい)	문제
□ 美術館(びじゅつかん)	미술관	□ ～屋(や)	～가게, ～집
□ 人々(ひとびと)	사람들	□ 八百屋(やおや)	야채 가게
□ 病院(びょういん)	병원	□ 野球(やきゅう)	야구
□ 病気(びょうき)	병, 질병	□ 約束(やくそく)	약속
□ 船(ふね)	배	□ 休(やす)み	휴일, 휴가, 방학
□ 風呂(ふろ)	목욕, 목욕탕	□ ゆうべ	어젯밤
□ 文化(ぶんか)	문화	□ 夢(ゆめ)	꿈
□ 文章(ぶんしょう)	문장	□ 用事(ようじ)	일, 용무
□ 文法(ぶんぽう)	문법	□ 曜日(ようび)	요일
□ 部屋(へや)	방, 집	□ 理由(りゆう)	이유
□ 返事(へんじ)	대답, 답신	□ 留学生(りゅうがくせい)	유학생
□ 本当(ほんとう)	정말, 진실	□ 両親(りょうしん)	부모, 양친
□ 本屋(ほんや)	책방, 서점	□ 両方(りょうほう)	양쪽
□ 街(まち)	거리	□ 旅館(りょかん)	여관
□ 町(まち)	마을	□ 旅行(りょこう)	여행
□ 窓(まど)	창문	□ 冷蔵庫(れいぞうこ)	냉장고
□ 漫画(まんが)	만화	□ 連絡(れんらく)	연락

若者 わかもの	젊은이
割り引き わりびき	할인

필수 동사 100

合う あう	맞다
上がる あがる	오르다
開く あく	열리다
開ける あける	열다
上げる あげる	올리다
浴びる あびる	뒤집어쓰다, 끼얹다
集まる あつまる	모이다
集める あつめる	모으다
謝る あやまる	사과하다
生きる いきる	살다
いじめる	괴롭히다
急ぐ いそぐ	서두르다
いただく	받다(겸양 표현)
要る いる	필요하다
受ける うける	받다
生まれる うまれる	태어나다
選ぶ えらぶ	고르다
遅れる おくれる	늦다
怒る おこる	화내다
押す おす	누르다, 밀다
踊る おどる	춤추다
驚く おどろく	놀라다
覚える おぼえる	기억하다, 외우다
変える かえる	바꾸다, 변화시키다
返す かえす	갚다, 반납하다
貸す かす	빌려주다
片づける かたづける	정리하다
かぶる	(모자 등을) 쓰다
借りる かりる	빌리다
感じる かんじる	느끼다
頑張る がんばる	분발하다
聞こえる きこえる	들리다
決める きめる	정하다
比べる くらべる	비교하다
くれる	(남이 나에게) 주다
壊れる こわれる	망가지다, 부서지다
消す けす	끄다, 지우다
困る こまる	곤란하다, 난처하다
探す さがす	찾다
咲く さく	(꽃이) 피다
差し上げる さしあげる	드리다(겸양 표현)
騒ぐ さわぐ	소란 떨다
叱る しかる	꾸중하다
閉まる しまる	닫히다
閉める しめる	닫다, 잠그다
調べる しらべる	알아보다, 조사하다
吸う すう	(담배) 피우다, (숨) 들이켜다
進む すすむ	진행하다

어휘	뜻	어휘	뜻
捨(す)てる	버리다	乗(の)り換(か)える	갈아타다
出(だ)す	꺼내다, 제출하다	履(は)く	신다, (하의) 입다
楽(たの)しむ	즐기다	運(はこ)ぶ	나르다, 운반하다
頼(たの)む	부탁하다, 의뢰하다	働(はたら)く	일하다
足(た)りる	족하다	払(はら)う	지불하다
疲(つか)れる	지치다	貼(は)る	붙이다
着(つ)く	도착하다	引(ひ)く	끌다, 당기다
伝(つた)える	전하다	引(ひ)っ越(こ)す	이사하다
勤(つと)める	근무하다	拾(ひろ)う	줍다
出(で)かける	외출하다	褒(ほ)める	칭찬하다
手伝(てつだ)う	돕다, 거들다	曲(ま)がる	돌다, 굽다, 꺾다
通(とお)る	지나가다, 다니다	間違(まちが)う	틀리다
止(と)まる	서다, 정지하다	見(み)つける	발견하다
取(と)る	잡다, 쥐다	磨(みが)く	(문질러) 닦다
撮(と)る	사진 찍다, 촬영하다	見(み)せる	보여주다
無(な)くす	잃다, 분실하다	迎(むか)える	마중하다
治(なお)る	(병이) 낫다	戻(もど)る	돌아가다, 돌아오다
投(な)げる	던지다	もらう	받다
並(なら)ぶ	늘어서다, 줄 서다	焼(や)く	굽다
並(なら)べる	늘어놓다	役立(やくだ)つ	도움이 되다
慣(な)れる	익숙해지다	やせる	마르다, 야위다
似(に)る	닮다	止(や)める	그만두다
脱(ぬ)ぐ	벗다	呼(よ)ぶ	부르다
濡(ぬ)れる	젖다	喜(よろこ)ぶ	기뻐하다
残(のこ)る	남다	忘(わす)れる	잊다
登(のぼ)る	오르다	渡(わた)す	건네다

필수 い형용사 50

☐ 明^{あか}るい	밝다		☐ すごい	대단하다
☐ 新^{あたら}しい	새롭다		☐ 涼^{すず}しい	시원하다
☐ 暑^{あつ}い	덥다		☐ 素晴^{すば}らしい	훌륭하다
☐ 熱^{あつ}い	뜨겁다		☐ 狭^{せま}い	좁다
☐ 厚^{あつ}い	두껍다		☐ 正^{ただ}しい	옳다, 바르다
☐ 危^{あぶ}ない	위험하다		☐ 楽^{たの}しい	즐겁다
☐ 忙^{いそが}しい	바쁘다		☐ 冷^{つめ}たい	차갑다
☐ 痛^{いた}い	아프다		☐ 強^{つよ}い	강하다
☐ 薄^{うす}い	(두께) 얇다, (농도) 연하다		☐ 遠^{とお}い	멀다
☐ 美^{うつく}しい	아름답다		☐ 苦^{にが}い	쓰다
☐ うるさい	시끄럽다		☐ 眠^{ねむ}い	졸리다
☐ 嬉^{うれ}しい	기쁘다		☐ 恥^はずかしい	부끄럽다
☐ おかしい	이상하다		☐ 早^{はや}い	(시기) 이르다
☐ 遅^{おそ}い	(시기) 늦다, (속도) 느리다		☐ 速^{はや}い	(속도) 빠르다
☐ 固^{かた}い	딱딱하다, 질기다		☐ ひどい	심하다
☐ 悲^{かな}しい	슬프다		☐ 深^{ふか}い	깊다
☐ 辛^{から}い	맵다		☐ 太^{ふと}い	굵다, 뚱뚱하다
☐ かわいい	귀엽다		☐ 細^{ほそ}い	가늘다, 날씬하다
☐ 厳^{きび}しい	엄격하다		☐ まずい	맛없다, 서툴다, 곤란하다
☐ 汚^{きたな}い	더럽다		☐ 丸^{まる}い	둥글다
☐ 暗^{くら}い	어둡다		☐ 難^{むずか}しい	어렵다
☐ 怖^{こわ}い	무섭다		☐ 珍^{めずら}しい	드물다, 진귀하다
☐ 寂^{さび}しい	외롭다		☐ 易^{やさ}しい	쉽다
☐ 少^{すく}ない	적다		☐ 優^{やさ}しい	상냥하다
			☐ 柔^{やわ}らかい	부드럽다
			☐ 若^{わか}い	젊다

필수 な형용사 30

- 安心だ (あんしん) — 안심이다
- 安全だ (あんぜん) — 안전하다
- いやだ — 싫다, 이상하다, 불쾌하다
- 色々だ (いろいろ) — 다양하다, 여러 가지다
- 同じだ (おな) — 같다
- 可能だ (かのう) — 가능하다
- 簡単だ (かんたん) — 간단하다
- 急だ (きゅう) — 급하다, 급작스럽다
- けっこうだ — 훌륭하다, 더 이상 괜찮다(사양)
- 静かだ (しず) — 조용하다
- 邪魔だ (じゃま) — 방해되다
- 十分だ (じゅうぶん) — 충분하다
- 親切だ (しんせつ) — 친절하다
- 心配だ (しんぱい) — 걱정이다
- 大切だ (たいせつ) — 소중하다, 중요하다
- 大変だ (たいへん) — 힘들다, 큰일이다
- 適当だ (てきとう) — 적당하다
- 特別だ (とくべつ) — 특별하다
- 賑やかだ (にぎ) — 번화하다, 북적거리다
- 熱心だ (ねっしん) — 열심이다
- 必要だ (ひつよう) — 필요하다
- 暇だ (ひま) — 한가하다
- 普通だ (ふつう) — 보통이다
- 不便だ (ふべん) — 불편하다
- 下手だ (へた) — 못하다, 서툴다
- 変だ (へん) — 이상하다
- 便利だ (べんり) — 편리하다
- 無理だ (むり) — 무리다
- 楽だ (らく) — 편하다, 안락하다
- 立派だ (りっぱ) — 훌륭하다, 위대하다

필수 부사, 접속사 50

- あちこち — 여기저기
- 一番 (いちばん) — 제일, 가장
- いつも — 늘, 항상
- おおぜい — 많이
- 主に (おも) — 주로
- 必ず (かなら) — 반드시
- きっと — 분명, 필시
- けれども・けど — 하지만, 그러나
- 先に (さき) — 먼저
- さっき — 방금 전
- しかし — 그러나
- しばらく — 잠시 동안, 오랫동안
- すぐ(に) — 곧, 금방
- すっかり — 모두, 죄다
- ずっと — 쭉, 계속, 훨씬
- すると — 그러자, 그러면
- ぜんぜん — 전혀
- そして — 그리고

□ そのうえ	게다가		□ まず	우선, 일단
□ それから	그리고, 그 다음에		□ または	또는
□ それで	그래서		□ まっすぐ	쭉, 곧장
□ それでは	그럼		□ もうすぐ	이제 곧
□ それとも	그렇지 않으면		□ もし	만일
□ それに	게다가		□ よく	잘, 자주, 종종
□ そろそろ	슬슬			
□ だいたい	대개, 거의, 대부분		**필수 가타카나 50**	
□ たいてい	대개, 거의, 대부분		□ アニメ	애니메이션
□ だいぶ	꽤, 상당히		□ アパート	아파트
□ だから	때문에		□ エアコン	에어컨
□ たぶん	아마, 십중팔구		□ アルバイト	아르바이트
□ たまに	가끔		□ エスカレーター	에스컬레이터
□ だんだん	점점		□ エレベーター	엘리베이터
□ ちょうど	딱, 마침, 정확히		□ オープン	오픈
□ ちょっと	잠시, 조금		□ カフェ	카페
□ つねに	늘, 항상		□ クッキー	쿠키
□ でも	하지만, 그러나		□ クラス	클래스, 학급
□ どうも	대단히, 아무래도		□ グラム	그램
□ 特(とく)に	특히		□ コップ	컵
□ なかなか	좀처럼		□ コーヒー	커피
□ なんでも	무엇이든		□ コピー	카피, 복사
□ 初(はじ)めて	처음으로		□ コンサート	콘서트
□ はっきり	확실히, 명확하게		□ サイズ	사이즈
□ はやめに	일찌감치, 빨리		□ サンドイッチ	샌드위치
□ 別(べつ)に	별로		□ シャツ	셔츠

☐ シャワー	샤워	☐ ホテル	호텔
☐ スカート	스커트, 치마	☐ ポイント	포인트
☐ ストーブ	스토브, 난로	☐ マスコミ	매스컴
☐ スプーン	스푼	☐ メートル	미터
☐ スポーツ	스포츠	☐ メニュー	메뉴
☐ ズボン	바지	☐ レストラン	레스토랑
☐ セーター	스웨터		
☐ タイプ	타입		
☐ ダイエット	다이어트		
☐ チケット	티켓		
☐ テキスト	텍스트, 교과서		
☐ テスト	테스트, 시험		
☐ デパート	백화점		
☐ トイレ	화장실		
☐ トースト	토스트		
☐ ニュース	뉴스		
☐ ノート	노트		
☐ パーティー	파티		
☐ パン	빵		
☐ ハンカチ	손수건		
☐ フォーク	포크		
☐ プール	수영장		
☐ ページ	페이지		
☐ ベッド	침대		
☐ ペット	반려동물		
☐ ホイップクリーム	휘핑크림		

필수 문법 및 표현

☐ ああいう	저런, 저러한
☐ あの～	저～
☐ おいでに なる	가시다, 오시다, 계시다
☐ こういう	이런, 이러한
☐ ～ことに する	～하기로 하다
☐ この～	이～
☐ ごらんに なる	보시다
☐ こんな	이런
☐ ～ず(に)	～하지 않고
☐ そういう	그런, 그러한
☐ その～	그～
☐ そんな	그런
☐ すべての	모든
☐ ～た ところだ	막 ～한 참이다
☐ ～た ほうが いい	～하는 편이 좋다
☐ ～た まま	～한 채
☐ ～たら どうですか	～하면 어떨까요?
☐ ～つもりだ	～할 생각이다, ～할 작정이다
☐ ～て いる ところだ	～하고 있는 참이다(～하는 중이다)
☐ ～て くれる	～해 주다
☐ ～ても かまわない	～해도 괜찮다, ～해도 상관없다
☐ ～として	～로서
☐ どういう	어떤, 어떠한
☐ どの～	어느～

☐ どんな	어떤
☐ どんなに ～ても	아무리 ～해도
☐ ～なくては いけない	～하지 않으면 안 된다, ～해야 한다
☐ ～なくても かまわない	～하지 않아도 상관없다
☐ ～の ために	～을 위해, ～때문에
☐ ～はずが ない	～(할) 리가 없다

독해 어휘 확인 문제 ❶ [/ 18]

다음 단어의 일본어 표현으로 가장 알맞은 것을 a, b 중에서 고르시오.

1. 지진　　　　　(a 地震（じしん）　　b 地図（ちず）)
2. 의사　　　　　(a 医者（いしゃ）　　b 病院（びょういん）)
3. 의견　　　　　(a 意見（いけん）　　b 意味（いみ）)
4. 운전　　　　　(a 運動（うんどう）　　b 運転（うんてん）)
5. 함께　　　　　(a 一番（いちばん）　　b 一緒（いっしょ）)
6. 계절　　　　　(a 季節（きせつ）　　b 景色（けしき）)
7. 고장　　　　　(a 故障（こしょう）　　b 支障（ししょう）)
8. 상태　　　　　(a 場合（ばあい）　　b 具合（ぐあい）)
9. 경험　　　　　(a 試験（しけん）　　b 経験（けいけん）)
10. 교통　　　　　(a 交通（こうつう）　　b 交番（こうばん）)
11. 사양, 거절　　(a 遠慮（えんりょ）　　b 思慮（しりょ）)
12. 시골　　　　　(a 交番（こうばん）　　b 田舎（いなか）)
13. 국제　　　　　(a 国内（こくない）　　b 国際（こくさい）)
14. 실수, 실패　　(a 失礼（しつれい）　　b 失敗（しっぱい）)
15. 소개　　　　　(a 紹介（しょうかい）　　b 招待（しょうたい）)
16. 흥미　　　　　(a 興味（きょうみ）　　b 趣味（しゅみ）)
17. 상황, 형편　　(a 都合（つごう）　　b 都市（とし）)
18. 부모님　　　　(a 両親（りょうしん）　　b 両方（りょうほう）)

정답　1 a　2 a　3 a　4 b　5 b　6 a　7 a　8 b　9 b
　　　　10 a　11 a　12 b　13 b　14 b　15 a　16 a　17 a　18 a

독해 어휘 확인 문제 ❷ [/ 18]

다음 단어의 일본어 표현으로 가장 알맞은 것을 a, b 중에서 고르시오.

1. 방, 집 (a 部屋(へや)　b 台所(だいどころ))
2. 연락 (a 連絡(れんらく)　b 連結(れんけつ))
3. 딸 (a 息子(むすこ)　b 娘(むすめ))
4. 신세, 돌봄 (a 遠慮(えんりょ)　b 世話(せわ))
5. 지갑 (a 材料(ざいりょう)　b 財布(さいふ))
6. 계단 (a 階段(かいだん)　b 値段(ねだん))
7. 교육 (a 教室(きょうしつ)　b 教育(きょういく))
8. 공항 (a 空港(くうこう)　b 空気(くうき))
9. 경치 (a 景気(けいき)　b 景色(けしき))
10. 기념품, 선물 (a お弁当(べんとう)　b お土産(みやげ))
11. 마지막 (a 最後(さいご)　b 最初(さいしょ))
12. 시험 (a 試合(しあい)　b 試験(しけん))
13. 습관 (a 習慣(しゅうかん)　b 復習(ふくしゅう))
14. 대답, 답신 (a 返事(へんじ)　b 反対(はんたい))
15. 급행 (a 急行(きゅうこう)　b 急用(きゅうよう))
16. 생활 (a 生活(せいかつ)　b 生徒(せいと))
17. 장소 (a 場合(ばあい)　b 場所(ばしょ))
18. 감기 (a 風邪(かぜ)　b 風(かぜ))

정답 1 a 2 a 3 b 4 b 5 b 6 a 7 b 8 a 9 b
　　 10 b 11 a 12 b 13 a 14 a 15 a 16 a 17 b 18 a

독해 어휘 확인 문제 ❸ [/ 18]

다음 단어의 일본어 표현으로 가장 알맞은 것을 a, b 중에서 고르시오.

1. 새롭다 (a 新(あたら)しい　b 親(した)しい)
2. 뜨겁다 (a 厚(あつ)い　b 熱(あつ)い)
3. 기쁘다 (a 楽(たの)しい　b 嬉(うれ)しい)
4. 더럽다 (a きたない　b あぶない)
5. 상냥하다 (a 易(やさ)しい　b 優(やさ)しい)
6. 외롭다 (a 悲(かな)しい　b 寂(さび)しい)
7. 적다 (a 少(すく)ない　b 小(ちい)さい)
8. 차갑다 (a 寒(さむ)い　b 冷(つめ)たい)
9. 멀다 (a 近(ちか)い　b 遠(とお)い)
10. 젊다 (a 若(わか)い　b 弱(よわ)い)
11. 위험하다 (a 汚(きたな)い　b 危(あぶ)ない)
12. 심하다 (a ひどい　b まずい)
13. 안전하다 (a 安全(あんぜん)だ　b 安心(あんしん)だ)
14. 소중하다 (a 大切(たいせつ)だ　b 大変(たいへん)だ)
15. 보통이다 (a 静(しず)かだ　b 普通(ふつう)だ)
16. 한가하다 (a 変(へん)だ　b 暇(ひま)だ)
17. 간단하다 (a 簡単(かんたん)だ　b 便利(べんり)だ)
18. 걱정이다 (a 心配(しんぱい)だ　b 熱心(ねっしん)だ)

정답　1 a　2 b　3 b　4 a　5 b　6 b　7 a　8 b　9 b
　　　10 a　11 b　12 a　13 a　14 a　15 b　16 b　17 a　18 a

독해 어휘 확인 문제 ❹ [/ 18]

다음 단어의 일본어 표현으로 가장 알맞은 것을 a, b 중에서 고르시오.

1. 열다 (a 開く　b 開ける)
2. 모으다 (a 集める　b 集まる)
3. 걷다 (a 歩く　b 走る)
4. 사진 찍다 (a 撮る　b 取る)
5. 고르다 (a 運ぶ　b 選ぶ)
6. (담배를) 피우다, 들이키다 (a 吸う　b 呼ぶ)
7. 외우다 (a 覚える　b 教える)
8. 맞다 (a 合う　b 会う)
9. 일하다 (a 働く　b 動く)
10. 돌려주다 (a 返す　b 貸す)
11. 생각하다 (a 考える　b 感じる)
12. 지나가다 (a 通う　b 通る)
13. 바꾸다 (a 変える　b 帰る)
14. 입다 (a 着く　b 着る)
15. 비교하다 (a 並べる　b 比べる)
16. 남다 (a 残る　b 登る)
17. 닫다 (a 閉める　b 閉まる)
18. 그만두다 (a 止める　b 止める)

정답　1 b　2 a　3 a　4 a　5 b　6 a　7 a　8 a　9 a
　　　10 a　11 a　12 b　13 a　14 b　15 b　16 a　17 a　18 a

독해 어휘 확인 문제 ❺ [/ 18]

다음 단어의 일본어 표현으로 가장 알맞은 것을 a, b 중에서 고르시오.

1. 빌려주다 (a 貸す　　　b 借りる)
2. 익숙해지다 (a 濡れる　　b 慣れる)
3. 신다 (a 履く　　　b 脱ぐ)
4. 지불하다 (a 払う　　　b 拾う)
5. 발견하다 (a 見つける　b 見せる)
6. 부르다 (a 呼ぶ　　　b 飛ぶ)
7. 잊다 (a 無くす　　b 忘れる)
8. 기다리다 (a 待つ　　　b 持つ)
9. 기뻐하다 (a 喜ぶ　　　b 楽しむ)
10. 슬슬 (a ぜんぜん　b そろそろ)
11. 주로 (a 必ず　　　b 主に)
12. 꼭, 마침 (a ちょうど　b ちょっと)
13. 명확하게 (a はっきり　b すっかり)
14. 이제 곧 (a もうすぐ　b まっすぐ)
15. 그래서 (a それとも　b それで)
16. 게다가 (a それに　　b または)
17. 그러자 (a すると　　b それとも)
18. 그러나 (a しかし　　b それでは)

정답 1 a　2 b　3 a　4 a　5 a　6 a　7 b　8 a　9 a
10 b　11 b　12 a　13 a　14 a　15 b　16 a　17 a　18 a

독해 완전 정복을 위한 꿀팁!

긴 글을 읽어가면서 전체적인 내용을 파악하는 것이 중요하기 때문에, 모르는 단어에 막히더라도 고민하거나 시간을 끌지 않고 글 안의 힌트를 찾아내는 요점 짚기 훈련을 해야 합니다.

● もんだい 4 내용 이해(단문)

약 100~200자 정도의 짧은 글로, 주로 일상에 관한 내용이 많습니다. 주어진 문장을 읽고 그 내용을 충분히 이해했는지 묻는 문제입니다. 글의 주제는 보통 마지막 부분에 집중되는 경우가 많습니다. 또, 밑줄 친 부분에 대한 질문은 앞뒤 문장의 문맥만 살펴보아도 쉽게 정답을 고를 수 있습니다.

● もんだい 5 내용 이해(중문)

약 450자 정도의 비교적 긴 글로, 단락이 있습니다. 앞뒤 문장의 인과관계, 이유, 결론 등의 구조를 파악하기 위해 접속사를 체크하면서 중간중간 요점을 메모해 두면 글의 전체적 흐름을 파악하는 데 혼동을 줄일 수 있습니다. 또한, 글의 주제나 필자의 생각을 물어보는 문제는 흔히 글의 후반부에 힌트가 있습니다.

● もんだい 6 정보 검색

포스터, 안내, 게시판, 통지서 등의 글을 보고 문제에서 요구하는 정보를 찾아냅니다. 따라서 먼저 질문을 읽고 난 후, 요구하는 정보에 해당하는 항목만을 발췌하여 체크하는 연습을 하는 방법이 시간을 절약할 수 있습니다.

2교시 독해

유형별 실전 문제

- **내용 이해(단문)** ············· p.236
- **내용 이해(중문)** ············· p.252
- **정보 검색** ······················ p.260

もんだい 4

내용 이해(단문) 실전 연습 ❶　　　　　　　　　　　　[　　/ 4]

もんだい4　つぎの(1)から(4)の文章を読んで、質問に答えてください。答えは、1・2・3・4から、いちばんいいものを一つえらんでください。

(1)

吉田さんの机の上に、このメモが書いてあります。

吉田さん

プリンスデパートの西村さんから電話がありました。

昨日、吉田さんが送ったメールについて、質問があるそうです。

西村さんに電話をしてください。（01－234－5667）

2時までは会議なので、電話に出られないそうです。

田中

---

1 吉田さんはこれを読んで、何をしなければなりませんか。

1　2時までに西村さんに電話をします。
2　2時までに田中さんにメールを送ります。
3　2時すぎに西村さんに電話をします。
4　2時すぎに田中さんにメールを送ります。

(2)

韓国では同じ人に一日何回もあいさつすることがある。ある日、学校で日本人の先生に「こんにちは」とあいさつしたら、先生は「さっきもあいさつしましたよね。あいさつは一日に一度だけでいいですよ」と言ってくれた。韓国では同じ人に会うたびにあいさつすることがあるが、日本では一日一度だけでよいというのが日本の文化らしい。韓国では自然な習慣だからと思っていたことが日本ではそうではないこともあっておもしろい。

2 上の文章の内容と合っているのはどれですか。
1 日本では何度もあいさつするのがふつうだ。
2 先生へのあいさつは学生からしてはいけない。
3 日本では一日に、同じ人にあいさつは2回しない。
4 日本の習慣が韓国でも自然であることがおもしろい。

(3)

　イさんは、山田さんの家で、いろいろな「どうぞ」を何回も聞いた。まず、玄関での「どうぞ」。これは「お入りください」の意味だ。次は部屋でいすを勧める時に「お座りください」の意味だ。そして、お茶も「どうぞ」。これは「お飲みください」だった。家に帰るときには「またどうぞ」を言われたが、これは「またいらっしゃってください」という意味だ。日本語の「どうぞ」はすごい。

3　上の文章を読んで一番ただしく言った人はだれですか。
　1　ミンジは友だちからお菓子をもらいながら「どうぞ」と言った。
　2　ソヒョンは弟にプレゼントをあげながら「どうぞ」と言った。
　3　ジホンは学校から帰ってお母さんに「どうぞ」と言った。
　4　チエは授業が終わって先生に「どうぞ」と言った。

(4)

　私は日本の温泉旅館が好きだ。中でも山にある旅館によく行く。温泉のあとの料理も楽しみなのだが、ある日の食事にはびっくりした。山のやさいや有名な牛肉料理ではなく、海でとれたばかりの魚料理も出てきたのだ。どうして海のものを山にまで持ってくるだろう。山では山でしか食べられないものを出すだけではだめなのだろうか。

4　上の文章の内容と合っているのはどれですか。
1　山で牛肉やさしみなどを食べるとおいしい。
2　山でしか食べられないものを出すだけでいい。
3　静かな温泉で海の食べ物を食べるのが好きだ。
4　山の旅館でも海の食べ物が出るのですばらしい。

내용 이해(단문) 실전 연습 ❷　　　　　　　　　　　　[　　／ 4]

もんだい4　つぎの(1)から(4)の文章を読んで、質問に答えてください。答えは、1・2・3・4から、いちばんいいものを一つえらんでください。

(1)

私は日本へ来てからすぐ自転車を買いました。家から学校まで歩いて40分もかかるので、とても不便でした。友だちに学校の近くのスーパーで安い自転車が買えると聞いて、授業が終わってから一人で買いに行きました。でも、お金が足りなくて、店の人に聞いてみたら「自転車のセールは明日からですよ」と言われました。それで、次の日、もう一度スーパーへ行って、安い自転車を買いました。今新しい自転車でいろいろな所へ行けるので、とても便利になりました。

[1] 筆者が言っている内容と合っているのはどれですか。
　1　家から学校まで自転車で40分かかる。
　2　家の近くのスーパーで安い自転車が買えた。
　3　自転車を買いにスーパーへ2回も行った。
　4　授業が終わってから友だちと自転車を買いに行った。

(2)

私は、いつもほかの友だちより、時間をかけてまじめに勉強しているのに、なぜ日本語がうまくならないのか。今までずっとこの質問を持ってきたけど、このごろになってやっと答えが分かった。それは、発音が下手だと思われたり、文法をまちがえて、みんなに笑われたりするのがいやだったからだ。また、日本語が上手に話せなくても、試験だけに受かればよいというような考えがあったからだ。

2 やっと答えが分かったの「答え」はどれですか。
1 自分は日本語を習うタイプではありません。
2 自分の努力が足りなかったです。
3 失敗するのを恥ずかしがっていました。
4 試験に通らないことを心配していました。

(3)

久しぶりに高校の友だちに会ったので、有名なレストランへつれて行った。しかし、食事中、彼女は「今、ダイエット中なので……」と言って、水ばかり飲んでいた。最近、ダイエットのために「肉はだめ」とか「野菜だけ食べる」という話をよく耳にする。もともと「ダイエット」は科学的な食事で、健康な体を作るというものだった。今、流行している「ダイエット」は、ただやせるための方法になっているような気がする。

・健康：건강 / 流行：유행 / 方法：방법

3 今のダイエットはどういう意味で使われるようになりましたか。

1 科学的な方法でやせること
2 肉や野菜だけを食べてやせること
3 健康な体を作ること
4 やせるために何でもすること

(4)

授業が終わった時、先生に「おつかれさまでした」と言う学生がいるが、先生の中でも気になるという人と気にならないという人がいる。「おつかれさまでした」はみんなでいっしょに何かをした後、例えば、アルバイトやボランティア活動などが終わった時によく使われる。また「おつかれさま」と似ている言葉に「ごくろうさまでした」があるが、これは上の人から下の人へ言う言葉だ。授業のあとは「ありがとうございました」と言うのが一番いいだろう。

4 上の文章の内容と合っているのはどれですか。
 1 先生が学生に「ごくろうさま」を言ってもいい。
 2 先生に「おつかれさまでした」と言う学生はいない。
 3 授業の後、学生は先生に「ごくろうさまでした」と言ったほうがいい。
 4 先生は学生に「ありがとうございました」と言わなければならない。

정답 1③ 2③ 3④ 4① 해설 p.338

내용 이해(단문) 실전 연습 ❸　　　　　　　　　　[　　/ 4]

もんだい4　つぎの(1)から(4)の文章を読んで、質問に答えてください。答えは、1・2・3・4から、いちばんいいものを一つえらんでください。

(1)

> 林さんと中村さんと私の三人でデパートへ行きました。私は電子レンジを、林さんはトースターとフライパンを、中村さんはきれいなコップを買いました。トースターと電子レンジは重いので、家まで運んでもらうことにしました。次の日、私の家にトースターが届きました。デパートの人がまちがえたのです。電子レンジは林さんのところへ行ってしまいました。デパートの人はあやまっていましたが、電子レンジがくるまで三日間待たなければならなくてこまっています。

[1] 本文の内容と合っているのはどれですか。
1　中村さんの家にフライパンがとどいた。
2　三日間待つと林さんの家にフライパンがとどいた。
3　中村さんはコップを運んでもらった。
4　デパートの人は電子レンジを私に送ってくれる予定だ。

(2)

　ある日、大阪のおばあさんが宅配便を送ってくれました。箱を開けてみたら、おいしくて新鮮な魚が入っていました。最近は宅配便で花や肉だけでなく、自分で作ったお菓子やケーキなども送ることができます。送るのも郵便局だけではないです。コンビニでもスーパーでも送ることができます。それに家まで取りに来てくれたりするから、大きい物やすごく重いものを送るとき、とても便利です。

・宅配便：택배

2　本文の内容と合っているのはどれですか。
1　ケーキや花は宅配便で送れない。
2　大きい物や重いものは自分で持っていかなければならない。
3　コンビニやスーパーで物を送ることができる。
4　大阪のおばあさんは郵便局で魚を送ってくれた。

(3)

　日本の高校生はどのくらいアルバイトを経験しているのだろうか。高校１年生では27％だが、３年生では61％ぐらいの人がアルバイトをしたことがあると答えている。お金がほしいという人が一番多かったが、いろいろな経験をしてみたいという理由も少なくない。アルバイトをしない理由は「学校からアルバイトをしてはいけないときいたから」が48％で一番多く、次が「時間がない」「大学に行くための勉強が大切だから」だった。

3　上の文章の内容と合っているのはどれですか。

1　いろんな経験をしてみたくてアルバイトをするばあいはない。
2　アルバイトをしている理由で一番多いのはお金が必要だからだ。
3　日本の高校生は３年生より１年生の方がアルバイトの経験が多い。
4　アルバイトをしない理由として一番多いのは時間がないからだ。

(4)

イさん、あけましておめでとうございます。

昨年はたいへんお世話になりました。今年もよろしくお願いします。お正月は何をしていますか。私は今、静岡の家に帰っています。去年は休みが短かったので、家族に会いに来ることができませんでした。家で掃除や買い物などいろいろ手伝いました。久しぶりに家族に会えてよかったです。

明日、東京にもどります。会社で会いましょう。静岡のお土産も楽しみにしていてください。

さとみ

[4] 去年、さとみはどうして家族に会えなかったと言っていますか。
1 家で掃除や買い物をしなければならなくて。
2 明日、東京にもどらなければならなくて。
3 会社が静岡にあって遠いから。
4 休みが長くなくて時間がなかったから。

내용 이해(단문) 실전 연습 ❹　　　　　　　　　　[　　／ 4]

もんだい4　つぎの(1)から(4)の文章を読んで、質問に答えてください。答えは、1・2・3・4から、いちばんいいものを一つえらんでください。

(1)

> 新幹線は今、北は北海道から南は九州の鹿児島まで走っている。全部で9時間半で行けるそうだ。東京—大阪間は東京駅からだいたい20分に1本出発している。一番はやい新幹線に乗ると大阪駅まで2時間15分しかかからない。朝、東京を出て、大阪や京都で有名なお寺や神社を見ても夜には十分東京に帰ることができる。天気が良ければ新幹線の中から富士山も見える。

1　本文の内容と合っているのはどれですか。
1　新幹線は北海道から大阪までしか走っていない。
2　東京から大阪へ行く新幹線は1時間に3本ぐらいある。
3　京都の有名なお寺や神社を見るのは朝より夜の方がいい。
4　一番はやい新幹線だと北海道から九州まで2時間半もかからない。

(2)

　昨日、鈴木さんといっしょに日光に行きました。朝、8時に新宿駅で鈴木さんと会って、電車に乗って行きました。2時間ぐらいかかりました。電車には人があまり乗っていなかったので、いろいろなことを話しました。日光に着いてお昼を食べてから有名なお寺や神社を見ました。日光の秋はほんとうにきれいでした。山にも登りたかったですが、すぐ駅に行かなければならないので、登りませんでした。6時ごろ日光を出て東京に帰りました。とても楽しい一日でした。

[2] 山に登らなかった理由はどうしてですか。

1　お昼を食べなければならないので。
2　神社やお寺に行かなければならないので。
3　帰りの電車の時間がもうすぐだったので。
4　電車の中には多くの人がいたので。

(3)

近くにおいしい店ができたので、友達をさそっていっしょに行った。まだ12時になってないのに、店の前には人がたくさん並んでいた。みんな待つのに慣れているらしく、話をしながら待っていた。しばらくして店の人が出てきて「今日はここまで」と書いてあるものを私たちの12人ほど後ろの人の前においた。「よかった、食べられないところだった」と友だちが言った。30分ぐらい待って中に入った。料理はおいしかったけど、ゆっくり食事をすることはできなくてすこし残念だった。

3 「よかった、食べられないところだった」とあるが、そう言った理由はどうしてですか。
1 12時で店が閉まるから。
2 店の中が人でこんでいてゆっくり食べられなかったから。
3 お客さんが多くてもう料理が足りないから。
4 店が小さくて12人しか入れないから。

(4)

　2月14日はバレンタインデーです。この日は女の人が好きな男の人にチョコレートをあげる日です。心を込めて自分で作る人もいれば、チョコレートじゃなくても必要な物をあげたりする人もいます。しかし、最近はSNSで紹介するためにかわいいものや高いチョコレートを買う女の人が増えているそうです。その写真をSNSで見せるためです。SNSをよく利用するようになって、バレンタインデーのようすもすこしずつ変わっていくようです。

・込める : 넣다, 담다

4　その写真とありますが、どんな写真ですか。
1　自分でチョコレートを作っている写真
2　好きな男の人といっしょにいる写真
3　高いものを撮った写真
4　SNSを上手に使っている写真

もんだい 5

내용 이해(중문) 실전 연습 ❶　　　　　　　　　　　　　　　[　　/ 3]

もんだい5　つぎの文章を読んで、質問に答えてください。答えは、1・2・3・4から、いちばんいいものを一つえらんでください。

　読書好きな日本人はいろんなタイプの本を読んでいる。最も人気のあるのは漫画だ。電車の中でも子供だけじゃなく、漫画の本を読んでいる大人が多くてびっくりした。政治、社会問題、小説なども漫画になっている本も多い。雑誌で人気を得た後、単行本になって売れ続ける漫画も多い。

　世界的に人気のある日本の文化と言えば、やっぱりアニメーションだ。「アニメ」という言葉は英語でも定着しているほどだ。中でも「ワンピース」「名探偵コナン」「セーラームーン」のようなテレビアニメはよく知られている。このほかにも多くのアニメが世界各地で放映されている。映画になっているもので「となりのトトロ」「もののけ姫」などは世界中でヒットした。日常的な現実じゃないストーリーの展開が魅力的だというのが一番大きい理由だそうだ。また、漫画の中に出ているキャラクターや物もグッズとしてたくさん売れている。作品のファンたちは<u>それ</u>を集めるために買ったり作ったりしていて、日本人だけではなく世界中の多くの人に人気がある。漫画をテーマにした旅行を楽しむために日本を訪問する人も少なくない。

・単行本：단행본 / 放映：방영 / 展開：전개 / 魅力：매력

① 上の文章を書いた人はどうしてびっくりしたと言っていますか。
1 漫画をテーマにした旅行商品があるから。
2 日本のアニメが世界中の人に人気があるから。
3 電車の中で漫画を読んでいる大人が多いから。
4 「アニメ」が英語で定着しているから。

② 上の文章を読んで、正しいのはどれですか。
1 電車の中で漫画を読んでいる子供が多いのは問題だ。
2 大人には漫画より政治、社会問題、小説のほうが人気がある。
3 日本の漫画が好きで日本に行く人も多い。
4 日本の週刊誌には漫画がない。

③ 文章の中のそれは何を言っていますか。
1 電車の中で子どもや大人が読んでいる漫画の本。
2 いろいろな種類の漫画の本。
3 アニメのキャラクターや物のグッズ。
4 人気を得て単行本になった漫画の本。

정답 1 ③ 2 ③ 3 ③   해설 p.349

내용 이해(중문) 실전 연습 ❷　　　　　　　　　　　[　　/ 3]

もんだい5　つぎの文章を読んで、質問に答えてください。答えは、1・2・3・4から、いちばんいいものを一つえらんでください。

まりこ・ユミ：けんたくん、こんにちは。

けんた：あっ、まりこちゃん、ユミちゃん。来てくれてありがとう。

ユミ　：体の具合はどう？　よくなった？

けんた：うん、みんなが心配してくれたおかげで、もうだいぶよくなったよ。

まりこ：よかったね。顔色もいいし、声も明るくなったし、思ったより元気そうで、安心した。

けんた：いろいろ心配かけてごめんね。あさってには退院できるんだって。朝、お医者さんにそういわれた。ところで……、これ、何？

ユミ　：田中先生に作ってもらったお菓子と、昨日けんたくんから頼まれたノート。

まりこ：田中先生って優しいんだね。あ、そうそう。ジュース買ってきたんだけど、飲む？

けんた：うん、二人ともありがとう。こんなにたくさんもらっていいの？

ユミ　：たくさん食べてはやく元気になってね。残りは冷蔵庫の中に入れておくから、あとで飲んでね。

けんた：あっ、その中にみかんあるから、よかったら食べて。さっき、お母さんが買ってきたんだ。

まりこ：う～ん、そうしたいんだけど、私たちはもうそろそろ帰るね。明日の発表のために準備しなきゃいけないの。

けんた：そっか。今日はお見舞いに来てくれてありがとう。来週、学校で会おうね。

まりこ・ユミ：じゃ、お大事に。

1 お菓子を作ってくれた人は誰ですか。
   1 けんたのお母さん
   2 まりこ
   3 ユミ
   4 田中先生

2 ユミとまりこが持ってきたものではないのはどれですか。
   1 ノート
   2 みかん
   3 ジュース
   4 お菓子

3 文章の内容と合っているのはどれですか。
   1 今日けんたは発表の準備をします。
   2 ユミはけんたにノートを貸してもらいました。
   3 けんたは2日後家に帰ることができます。
   4 先生がお菓子とジュースを作ってくれました。

정답 1 ④ 2 ② 3 ③   해설 p.351

내용 이해(중문) 실전 연습 ❸

[/ 3]

もんだい5 つぎの文章を読んで、質問に答えてください。答えは、1・2・3・4から、いちばんいいものを一つえらんでください。

イ先生、
　お元気ですか。おかげさまで私は元気です。
　私、日本に来て、もう4か月になります。今、学校はまだ夏休みです。今回の夏休みはいろいろな経験をしながら楽しんでいます。実は7月の初めごろから友だちのさとし君と九州を旅行して今は大阪です。今回の旅行は新幹線に乗りましたが、駅弁をたべたり、富士山も見たりして、飛行機とはまた違った特別な経験ができて大切な思い出になりました。
　まず、九州に行くのは初めてで前から楽しみにしていました。また、ある神社では偶然、日本の伝統的な結婚式を見ることができましたが、まぶしいほどきれいでした。前、先生から「日本の夏は祭りだ」という話を聞いたことがあります。今日、実際に大阪の天神祭りを見て、その意味が分かりました。明日は近所で花火大会があるそうです。昨日買ったゆかたを着て行くつもりです。
　日本に来てから写真もたくさん撮りました。韓国に帰ったら先生や友だちに見せたいと思います。
　では、またメールをお送りします。

　　　　　　　　　　　　　　　　　　　　　　　　　　　ジホンより

1 この文の内容で正しいものはどれですか。
1 日本では神社で結婚式をする人もいる。
2 花火大会にはゆかたを着て行かなければならない。
3 ジホンは飛行機の中でお弁当を食べながら富士山を見た。
4 九州の有名な祭りは天神祭りだ。

2 ジホンについての説明で正しいものはどれですか。
1 4か月前、はじめて日本に行った。
2 日本の神社で結婚式をした。
3 富士山に登って大切な思い出を作った。
4 日本の祭りを見たのははじめてだ。

3 大切な思い出になりましたと言ったのはどうしてですか。
1 九州に行ったのははじめてだったから。
2 きれいな日本の伝統結婚式が見られたから。
3 新幹線に乗って飛行機とは違う経験をしたから。
4 ゆかたを着て花火大会に行けるから。

정답 1 ① 2 ④ 3 ③   해설 p.353

내용 이해(중문) 실전 연습 ❹ [/ 3]

もんだい5　つぎの文章を読んで、質問に答えてください。答えは、1・2・3・4から、いちばんいいものを一つえらんでください。

　今朝、電車の中でいやなことがあった。隣の人が大きい声で電話で話していたからだ。たくさんの人で混んでいるのに、20分も話しつづけていた。

　マナーとは個人によって違いがあるとは思っているが、国や地域、社会などの中で人々が集まって過ごすためにはみんなで守らなければならないマナーがある。

　日本の電車や地下鉄の中では、大声で話す人や通話をする人はあまり見られない。それは、せまい空間では静かにするというマナーがあるからだ。まわりの人のめいわくにならないようにケータイ電話のベルをマナーモードにする。席に座るときにも、自分のひざの上に荷物を置いて人のじゃまにならないように注意する。ほかにもお年寄り、妊婦、体の不自由な人に席をゆずったりすることもよく見かける。また電車に乗る時にも順番を守るという点についてきびしいと言えるほどマナーを守っている。特に朝の通勤・通学のラッシュアワーの時、電車の乗車口やエレベーターの出入り口では「降りる人が先、乗る人が後」と言うマナーがある。このように順番を守ることで短い時間でスムーズに乗り降りできる。

　つまり、他人のことを考える心からマナーができ、このマナーを守ることでみんな幸せにすごせる社会になると思う。

- ゆずる : 양보하다
- 順番 : 순서, 순번

1 いやなことと言えることはどれですか。
  1 エレベーターに乗るとき、乗る人よりさきに降りる人を見た。
  2 足をけがした人に席をゆずった人を見た。
  3 電車の中で携帯電話の音をけした人を見た。
  4 重そうなかばんをとなりの席に置いた人を見た。

2 人のじゃまと言った理由はどうしてですか。
  1 荷物を下に置くときたなくなるから。
  2 荷物をひざに置かないと携帯電話の呼び出し音に気づかないから。
  3 荷物をとなりの席に置くとほかの人が座れないから。
  4 荷物をもって電車に乗るのはいけないから。

3 筆者のいいたいこととしていちばん正しいものはどれですか。
  1 車内で自分の荷物をひざの上に置かなければならない。
  2 電車の中で携帯電話は切らなければならない。
  3 人々が集まって生活するためには他人のことを考える心が必要だ。
  4 エレベーターの出入り口では順番を待たなければならない。

정답 1 ④ 2 ③ 3 ③

해설 p.355

もんだい 6

정보 검색 실전 연습 ❶   [/ 2]

もんだい6 右のページの「ホテルの情報」を見て、下の質問に答えてください。答えは、1・2・3・4から、いちばんいいものを一つえらんでください。

1　木村さんは仕事で大阪へ行きます。帰りの日、バスの時間が早いので、できるだけ駅から近いほうにしたいです。でも、忙しくても朝ご飯はかならず食べたいです。いちばん安い部屋はどれですか。

1　プリンスホテル　シングル

2　グランドホテル　シングル

3　さくらホテル　シングル

4　プリンスホテル　ツイン

2　友だちと3人で大阪に旅行に行きます。グランドホテルに2日泊まる予定ですが、私はサッカーの試合が見たくて、夜遅くまでテレビを見るつもりです。それで一人で寝ることにしました。この3人は全部でいくら払いますか。

1　16800円

2　23600円

3　26800円

4　33600円

ホテルの情報

	部屋	料金	アクセス	その他
プリンスホテル	シングル	4800円	駅から歩いて3分	・無料インターネットサービス ・朝食：1500円
	ツイン	8000円		
グランドホテル	シングル	6800円	駅から歩いて10分	・無料wi-fi ・朝食付き
	ツイン	10000円		
さくらホテル	シングル	7000円	駅の向かい	・無料インターネットサービス(24時間) ・ロビーにあるパソコンは1時間100円で使えます。 ・朝食付き
	ツイン	12000円		

＊グランドホテルでは、駅や空港まで無料シャトルバスのサービスをしています。

정보 검색 실전 연습 ❷

[/ 2]

もんだい6　右のページの「バレンタインイベントの紹介」を見て、下の質問に答えてください。答えは、1・2・3・4から、いちばんいいものを一つえらんでください。

1　りえちゃんはバレンタインデーのためにデートの計画をたてています。でも、りえちゃんのかれはその日、出張でアメリカに行かなければなりません。それで、その前の日に会うことにしました。二人が楽しめるイベントには何がありますか。

1　AとB
2　BとC
3　AとC
4　BとD

2　バレンタインデーに夫とデートすることにしました。せっかくのデートなのに二人とも仕事ですごく疲れています。それでリラックスできるようなデートがしたいです。まず、おいしい料理を食べて、マッサージを受けたいです。二人のデートにはいくらかかりますか。

1　12000円
2　14000円
3　16000円
4　18000円

バレンタインイベントの紹介

デートにおすすめ！バレンタインイベント

年に一度のバレンタイン。特別な気分を味わえる場所とイベントを紹介します。恋人や友だちといっしょに楽しんで！

どこで？	なにを？
A. 東京タワー 2月13日～14日 (17:00～22:00)	100階段をいっしょに上れば、二人の恋が深くなるかも！ 夜、きれいな東京タワーのライトアップや夜景も楽しめます。 入場料：1人1300円
B. さくらワールド公園 2月14日 (19:00～22:00)	人気アイドル「ユリ」のコンサート！ 恋を歌うユリの歌を聞きながら、プロポーズを！ 入場料：1人1800円
C. ひかりサロン 2月13日～14日 (23:00まで)	カップルでゆっくり！ カップルのお客さまに30分の足マッサージをただでサービスさせていただきます。 一人60分：4000円(＋30分ただ)
D. ビストロガーデン 2月13日～14日 (19:00～22:00)	カップルのためのセットメニュー！ (ステーキコース ＋ ワイン ＋ デザート ＋ コーヒー) セット(二人分)：8000円

＊ 外でするイベントは、雨の日、中止になることもありますので、電話でご確認お願いします。

정보 검색 실전 연습 ❸　　　　　　　　　　　　　[　　/ 2]

もんだい6　右のページの「フリーマーケットの商品情報」を見て、下の質問に答えてください。答えは、1・2・3・4から、いちばんいいものを一つえらんでください。

1　木村君は先週自転車がこわれてしまって、新しいものを買おうと思っていましたが、ある日、アパートのエレベーターの中にはってあるフリーマーケットの情報を見て、フリーマーケットで買うことにしました。でも、今週の週末は友だちと約束があって山登りに行きます。今日は16日です。いつ買えますか。

1　18日
2　25日
3　29日
4　31日

2　私は20日に引っ越します。要らなくなった服を売りたいです。どうするのがいいですか。
1　16日に管理室に名前と電話番号をいう。
2　17日に管理室に名前と電話番号をいう。
3　18日に管理室に名前と電話番号をいう。
4　19日に管理室に名前と電話番号をいう。

フリーマーケットの商品情報

エコ生活へどうぞ。物は使える限り大切に！

- 1日~29日(1か月間)
- 時間：午後1時~午後5時
- 物を売るかたは売る前の日に管理室にお名前と電話番号をお知らせください。

区分	商品の情報	曜日
学用品	本、雑誌、かばん、ペンなどその他	毎週　月、水、金
服	コートやズボンなどの服やぼうしや 靴などその他のアクセサリー	毎週　土
電気・電子製品	テレビ、モニター、パソコン、 カメラなどその他	毎週　火
家具	テーブル、いす、ハンガーなどその他	毎週　木
その他	自転車、食器などその他	毎週　日

日	月	火	水	木	金	土
				1	2	3
4	5	6	7	8	9	10
11	12	13	14	15	16	17
18	19	20	21	22	23	24
25	26	27	28	29	30	31

정답　1② 2①　　해설 p.364

정보 검색 실전 연습 ❹　　　　　　　　　　　　　　[　　/ 2]

もんだい6　右のページの「時間表」を見て、下の質問に答えてください。答えは、1・2・3・4から、いちばんいいものを一つえらんでください。

1　韓国から「黒川」というところに旅行に行きます。飛行機は予約しました。バスで「黒川温泉」まで行くと、黒川に一番早く着くのは何時ですか。

1　午後3時50分
2　午後4時40分
3　午後6時20分
4　午後2時20分

2　母と私の大人二人で「黒川」に旅行に行きます。「黒川」に行く時も、韓国に帰る時も福岡空港を利用する予定です。この二人は福岡空港から行き帰りバスを利用します。二人でバス代はいくらですか。

1　3800円
2　4000円
3　7600円
4　8000円

飛行機の時間

「インチョン空港」 → 「福岡空港」

出発 11:00   到着 12:20

バスの時間

「福岡空港」 → 「黒川温泉」

	出発の時間	かかる時間
バスA	10:10	2時間30分
バスB	12:10	2時間10分
バスC	13:10	2時間40分
バスD	14:10	2時間30分
バスE	16:10	2時間10分

＊バスのチケットは空港の1階で買えます。
＊料金は、大人：2000円(片道) ／ 3800円(往復)
　　　　　子ども：1800円(片道) ／ 3400円(往復)

3교시

청해

もんだい1 과제 이해
もんだい2 포인트 이해
もんだい3 발화 표현
もんだい4 즉시 응답

1 문제 유형 공략법

もんだい 1　과제 이해

●● 유형 분석

1　8문항이 출제된다.
2　두 가지 유형으로 출제된다.
　(1)　선택지가 그림으로 출제되는 문제.
　(2)　선택지가 문자로 출제되는 문제.
3　유형별 출제 경향
　(1)　그림이 있는 문제는 교통수단이나 건물이 있는 장소, 사물의 배치 등의 문제가 많다.
　(2)　문자가 있는 문제는 시간, 사람의 행동 예측과 관련된 문제가 많다.
4　대화문에 등장하는 단어가 선택지에서는 같은 뜻을 가진 다른 단어나 표현으로 변형되어 있는 경우가 많다.
5　남자와 여자가 대화의 주체인 경우가 대부분이므로, 제시되는 문제가 누구의 행동에 대한 질문인지를 명확하게 판단해야 한다.

✓ 질문에 등장하는 의문사를 메모해 두자!
✓ 문제 시작 전에 선택지를 미리 읽어 두자!
✓ 평소에 선택지를 빠르고 정확하게 읽는 훈련을 해 두자!

もんだい1

もんだい1では、まず しつもんを 聞いて ください。それから 話を 聞いて、もんだいようしの 1から4の 中から、いちばん いい ものを 一つ えらんで ください。

れい

1
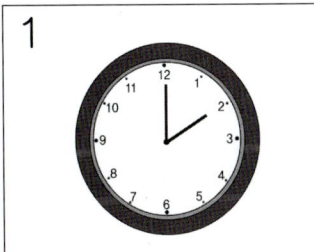

2

3
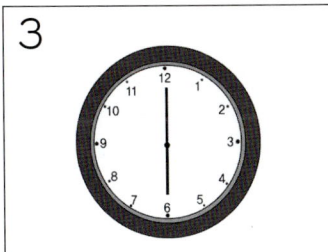

4
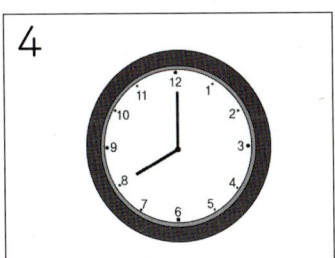

스크립트와 해석

男の人と女の人が話しています。二人は何時からの映画を見ることにしましたか。

M ねえ、映画の時間、調べてくれた？
F うん、ええと、一番早いのね、10時からで、その後は2時間おき。最後は8時からだって。
M 2時間おきだったら、10時の次は12時、その次は2時ということ？
F うん、そう。
M 8時のを見てから帰ると遅くなっちゃうね。その一つ前のにしない？
F うん、そうしよう。

二人は何時からの映画を見ることにしましたか。

남자와 여자가 이야기하고 있습니다. 두 사람은 몇 시부터 시작하는 영화를 보기로 했습니까?

M 이봐, 영화 시간 알아봤어?
F 응, 음 그러니까, 가장 빠른 건 말이야. 10시부터이고, 다음은 2시간 간격. 마지막은 8시부터래.
M 2시간 간격이라면 10시 다음은 12시, 그 다음은 2시라는 거야?
F 응, 그래.
M 8시 것을 보고 나서 돌아가면 늦어져 버리네, 그 하나 전의 것으로 안 할래?
F 응, 그렇게 하자.

두 사람은 몇 시부터 시작하는 영화를 보기로 했습니까?

풀이 두 가지 조건이 키워드가 된다. 하나는 2시간 간격으로 상영된다는 점. 또 하나는 마지막 8시 영화보다 하나 앞쪽에 상영되는 영화를 원한다는 점. 그래서 8시의 2시간 전에 해당하는 6시 영화를 보게 되는 것이다.

단어 映画 영화 | 調べる 조사하다, 살펴보다 | 一番 가장 | ～おき ～간격, ～걸러 | 最後 마지막 | 遅い 늦다

もんだい2 포인트 이해

● ● **유형 분석**

1. 7문항이 출제된다.
2. 상황 설명과 질문을 미리 음성으로 들려주고, 4개의 선택지를 해석할 시간이 주어진다.
3. 질문은 크게 '이유, 행동 예측, 기타'의 3가지로 나눌 수 있다.
4. 이유를 묻는 문제는 一番(가장), 何より(무엇보다), 特に(특히), 実は(사실은) 등의 부사 표현이 답을 유도한다는 것을 명심하자.
5. 행동 예측의 문제는 まず(우선), はじめに(먼저), 先に(먼저), すぐ(바로) 등의 순서를 나타내는 부사 뒤에 나오는 표현에 주의하자.
6. '기타'에 해당하는 내용은 문제1의 〈과제 이해〉 유형과 내용 면에서 비슷하다.
7. 문제의 대화문에서 사용된 어휘와 선택지에서 사용되는 어휘는 유의어로 교체되어 있는 경우가 많다.

✓ 회화 문장 낭독 전에 보기를 분석하는 것은 기본 중의 기본!
✓ 질문에 등장하는 의문사를 메모해 두자!
✓ 문제 문장에서 누구의 행동을 묻는지를 파악하여 회화를 듣도록 하자.

예시 문제

もんだい２

もんだい２では、まず しつもんを 聞いて ください。そのあと、もんだいようしを 見て ください。読む 時間が あります。それから 話を 聞いて、もんだいようしの １から４の 中から、いちばん いい ものを 一つ えらんで ください。

れい

1　飲みに 行く
2　仕事を する
3　パーティーに 行く
4　髪を 切りに 行く

정답 4

스크립트와 해석

会社で男の人と女の人が話しています。女の人は、これから何をしますか。

M　仕事が終わったら、みんなで飲みに行くんですが、いっしょに行きませんか。
F　すみません。今日はちょっと……。
M　まだ仕事ですか。
F　いいえ、これから髪を切りに美容院へ行くんです。明日、パーティーに行くので。
M　そうですか。
F　ごめんなさい。また誘ってくださいね。
M　ええ、また今度。

女の人は、これから何をしますか。

회사에서 남자와 여자가 이야기하고 있습니다. 여자는 지금부터 무엇을 합니까?

M　일이 끝나면 모두 함께 술을 마시러 갑니다만, 함께 가지 않겠습니까?
F　죄송합니다. 오늘은 좀…….
M　아직 일이 있나요?
F　아니요. 지금부터 머리카락을 자르러 미용실에 갈 겁니다. 내일 파티에 가기 때문에.
M　그래요?
F　미안합니다. 또 불러 주세요.
M　네. 다음에 또 이야기할게요.

여자는 지금부터 무엇을 합니까?

1 飲みに 行く
2 仕事を する
3 パーティーに 行く
4 髪を 切りに 行く

1 술을 마시러 간다
2 일을 한다
3 파티에 간다
4 머리카락을 자르러 간다

풀이 일이 끝나고 술을 마시러 가자는 남자의 권유에, 여자는 머리카락을 자르러 미용실에 간다고 말했으므로 4번이 정답이다. 여기서 '내일 파티에 간다'는 부분은 혼란을 유도하는 함정이라고 볼 수 있다.

단어 仕事 일, 업무 | 髪を切る 머리카락을 자르다. 커트하다 | 美容院 미용실 | 飲みに行く (술을) 마시러 가다 | 誘う 권유하다. 초대하다

もんだい3 발화 표현

● ● **유형 분석**

1 5문항이 출제된다.
2 3개의 선택지가 제시된다. 선택지는 문제지에 인쇄되어 있지 않다.
3 제시되는 상황을 듣고 판단하여, 어떤 말을 해야 하는지를 묻는다.
4 상황은 문제지에 그림으로 묘사되며, 음성에 의하여 추가적인 설명이 이루어진다.
5 발화자는 화살표로 제시된다.
6 발화의 내용은 허가, 동의, 권유, 희망, 인사 등의 일상생활 표현들이다.

✓ 그림을 보며 스토리를 예측해 보자!
✓ 그림 속에 등장하는 인물들의 관계를 주의 깊게 듣는다.

예시 문제

もんだい３

もんだい３では、えを 見ながら しつもんを 聞いて ください。
➡(やじるし)の 人は 何と 言いますか。１から３の 中から、いちばん いい ものを 一つ えらんで ください。

れい

정답 2

스크립트와 해석

友だちと自転車で走っています。疲れてしまいました。何といいますか。

F　1　ここからは歩きましょう。
　　2　ここでちょっと休もうよ。
　　3　今から走ろうか。

친구와 자전거로 달리고 있습니다. 피곤해졌습니다. 뭐라고 말합니까?

F　1　여기서부터는 걸읍시다.
　　2　여기서 잠깐 쉬자.
　　3　지금부터 달릴까?

풀이　친구와 자전거를 타고 달리다가 피로를 느낀 상황에서 어떤 발언이 적절한가를 묻는 문제다. 1번의 경우는 자전거를 타고 있으므로 '걷는다'는 표현이 부적절하며, 3번의 경우는 피곤한 상황에서 달리자고 하는 것은 전혀 상황에 맞지 않는다. 2번의 '여기서 잠깐 쉬자'고 상대에게 권유하는 표현이 가장 적절하다.

단어　自転車 자전거 | 疲れる 피곤하다, 피로하다 | 歩く 걷다 | 走る 달리다

もんだい4 즉시 응답

●● 유형 분석

1 8문항이 출제된다.
2 발화 표현과는 반대로 상대의 질문에 '응답'하는 형식이다.
3 선택지가 문제지에 인쇄되어 있지 않다.
4 3개의 선택지가 음성으로 제시된다.
5 최근에는 낭독 문장의 길이가 조금 길어지는 경향이 있다.

- ✓ 낭독되는 선택지의 핵심 키워드를 써 두는 것도 좋은 방법이다.
- ✓ 다음 문제가 나올 때까지 망설이지 말아야 한다.
- ✓ 문제의 답을 빨리 쓰고 다음 문제를 들을 준비를 한다.

예시 문제

もんだい 4

　もんだい４では、えなどが ありません。まず ぶんを 聞いて ください。それから、そのへんじを 聞いて、１から３の 中から、いちばん いい ものを 一つ えらんで ください。

－ メモ －

정답 2

스크립트와 해석

F 次の日曜日は何をしますか。 M 1 友だちと映画を見ました。 　 2 ハイキングに行きます。 　 3 今日は月曜日ですよ。	F 다음 일요일에는 무엇을 합니까? M 1 친구와 영화를 보았습니다. 　 2 하이킹을 갑니다. 　 3 오늘은 월요일이에요.

풀이 '다음 일요일'은 미래에 해당한다. 1번은 '보았다'는 과거의 일을 나타내므로 답이 될 수 없다. 3번은 무슨 요일인지를 묻고 있는 것이 아니므로 역시 오답이다. 장래의 예정을 나타내는 2번이 가장 적절한 응답이라고 할 수 있다.

단어 次 다음 | 映画 영화 | ハイキング 하이킹

2 주제별 청해 필수 어휘

① 복장

- □ くつ — 구두, 신발
- □ 靴下(くつした) — 양말
- □ コート — 코트
- □ ジーンズ — 청바지
- □ シャツ — 셔츠
- □ スーツ — 정장
- □ スカート — 스커트
- □ セーター — 스웨터
- □ ブラウス — 블라우스
- □ 帽子(ぼうし) — 모자
- □ 洋服(ようふく) — 옷

② 음식

- □ お茶(ちゃ) — 차
- □ オレンジ — 오렌지
- □ 牛乳(ぎゅうにゅう) — 우유
- □ 果物(くだもの) — 과일
- □ 紅茶(こうちゃ) — 홍차
- □ コーヒー — 커피
- □ コーラ — 콜라
- □ ご飯(はん) — 밥
- □ サンドイッチ — 샌드위치
- □ ジュース — 주스
- □ たまご — 계란
- □ チーズ — 치즈
- □ トンカツ — 돈가스
- □ ビール — 맥주
- □ みかん — 귤
- □ りんご — 사과

③ 가구/문구

- □ いす — 의자
- □ 鉛筆(えんぴつ) — 연필
- □ 消(け)しゴム — 지우개
- □ つくえ — 책상
- □ ノート — 노트, 공책
- □ パソコン — 컴퓨터, PC
- □ ボールペン — 볼펜
- □ 本棚(ほんだな) — 책장

④ 장소

- ☐ 映画館(えいがかん) 영화관
- ☐ 横断歩道(おうだんほどう) 횡단보도
- ☐ 角(かど) 모퉁이
- ☐ 喫茶店(きっさてん) 찻집
- ☐ 銀行(ぎんこう) 은행
- ☐ 公園(こうえん) 공원
- ☐ 交差点(こうさてん) 교차로
- ☐ 車道(しゃどう) 차도
- ☐ 食堂(しょくどう) 식당
- ☐ 信号(しんごう) 신호
- ☐ 地図(ちず) 지도
- ☐ 駐車場(ちゅうしゃじょう) 주차장
- ☐ デパート 백화점
- ☐ 道路(どうろ) 도로
- ☐ 図書館(としょかん) 도서관
- ☐ 橋(はし) 다리
- ☐ バス停(てい) 버스 정류장
- ☐ 花屋(はなや) 꽃가게
- ☐ 病院(びょういん) 병원
- ☐ 歩道(ほどう) 보도, 인도
- ☐ 本屋(ほんや) 서점
- ☐ 店(みせ) 가게
- ☐ 道(みち) 길
- ☐ 八百屋(やおや) 야채 가게
- ☐ 郵便局(ゆうびんきょく) 우체국

⑤ 교통

- ☐ 切符(きっぷ) 표, 티켓
- ☐ 急行(きゅうこう) 급행
- ☐ 指定席(していせき) 지정석
- ☐ 自由席(じゆうせき) 자유석
- ☐ 席(せき) 좌석
- ☐ タクシー 택시
- ☐ 地下鉄(ちかてつ) 지하철
- ☐ 電車(でんしゃ) 전철
- ☐ 到着(とうちゃく) 도착
- ☐ 特急(とっきゅう) 특급
- ☐ バス 버스
- ☐ 飛行機(ひこうき) 비행기
- ☐ 列車(れっしゃ) 열차

⑥ 순서

- ☐ 終(お)わりに 마지막으로
- ☐ 最後(さいご)に 마지막으로
- ☐ 先(さき)に 먼저
- ☐ ~した後(あと)で ~한 후에
- ☐ ~してから ~하고 나서
- ☐ ~する前(まえ)に ~하기 전에
- ☐ それから 그리고 나서
- ☐ 次(つぎ)に 다음에
- ☐ 始(はじ)めに 우선
- ☐ まず 우선

❼ 날씨/일기 예보

- ☐ 雨 （あめ） 비
- ☐ 雨があがる （あめ） 비가 그치다
- ☐ 雨が降る （あめ・ふ） 비가 내리다
- ☐ 雨がやむ （あめ） 비가 그치다
- ☐ 大雨 （おおあめ） 폭우
- ☐ 温度 （おんど） 온도
- ☐ 風 （かぜ） 바람
- ☐ 風が吹く （かぜ・ふ） 바람이 불다
- ☐ 気温 （きおん） 기온
- ☐ 曇り （くも） 흐림
- ☐ 台風 （たいふう） 태풍
- ☐ 天気 （てんき） 날씨
- ☐ 晴れ （は） 맑음
- ☐ 雪 （ゆき） 눈

- ☐ 中学生 （ちゅうがくせい） 중학생
- ☐ 店員 （てんいん） 점원
- ☐ 部下 （ぶか） 부하
- ☐ 部長 （ぶちょう） 부장, 부장님

❽ 직업

- ☐ アナウンサー 아나운서
- ☐ 医者 （いしゃ） 의사
- ☐ 課長 （かちょう） 과장, 과장님
- ☐ 看護師 （かんごし） 간호사
- ☐ 警官 （けいかん） 경찰관
- ☐ 高校生 （こうこうせい） 고등학생
- ☐ 社長 （しゃちょう） 사장, 사장님
- ☐ 上司 （じょうし） 상사
- ☐ 大学生 （だいがくせい） 대학생

청해 필수 표현

❶ 축약 표현

☐ ～ている → ～てる ~하고 있다
- 何をしているの？ → 何してるの？ 뭐 하고 있어?

☐ ～ていない → ～てない ~하고 있지 않다
- 何もわかっていない → 何もわかってない 아무것도 알지 못하고 있다

☐ ～ておく → ～とく ~해 두다
- みんなに伝えておく → みんなに伝えとく 모두에게 전해 두다

☐ ～てしまう → ～ちゃう ~해 버리다
- ぜんぶ食べてしまう → ぜんぶ食べちゃう 전부 먹어버리다

☐ ～ては → ～ちゃ ~하면, ~해서는
- 走ってはいけない → 走っちゃいけない 뛰어서는 안 된다

☐ ～なくては → ～なくちゃ ~하지 않으면
- もう帰らなくてはいけない → もう帰らなくちゃいけない 이제 돌아가야 한다

☐ ～なければ → ～なきゃ ~하지 않으면
- 行かなければならない → 行かなきゃならない 가지 않으면 안 된다, 가야 한다

☐ ～のだ → ～んだ
- 急いでいるのだ → 急いでいるんだ 서두르고 있는 것이다

❷ 문장 끝에 오는 표현

☐ ～かしら ~일까?(가벼운 의문) ・あの人はだれかしら。 저 사람은 누구일까?

☐ ～かな ~할까?, ~일까?(자문) ・これでいいかな。 이것으로 좋은 걸까?

☐ ～って ~래, ~라고 해(인용, 전달) ・あの人、結婚するんだって。 저 사람 결혼한대.

☐ ～な ~로구나(가벼운 감동이나 주장) ・めずらしいな。 드문 일이로군.

☐ ～ね	~군요, ~네요(동의)	・おいしいですね。 맛있네요.
☐ ～の	~하니?(가벼운 의문)	・どこへ行くの。 어디 가니?
☐ ～のに	~텐데(아쉬움, 원망)	・早く来ればよかったのに。 일찍 왔으면 좋았을 텐데.
☐ ～よ	~이야, ~라구(강조, 주장)	・もう8時だよ。 벌써 8시야.
☐ ～わ	~해요, ~하겠어(감동, 여성적 표현)	・だれか見ているわ。 누군가 보고 있어.

❸ 의문사

☐ どれ	어느 것
☐ どちら	어느 쪽
☐ どなた	어느 분
☐ どこ	어디
☐ だれ	누구
☐ いつ	언제
☐ いくつ	몇 개
☐ いくら	얼마
☐ どう	어떻게
☐ どうして	어째서
☐ なぜ	왜

❹ 인사말

☐ ありがとうございます。	감사합니다.
☐ ごめんなさい。	미안합니다.
☐ どういたしまして。	천만에요.
☐ おめでとうございます。	축하합니다.
☐ いただきます。	잘 먹겠습니다.
☐ ごちそうさまでした。	잘 먹었습니다.

□ ごめんください。	실례합니다. 계세요?
□ いらっしゃいませ。	어서 오십시오.
□ 行ってきます。	다녀올게요.
□ 行ってまいります。	다녀오겠습니다.
□ 行ってらっしゃい。	다녀오세요.
□ お帰りなさい。	어서 오세요.(귀가, 귀사)
□ お元気ですか。	잘 지내십니까?
□ おかげさまで。	덕분에요.
□ お大事に。	몸조심하세요. 몸조리 잘 하세요.
□ お待たせしました。	오래 기다리셨습니다.
□ かしこまりました。	잘 알겠습니다. 분부대로 하겠습니다.

청해 필수 조수사, 날짜, 시간, 때

❶ 조수사

~つ ~개	~回 (かい) ~회, ~번	~階 (かい) ~층	~個 (こ) ~개	~歳 (さい) ~살, ~세(나이)	~冊 (さつ) ~권(책, 노트)
ひと 一つ	いっかい 一回	いっかい 一階	いっこ 一個	いっさい 一歳	いっさつ 一冊
ふた 二つ	にかい 二回	にかい 二階	にこ 二個	にさい 二歳	にさつ 二冊
みっ 三つ	さんかい 三回	さんがい 三階	さんこ 三個	さんさい 三歳	さんさつ 三冊
よっ 四つ	よんかい 四回	よんかい 四階	よんこ 四個	よんさい 四歳	よんさつ 四冊
いつ 五つ	ごかい 五回	ごかい 五階	ごこ 五個	ごさい 五歳	ごさつ 五冊
むっ 六つ	ろっかい 六回	ろっかい 六階	ろっこ 六個	ろくさい 六歳	ろくさつ 六冊
なな 七つ	ななかい 七回	ななかい 七階	ななこ 七個	ななさい 七歳	ななさつ 七冊
やっ 八つ	はっかい 八回	はちかい／はっかい 八階／八階	はっこ 八個	はっさい 八歳	はっさつ 八冊
ここの 九つ	きゅうかい 九回	きゅうかい 九階	きゅうこ 九個	きゅうさい 九歳	きゅうさつ 九冊
とお 十	じっかい／じゅっかい 十回／十回	じっかい／じゅっかい 十階／十階	じっこ／じゅっこ 十個／十個	じっさい／じゅっさい 十歳／十歳	じっさつ／じゅっさつ 十冊／十冊
いくつ	なんかい 何回	なんがい 何階	なんこ 何個	なんさい 何歳	なんさつ 何冊

~台 (だい) ~대(자동차, 기계)	~人 (にん) ~명	~杯 (はい) ~잔	~匹 (ひき) ~마리	~本 (ほん) ~자루, ~그루 등 (긴 것을 세는 단위)
いちだい 一台	ひとり 一人	いっぱい 一杯	いっぴき 一匹	いっぽん 一本
にだい 二台	ふたり 二人	にはい 二杯	にひき 二匹	にほん 二本
さんだい 三台	さんにん 三人	さんばい 三杯	さんびき 三匹	さんぼん 三本
よんだい 四台	よにん 四人	よんはい 四杯	よんひき 四匹	よんほん 四本
ごだい 五台	ごにん 五人	ごはい 五杯	ごひき 五匹	ごほん 五本
ろくだい 六台	ろくにん 六人	ろっぱい 六杯	ろっぴき 六匹	ろっぽん 六本
ななだい 七台	ななにん 七人	ななはい 七杯	ななひき 七匹	ななほん 七本
はちだい 八台	はちにん 八人	はっぱい 八杯	はっぴき 八匹	はっぽん 八本
きゅうだい 九台	きゅうにん 九人	きゅうはい 九杯	きゅうひき 九匹	きゅうほん 九本
じゅうだい 十台	じゅうにん 十人	じっぱい／じゅっぱい 十杯／十杯	じっぴき／じゅっぴき 十匹／十匹	じっぽん／じゅっぽん 十本／十本
なんだい 何台	なんにん 何人	なんばい 何杯	なんびき 何匹	なんぼん 何本

❷ 날짜

～月　～월

いち がつ 一月	に がつ 二月	さん がつ 三月	し がつ 四月	ご がつ 五月	ろく がつ 六月
しち がつ 七月	はち がつ 八月	く がつ 九月	じゅう がつ 十月	じゅういち がつ 十一月	じゅう に がつ 十二月

～曜日／～日　～요일／～일

にち よう び 日曜日	げつ よう び 月曜日	か よう び 火曜日	すい よう び 水曜日	もく よう び 木曜日	きん よう び 金曜日	ど よう び 土曜日
		ついたち 一日	ふつか 二日	みっか 三日	よっか 四日	いつか 五日
むいか 六日	なのか 七日	ようか 八日	ここのか 九日	とおか 十日	じゅういち にち 十一日	じゅう に にち 十二日
じゅうさん にち 十三日	じゅう よっか 十四日	じゅう ご にち 十五日	じゅうろく にち 十六日	じゅうしち にち 十七日	じゅうはち にち 十八日	じゅう く にち 十九日
はつか 二十日	に じゅういちにち 二十一日	に じゅう に にち 二十二日	に じゅうさんにち 二十三日	に じゅう よっか 二十四日	に じゅう ご にち 二十五日	に じゅうろくにち 二十六日
に じゅうしちにち 二十七日	に じゅうはちにち 二十八日	に じゅう く にち 二十九日	さんじゅうにち 三十日	さんじゅういちにち 三十一日		

❸ 시간, 때

～時　～시

いち じ 一時	に じ 二時	さん じ 三時	よ じ 四時	ご じ 五時
ろく じ 六時	しち じ 七時	はち じ 八時	く じ 九時	じゅう じ 十時
じゅういち じ 十一時	じゅう に じ 十二時	に じゅう よ じ 二十四時	なん じ 何時	

～分　～분

いっぷん 一分	に ふん 二分	さん ぷん 三分	よん ぷん 四分	ご ふん 五分
ろっぷん 六分	なな ふん 七分	はっぷん 八分	きゅう ふん 九分	じっぷん じゅっぷん 十分／十分
に じゅっぷん 二十分	さんじゅっぷん 三十分	よんじゅっぷん 四十分	ご じゅっぷん 五十分	ろくじゅっぷん 六十分

ごぜん 午前 오전	ごご 午後 오후	へいじつ 平日 평일	しゅうまつ 週末 주말	きゅうじつ 休日 휴일
きのう 昨日 어제	きょう 今日 오늘	あした 明日 내일	あさって 明後日 모레	せんしゅう 先週 지난주
こんしゅう 今週 이번 주	らいしゅう 来週 다음 주	せんげつ 先月 지난달	こんげつ 今月 이번 달	らいげつ 来月 다음 달

청해 유형 확인 문제

다음 문제를 듣고 알맞은 답을 고르시오.

1️⃣ まず　しつもんを　聞いて　ください。それから　話を　聞いて、もんだいようしの　1から4の　中から、いちばん　いい　ものを　一つ　えらんで　ください。

2️⃣ まず　しつもんを　聞いて　ください。そのあと、もんだいようしを　見て　ください。読む　時間が　あります。それから　話を　聞いて、もんだいようしの　1から4の　中から、いちばん　いい　ものを　一つ　えらんで　ください。

1　店に　ひとが　多くて
2　サンドイッチと　パンを　たべる　ために
3　仕事で　いそがしくて
4　20分も　待たなければ　いけなくて

3 えを 見ながら しつもんを 聞いて ください。➡(やじるし)の 人は 何と 言いますか。1から3の 中から、いちばん いい ものを 一つ えらんで ください。

정답 체크 ① ② ③

4 えなどが ありません。まず ぶんを 聞いて ください。それから、そのへんじを 聞いて、1から3の 中から、いちばん いい ものを 一つ えらんで ください。

− メモ −

정답 체크 ① ② ③

정답 1② 2③ 3③ 4③
해설 p.371

청해 완전 정복을 위한 꿀팁!

일본어 능력시험의 청해 실력을 올리기 위해서는 다음 세 가지에 주목합시다.
- 평소에 듣기 연습을 게을리하지 않기
- 되도록 많은 문제를 접해 봄으로써 문제에 대한 두려움 떨쳐내기
- 문제에 제시되는 그림이나 텍스트를 재빨리 확인하는 연습하기

● もんだい 1 과제 이해
문제 첫머리에 대화에서 알아내야 할 과제가 명확하게 제시되므로, 제시된 과제에 집중하여 문제는 풀어야 합니다. 특히 남자 또는 여자의 행동에 대해 묻는 경우가 많습니다. 이 문제는 반드시 선택지를 미리 보고 풀어야 합니다. 내용을 다 듣고 나서 선택지를 읽기 시작하면, 시간에 쫓겨 문제를 제대로 풀지 못하는 경우가 많습니다.

● もんだい 2 포인트 이해
실제 시험에서 약 20초간 선택지를 볼 시간이 주어지지만, もんだい1의 〈과제 이해〉보다 다소 긴 대화문이 제시되고 문제의 폭도 넓기 때문에 시간상 여유가 있다고 하기는 어렵습니다. 선택지를 빠르게 파악해야 답을 구하는 데 도움이 됩니다.

● もんだい 3 발화 표현
비교적 명확하게 드러나는 상황이 그림으로 제시됩니다. 제시되는 그림의 상황을 재빨리 유추해 보고, 화살표가 가리키는 인물이 할 수 있는 말을 상상하며 문제를 잘 들으면 답을 구하는 데 도움이 됩니다.

● もんだい 4 즉시 응답
어떤 물음에 대한 적절한 대답을 찾는 문제입니다. 상황 설명 없이 갑자기 던져지는 질문이기 때문에 질문을 요지를 자칫 놓치기 쉽습니다. 고도의 집중력과 긴장하지 않는 마음가짐이 중요합니다. 한편, 문제는 시간과 함께 지나가므로 지난 문제에 신경을 빼앗겨서는 안 됩니다. 질문과 보기를 듣는 즉시 답을 표시하고 다음 문제를 기다리는 것이 좋습니다.

3교시 청해

유형별 실전 문제

- 과제 이해 ……………… p.290
- 포인트 이해 …………… p.299
- 발화 표현 ……………… p.304
- 즉시 응답 ……………… p.310

もんだい 1

もんだい１

　もんだい１では、まず　しつもんを　聞いて　ください。それから　話を　聞いて、もんだいようしの　１から４の　中から、いちばん　いい　ものを　一つ　えらんで　ください。

１ばん

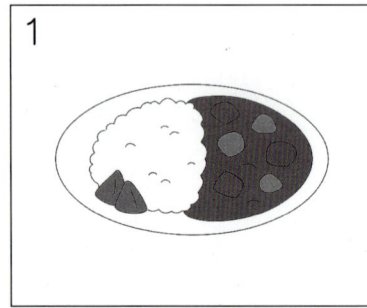

２ばん

1　今週の　月曜日
2　今週の　火曜日
3　来週の　月曜日
4　来週の　火曜日

3ばん

1 プレゼンテーションを 作る
2 女の 人と 祭りに 行く
3 シャワーを 浴びる
4 夕ご飯を 食べる

4ばん

5ばん

1 5階の 部屋
2 10階の 部屋
3 5階の 会議室
4 10階の 会議室

6ばん

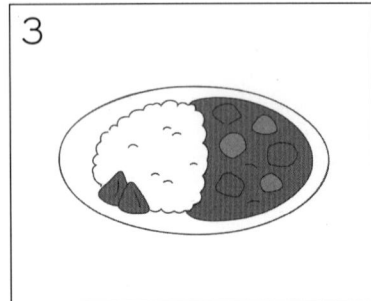

7ばん

1 今日
2 水曜日
3 木曜日
4 金曜日

8 ばん

1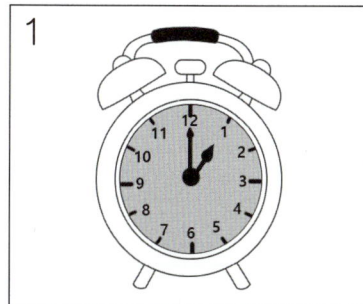

2

3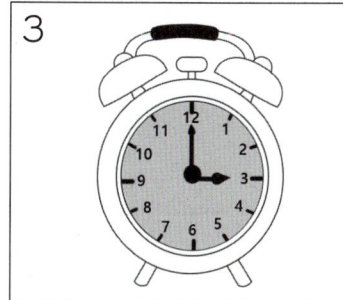

4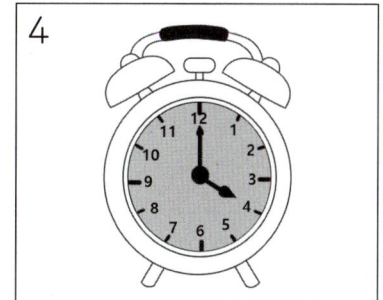

과제 이해 실전 연습 ❷   [/ 8]

もんだい1

もんだい1では、まず しつもんを 聞いて ください。それから 話を 聞いて、もんだいようしの 1から4の 中から、いちばん いい ものを 一つ えらんで ください。

1ばん

1 　電話を　かける
2 　電話番号を　調べる
3 　店に　電話する
4 　店に　行く

2ばん

3ばん

1 夕ご飯を 食べる
2 薬を 飲む
3 薬を 持って くる
4 手を 洗う

4ばん

5ばん

1 500円
2 700円
3 800円
4 1000円

6ばん

1　Aランチセット・カレー
2　Bランチセット・カレー
3　Aランチセット・Bランチセット
4　カレー・ハンバーガー

7ばん

1　サングラス
2　ネクタイ
3　洋服(ようふく)
4　くつ

8ばん

1

2

3

4

もんだい 2

포인트 이해 실전 연습 ❶   [/ 7]

もんだい2

　もんだい2では、まず しつもんを 聞いて ください。そのあと、もんだいようしを 見て ください。読む 時間が あります。それから 話を 聞いて、もんだいようしの 1から4の 中から、いちばん いい ものを 一つ えらんで ください。

1ばん

1　香水が なくて
2　デパートが 休みだったので
3　本屋が 閉まって いて
4　本屋を 探せなくて

2ばん

1　牛乳が 飲みたいから
2　さっき 薬を 飲んだから
3　風邪を ひいたから
4　さっき コーヒーを 飲んだ ところだから

3ばん

日	月	火	水	木	金	土
				1	2	3
4	5	6	7	8	9	10
11	12	13	14	15	16	17

5月

1　2日　　　2　5日
3　8日　　　4　12日

4ばん

1　すぐ バイトに 行くから
2　今日は 妹の 誕生日だから
3　デパートで バイトを するから
4　プレゼントを 買いに 行くから

5ばん

1 ねだんが 高く ないから
2 デザインが かわいいから
3 字が 消せるから
4 書きやすいから

6ばん

1 課長が 会議に 来られないから
2 会議の 準備を して いるから
3 発表の 内容を 知って いるから
4 課長と いっしょに 仕事を したから

7ばん

1 静かな ところに 住みたかったから
2 家族が 増えたから
3 部屋が 広すぎたから
4 前の アパートが 会社から 遠かったから

정답 1③ 2② 3③ 4④ 5③ 6③ 7②

스크립트 및 해설 p.384

포인트 이해 실전 연습 ❷ [/ 7]

もんだい2

　もんだい2では、まず しつもんを 聞いて ください。そのあと、もんだいようしを 見て ください。読む 時間が あります。それから 話を 聞いて、もんだいようしの 1から4の 中から、いちばん いい ものを 一つ えらんで ください。

1ばん

1　パーティーに 行った
2　花を 買った
3　買い物に 行った
4　料理を 食べた

2ばん

1　何か 話して いる 赤ちゃんを 見て いる
2　踊って いる 赤ちゃんを 見て いる
3　笑って いる 赤ちゃんを 見て いる
4　寝て いる 赤ちゃんを 見て いる

3ばん

1　外国人だから
2　日本語が 上手じゃ ないから
3　時間が 合わないから
4　ほかの バイトが あると 聞いたから

4ばん

1　10時　20分
2　10時　30分
3　10時　40分
4　10時　50分

5ばん

1　青色の　スカートを　8000円で　買った
2　青色の　シャツを　8000円で　買った
3　赤色の　スカートを　7000円で　買った
4　赤色の　シャツを　7000円で　買った

6ばん

1　テーブル　二つと　いす　四つ
2　テーブル　四つと　いす　八つ
3　テーブル　二つと　いす　二つ
4　テーブル　四つと　いす　二つ

7ばん

1　電車が　遅れて　来たから
2　家を　出るのが　遅くなったから
3　ケータイ電話を　落としたから
4　乗る　予定だった　電車に　乗れなかったから

정답　1 ③　2 ④　3 ③　4 ②　5 ④　6 ②　7 ④

もんだい3

발화 표현 실전 연습 ❶ [/ 5]

もんだい3

もんだい3では、えを 見ながら しつもんを 聞いて ください。
➡(やじるし)の 人は 何と 言いますか。1から3の 中から、いちばん いい ものを 一つ えらんで ください。

1ばん

2ばん

3ばん

4ばん

5ばん

정답 1② 2① 3③ 4② 5①

もんだい 3

もんだい3では、えを 見ながら しつもんを 聞いて ください。
➡(やじるし)の 人は 何と 言いますか。1から3の 中から、いちばん いい ものを 一つ えらんで ください。

1ばん

2ばん

3ばん

4ばん

5ばん

정답 1① 2③ 3③ 4② 5③

もんだい 4

즉시 응답 실전 연습 ❶ [/ 8]

もんだい 4

　もんだい4では、えなどが ありません。まず ぶんを 聞いて ください。それから、そのへんじを 聞いて、1から3の 中から、いちばん いい ものを 一つ えらんで ください。

– メモ –

정답 1② 2② 3① 4② 5③ 6③ 7② 8①　　　스크립트 및 해설 p.398

もんだい4

もんだい4では、えなどが ありません。まず ぶんを 聞いて ください。それから、そのへんじを 聞いて、1から3の 中から、いちばん いい ものを 一つ えらんで ください。

— メモ —

일본어능력시험

일단 합격 JLPT N4 완벽 대비

기본서 + 모의고사 + 단어장

정답 & 해설

동양북스

1교시 문자·어휘 해석과 해설

유형별 실전 문제

もんだい 1

한자 읽기 실전 연습 ❶ p.84

1	2	3	4	5
②	②	④	④	③
6	7	8	9	10
③	④	④	④	③

문제1 ___의 단어는 히라가나로 어떻게 씁니까? 1·2·3·4에서 가장 알맞은 것을 하나 고르세요.

1 선생님 질문이 있습니다만…….
2 점심은 언제나 학교 식당에서 먹고 있습니다.
3 고등학교를 졸업하면, 대학에 진학할 생각입니다.
4 이 책, 며칠간 빌릴 수 있습니까?
5 다음 주 일본으로 여행 갑니다.
6 호텔 예약은 이미 되어 있습니다.
7 그 짐, 제가 들겠습니다.
8 굉장히 즐거워해 주어서 기뻤어요.
9 공항에 도착하면 전화할게요.
10 매일 운동하는 건 좀 힘들죠?

한자 읽기 실전 연습 ❷ p.85

1	2	3	4	5
③	③	④	①	③
6	7	8	9	10
②	④	②	③	③

1 저쪽의 검정 빌딩이 병원입니다.
2 영어만큼 세계에서 널리 사용되고 있는 언어는 없습니다.
3 올해 여름은 작년만큼 덥지 않네요.
4 무거운 물건을 들 때는 조심하세요.
5 그 책은 스즈키상이 빌려줬어.
6 지금까지 이렇게 친절을 받아본 일은 없어.
7 제가 데리고 갈 테니 안심하세요.
8 도서관에서 일하면서 학교에 다니고 있습니다.
9 새로운 일을 시작하기 위해서 은행에서 돈을 빌렸다.
10 엄마는 나를 의사로 만들고 싶다고 말하고 있습니다.

한자 읽기 실전 연습 ❸ p.86

1	2	3	4	5
③	④	③	④	③
6	7	8	9	10
①	①	④	③	③

1 지금부터 여름방학 계획을 세울 생각입니다.
2 이 가게는 가격도 싼 데다 점원도 친절합니다.
3 이사해서 지금은 학교 근처에 살고 있습니다.
4 개를 돌보는 것은 좀 힘들어요.
5 이 짐 함께 옮겨줄 수 있을까?
6 저녁이 되어 선선해졌다.
7 역에서 멀어서 교통이 매우 불편합니다.
8 버스가 좀처럼 오지 않는다. 수업에 늦을지도…….
9 우산도 없는데 갑자기 비가 쏟아졌다.
10 아르바이트를 해서 여러 가지 경험을 할 수 있었습니다.

한자 읽기 실전 연습 ❹ p.87

1	2	3	4	5
④	③	④	①	④
6	7	8	9	10
①	②	③	③	③

1 일본어 공부는 지난달. 막 시작했습니다.
2 이쪽에 주소와 성함을 적어주세요.
3 이제야 겨우 내 방이 생겨서 기뻐요.
4 빌딩 옥상에서 후지산이 잘 보입니다.
5 어제부터 강한 바람이 불고 있습니다.
6 다음 글을 읽고 대답해 주세요.
7 나는 자주 남의 의견에 맞추어 버립니다.
8 이미 준비가 되어 있습니다.
9 밤에 운전하는 건 위험해요.
10 이렇게 멀리까지 혼자서 잘 왔구나.

한자 읽기 실전 연습 ❺ p.88

1	2	3	4	5
①	①	②	④	②
6	7	8	9	10
③	①	③	②	①

1 부엌에서 좋은 냄새가 나고 있다.
2 선생님의 질문에 대답할 수가 없었다.
3 매일 아침, 가까운 공원에 조깅하러 갑니다.
4 10킬로미터 이상 걸어서, 이젠 지쳤다.
5 생일에 뭔가 특별한 걸 주고 싶습니다.
6 집 마당에 자그마한 연못을 만들고 싶습니다.
7 유카타를 입고 불꽃놀이에 갔습니다.
8 시민이 안심할 수 있도록 열심히 하겠습니다.
9 시골의 할머니께 편지를 썼습니다.
10 마트는 머니까, 근처 편의점에서 사와도 돼?

もんだい 2

한자 표기 실전 연습 ❶ p.89

1	2	3	4	5
③	③	①	②	①
6	7	8	9	10
②	②	③	②	④

문제 2 ____의 단어는 어떻게 씁니까? 1·2·3·4에서 가장 알맞은 것을 하나 고르세요.

1 오늘은 평소보다 빨리 일어났습니다.
2 다이어트를 위해서 채소를 많이 먹고 있어요.
3 손에 들고 있는 게 뭐야?
4 택시로 와서 간신히 늦지 않았다.
5 우유는 집에 있으니까 사지 않아도 돼.
6 차 내비게이션 있으니까 지도는 필요 없어.
7 내가 살고 있는 이 마을은 교통이 편리합니다.
8 역에서 걸어서 10분 정도밖에 안 걸려요.
9 선생님은 눈을 감고 라디오를 듣고 있었습니다.
10 여름방학은 역시 바다에 가는 거지.

한자 표기 실전 연습 ❷ p.90

1	2	3	4	5
②	①	②	③	③
6	7	8	9	10
③	①	④	①	②

1 음악을 들으면서 샤워를 합니다.
2 여동생은 고등학교에서 영어를 가르치고 있습니다.
3 자동차 운전은 언제 시작했어요?
4 이 길을 곧장 가면 역이 있습니다.
5 어떤 의미로 말하고 있나요?
6 나도 새 스마트폰을 살까?
7 대사관에서 일하기 위해 영어 공부를 하고 있습니다.
8 매일 더운 날이 이어지고 있네요.
9 대학에서 의학 공부하고 있습니다.
10 광장에 사람이 많이 모이고 있습니다.

한자 표기 실전 연습 ❸ p.91

1	2	3	4	5
②	②	③	②	①
6	7	8	9	10
④	②	③	③	③

1 역 매점의 샌드위치가 놀라울 정도로 맛있었다.
2 죄송합니다. 이 자리 비어 있습니까?
3 저녁이라고 하면 몇 시부터 몇 시까지일까요?
4 내일 학교 앞으로 모여 주세요.
5 저 가게는 작은데 점원이 8명이나 있다.
6 개 돌보기는 생각보다 힘드네요.
7 대학생이 되고 나서 가족과 떨어져 혼자 살고 있습니다.
8 스스로 생각하고 결정하는 게 좋아.
9 어째서 태풍의 눈은 날씨가 좋을까?
10 지금 마침 약을 먹은 참이라서 커피는 됐습니다.

한자 표기 실전 연습 ❹ p.92

1	2	3	4	5
③	②	①	④	①
6	7	8	9	10
①	①	③	①	②

1 앞의 차가 갑자기 멈춰서, 나도 브레이크를 밟았습니다.
2 가수가 되고 싶지만, 유명해지고 싶은 것은 아닙니다.
3 여행이란 게 가는 것은 즐겁습니다만, 피곤하지 않습니까?
4 이 짐을 현관까지 옮겨 주세요.
5 이 서점에서 일하는 것은 편하지만, 급료가 싸다.
6 미안. 일이 생겨서 파티에는 못 가게 됐어.
7 친구로부터 빌린 책을 잃어버렸다.
8 스마트폰으로 찍은 사진을 SNS에 올렸다.
9 이 버튼을 누르면 문이 열립니다.
10 슬슬 회의를 시작합시다.

한자 표기 실전 연습 ❺ p.93

1	2	3	4	5
①	④	①	①	④
6	7	8	9	10
②	③	④	④	①

1 여러가지로 부족한 부분이 너무 많았습니다.
2 선생님은 연구실에서 나오지 않고 있다.
3 이 바나나 아직 파란데 먹을 거야?
4 그녀는 개를 3마리나 키우고 있습니다.
5 어릴 적 자주 남동생과 여기서 놀곤 했어요.
6 야마다 씨가 빌려준 요리책을 보고 만들었습니다.
7 텔레비전으로 영화를 볼 때는 방 안을 어둡게 합니다.
8 시골의 할머니가 보내준 과일입니다.
9 요즘 이탈리아 요리를 배우고 있습니다.
10 집보다 카페 쪽이 더 공부에 집중할 수 있어요.

もんだい 3

문맥 규정 실전 연습 ❶ p.94

1	2	3	4	5
③	③	②	①	②
6	7	8	9	10
②	④	③	④	①

문제 3 (   )에 무엇을 넣습니까? 1·2·3·4에서 가장 알맞은 것을 하나 고르세요.

1 오사카에 갔을 때 친구의 집에 묵었다.
   ① 빌렸다 ② 그만뒀다 ④ 다녔다
2 텔레비전을 켠 채로 외출하고 말았습니다.
   ① 끈 ② 든 ④ 건
3 아무리 달려도 전차 시간에 늦을 거라고 생각해.
   ① 늦지 않을 거라고 ③ 도착할 거라고
   ④ 탈 수 있을 거라고
4 감기는 이제 완전히 나아서 몸 상태가 좋아졌다.
   ② 줄 서서 ③ 배워서 ④ 열거해서
5 지갑 속에 넣어 둔 소중한 사진을 잃어버렸다.
   ① 없어서 ③ 없어지고 ④ 없이
6 새 프로젝트는 얼마나 진행되고 있습니까?
   ① 끝나 ③ 끌어 ④ 붙어
7 그녀는 약속 시간에 늦어진 이유를 물었다.
   ① 불렀다 ② 걸었다 ③ 끌었다
8 대부분의 일본인은 온천을 좋아하는군요.
   ① 깜빡 ② 확실히 ④ 대단히
9 잘 보이도록 달력을 방 벽에 걸었습니다.
   ① 옥상 ② 다다미 ③ 연못
10 저는 일본에 가서 요리 공부를 하고 싶습니다.
   ② 원하다 ③ ~할 예정 ④ 예정

문맥 규정 실전 연습 ❷ p.95

1	2	3	4	5
④	③	④	③	④
6	7	8	9	10
③	②	③	④	③

1 다음에 꼭 데리고 가주세요.
   ① 결코 ② 과연 ④ 아마
2 야마다 씨와의 약속을 새까맣게 잊고 있었어.
   ① 확실히 ② 대체로 ④ 꽤

3 교실 벽에 포스터가 붙어 있습니다.
   ① 주워 ② 두어 ③ 줄 서

4 내일 테스트지? 그러니까 빨리 공부해.
   ① 그러나 ② 게다가 ④ 하지만

5 선배와 이 일에 대하여 침착히 설명해 주었다.
   ① 안타깝게 ② 필요하게 ③ 편리하게

6 죄송합니다만, 에스컬레이터는 어디에 있습니까?
   ① 아르바이트 ② 파티 ③ 에스컬레이터

7 아무리 물어봐도 대답해 주지 않는다.
   ① 조금도 ③ 얼마 ④ 결코

8 방금 전 혼다 씨로부터 연락이 있었습니다.
   ① 이제 곧 ② 거의 ③ 이제부터

9 시험은 봤지만 합격은 무리인 것 같네요.
   ① 봤지만 ② 잡았지만 ③ 받았지만

10 쇼핑 후에는 항상 영수증을 보면서 확인합니다.
   ① 계산대 ② 잔돈 ④ 지갑

문맥 규정 실전 연습 ❸ p.96

1	2	3	4	5
④	④	③	①	③
6	7	8	9	10
③	③	②	③	①

1 500미터 정도는 헤엄칠 수 있습니다.
   ① 메일 ② 메시지 ③ 메달

2 저기 빨간 스커트를 입고 있는 사람이 요시다 씨입니다.
   ① 원피스 ② 셔츠 ③ 수트

3 그와의 데이트는 조금도 즐겁지 않았다.
   ① 무심코 ② 매우 ④ 얼마

4 식사 준비는 이미 다 됐습니다.
   ② 초대 ③ 걱정 ④ 이용

5 내가 말한 것을 올바른 문법으로 고쳐 주었다.
   ① 부족하다 ② 시원하다 ④ 기쁘다

6 더 넓은 집으로 이사하기로 했다.
   ① 닫다 ② 바꾸다 ④ 타고 넘다

7 우리집 아이가 대학에 입학할 수 있게 돼서 기뻤다.
   ① 옳았다 ② 상냥했다 ④ 깊었다

8 다음 열차는 5분 정도 늦는다고 합니다.
   ① 제시간에 맞다 ③ 보내다 ④ 도착하다

9 어젯밤 강한 바람이 불어 나뭇가지가 꺾여 있었습니다.
   ① 쓰러져 ② 찢어져 ④ 깨져

10 이것은 선생님으로부터 받은 책입니다.
   ② 드린 ③ 준 ④ 준

문맥 규정 실전 연습 ❹ p.97

1	2	3	4	5
②	③	②	①	①
6	7	8	9	10
②	③	④	②	①

1 인터넷으로 알아보고 겨우 이해할 수 있었습니다.
   ① 슬슬 ③ 무심코 ④ 전혀

2 일본에서의 새로운 생활에 점점 익숙해졌습니다.
   ① 배워 ② 끝나 ④ 이사해

3 기타큐슈의 주된 산업은 공업입니다.
   ① 수업 ③ 업무 ④ 행사

4 기무라 선생님은 문법은 물론 문화에도 밝습니다.
   ② 그만큼 ③ 좀더 ④ 이상

5 선생님이랑 상담해서 유학하기로 했습니다.
   ② 알아봤습니다 ③ 비교했습니다 ④ 왔습니다

6 모처럼이니까 파티에 참석해 주세요.
   ① 올려 ③ 보여 ④ 줘

7 시험이 끝나면 여행을 갈 생각입니다.
   ① 늦어지면 ② 그만두면 ④ 멈추면

8 이 수영장은 깊으니까 조심하세요.
   ① 얇다 ② 높다, 비싸다 ③ 얕다

9 파티에 야마다 씨도 초대하려고 생각하고 있어.
   ① 장래 ③ 동의 ④ 승인

10 어두워서 무서우니까 혼자 가고 싶지 않아.
   ② 엄하다 ③ 부족하다 ④ 얕다

もんだい 4

유의어 실전 연습 ❶ p.98

1	2	3	4	5
①	④	③	④	④
6	7	8	9	10
③	②	③	②	③

문제 4 _____ 의 문장과 대체로 같은 뜻의 문장이 있습니다. 1·2·3·4에서 가장 알맞은 것을 하나 고르세요.

1 선생님으로부터의 편지를 보았습니다.
① 선생님한테 받은 편지를 읽었습니다.
② 선생님한테 받은 편지를 보여줬습니다.
③ 선생님에게 준 편지를 보냈습니다.
④ 선생님에게 준 편지를 썼습니다.

2 이제 곧 해가 집니다.
① 슬슬 분해집니다.
② 슬슬 괴로워집니다.
③ 슬슬 까맣게 됩니다.
④ 슬슬 어두워집니다.

3 교실은 항상 깨끗하게 해 두도록 합시다.
① 항상 교실 준비를 해 둡시다.
② 항상 교실을 보살펴 둡시다.
③ 항상 교실 청소를 해 둡시다.
④ 항상 교실 세탁을 해 둡시다.

4 이 버스는 꽤 비어 있군요.
① 이 버스에는 사람이 사람이 조금도 타 있지 않네요.
② 이 버스에는 꽤 많은 사람이 타 있네요.
③ 타고 있는 사람이 없는 버스네요.
④ 타고 있는 사람이 적은 버스네요.

5 야마다 씨가 퇴원했다고 합니다.
① 야마다 씨는 올해 대학교에 진학한다고 합니다.
② 야마다 씨는 이제 일을 그만두었다고 합니다.
③ 야마다 씨는 빨리 집에 돌아갔다고 합니다.
④ 야마다 씨는 이제 병이 나았다고 합니다.

6 동물을 괴롭히면 안 돼요.
① 동물을 만지지 마세요.
② 동물에게 주지 마세요.
③ 동물을 소중히 여겨 주세요.
④ 동물을 키워 주세요.

7 자기 방을 꼼꼼하게 청소해 주세요.
① 자신의 방을 조용히 청소해 주세요.
② 자신의 방을 깨끗하게 청소해 주세요.
③ 자신의 방을 빨리 청소해 주세요.
④ 자신의 방을 간단히 청소해 주세요.

8 이 마을은 교통이 매우 편리해서 살기 좋습니다.
① 이 마을은 수퍼마켓과 편의점이 많이 있습니다.
② 이 마을은 아이가 많아서 학교도 많습니다.
③ 이 마을은 버스와 지하철이 많이 달리고 있습니다.
④ 이 마을은 아파트와 은행이 적지 않습니다.

9 점원: 손님, 기다리시게 해서 죄송합니다.
① 손님은 점원을 기다리게 했습니다.
② 손님은 오랜 시간 기다리고 있었습니다.
③ 점원은 손님을 기다리고 있었습니다.
④ 점원은 손님과 계속 기다렸습니다.

10 씨는 "먼저 귀가하겠습니다."라고 말했다.
① 우에노 씨는 "먼저 하세요."라고 말했다.
② 우에노 씨는 "먼저 돌아가는 편이 좋아."라고 말했다.
③ 우에노 씨는 "먼저 실례하겠습니다."라고 말했다.
④ 우에노 씨는 "먼저 돌아가지 않는 편이 좋아."라고 말했다.

유의어 실전 연습 ❷ p.100

1	2	3	4	5
④	①	③	③	③
6	7	8	9	10
④	②	③	④	④

1 히로토 군은 갓난아기입니다.
① 히로토 군은 금방 얼굴이 빨개집니다.
② 히로토 군은 잘 화내는 사람입니다.
③ 히로토 군은 올해 20살이 되었습니다.
④ 히로토 군은 지난달 태어난 지 얼마 되지 않았습니다.

2 학생은 한 명도 남아 있지 않습니다.
① 학생은 이제 모두 돌아갔습니다.
② 학생은 1명밖에 없습니다.
③ 학생은 남긴 것을 잃어버리고 말았습니다.
④ 학생은 무엇도 남기지 않았습니다.

3 바지가 더러워졌어요.
① 바지가 전부 팔렸습니다.
② 바지가 조금도 얇지 않습니다.
③ 바지가 더럽습니다.
④ 바지가 차갑습니다.

4 이 차는 자주 고장 납니다.
① 이 차는 사용하기 쉽습니다.
② 이 차는 소중합니다.
③ 이 차는 고장 나기 십상입니다.
④ 이 차는 튼튼합니다.

5 학교 친구들과 미술관에 갔습니다.
① 학교 친구들과 광장에 갔습니다.
② 학교 친구들과 머리카락을 자르러 갔습니다.
③ 학교 친구들과 그림을 보러 갔습니다.
④ 학교 친구들과 공장에 갔습니다.

6 선생님께 꾸중 들었습니다.
① 선생님에게 오셨습니다.
② 선생님에게 우셨습니다.
③ 선생님에게 칭찬받았습니다.
④ 선생님이 화내셨습니다.

7 남동생은 새 컴퓨터를 샀습니다.
① 남동생의 컴퓨터는 무겁지 않습니다.
② 남동생의 컴퓨터는 낡지 않습니다.
③ 남동생의 컴퓨터는 깨끗하지 않습니다.
④ 남동생의 컴퓨터는 편리하지 않습니다.

8 장래희망에 대해 다같이 이야기했습니다.
① 다음 주 여행에 대해 다같이 이야기했습니다.
② 지금까지의 계획에 대해 다같이 이야기했습니다.
③ 앞으로 무엇이 되고 싶은지 다같이 이야기했습니다.
④ 어제 무슨 꿈을 꾸었는지 다같이 이야기했습니다.

9 바빠서 텔레비전은 별로 보지 않습니다.
① 텔레비전은 좋아하지 않습니다.
② 텔레비전은 좋지 않습니다.
③ 텔레비전을 살 시간이 없습니다.
④ 텔레비전을 볼 시간이 없습니다.

10 만드는 방법을 좀더 간단하게 설명해 주세요.
① 왜 만드는지 친절하게 설명해 주세요.
② 어떻게 만드는지 쉬지 말고 설명해 주세요.
③ 왜 만드는지 소중하게 설명해 주세요.
④ 어떻게 만드는지 알기 쉽게 설명해 주세요.

유의어 실전 연습 ❸ p.102

1	2	3	4	5
③	③	①	②	②
6	7	8	9	10
③	①	②	①	④

1 내일은 맑겠습니다.
① 내일은 추워지겠습니다.
② 내일은 눈이 내리겠습니다.
③ 내일은 비가 개겠습니다.
④ 내일은 바람이 불겠습니다.

2 오후 2시에 미용실을 예약했습니다.
① 몸 상태가 좋지 않습니다.
② 옷을 사러 갈 예정입니다.
③ 머리카락을 자르러 갈 예정입니다.
④ 약을 사러 갑니다.

3 현관에 누군가 있습니다.
① 집 입구에 사람이 있습니다.
② 창문에 사람이 있습니다.
③ 부엌에 사람이 있습니다.
④ 방 안에 사람이 있습니다.

4 어제 회의에 시미즈 씨 이외에는 왔습니다.
① 어제 회의에 시미즈 씨는 오기 전에, 다른 사람이 왔습니다.
② 어제 회의에 시미즈 씨는 오지 않았지만, 다른 사람은 왔습니다.
③ 어제 회의에 시미즈 씨는 왔지만, 다른 사람은 오지 않았습니다.
④ 어제 회의에 시미즈 씨가 온 후에, 다른 사람이 왔습니다.

5 나는 지난주에 이사를 했습니다.
① 지난주에 일을 그만뒀습니다.
② 지난주에 주소가 바뀌었습니다.
③ 지난주에 여행에서 돌아왔습니다.
④ 지난주에 부모님을 만나러 다녀왔습니다.

6 사소한 일까지 걱정하지 마세요.
　① 즐거운 일은 잊지 말아 주세요.
　② 작은 일이라도 기억해 주세요.
　③ 중요하지 않은 일은 마음에 두지 마세요.
　④ 어떤 일이라도 진심으로 생각해 주세요.

7 우선 서류 복사를 해 주세요.
　① 맨 처음 서류 복사를 해주세요.
　② 확실히 서류 복사를 해주세요.
　③ 가능한 한 서류 복사를 해주세요.
　④ 오늘중에 서류 복사를 해주세요.

8 그럼 내일 찾아뵙겠습니다.
　① 그럼 내일 가시겠습니다.
　② 그럼 내일 가겠습니다.
　③ 그럼 내일 보겠습니다.
　④ 그럼 내일 말하시겠습니다.

9 이 문제는 틀리기 쉽다.
　① 이 문제는 틀리는 사람이 많다.
　② 이 문제는 틀리는 사람이 전혀 없다.
　③ 이 문제는 틀리는 사람이 조금밖에 없다.
　④ 이 문제는 틀리는 사람이 적다.

10 일본어는 거의 잊어버렸습니다.
　① 일본어는 전부 잊어버렸습니다.
　② 일본어는 아무것도 기억하고 있지 않습니다.
　③ 일본어는 깜빡 잊어버렸습니다.
　④ 일본어는 조금밖에 기억하고 있지 않습니다.

유의어 실전 연습 ❹ p.104

1	2	3	4	5
①	②	②	②	⑤
6	7	8	9	10
③	①	④	①	④

1 어제 역 앞에서 선생님을 뵈었습니다.
　① 어제 역 앞에서 선생님을 만났습니다.
　② 어제 역 앞에서 선생님에게 들었습니다.
　③ 어제 역 앞에서 선생님과 걸었습니다.
　④ 어제 역 앞에서 선생님과 영화를 봤습니다.

2 대부분의 사람들은 이것을 먹지 않습니다.
　① 대부분의 사람이 이것을 먹습니다.
　② 보통 이것을 먹는 사람은 없습니다.
　③ 이것을 먹지 않는 사람이 있을지도 모릅니다.
　④ 이것을 먹지 않는 사람이 조금밖에 없습니다.

3 아르바이트 경험이 있습니다.
　① 아르바이트를 할 마음이 있습니다.
　② 아르바이트를 한 적이 있습니다.
　③ 아르바이트를 하기로 되어 있습니다.
　④ 아르바이트를 하는 것은 무리입니다.

4 스즈키 씨는 저의 언니와 결혼했습니다.
　① 언니는 스즈키 씨의 남편이 되었습니다.
　② 언니는 스즈키 씨의 아내가 되었습니다.
　③ 언니는 스즈키 씨의 손님이 되었습니다.
　④ 언니는 스즈키 씨의 언니가 되었습니다.

5 이 시계 5분 앞서 있네요.
　① 이 시계는 5분 빠릅니다.
　② 이 시계는 5분 늦네요.
　③ 이 시계는 5분간 멈춰 있네요.
　④ 이 시계는 5분간 팔려 있습니다.

6 골프가 한창입니다(성행하고 있습니다).
　① 골프를 치는 사람이 거의 없습니다.
　② 골프를 치는 사람이 줄었습니다.
　③ 골프를 치는 사람이 늘었습니다.
　④ 골프의 인기가 내려가고 있습니다.

7 저 식당은 항상 붐빕니다.
　① 저 식당에는 항상 사람이 많습니다.
　② 저 식당에는 항상 손님이 적습니다.
　③ 저 식당은 항상 비어 있습니다.
　④ 저 식당은 항상 닫혀 있습니다.

8 선생님, 좀 물어보고 싶은 것이 있습니다만…….
　① 선생님, 좀 보고 싶은 것이 있습니다만…….
　② 선생님, 좀 드시고 싶은 것이 있습니다만…….
　③ 선생님, 좀 말씀하시고 싶은 것이 있습니다만…….
　④ 선생님, 좀 여쭤보고 싶은 것이 있습니다만…….

9 돌아오는 길에 친구 집에 들러 이야기를 했습니다.
   ① 집에 돌아가기 전에 친구 집에서 이야기를 했습니다.
   ② 집에 돌아가서, 친구와 이야기를 했습니다.
   ③ 친구와 이야기를 하기 전에, 집에 돌아갔습니다.
   ④ 집에 돌아가서, 친구 집에 이야기를 하러 갔습니다.

10 병원에서 떠들어서는 안 됩니다.
   ① 병원에서 산책해서는 안 됩니다.
   ② 병원에서 만져서는 안 됩니다.
   ③ 병원에서 서둘러서는 안 됩니다.
   ④ 병원에서 시끄럽게 해서는 안 됩니다.

유의어 실전 연습 ❺ p.106

1	2	3	4	5
②	③	④	④	②
6	7	8	9	10
①	②	④	③	①

1 이 기계는 편리합니다.
   ① 이 기계는 가끔 고장 납니다.
   ② 이 기계는 매우 사용하기 편합니다.
   ③ 이 기계는 위험합니다.
   ④ 이 기계는 복잡합니다.

2 회의 준비는 거의 다 했습니다.
   ① 회의 준비는 전부 끝났습니다.
   ② 회의 준비는 조금도 끝났습니다.
   ③ 회의 준비는 거의 끝났습니다.
   ④ 회의 준비는 좀처럼 끝났습니다.

3 딸을 마중하러 역에 갔습니다.
   ① 딸을 데리고 역에 갔습니다.
   ② 역까지 딸을 데려다 주었습니다.
   ③ 역에서 딸과 헤어졌습니다.
   ④ 딸을 만나러 역에 갔습니다.

4 선생님이 말씀하신 것을 기억하고 있습니까?
   ① 선생님이 무엇을 샀는지 기억하고 있습니까?
   ② 선생님이 무엇을 줬는지 기억하고 있습니까?
   ③ 선생님이 언제 왔는지 기억하고 있습니까?
   ④ 선생님이 무엇을 말했는지 기억하고 있습니까?

5 2주간 간격으로 봉사활동을 가고 있습니다.
   ① 오늘 봉사활동을 다녀왔기 때문에 다음은 다음 주입니다.
   ② 오늘 봉사활동을 다녀왔기 때문에 다음은 다다음 주입니다.
   ③ 주 1회 봉사활동하러 가고 있습니다.
   ④ 매주 봉사활동하러 가고 있습니다.

6 일본어 수업을 듣는 사람은 10명 이상이라고 합니다.
   ① 일본어 수업을 듣는 사람은 10명보다 많다고 합니다.
   ② 일본어 수업을 듣는 사람은 10명보다 적다고 합니다.
   ③ 10명밖에 일본어 수업을 듣고 있지 않다고 합니다.
   ④ 마침 10명이 일본어 수업을 듣고 있다고 합니다.

7 늦잠을 자서 수업에 늦었다.
   ① 아침 일찍 일어나 수업에 늦지 않았다.
   ② 아침에 일어나는 것이 늦어서 수업에 지각했다.
   ③ 아침 일찍 일어났지만 학교에 늦고 말았다.
   ④ 아침에 일어나는 것이 늦었지만 수업에 늦지 않았다.

8 다나카 씨 대신에 스즈키 씨가 왔습니다.
   ① 다나카 씨는 왔습니다만, 스즈키 씨는 오지 않았습니다.
   ② 스즈키 씨도 다나카 씨도 오지 않았습니다.
   ③ 다나카 씨와 스즈키 씨가 왔습니다.
   ④ 스즈키 씨는 왔습니다만, 다나카 씨는 오지 않았습니다.

9 여동생은 그림을 잘 그립니다.
   ① 여동생은 그림을 못 그립니다.
   ② 여동생은 그림을 싫어합니다.
   ③ 여동생은 그림을 잘 그립니다.
   ④ 여동생은 그림을 좋아합니다.

10 자신의 답을 다시 한번 체크해 주세요.
   ① 자신의 답을 한 번 더 살펴봐 주세요.
   ② 자신의 답을 한 번 더 끝내 주세요.
   ③ 자신의 답을 한 번 더 찾아 주세요.
   ④ 자신의 답을 한 번 더 찾아 주세요.

もんだい 5

용법 실전 연습 ❶ p.108

1	2	3	4	5
③	④	③	④	④
6	7	8	9	10
③	①	③	②	③

문제 5 다음 단어의 사용법으로 가장 알맞은 것을 1·2·3·4에서 하나 고르세요.

1 ひろう 줍다
① 저쪽 책상은 필요 없으니까 주워 주세요.
② 여권을 주워 여행에 나섰습니다.
③ 운동장에서 지갑을 주웠습니다.
④ 방 안을 좀더 주워 주세요.

2 すっかり 아주, 완전히, 몽땅
① 운동해서 기분이 완전합니다.
② 갈지 말지 완전히 말해 주세요.
③ 완전히 공부해 주세요.
④ 감기는 이제 완전히 나았습니다.

3 かなしい 슬프다
① 슬퍼서 창문을 열었습니다.
② 슬프니까 깨끗이 해 주세요.
③ 슬픈 영화는 보고 싶지 않습니다.
④ 야채 가격이 슬퍼졌다.

4 ふくざつ 복잡(함)
① 지금 마을이 복잡합니다.
② 저 사람은 복잡한 사람입니다.
③ 사람이 적어서 복잡하네요.
④ 그 뉴스를 읽고 복잡한 마음이 되었습니다.

5 おくる 보내다, 발송하다
① 저 가게는 매주 토요일 보내져 있습니다.
② 늦잠 자서 수업에 보내고 말았다.
③ 필요 없는 것은 밖에 보내 두었다.
④ 우체국에서 짐을 보냈습니다.

6 なかなか 상당히, 꽤, 좀처럼
① 한 사람씩 가게 안에 좀처럼 들어왔습니다.
② 과자를 좀처럼 먹어 주세요.
③ 버스가 좀처럼 오지 않아서 걸어가기로 했다.
④ 밤 늦게까지 좀처럼 일을 했습니다.

7 とおる 지나다, 통과하다
① 이 길은 차가 많이 지나가고 있습니다.
② 담배를 지나가는 것은 좋지 않습니다.
③ 최근 요리교실에 지나가고 있습니다.
④ 밖에 지나가지 않는 게 좋아.

8 つよい 강하다, 힘이 세다
① 고기가 강해서 먹고 싶지 않습니다.
② 이 코트는 강하니까 따뜻할 것 같습니다.
③ 지금 밖은 강한 바람이 불고 있습니다.
④ 일본 차는 커피보다 강합니다.

9 ひらく 열다, 펼치다, 시작하다
① 모두 그 뉴스를 열고 있습니다.
② 돈을 빌려 가게를 열었습니다.
③ 이 버튼을 열면 멈춥니다.
④ 여러분 모두 열어 주세요.

10 おれい 사례(의 말), 감사 인사, 감사 선물
① 저 선생님은 감사의 분입니다.
② 친구가 점심식사에 감사 선물을 만들어 주었다.
③ 선물을 받았기 때문에 감사 인사를 했습니다.
④ 입원해 있는 친구에게 감사 선물을 보냈습니다.

용법 실전 연습 ❷ p.110

1	2	3	4	5
①	③	④	④	②
6	7	8	9	10
③	①	③	③	②

1 いくら 아무리 (~해도)
① 아무리 물어도 대답해 주지 않습니다.
② 아무리 생각하니까 드디어 알았다.
③ 많이 먹어도 아무리 찌지 않습니다.
④ 일본에는 아무리 가고 있습니다.

2 いたす 하다(겸양표현)
① 선생님이 학교 안내를 했습니다.
② 내일 저쪽에 해도 괜찮습니까?
③ 회의 준비는 제가 하겠습니다.
④ 그는 레스토랑을 하고 있습니다.

3 プレゼント 선물(특히 축하용)
① 회의에서 제가 발표를 선물했다.
② 입원해 있는 친구에게 과일을 선물했다.
③ 새해 첫날에 선생님에게 인사를 선물했다.
④ 엄마 생일에 스카프를 선물했습니다.

4 ゆっくり 천천히, 느긋하게, 푹
① 머리카락을 느긋하게 잘라 주세요.
② 감기는 이제 느긋하게 나았습니다.
③ 시간이 없어서 느긋하게 먹어야만 했다.
④ 음악을 들으면서 느긋하게 걸었습니다.

5 うまい 맛있다, 잘하다, (상황이) 좋다
① 가장 맛있는 자리에 앉읍시다.
② 야마다 씨는 테니스를 잘 칩니다.
③ 맛있어서 사용하기 힘듭니다.
④ 이 코트는 맛있으니까 따뜻하지 않습니다.

6 むかえる 맞이하다
① 책상 위를 깨끗하게 맞이했습니다.
② 하루중 스마트폰으로 게임만 맞이하고 있습니다.
③ 좋은 한 해를 맞이해 주세요.
④ 내일까지 리포트를 맞이해 주세요.

7 きびしい 엄격하다, 혹독하다
① 야마다 선생님은 엄격합니다.
② 이 가방이 엄격해서 혼자서 옮기지 못합니다.
③ 과일 중에서 무엇이 가장 엄격합니까?
④ 아이는 항상 엄격한 곳에서 노는 편이 좋다.

8 へんじ 답장, 대답, 응답
① 이 답장은 누구에게 빌렸습니까?
② 방의 대답은 깨끗이 해주었으면 한다.
③ 선생님의 질문에 대답할 수 없었다.
④ 대답이 부족해서 빌려줄 수 없습니다.

9 よろこぶ 기뻐하다
① 그와 식사를 하면서 기뻐하는 시간을 보냈습니다.
② 감기에 걸려 집에서 기뻐하고 있습니다.
③ 대학에 입학할 수 있어서 정말 기뻐하고 있습니다.
④ 그 가게는 손님이 별로 없어서 기뻐하고 있습니다.

10 しっかり 제대로, 똑똑히, 단단히
① 그와의 약속을 똑똑히 잊어버리고 있었다.
② 문을 제대로(꼭) 닫아 주세요.
③ 냉장고 안에 과일이 제대로 하고 있다.
④ 이 카메라는 제대로 오래되었네요.

용법 실전 연습 ❸ p.112

1	2	3	4	5
①	④	③	④	②
6	7	8	9	10
③	③	①	④	③

1 かたづける 정돈하다
① 책상 위를 깨끗이 정돈하거라.
② 어제 이 펜을 정리하고 쓰기 편해졌다.
③ 매일 아침 아침밥은 샌드위치로 정돈하고 있습니다.
④ 시험 공부를 열심히 정돈하거라.

2 しめる 닫다, 잠그다, 매다
① 자기 전에는 텔레비전을 닫아 주세요.
② 이 약은 하루 3회 닫아 주세요.
③ 여기서 사진을 찍는 것은 닫아 주세요.
④ 추우니까 문을 닫아 주세요.

3 そうだん 상담, 상의
① 말의 의미를 모르겠어서 사전을 상담했습니다.
② 유키는 좋아하는 디저트의 상담을 하고 있습니다.
③ 그것에 관해서는 선생님께 상의하는 편이 좋아.
④ 치마 가격이 얼마인지 점원에게 상담했습니다.

4 たくさん (셀 수 있는 수, 양) 많이
① 오늘은 많이 춥네요.
② SNS는 위험이 많으니까 조심하자.
③ 최근 아이 문제로 걱정이 많습니다.
④ 도서관에는 많은 책이 있었습니다.

5 わかす 데우다, 끓이다
① 뜨거운 샤워를 데워서 씻었습니다.
② 지금 목욕물을 데우고 있는 중입니다.
③ 이 과자는 끓여서 먹는 편이 좋다.
④ 추우니까 난로를 끓일까요?

6 こしょう 고장
① 이 커튼은 고장 나 있습니다.
② 스즈키 씨는 감기에 걸려 몸을 고장 나 있습니다.
③ 어제 산 자전거가 고장 나 있습니다.
④ 그 레스토랑은 최근 고장 나 있습니다.

7 るす 부재중
① 테스트도 끝났고, 최근 부재중이 되었습니다.
② 이 가게는 월요일에 부재중입니다.
③ 짐을 건네주러 갔지만, 히로토 군은 부재중이었다.
④ 별로 타고 있는 사람이 없어서 부재중인 좌석이 많았다.

8 おどろく 놀라다
① 접수처에 커다란 개가 있어서, 놀라고 말았습니다.
② 일본 경제가 놀라는 만큼 가격이 높아졌습니다.
③ 하늘이 놀라서 비가 내렸습니다.
④ 저에게는 놀라고 있는 취미가 있습니다.

9 いけん 의견
① 사용법을 잘 알 수 있도록 의견을 해 주세요.
② 그 사람으로부터 "감사합니다."라고 의견을 들었습니다.
③ 이 말의 의견을 알아봤습니다.
④ 모두의 앞에서 나의 의견을 말했습니다.

10 とうとう 드디어
① 식사한 후에 드디어 차를 부탁합니다.
② 신문 글씨는 드디어 작습니다.
③ 드디어 시험 날이 왔습니다.
④ 모르겠으면 드디어 사전을 찾아 주세요.

용법 실전 연습 ❹ p.114

1	2	3	4	5
②	④	③	④	②
6	7	8	9	10
③	③	①	①	③

1 あやまる 사과하다, 사죄하다
① 스즈키 군이 수학을 가르쳐줘서 곧장 사과했습니다.
② 버스 안에서 옆사람과 부딪혔을 때 곧장 사과했습니다.
③ 심한 말을 들어버려서 그에게 사과했습니다.
④ 다함께 "몸 조심해."라고 큰 소리로 사과했습니다.

2 にあう 어울리다
① 예약한 티켓과 인원 수가 어울리지 않습니다.
② 서로 어제의 일에 대해 어울리는 편이 좋다고 생각합니다.
③ 마침 수업 시간이 어울렸습니다.
④ 그녀에게는 밝은 색 옷이 어울립니다.

3 したく 준비
① 테스트가 끝나고 나서 친구와 준비해 봤습니다.
② 방 준비는 항상 아침 시간에 하고 있습니다.
③ 식사 준비를 도왔습니다.
④ 친구와 준비하는 것은 부끄러운 일입니다.

4 たいてい 대개, 대부분, 거의
① 추우니까 대개 창문을 닫읍시다.
② 카페 안에 사람이 대개 있습니다.
③ 벌써 시간이 되었으니까 대개 돌아갈까요?
④ 히로토 군은 비 내리는 날은 대개 지각이다.

5 おとなしい 온순하다, 얌전하다
① 최근 바빠서 일이 얌전합니다.
② 저 고양이는 얌전해 보여도 장난꾸러기예요.
③ 봄이 되어 얌전한 날이 계속되고 있습니다.
④ 이 고기, 매우 얌전하네요.

6 つめたい 차갑다, 냉정하다
① 어느 가방이 좀더 차가워 보입니까?
② 슬픈 영화를 보고 눈이 차가워져버렸다.
③ 그녀는 항상 나에게 차갑게 대한다.
④ 이 책은 너무 차가워서 읽을 수 없습니다.

7 じゅうしょ (실제지) 주소
① 도서관 옆 주소는 우체국입니다.
② 내일 회의 주소는 5층입니다.
③ 여기에 당신의 집 주소를 써 주세요.
④ 저에게 이메일의 주소를 알려 주세요.

8 だめ 안 되다, 안 됨
① 내일은 예정이 있기 때문에 안 됩니다.
② 저의 안 됨이 드디어 나왔습니다.
③ 어제는 시간을 안 되게 써버렸다.
④ 셔츠를 사려고 했더니, 남은 500엔 안 됐다.

9 そだてる 키우다
① 소중히 키우고 있던 꽃이 피었습니다.
② 이 요리는 맛있어질 때까지 잘 키웠습니다.
③ 몇 번이고 고쳐서 작문을 키웠습니다.
④ 글자가 작아서 보이지 않으니, 좀더 키워 주세요.

10 すると 그러자
① 날씨가 좋지 않았습니다. 그러자 테니스를 하지 않았습니다.
② 몇 번이고 들었습니다. 그러자 알 수 없었습니다.
③ 버튼을 눌렀습니다. 그러자 문이 열렸습니다.
④ 내일은 시험이 있습니다. 그러자 잘 공부해 주세요.

용법 실전 연습 ❺ p.116

1	2	3	4	5
②	④	③	④	②
6	7	8	9	10
③	③	①	④	③

1 おみまい 병문안
① 이것은 홋카이도 병문안입니다. 여기요.
② 감기로 결석한 마에다 군 병문안하러 갈 겁니다.
③ 선생님의 결혼식에서 다함께 병문안을 건넸습니다.
④ 멋진 레스토랑에서 병문안을 했습니다.

2 せわ 보살핌, 시중, 신세, 폐
① 모르는 사람에게 보살핌을 받아버렸습니다.
② 여행 신세를 확실히 해 주세요.
③ 자기 전에 항상 오늘의 보살핌을 생각합니다.
④ 우리집 아이는 개와 놀기만 하고 귀찮은 일은 하지 않는다.

3 ひっこす 이사하다
① 이 짐을 회의실까지 이사해 주세요.
② 옆 자리에 이사해도 괜찮습니까?
③ 학교 근처로 이사해서 편리합니다.
④ 회사까지 항상 자전거로 이사하고 있습니다.

4 はずかしい 창피하다
① 최근 가격 경쟁이 창피해지고 있다.
② 어제 만든 카레는 매우 창피해서 맛있었다.
③ 아침 산책은 항상 창피합니다.
④ 사람들 앞에서 노래 부르는 것은 좀 창피합니다.

5 なおす 고치다
① 어딘가에서 지갑을 고치고 말았습니다.
② 그 텔레비전은 이미 고쳐져 있습니다.
③ 여기에서는 사진을 고쳐서는 안 됩니다.
④ 회의가 끝나면, 테이블 위를 고쳐 주세요.

6 やくそく (상호간에 하는) 약속
① 리포트 약속은 언제까지입니까?
② 호텔 약속은 해 두었습니까?
③ 여름 휴가 때 하와이에 갈 약속을 했습니다.
④ 이제 곧 비행기 약속 시간이므로 서둘러 갑니다.

7 しらべる 조사하다, 알아보다
① 테이블 위에 이 접시를 조사해 주세요.
② 올해 여름은 작년에 조사해 덥지 않다.
③ 다코야키 레시피를 인터넷으로 알아봤습니다.
④ 채소가게에 많은 야채가 조사해 있습니다.

8 つたえる 전하다, 알리다, 전수하다
① 엄마께 안부 전해 주세요.
② 실례합니다. 그 소금을 전해 주겠습니까?
③ 이 의자를 교실에 전해 주세요.
④ 친구를 공항까지 전해 주었습니다.

9 うるさい 시끄럽다, 까다롭다, 성가시다
① 커피가 시끄러워서 좋은 향이 납니다.
② 올해 겨울은 시끄러워서 눈도 많이 내린다고 합니다.
③ 그의 리포트는 항상 제대로 되어 있어서 시끄럽습니다.
④ 과장님은 커피 맛에 까다롭습니다.

10 しかる 꾸중하다
① 꾸중 듣지 않는 것이 있으면 언제든 물어 주세요.
② 아이와는 항상 즐겁게 꾸중하고 있습니다.
③ 큰소리로 꾸중 들어서(혼나서) 굉장히 창피했습니다.
④ '괜찮아요.'라고 꾸중 들어서 안심했습니다.

2교시 문법 해석과 해설

합격 문법 확인 문제 ① p.153

1	2	3	4	5	6
a	a	a	b	b	b
7	8	9	10	11	12
a	b	b	a	a	a
13	14	15	16		
b	a	b	a		

1 오늘은 전차로 왔습니다.
2 음료는 무엇으로 하겠습니까?
3 배가 고파서 사과를 두 개나 먹었습니다.
4 쌀로 술을 만듭니다.
5 이 씨는 이 동물병원에서 일하고 있습니다.
6 함께 백화점에 쇼핑하러 가지 않겠습니까?
7 저 모퉁이를 왼쪽으로 도세요.
8 마트에서 우유와 주스 등을 샀습니다.
9 저 파란 셔츠를 갖고 싶습니다. (~が ほしい)
10 시험은 내일로 끝납니다.
11 그가 말하고 있는 것을 이해할 수 없습니다.
12 역에서 걸어서 왔습니다.
13 그는 유명한 가수가 되었습니다.
14 이것을 보고 어떻게 생각할지 모르겠네요.
15 토마토는 좋아하지 않습니다.
16 이쪽은 과장인 다나카 씨입니다.

합격 문법 확인 문제 ② p.154

1	2	3	4	5	6
b	b	a	a	a	b
7	8	9	10	11	12
b	a	a	a	a	a
13	14	15	16		
a	b	b	a		

1 배가 조금씩 움직이기 시작했습니다.
2 그는 너무 많이 일하고(과로하고) 있습니다.
3 오늘은 직접 운전하지 않고 버스를 탔습니다.
4 아무리 먹어도 또 먹고 싶어진다.
5 언젠가 저 차를 사고 싶습니다.
6 과일은 벌써 씻어 두었습니다.
7 컵에 물이 담겨 있습니다.
8 오늘은 어디에도 가지 않고 집에 있었습니다.
9 빨리 선생님께 말하는 편이 좋습니다.
10 오코노미야키 만드는 법을 가르쳐 주세요.
11 1개 1000엔은 너무 비쌉니다.
12 우선, 청소를 해 둡시다.
13 여동생은 저 인형을 사고 싶어 합니다.
14 벌써 약속 시간이다. 서두르지 않으면 안 돼.
15 누구에게도 묻지 않고 사전을 찾아봤다.
16 그도 알고 있는지 물어보자.

합격 문법 확인 문제 ③ p.155

1	2	3	4	5	6
b	a	a	a	b	b
7	8	9	10	11	12
b	a	a	a	b	b
13	14	15	16		
a	b	a	b		

1 이 책, 나에게도 빌려주지 않을래?
2 선생님으로부터 받은 책은 어느 것입니까?
3 이 케이크, 야마다군에게 주고 싶네요.
4 이 시계 예쁘지? 생일날 아빠가 줬어.
5 다카기 군에게 나의 리포트를 보여 주었습니다.
6 이 마을은 살기 편한 곳입니다.
7 일요일이니까 오늘은 학교에 가지 않아도 됩니다.
8 더 비싸져 가겠죠(비싸지겠죠).
9 친구의 일기를 읽고 말았습니다.
10 이곳에 짐을 놓아서는 안 됩니다.
11 리포트는 다 썼으니까 잠시 쉬겠습니다.
12 벌써 시간이 됐으니까 슬슬 귀가하려고 합니다.
13 깜빡하고 약속에 늦고 말았습니다.
14 옆 여자아이가 갑자기 울기 시작해서 깜짝 놀랐습니다.
15 나는 늘 그를 만나고 싶습니다.
16 아무것도 사지 않고 가게를 나왔습니다.

합격 문법 확인 문제 ④ p.156

1	2	3	4	5	6
b	b	b	a	a	a
7	8	9	10	11	12
b	b	b	b	b	b
13	14	15	16		
a	b	a	a		

1 선생님은 언제쯤 일본에 가십니까?
2 잠시 기다려 주십시오.
3 손님, 무엇으로 하시겠습니까?
4 선생님이 교실에 들어오셨습니다.
5 한자로 쓰지 않아도 상관없습니다.
6 이 책은 글씨가 작아서 읽기 불편합니다.
7 오늘 점심밥은 초밥을 먹으려고 합니다.
8 그다지 갖고 싶지 않다면 사지 않아도 좋아.
9 오늘 안으로 리포트를 제출하지 않으면 안 돼.
10 이 자리에 앉아서는 안 됩니다.
11 야마시타 씨가 이 책을 주었습니다.
12 그 문제는 내가 가르쳐 줘도 돼?
13 밖에 나가보니 따뜻했습니다.
14 봄이 되면 꽃구경 갑시다.
15 필시 그는 성실할 것이다.
16 두 사람은 즐거운 듯이 이야기하고 있습니다.

합격 문법 확인 문제 ⑤ p.157

1	2	3	4	5	6
b	a	a	b	a	b
7	8	9	10	11	12
a	a	a	a	b	b
13	14	15	16		
b	a	a	a		

1 그는 머리가 좋을 것 같습니다.
2 저 사람은 새로운 일본어 선생님이라고 합니다.
3 창문을 열어 보았더니 비가 내리고 있었다.
4 이것은 선생님이 주신 선물입니다.
5 저 사람, 일본인인 것 같습니다. 계속 일본어로 말하고 있으니까.
6 바다에 갈 거라면 내일 가는 편이 좋다.
7 숙제는 친구에게 도움받았습니다(친구가 도와 주었습니다).
8 야마모토 씨의 생일파티에 그도 온다는 것 같아.
9 그는 이미 집에 돌아간 것 같네요.
10 이런 때는 어떻게 하면 좋겠습니까?
11 돈이라면 내가 빌려 줄게.
12 그녀는 정말로 어른스러운(점잖은) 사람이네요.
13 선생님, 모두 기다리고 있었습니다.
14 이 사과는 마치 설탕인 것처럼 달다.
15 어떤 일을 하고 계십니까?
16 선생님은 언제 오십니까(가십니까)?

합격 문법 확인 문제 ⑥ p.158

1	2	3	4	5	6
a	a	b	b	a	b
7	8	9	10	11	12
a	a	a	b	b	b
13	14	15	16		
a	a	a	a		

1 모두 그를 알고 있다. 정말 유명한가 봅니다.
2 모두의 앞에서 비웃음당해서 창피했습니다.
3 김 씨는 아버지가 돌아가셔서(아버지를 여의어서), 오늘 결석했습니다.
4 그럼 전화 기다리고 있겠습니다.
5 영어는 많은 나라에서 사용되고 있습니다.
6 일요일인데 선생님이 오라고 시켜서(선생님 때문에 억지로) 학교에 왔습니다.
7 선생님은 언제 한국으로 되돌아가셨습니까?
8 오키나와 과자입니다. 자, 드세요.
9 커피라도 드시겠습니까?
10 선생님도 그 뉴스를 알고 계십니까?
11 오늘도 엄마가 시켜서(엄마 때문에) 억지로 방 청소를 했습니다.
12 점원 때문에 억지로 블라우스를 샀습니다.
13 어린이는 많이 놀게 하는 편이 좋습니다.
14 죄송합니다. 오래 기다리시게 했습니다(오래 기다리셨습니다).
15 저에게는 두 명의 남동생이 있습니다.
16 이쪽에 성함을 써 주십시오.

고득점 문법 확인 문제 ① p.174

1	2	3	4	5	6
a	b	b	a	a	b
7	8	9	10	11	12
a	a	b	b	b	a
13	14	15	16		
b	b	b	b		

1 문이 열려 있습니다.
2 가방 안에 도시락을 넣어 두었습니다.
3 자전거가 고장 났기 때문에 내일까지 고쳐 주세요.

4 둘이 즐겁게 이야기하고 있는 것이 보입니다.
5 이 방은 항상 전기가 켜져 있습니다.
6 지금은 가타카나를 읽을 수 있게 됐습니다.
7 일본어로 메일을 쓸 수 있습니까?
8 예쁜 접시가 모여 있습니다.
9 덥습니다만. 작년만큼 덥지 않습니다.
10 그 책이라면 아직 읽지 않았습니다.
11 점심은 민지와 먹으려고 생각합니다.
12 이쪽 자리에 앉거라.
13 방 청소는 이미 되어 있습니다.
14 가게 앞에 많은 사람이 줄지어 있습니다.
15 갑자기 회사에서 연락이 와서 출장을 가게 되었습니다.
16 안경을 쓰지 않아도 볼 수 있습니다.

고득점 문법 확인 문제 ❷ p.175

1	2	3	4	5	6
b	b	a	b	b	b
7	8	9	10	11	12
a	b	b	b	b	b
13	14	15	16		
b	a	a	b		

1 열심히 공부해서 일본어로 말할 수 있게 됐습니다.
2 유학하러 가기 위해서 공부하고 있습니다.
3 담배는 피우지 않도록 하고 있습니다.
4 다음 달에 혼다 씨와 결혼하게 되었습니다.
5 커피보다 주스 쪽이 좋겠어요.
6 감기 때문에 오늘은 갈 수 없습니다.
7 내일은 30분 일찍 오도록 해 주세요.
8 바람이 들어오도록 창문을 열어 주세요.
9 빨강과 파랑 어느 쪽을 좋아합니까?
10 자신의 방 정도는 스스로 청소하거라.
11 약속에 늦지 않도록 달려 왔습니다.
12 파티 준비를 위해서 장을 봤습니다.
13 넥타이보다 셔츠 쪽이 좋겠어요.
14 지금 가면. 선생님을 만날 수 있어요.
15 그가 올 때까지 계속 기다리고 있었습니다.
16 리포트는 다음 주 수요일까지 제출해 주세요.

고득점 문법 확인 문제 ❸ p.176

1	2	3	4	5	6
a	b	b	a	a	b
7	8	9	10	11	12
a	b	b	b	a	b
13	14	15	16		
b	b	b	b		

1 시험이 끝나면 등산에 갈 생각입니다.
2 두 개나 가지고 있는데 또 사버렸습니다.
3 술은 그다지 마시지 않도록 하고 있습니다.
4 지금 교실 안에는 학생이 한 명밖에 없습니다.
5 약속 장소는 어디로 할까요?
6 꽃이 떨어지려고 하고 있습니다.
7 이 자리에는 앉지 마.
8 한자 공부를 좀더 분발하도록 해 주세요.
9 집에 책을 놓고 와서 친구 것을 빌리기로 했다.
10 그가 여기에 올 리가 없다.
11 아침밥은 가급적 먹으려고 하고 있습니다.
12 가끔 혼자서 영화를 보러 갈 때가 있다.
13 채소를 많이 먹도록 하고 있습니다.
14 홍차와 주스, 그리고 커피가 있습니다. 무엇이 좋습니까?
15 선생님한테 "오늘은 일찍 돌아가."라고 들었습니다.
16 숙제도 하지 않고 자고 있습니다.

고득점 문법 확인 문제 ❹ p.177

1	2	3	4	5	6
b	b	b	a	b	b
7	8	9	10	11	12
a	b	b	b	a	a
13	14	15	16		
b	a	b	b		

1 오늘 소풍인데 아침부터 비가 내리고 있습니다.
2 둘이서 몰래 데이트하고 있는 것을 봤습니다.
3 여기에서 30분 정도 가면 편의점이 있습니다.
4 지금 집에서 밥을 먹고 있는 참입니다.
5 우리집 아이는 하루종일 텔레비전만 보고 있습니다.
6 이 스마트폰은 지난주에 산 지 얼마 되지 않았습니다.
7 백화점에서 옷옷이라든가 스커트 등을 샀습니다.
8 저 사람은 친절한 데다 성격도 밝아서 인기가 있습니다.
9 나는 의사가 되고 싶습니다.
10 올해 3월까지 한국에 있을 생각입니다.
11 희고 긴 스커트를 사고 싶어 합니다.
12 음료는 주스로 괜찮습니다.

13 그는 딸기를 싫어하니까 딸기 케이크는 그만두자.
14 이 게임의 재미는 스피드에 있다.
15 저 사람은 고등학생인데 술을 마시고 있다.
16 그가 돌아올 것을 기다리고 있습니다.

고득점 문법 확인 문제 ❺ p.178

1	2	3	4	5	6
b	b	b	b	b	a
7	8	9	10	11	12
b	b	a	b	b	b
13	14	15	16		
a	a	a	a		

1 100미터 정도 가면 은행이 있습니다.
2 걸어서 30분 정도입니다.
3 벌써 6월이다. 앞으로 더워져가겠지.
4 나에게는 무엇이든 괜찮으니까 말해.
5 내일 선생님도 올지 어떨지 모릅니다.
6 전혀 자지 않고 공부했는데 결과는 좋지 않다.
7 때때로 직접 빵을 만드는 경우가 있다.
8 여기서부터는 구두를 벗게 되어 있습니다.
9 이 빵은 지금 오븐에서 꺼내자마자서(꺼낸 지 얼마 안 돼서) 아직 따뜻합니다.
10 그가 그런 일을 했다고는 믿을 수 없습니다.
11 돈이 생기면 어떤 차를 사고 싶습니까?
12 한자를 예쁘게 쓸 수 있게 되었습니다.
13 이제 나가려던 참입니다.
14 이 한자는 어떻게 씁니까?
15 그도 내가 만든 케이크를 먹고 싶어 합니다.
16 저 빌딩의 높이는 어느 정도입니까?

고득점 문법 확인 문제 ❻ p.179

1	2	3	4	5	6
b	b	b	b	a	a
7	8	9	10	11	12
a	b	b	b	a	b
13	14	15	16		
b	b	b	a		

1 나만큼 잘 알고 있는 사람도 없겠지.
2 교실을 나서려고 할 때, 선생님한테 불렸다.
3 정말로 봄다운 날씨네요.
4 이 컴퓨터의 가벼움에 놀랐습니다.
5 다나카 씨는 기타도 칠 수 있는 데다가 노래도 잘한다.
6 얼른 이쪽으로 오너라.

7 망가진 자전거는 이미 수리되어 있습니다.
8 가타카나로 이름을 쓸 수 있습니다.
9 리포트는 아직 제출하지 않았습니다.
10 가끔 혼자서 노래방에 가는 일이 있다.
11 아직 시간이 있는데 초조해하고 있다.
12 「후쿠와라이」라는 것은 어떤 놀이입니까?
13 오늘 본 영화는 생각했던 것보다 재미있지 않았다.
14 올해 겨울의 추위는 혹독하네요.
15 일본에 오는 외국인은 앞으로도 많아져 갈 거라고 생각합니다.
16 저 고양이가 내 집 안으로 들어오려고 하고 있다.

유형별 실전 문제

もんだい 1

문법 형식 판단 실전 연습 ❶ p.182

1	2	3	4
③	④	②	①
5	6	7	8
④	④	④	④

문제 1 (　　)에 무엇을 넣습니까? 1·2·3·4에서 가장 알맞은 것을 하나 고르세요.

1 누구라도 좋으니 도와 줄래?
2 방금 전 여기에서 자고 있던 사람은 누구입니까?
3 함께 밥을 먹으러 가지 않겠습니까?
4 올해 봄은 작년보다 따뜻하네요.
5 5시 회의에 가지 않으면 안 됩니다.
6 우리 애는 호빵맨 인형을 갖고 싶어 합니다.
7 뉴스에 따르면 내일 비라고 합니다.
8 식사가 끝나면 산책이라도 하지 않겠습니까?

문법 형식 판단 실전 연습 ❷ p.183

1	2	3	4
④	③	②	①
5	6	7	8
①	④	④	②

1 티켓을 지참해 주세요.
2 이것은 어느 분이라도 사용하실 수 있습니다.
3 그 책 빌려도 될까요?
4 저 가게 케이크 맛있어 보이네요.
5 두 사람은 즐거운 듯이 이야기하고 있습니다.

6 지금 가면 약속(시간)에 맞출 것 같습니다.
7 그는 정말 머리가 좋을 것 같습니다.
8 그 귀여운 블라우스 어디에서 샀는지 가르쳐줘.

문법 형식 판단 실전 연습 ❸ p.184

1	2	3	4
②	③	④	②
5	6	7	8
②	③	④	①

1 네 노트, 나한테 빌려주지 않을래?
2 역에서 걸어서 왔습니다.
3 선생님이 주신 책은 벌써 읽었습니다.
4 그 리포트라면 야마다 씨한테 도움받았어요(야마다 씨가 도와줬어요).
5 버스 창문 밖으로 손을 내밀어서는 안 됩니다.
6 서두르면 하마다 씨를 만날 수 있을지도 몰라.
7 모르는 것이 있으면 선생님한테 가르침 받습니다.
8 그 원피스는 엄마가 생일 때 사 줬어요.

문법 형식 판단 실전 연습 ❹ p.185

1	2	3	4
④	③	②	④
5	6	7	8
③	②	②	③

1 서현 씨에게는 아직 물어보지 않았습니다.
2 이 사진은 야마다 선생님께 드릴 생각입니다.
3 내일 몇 시까지 제출하면 됩니까?
4 야마다 씨는 아직 뵌 적이 없습니다.
5 이곳에 쓰레기를 버리지 마.
6 하루종일 리포트를 계속 써서 손이 피로합니다.
7 밥을 다 먹고 나서 산책하러 나갔습니다.
8 A: 야구를 해도 됩니까?
  B: 음, 여기에서는 해서는 안 됩니다.

문법 형식 판단 실전 연습 ❺ p.186

1	2	3	4
③	④	①	④
5	6	7	8
①	③	②	②

1 그 사람은 한 번 만난 적이 있습니다.
2 나에게 말해 준 사람은 야마시타 씨입니다.
3 벨이 울리자, 모두 달리기 시작했다.

4 어느 것이 좋다고 생각합니까?
5 이 가게에서 한국 돈을 사용할 수 있습니까?
6 약을 먹고 좀 쉬는 편이 좋겠어요.
7 술을 너무 많이 마셔서 울렁거립니다.
8 여기에서는 담배를 피워도 상관없습니다.

문법 형식 판단 실전 연습 ❻ p.187

1	2	3	4
④	③	④	①
5	6	7	8
①	②	④	③

1 비가 내리고 있는데, 우산을 가지지 않고 나와 버렸습니다.
2 사람을 오래 기다리게 하는 것은 실례입니다.
3 나의 집은 이곳에서 1시간이나 걸립니다.
4 늘 엄마가 시켜서 억지로 방 청소를 하고 있습니다.
5 발표라면 제가 도와드리겠습니다.
6 언니의 아기가 울어서 곤란했습니다.
7 아버지는 몇 시쯤 귀가하십니까?
8 내일 비가 내릴까요?

문법 형식 판단 실전 연습 ❼ p.188

1	2	3	4
②	②	①	③
5	6	7	8
③	④	③	③

1 오늘 비에 맞아서 감기에 걸리고 말았다.
2 이 팜플렛은 벌써 읽으셨습니까?
3 아이를 혼자서 놀게 하지 마세요.
4 오사카까지 버스를 타고 갔습니다.
5 사전을 사용하지 않고 일본 신문을 읽을 수 있습니까?
6 이 문자를 누군가에게 보이면(누군가가 보면) 곤란해요.
7 제가 여기에 있다는 것을 누구로부터 들었습니까?
8 조금 마셔 봤더니 굉장히 달았습니다.

문법 형식 판단 실전 연습 ❽ p.189

1	2	3	4
①	①	③	③
5	6	7	8
②	①	③	②

1 이런 일을 해서는 안 됩니다.
2 굉장히 어른스럽고 좋은 사람이라고 생각합니다.
3 그는 아직입니다 하지만 다른 사람은 모두 와 있습니다.

4 아직 청소가 끝나 있지 않습니다. 밖에서 기다려 주세요.
5 역도 가까운 데다 방도 깨끗하고, 매우 살기 편합니다.
6 내일은 기무라 씨의 생일이라는 것 같아요.
7 나는 그 누구와도 친구가 될 수 있는 성격입니다.
8 자전거를 살 거라면 역 앞의 가게가 싸요.

문법 형식 판단 실전 연습 ❾ p.190

1	2	3	4
②	④	②	③
5	6	7	8
④	③	①	③

1 목욕하려고 했을 때, 현관 벨이 울렸습니다.
2 졸업하고, 아버지의 일을 도울 생각입니다.
3 자, 여기에 앉으십시오.
4 맑아 있었는데, 갑자기 비가 내리기 시작했습니다.
5 선생님은 무엇을 읽으시겠습니까?
6 가방 안에 책이 많이 담겨 있습니다.
7 비가 내리므로 역까지 마중하러 가기로 했습니다.
8 A: 리포트는 제출했습니까?
　 B: 네, 지금 막 제출한 참입니다.

문법 형식 판단 실전 연습 ❿ p.191

1	2	3	4
④	③	③	①
5	6	7	8
④	①	④	①

1 A: 그 책, 재미있어 보이네요.
　 B: 응, 다나카 씨도 읽고 싶어 해요.
2 방 창문으로부터 보이는 후지산은 매우 아름답습니다.
3 창문을 연 채로 외출하고 말았습니다.
4 A: 슬슬 귀가하지 않겠습니까?
　 B: 미안, 일이 많이 있어서 귀가할 수 없어요.
5 감기에 걸렸을 때는, 이 약을 먹습니다.
6 바쁘면 내일은 오지 않아도 상관없습니다.
7 냉장고 안에 맛있어 보이는 멜론이 놓여 있었다.
8 선생님, 오늘은 일찍 귀가시켜 주세요.

もんだい 2

문장 완성 실전 연습 ❶ p.192

1	2	3	4
②	②	①	①
5	6	7	8
④	③	①	③

문제 2　★ 에 들어갈 것은 어느 것입니까? 1・2・3・4에서 가장 알맞은 것을 하나 고르세요.

1 다음 주 여행합니다. 그때는 기차로 갈 겁니다. (3-1-2-4)
2 그녀는 중국에서 온 유학생입니다. (3-1-4-2)
3 컴퓨터를 잘 아는 사람에게 물어보는 편이 좋겠습니다. (3-4-2-1)
4 난 청소하는 것은 싫어하는데, 엄마는 나한테 청소를 시키고 있습니다. (4-2-1-3)
5 나는 수업에 늦어서 주의를 받고 말았습니다. (1-4-2-3)
6 방 청소를 하고 있다. (4-1-3-2)
7 A: 이 스커트, 귀엽지? 어제 샀어.
　 B: 좋네. 나도 그런 스커트를 갖고 싶네. (4-2-1-3)
8 두 사람은 다음 달에 결혼한다는 것 같습니다. (1-3-2-4)

문장 완성 실전 연습 ❷ p.193

1	2	3	4
①	②	①	④
5	6	7	8
④	①	③	①

1 책상 위에 책이나 노트 등이 있습니다. (2-4-1-3)
2 이 씨는 바이올린도 켤 수 있는 데다 노래도 잘합니다. (4-3-2-1)
3 전화를 걸려고 했을 때, 현관 벨이 울렸습니다. (2-1-4-3)
4 죄송하지만, 오늘은 수업을 쉬게 해 주세요. (1-3-4-2)
5 새 케이크를 사지 말고 만들었으면 좋았을 텐데. (3-1-2-4)
6 야마다 씨는 병인데도 회사에 와 있습니다. (3-2-1-4)
7 이 선물을 준 것은 누구입니까? (2-1-3-4)
8 공항까지 마중하러 와 주어서 고마워. (4-2-1-3)

문장 완성 실전 연습 ❸ p.194

1	2	3	4
①	②	①	②
5	6	7	8
③	①	①	②

1 학교에서 테루테루보즈 만드는 법을 배웠습니다. (4–3–1–2)
2 이 버스는 내릴 때 돈을 지불하도록 되어 있습니다.
   (4–3–2–1)
3 나도 지금 학교에 도착한 참입니다. (4–2–1–3)
4 살찌니까 단 것은 먹지 않으려고 하고 있습니다. (4–2–1–3)
5 그 책이라면 지금 한창 읽고 있는 참이야. (4–2–1–3)
6 다음 달부터 이 학교에서 일하게 되었습니다. (2–4–1–3)
7 아무리 물어도 아무것도 말해주지 않아. (2–4–1–3)
8 선생님은 이미 알고 있는 것 같습니다. (1–3–2–4)

문장 완성 실전 연습 ❹ p.195

1	2	3	4
③	③	②	①
5	6	7	8
③	②	②	④

1 저 아이는 인형처럼 귀엽습니다. (4–1–3–2)
2 그런 꿈 같은 이야기는 거짓말이라고 생각합니다. (2–1–3–4)
3 모르는 것이 있으면 언제라도 물어 주세요. (4–1–3–2)
4 이 테이블, 저곳까지 옮겨 주지 않겠습니까? (4–2–1–3)
5 여동생은 과자를 받고 기쁜 것 같습니다. (4–1–3–2)
6 마츠리가 있으니까 길은 북적일 것임에 틀림없다. (3–1–4–2)
7 아이가 기분 좋은 듯 자고 있습니다. (4–3–1–2)
8 저기 걸려 있는 스커트 귀엽네요. (3–2–4–1)

문장 완성 실전 연습 ❺ p.196

1	2	3	4
④	①	①	③
5	6	7	8
①	④	②	①

1 일이 끝나면, 병원에 가 보려고 생각 중입니다. (3–2–1–4)
2 운전하면서 스마트폰을 보는 것은 안 됩니다. (2–4–1–3)
3 다나카 씨에게 그다지 담배를 피우지 않도록 말해 주세요.
   (4–2–1–3)
4 와사비를 못 먹었습니다만, 지금은 먹을 수 있게 되었습니다.
   (2–4–1–3)
5 이 책은 수요일까지 되돌려주지 않으면 안 됩니다.
   (4–2–1–3)
6 설탕을 넣었는데도 전혀 달지 않다. (3–2–4–1)
7 남동생은 만화책만 읽고 있습니다. (4–3–2–1)
8 아무리 바빠도 이는 닦거라. (4–2–1–3)

문장 완성 실전 연습 ❻ p.197

1	2	3	4
①	②	③	④
5	6	7	8
④	②	①	①

1 파출소에 가고 싶습니다만, 어떻게 가면 좋겠습니까?
   (2–3–1–4)
2 스즈키 씨는 회사를 그만둘지도 모릅니다. (1–4–3–2)
3 연락해 두었으니, 사토 씨도 올 것에 틀림없습니다.
   (2–1–4–3)
4 선생님은 결혼했다는 것 같아. (1–3–4–2)
5 뉴스에 따르면 비가 내린다고 합니다. (2–1–4–3)
6 나보다 여동생 쪽이 키가 큽니다. (4–3–2–1)
7 그녀는 내일 시합이니까, 파티에는 올 리가 없다. (3–2–4–1)
8 도시락은 가지고 오지 않아도 상관없습니다. (2–3–1–4)

もんだい 3

문맥 이해 실전 연습 ❶ p.198

1	2	3	4
①	②	①	②

문제 3 1 에서 4 에 무엇을 넣습니까? 문장의 의미를 생각하여, 1·2·3·4에서 가장 좋은 것을 하나 고르세요.

어젯밤에는 대학 모임이 있어서 늦게 귀가했다. 그래서 오늘은 느긋하게 일어나려고 했는데, 7시쯤 전화 벨소리로 일어나고 말았다. 전화는 엄마로부터였다. 혼자 사는 아들이 신경 쓰여서 매일같이 전화를 하고 있다. 엄마도 스마트폰을 가지고 있기 때문에 문자로 연락하길 바란다고 말하고 있지만, 전화 쪽이 목소리를 들을 수 있어서 좋다는 것 같다. 그래서 내일부터는 엄마가 걱정하지 않도록 내 쪽에서도 전화를 하려고 생각한다.

문맥 이해 실전 연습 ❷ p.199

1	2	3	4
②	③	③	④

처음 만난 사람의 이름을 알고 싶을 때, 어떻게 묻는 것이 좋을까요? "이름을 알려주세요."으로는 좀 실례됩니다. "성함을 여쭤어도 괜찮을까요?"라든가 "성함을 가르쳐주실 수 있을까요?"처럼, 질문을 하는 듯 묻는 편이 좋겠습니다. 처음에 "실례합니다만"이라는 말을 붙이면 좀더 부드러운 말투가 됩니다.

문맥 이해 실전 연습 ❸ p.200

1	2	3	4
②	④	③	①

나는 지난달 이사했다. 이전의 아파트는 학교로부터 멀어서 불편했기 때문이다. 지금 아파트는 조금 좁지만, 걸어서 대학교에 갈 수 있어서 이전 아파트보다 매우 편리하다. 하지만 대학교로부터 가깝기 때문에 친구가 자주 놀러 온다. 이제 곧 시험이 있는데도 오늘도 놀러 왔다. 정말로 곤란하다. 그래서 요즘은 다시 이전의 아파트로 되돌아가고 싶다고 생각하고 있다.

문맥 이해 실전 연습 ❹ p.201

1	2	3	4
①	③	①	④

일본의 택시는, 운전수가 뒷문을 자동으로 열어주기 때문에, 손님이 뒷좌석에 앉습니다. 만일, 손님이 4명이라면, 3명이 뒷자리, 1명이 운전수 옆에 앉게 됩니다만, 그러하지 않은 때는 뒷자리에 앉는 것이 보통입니다. 만일 앞자리에 앉고 싶은 때는, 운전수에게 말하면 앉게 해 줍니다만, 그런 사람은 그다지 없는 것 같습니다.

문맥 이해 실전 연습 ❺ p.202

1	2	3	4
③	①	②	③

어느 나라에서도 해외여행자가 매년 늘고 있다. 가장 많은 것은 미국이라고 한다. 다음으로 중국, 독일로 이어진다. 한국은 6번째이고 일본은 7번째다. 조사에 따르면, 한국인이 여행으로 가장 자주 가는 나라는 일본으로, 그중에서도 오사카, 홋카이도, 도쿄가 인기가 있다고 한다. 일본인이 자주 가는 곳은 대만의 타이페이, 그다음이 서울이라고 한다. 나도 여름방학에 여행을 갈 생각이다.

문맥 이해 실전 연습 ❻ p.203

1	2	3	4
④	②	④	②

요즘 읽지 않게 된 책이나 입지 않게 된 옷을 인터넷에서 팔거나 사거나 하는 사람이 많아졌습니다. 파는 사람은 필요 없는 물건을 팔고 돈을 받을 수 있고, 사는 사람은 갖고 싶었던 물건을 가게보다 싸게 살 수 있기 때문입니다. 게다가 버리면 쓰레기가 됩니다만, 다른 사람이 사용해 준다면 환경에도 좋기 때문에 에코생활이 됩니다. 하지만, 그중에는 그것을 인터넷에서 비싸게 파는 사람이 있어서 문제가 되는 경우도 있습니다.

2교시 독해 해석과 해설

유형별 실전 문제

もんだい 4

내용 이해(단문) 실전 연습 ❶ p.236 해석과 문제 해설

1	2	3	4
③	③	②	②

つぎの（1）から（4）の文章を読んで、質問に答えてください。答えは、1・2・3・4から、いちばんいいものを一つえらんでください。

(1)

吉田さんの机の上に、このメモが書いてあります。

吉田さん

　プリンスデパートの西村さんから電話がありました。
昨日、吉田さんが送ったメールについて、質問があるそうです。
西村さんに電話をしてください。（01-234-5667）
2時までは会議なので、電話に出られないそうです。

　　　　　　　　　　　　　　　　　　　　　　　　　　田中
---

1 吉田さんはこれを読んで、何をしなければなりませんか。
1　2時までに西村さんに電話をします。
2　2時までに田中さんにメールを送ります。
3　2時すぎに西村さんに電話をします。
4　2時すぎに田中さんにメールを送ります。

다음 (1)부터 (4)의 문장을 읽고 질문에 답하세요. 답은 1·2·3·4에서 가장 알맞은 것을 하나 고르세요.

요시다 씨의 책상 위에 이 메모가 쓰여 있습니다.

요시다 씨.

　프린스 백화점의 니시무라 씨로부터 전화가 있었습니다.
어제 요시다 씨가 보낸 메일에 관해 질문이 있다고 합니다.
니시무라 씨에게 전화하세요.（01-234-5667）
2시까지는 회의이기 때문에 전화를 받을 수 없다고 합니다.

　　　　　　　　　　　　　　　　　　　　　　　　　　다나카
---

1 요시다 씨는 이것을 읽고 무엇을 해야 합니까?
1. 2시까지 니시무라 씨에게 전화를 합니다.
2. 2시까지 다나카 씨에게 메일을 보냅니다.
3. **2시 넘어서 니시무라 씨에게 전화를 합니다.**
4. 2시 넘어서 다나카 씨에게 메일을 보냅니다.

[풀이]
내용은 요시다에게 걸려온 니시무라의 전화 내용을 다나카가 전달하는 메모이므로, 요시다는 니시무라에게 연락을 해야 한다. 따라서 2번과 4번은 정답에서 제외. 2시까지는 회의가 있어서 전화를 받을 수 없다고 했으므로, 2시 지나서 전화를 하는 것이 맞다. 정답은 3번이다.

机 책상 | ~の上に ~의 위에 | メモ 메모 | 書く 쓰다 | デパート 백화점 | 電話 전화 | 送る 보내다 | メール 메일 | ~について ~에 관해 | 質問 질문 | ~まで ~까지(기간) | 会議 회의 | ~ので ~(이)기 때문에 | 電話に出る 전화를 받다 | ~までに ~까지(기한)

(2)

韓国では同じ人に一日何回もあいさつすることがある。ある日、学校で日本人の先生に「こんにちは」とあいさつしたら、先生は「さっきもあいさつしましたよね。あいさつは一日に一度だけでいいですよ」と言ってくれた。韓国では同じ人に会うたびにあいさつすることがあるが、日本では一日一度だけでよいというのが日本の文化らしい。韓国では自然な習慣だからと思っていたことが日本ではそうではないこともあっておもしろい。

2 上の文章の内容と合っているのはどれですか。
1. 日本では何度もあいさつするのがふつうだ。
2. 先生へのあいさつは学生からしてはいけない。
3. **日本では一日に、同じ人にあいさつは2回しない。**
4. 日本の習慣が韓国でも自然であることがおもしろい。

한국에서는 같은 사람에게 하루에 몇 번이나 인사하는 경우가 있다. 어느 날, 학교에서 일본인 선생님에게 "안녕하세요."라고 인사하자, 선생님은 "아까도 인사했죠? 인사는 하루에 한 번만으로 괜찮아요."라고 말해 주셨다. 한국에서는 같은 사람을 만날 때마다 인사를 하는 경우가 있지만, 일본에서는 하루에 한 번만으로 좋다는 것이 일본 문화인 것 같다. 한국에서는 자연스러운 습관이니까라고 생각하고 있었던 것이 일본에서는 그렇지 않다는 것도 있어서 재미있다.

2 윗 글의 내용과 맞는 것은 어느 것입니까?
1. 일본에서는 몇 번이나 인사하는 것이 보통이다.
2. 선생님께의 인사는 학생부터 해서는 안 된다.
3. **일본에서는 하루에, 같은 사람에게 2번 인사하지 않는다.**
4. 일본의 습관이 한국에서도 자연스럽다는 것이 재미있다.

[풀이]
글 초반부에 일본인 선생님이 "아까도 인사했죠? 인사는 하루에 한 번만으로 괜찮아요."라고 말했고, 후반부에 하루 한 번만으로 좋다는 게 일본 문화라는 문장이 있다. 일본에서는 같은 사람에게 2번 인사하지 않는다는 것을 알 수 있으므로 정답은 3번이다.

同じ 같은 | 一日 하루 | ある日 어느 날 | 先生 선생님 | あいさつ 인사 | さっき 방금 전 | 一度 한 번 | ~だけでいい ~만으로 괜찮다 | ~たびに ~할 때마다 | 文化 문화 | ~らしい ~인 것 같다 | 自然な 자연스러운 | 習慣 습관 | ~だから ~이니까 | おもしろい 재미있다

(3)

イさんは、山田さんの家で、いろいろな「どうぞ」を何回も聞いた。まず、玄関での「どうぞ」。これは「お入りください」の意味だ。次は部屋でいすを勧める時に「お座りください」の意味だ。そして、お茶も「どうぞ」。これは「お飲みください」だった。家に帰るときには「またどうぞ」を言われたが、これは「またいらっしゃってください」という意味だ。日本語の「どうぞ」はすごい。

3 　上の文章を読んで一番ただしく言った人はだれですか。
1 　ミンジは友だちからお菓子をもらいながら「どうぞ」と言った。
2 　ソヒョンは弟にプレゼントをあげながら「どうぞ」と言った。
3 　ジホンは学校から帰ってお母さんに「どうぞ」と言った。
4 　チエは授業が終わって先生に「どうぞ」と言った。

이 씨는 야마다 씨의 집에서 여러가지 「どうぞ」를 몇 번이나 들었다. 우선 현관에서의 「どうぞ」. 이것은 "들어오세요."의 의미다. 다음은 현관에서 의자를 권해받았을 때에 "앉으세요."의 의미다. 그리고 차도 「どうぞ」. 이것은 "드세요."였다. 집으로 돌아올 때에는 「またどうぞ」라고 들었는데, 이것은 "또 와주세요."라는 의미다. 일본어의 「どうぞ」는 대단하다.

3 　위 글을 읽고 가장 옳게 말한 사람은 누구입니까?
1 　민지는 친구로부터 과자를 받으면서 「どうぞ」라고 말했다.
2 　서현은 남동생에게 선물을 주면서 「どうぞ」라고 말했다.
3 　지홍은 학교에서 돌아와 엄마에게 「どうぞ」라고 말했다.
4 　지애는 수업이 끝나고 선생님께 「どうぞ」라고 말했다.

[풀이]
글에서 차를 대접할 때의 「どうぞ」가 "드세요."의 의미라는 것은 곧 무언가 권하는 뜻으로 쓰인다는 것을 알 수 있다. 그러므로 남동생에게 선물을 주며 "받아."의 의미로 쓴 2번이 정답이다.

家 집 | いろいろな 다양한 | 何回も 몇 번이나 | 聞く 듣다 | まず 우선 | 玄関 현관 | 入る 들어오다, 들어가다 | 意味 의미 | 次 다음 | 部屋 방 | いす 의자 | 勧める 권하다 | 座る 앉다 | お茶 차 | 飲む 마시다 | 帰る 돌아가다, 돌아오다 | いらっしゃる 오시다, 가시다, 계시다 | すごい 대단하다

(4)

私は日本の温泉旅館が好きだ。中でも山にある旅館によく行く。温泉のあとの料理も楽しみなのだが、ある日の食事にはびっくりした。山のやさいや有名な牛肉料理ではなく、海でとれたばかりの魚料理も出てきたのだ。どうして海のものを山にまで持ってくるだろう。山では山でしか食べられないものを出すだけではだめなのだろうか。

4 上の文章の内容と合っているのはどれですか。
1 山で牛肉やさしみなどを食べるとおいしい。
2 山でしか食べられないものを出すだけでいい。
3 静かな温泉で海の食べ物を食べるのが好きだ。
4 山の館でも海の食べ物が出たのですばらしい。

나는 일본 온천 여관을 좋아한다. 그중에서도 산에 있는 여관에 자주 간다. 온천욕 후의 요리도 기대되는데, 어느 날의 식사에는 놀랐다. 산의 채소나 유명한 소고기 요리가 아니라, 바다에서 잡힌 지 얼마 안 된 생선 요리도 나온 것이다. 어째서 바다의 재료를 산에까지 가지고 온 것일까. 산에는 산에서밖에 먹을 수 없는 것을 내오는 것만으로는 안 되는 것일까?

4 윗글의 내용과 맞는 것은 어느 것입니까?
1 산에서 소고기나 회 등을 먹으면 맛있다.
2 **산에서밖에 먹을 수 없는 것을 내오는 것만으로 충분하다.**
3 조용한 온천에서 바다 음식을 먹는 것을 좋아한다.
4 산에 있는 여관에서도 바다 음식이 나와서 훌륭하다.

[풀이]
산속 여관에 바다에서 갓 잡은 생선 요리가 나온 것에 대해 놀람을 말하고 있다. 특히 글의 마지막 부분에서 '산에서밖에 먹을 수 없는 것을 내오는 것만으로는 안 되는 것일까'라고 한 번 더 말하고 있으므로 정답은 2번이다.

温泉旅館 온천 여관 | ～が好きだ ～을 좋아하다 | 山 산 | 料理 요리 | 楽しみ 기대, 즐거움 | ある日 어느 날 | 食事 식사 | びっくりする 놀라다 | やさい 채소 | 牛肉料理 고기 요리 | ～ではなく ～가 아니라 | 海 바다 | とれる 잡히다 | ～たばかり ～한 지 얼마 되지 않음 | 魚 생선, 물고기 | どうして 왜, 어째서 | ～だろう ～일까 | ～しか ～밖에 | だめだ 안 된다

내용 이해(단문) 실전 연습 ❷ p.240 해석과 문제 해설

1	2	3	4
③	③	④	①

(1)

私は日本へ来てからすぐ自転車を買いました。家から学校まで歩いて40分もかかるので、とても不便でした。友だちに学校の近くのスーパーで安い自転車が買えると聞いて、授業が終わってから一人で買いに行きました。でも、お金が足りなくて、店の人に聞いてみたら「自転車のセールは明日からですよ」と言われました。それで、次の日、もう一度スーパーへ行って、安い自転車を買いました。今新しい自転車でいろいろな所へ行けるので、とても便利になりました。

1 筆者が言っている内容と合っているのはどれですか。
1 家から学校まで自転車で４０分かかる。
2 家の近くのスーパーで安い自転車が買えた。
3 自転車を買いにスーパーへ２回も行った。
4 授業が終わってから友だちと自転車を買いに行った。

저는 일본에 오고 나서 금방 자전거를 샀습니다. 집에서 학교까지 걸어서 40분이나 걸리기 때문에, 굉장히 불편했습니다. 친구로부터 학교 근처 수퍼에서 싼 자전거를 살 수 있다고 듣고, 수업이 끝난 후 사러 갔습니다. 하지만 돈이 부족해서, 가게 사람에게 물었더니 "자전거 세일은 내일부터예요."라고 말해주었습니다. 그래서 다음 날 다시 한번 수퍼에 가서, 싼 자전거를 샀습니다. 지금 새 자전거로 여러 곳에 갈 수 있기 때문에 매우 편리해졌습니다.

1 필자가 말하고 있는 내용과 맞는 것은 어느 것입니까?
1 집에서 학교까지 자전거로 40분 걸린다.
2 집 근처 수퍼에서 싼 자전거를 살 수 있었다.
3 자전거를 사러 수퍼에 2번이나 갔다.
4 수업이 끝나고 나서 친구와 자전거를 사러 갔다.

[풀이]
가게에 간 첫날에는 자전거를 사기에 돈이 부족했는데 마침 점원으로부터 내일부터 세일이라는 말을 들어서, 글의 후반부에 '그래서 다음날 다시 한번 마트에 가서 싼 자전거를 샀습니다'라고 말했다. 이로써 총 두 번 갔다는 사실을 확인할 수 있다. 따라서 정답은 3번이다.

~てから ~하고 나서 | すぐ 곧 금방 | 自転車 자전거 | 買う 사다 | 学校 학교 | ~まで ~까지 | 歩く 걷다 | かかる (시간, 비용이) 걸리다. 들다 | 不便だ 불편하다 | 近く 근처 | スーパー 마트, 슈퍼마켓 | 安い 싸다 | 買う 사다 | 授業 수업 | 終わる 끝나다 | 一人で 혼자서 | ~に行く ~하러 가다 | でも 하지만 | お金 돈 | 足りない 부족하다 | 店 가게 | セール 세일 | それで 그래서 | 次の日 다음 날 | もう一度 한번 더 | 新しい 새롭다 | いろいろな 다양한 | 所 곳, 장소 | 便利だ 편리하다 | ~になる ~게 되다

(2)

> 私は、いつもほかの友だちより、時間をかけてまじめに勉強しているのに、なぜ日本語がうまくならないのか。今までずっとこの質問を持ってきたけど、このごろになってやっと答えが分かった。それは、発音が下手だと思われたり、文法をまちがえて、みんなに笑われたりするのがいやだったからだ。また、日本語が上手に話せなくても、試験だけに受かればよいというような考えがあったからだ。

2 やっと答えが分かったの「答え」はどれですか。
1 自分は日本語を習うタイプではありません。
2 自分の努力が足りなかったです。
3 失敗するのを恥ずかしがっていました。
4 試験に通らないことを心配していました。

> 나는 항상 다른 친구들보다 시간을 들여 성실하게 공부하고 있는데, 왜 일본어가 늘지 않는 것일까? 지금까지 쭉 이 질문을 가지고 왔는데, 요즘이 되어서야 겨우 해답이 나왔다. 그것은 발음이 서툴다고 여겨지거나 문법을 틀려서 다른 사람들에게 비웃음당하는 것이 싫었기 때문이다. 또, 일본어를 능숙하게 말할 수 없어도, 시험에만 붙으면 된다는 생각이 있었기 때문이다.

2 겨우 답이 나왔다의 '답'은 어느 것입니까?
1 나는 일본어를 배울 타입이 아닙니다.
2 나의 노력이 부족했습니다.
3 실수하는 것을 부끄러워하고 있었습니다.
4 시험에 통과하지 않는 것을 걱정하고 있었습니다.

[풀이]
문제에서의 '답'이란 '일본어 실력이 늘지 않는 이유'이므로, 서툰 발음이나 틀린 문법 때문에 비웃음 당하는 것이 싫었기 때문, 즉 실수하는 것이 부끄러웠다고 한 3번이 정답이다.

ほかの~ 다른~ | ~より ~보다 | 時間をかける 시간을 들이다 | まじめに 성실하게 | 勉強 공부 | ~のに ~인데 | なぜ 왜 | うまくなる 능숙해지다 | ずっと 쭉 | 質問 질문 | 持つ 가지다 | やっと 겨우 | 答え 답 | 発音 발음 | 下手だ 서툴다 | 文法 문법 | まちがえる 틀리다 | 笑われる 비웃음당하다 | いやだ 싫다 | 上手だ 능숙하다 | 受かる 합격하다 | 考え 생각 | 自分 자기, 자신 | 習う 배우다 | タイプ 타입 | 努力 노력 | 足りない 부족하다 | 失敗 실수, 실패 | 恥ずかしがる 부끄러워하다 | 試験に通る 시험에 통과하다 | 心配 걱정

(3)

> 久しぶりに高校の友だちに会ったので、有名なレストランへつれて行った。しかし、食事中、彼女は「今、ダイエット中なので……」と言って、水ばかり飲んでいた。最近、ダイエットのために「肉はだめ」とか「野菜だけ食べる」という話をよく耳にする。もともと「ダイエット」は科学的な食事で、健康な体を作るというものだった。今、流行している「ダイエット」は、ただやせるための方法になっているような気がする。

・健康:건강 / 流行:유행 / 方法:방법

3 今のダイエットはどういう意味で使われるようになりましたか。
1 科学的な方法でやせること
2 肉や野菜だけを食べてやせること
3 健康な体を作ること
4 やせるために何でもすること

오랜만에 고등학교 때 친구를 만났기 때문에 유명한 레스토랑에 데리고 갔다. 하지만 그녀는 식사 중에 "지금 다이어트 중이라서……"라고 말하고 물만 마시고 있었다. 최근 다이어트를 위해 '고기는 안 돼'이거나 '채소만 먹는다'라는 말을 자주 듣는다. 애초에 '다이어트'는 과학적인 식사로 건강한 몸을 만드는 것이었다. 지금 유행하고 있는 '다이어트'는 그저 살 빠지기 위한 방법이 된 것 같은 기분이 든다.

3 지금의 다이어트는 어떤 의미로 쓰이게 되었습니까?
1 과학적인 방법으로 야위는 것
2 고기나 채소만을 먹고 야위는 것
3 건강한 몸을 만드는 것
4 살 빠지기 위해 무엇이든 하는 것

[풀이]
질문에서 주의할 것은 '어떤 의미로 쓰이게 되었느냐?', 즉 애초의 의미가 아니라 변질된 지금의 다이어트에 대해 묻는 것이다. 따라서 마지막 문장에서 언급한 '그저 살 빠지기 위한 방법', 즉 살 빠지기 위해서는 무엇이든 한다고 한 4번이 정답이다.

久しぶりに 오랜만에 | 高校 고등학교 | つれていく 데리고 가다 | しかし 그러나 | 食事中 식사 도중 | 彼女 그녀 | ダイエット 다이어트 | ～ばかり ～만 | 最近 최근 | ～のために ～을 위해 | 肉 고기 | 野菜 채소 | 耳にする 듣다 | もともと 본래, 원래 | 科学的 과학적 | 健康 건강 | 体 몸 | 作る 만들다 | 流行する 유행하다 | ただ 그저, 단지 | やせる 야위다, 살 빠지다 | 方法 방법 | 意味 의미 | 気がする 기분이 들다

(4)
授業が終わった時、先生に「おつかれさまでした」と言う学生がいるが、先生の中でも気になるという人と気にならないという人がいる。「おつかれさまでした」はみんなでいっしょに何かをした後、例えば、アルバイトやボランティア活動などが終わった時によく使われる。また「おつかれさま」と似ている言葉に「ごくろうさまでした」があるが、これは上の人から下の人へ言う言葉だ。授業のあとは「ありがとうございました」と言うのが一番いいだろう。

4 上の文章の内容と合っているのはどれですか。
1 先生が学生に「ごくろうさま」を言ってもいい。
2 先生に「おつかれさまでした」と言う学生はいない。
3 授業の後、学生は先生に「ごくろうさまでした」と言ったほうがいい。
4 先生は学生に「ありがとうございました」と言わなければならない。

수업이 끝났을 때, 선생님에게 "수고하셨습니다."라고 말하는 학생이 있는데, 선생님 중에서도 신경 쓰인다고 말하는 사람과 신경 쓰이지 않는다고 말하는 사람이 있다. "수고하셨습니다."는 모두가 함께 무언가를 한 후, 예를 들어, 아르바이트나 봉사활동 등이 끝났을 때에 자주 사용된다. 또 "수고하셨습니다."와 비슷한 말로 "고생하셨습니다."가 있는데, 이것은 윗사람이 아랫사람에게 하는 말이다. 수업 후는 "감사합니다."라고 말하는 것이 가장 좋겠다.

4 윗 글의 내용과 맞는 것은 어느 것입니까?
1 선생님이 학생에게 "고생하셨습니다."를 말해도 좋다.
2 선생님에게 "수고하셨습니다."라고 말하는 학생은 없다.
3 수업 후, 학생은 선생님에게 "고생하셨습니다."라고 말하는 편이 좋다.
4 선생님은 학생에게 "감사합니다."라고 말하지 않으면 안 된다.

[풀이]
마지막에 「おつかれさまでした」와 비슷한 표현인 「ごくろうさまでした」는 윗사람이 아랫사람에게 하는 말이라고 설명했으므로, 내용에 맞는 것은 1번이다.

授業 수업 | 終わる 끝나다 | 気になる 신경 쓰이다, 걱정되다, 궁금하다 | みんなで 모두, 함께 | 例えば 예를 들면 | アルバイト 아르바이트 | ボランティア活動 봉사활동 | 使う 사용하다 | ～と似ている ～와 닮다, 비슷하다 | 言葉 말, 언어 | 上の人 윗사람 | 下の人 아랫사람 | 一番 제일, 가장 | ～だろう ～겠지

내용 이해(단문) 실전 연습 ❸ p.244 해석과 문제 해설

1	2	3	4
④	③	②	④

(1)

林さんと中村さんと私の三人でデパートへ行きました。私は電子レンジを、林さんはトースターとフライパンを、中村さんはきれいなコップを買いました。トースターと電子レンジは重いので、家まで運んでもらうことにしました。次の日、私の家にトースターが届きました。デパートの人がまちがえたのです。電子レンジは林さんのところへ行ってしまいました。デパートの人はあやまっていましたが、電子レンジがくるまで三日間待たなければならなくてこまっています。

1 本文の内容と合っているのはどれですか。
1 中村さんの家にフライパンがとどいた。
2 三日間待つと林さんの家にフライパンがとどいた。
3 中村さんはコップを運んでもらった。
4 デパートの人は電子レンジを私に送ってくれる予定だ。

하야시 씨와 나카무라 씨와 나, 셋이서 백화점에 갔습니다. 나는 전자레인지를 사고, 하야시 씨는 토스터와 프라이팬을, 나카무라 씨는 예쁜 컵을 샀습니다. 토스터와 전자레인지는 무겁기 때문에 집까지 배송받기로 했습니다. 다음날 우리 집으로 백화점에서 토스터가 도착했습니다. 백화점 사람이 실수한 것입니다. 전자레인지는 하야시 씨한테 가 버렸습니다. 백화점 사람은 사과했지만, 전자레인지가 올 때까지 사흘간 기다리지 않으면 안 되기 때문에 곤란합니다.

1 본문의 내용과 맞는 것은 어느 것입니까?

1 나카무라 씨의 집에 프라이팬이 배달되었다.
2 3일간 기다리면 하야시 씨의 집에 프라이팬이 도착한다.
3 나카무라 씨는 컵을 배송받았다.
4 **백화점 사람은 전자레인지를 나에게 보내줄 예정이다.**

[풀이]
나는 전자레인지를, 하야시 씨는 토스터와 프라이팬을 샀는데 백화점에서 실수로 전자레인지와 토스터를 맞바꾸어 배송했다. 전자레인지를 받을 때까지 사흘 기다려야 한다고 했으므로 정답은 4번이다.

デパート 백화점 | 電子レンジ 전자레인지 | トースター 토스터 | フライパン 프라이팬 | コップ 컵 | 買う 사다 | 重い 무겁다 | ~ので ~(이)기 때문에 | 運ぶ 나르다, 운반하다 | ~ことにする ~하기로 하다 | 次の日 다음날 | 届く 도착하다 | まちがえる 틀리다 | ~てしまう ~해 버리다 | あやまる 사과하다 | こまる 곤란하다

(2)

ある日、大阪のおばあさんが宅配便を送ってくれました。箱を開けてみたら、おいしくて新鮮な魚が入っていました。最近は宅配便で花や肉だけでなく、自分で作ったお菓子やケーキなども送ることができます。送るのも郵便局だけではないです。コンビニでもスーパーでも送ることができます。それに家まで取りに来てくれたりするから、大きい物やすごく重いものを送るとき、とても便利です。

・宅配便: 택배

2 本文の内容と合っているのはどれですか。

1 ケーキや花は宅配便で送れない。
2 大きい物や重いものは自分で持っていかなければならない。
3 **コンビニやスーパーで物を送ることができる。**
4 大阪のおばあさんは郵便局で魚を送ってくれた。

어느 날, 오사카의 할머니가 택배를 보내 주셨습니다. 상자를 열어보니 맛있고 신선한 생선이 들어 있었습니다. 최근에는 택배로 꽃이나 고기뿐만이 아니라, 직접 만든 과자나 케이크 등도 보낼 수 있습니다. 보내는 것도 우체국만은 아닙니다. 편의점에서도 수퍼에서도 보낼 수 있습니다. 게다가 집까지 가지러 와 주기도 하기 때문에 큰 물건이나 매우 무거운 물건을 보낼 때, 매우 편리합니다.

2 본문의 내용과 맞는 것은 어느 것입니까?
1. 케이크나 꽃은 택배로 보낼 수 없다.
2. 큰 물건이나 무거운 물건은 직접 가지고 가지 않으면 안 된다.
3. **편의점이나 수퍼에서 물건을 보낼 수 있다.**
4. 오사카의 할머니는 우체국에서 생선을 보내 주었다.

[풀이]

택배를 우체국뿐만 아니라 편의점, 수퍼에서도 보낼 수 있다고 했으므로 글의 내용에 맞는 것은 3번이다. 택배로 꽃, 고기, 과자, 케이크 등을 보낼 수 있다고 했고, 크거나 무거운 물건은 직접 가지러 온다고도 했으므로 1번과 2번은 내용과 맞지 않다. 4번의 경우 할머니가 생선을 보내주신 장소가 우체국이었는지 글에서 확인할 수 없다.

ある日 어느 날 | 大阪 오사카 | おばあさん 할머니 | 宅配便 택배 | 送る 보내다 | 箱 상자 | 開ける 열다 | 新鮮だ 신선하다 | 魚 생선, 물고기 | 入っている 들어 있다 | 最近 최근 | 花 꽃 | 肉 고기 | ～だけでなく ～뿐만 아니라 | 自分で 스스로, 직접 | 作る 만들다 | お菓子 과자 | ケーキ 케이크 | 郵便局 우체국 | コンビニ 편의점 | スーパー 수퍼 | それに 게다가 | 取りに来る 가지러 오다 | すごく 굉장히 | 重い 무겁다 | 便利だ 편리하다

(3)

日本の高校生はどのくらいアルバイトを経験しているのだろうか。高校1年生では27%だが、3年生では61%ぐらいの人がアルバイトをしたことがあると答えている。お金がほしいという人が一番多かったが、いろいろな経験をしてみたいという理由も少なくない。アルバイトをしない理由は「学校からアルバイトをしてはいけないときいたから」が48%で一番多く、次が「時間がない」「大学に行くための勉強が大切だから」だった。

3 上の文章の内容と合っているのはどれですか。
1. いろんな経験をしてみたくてアルバイトをするばあいはない。
2. **アルバイトをしている理由で一番多いのはお金が必要だからだ。**
3. 日本の高校生は3年生より1年生の方がアルバイトの経験が多い。
4. アルバイトをしない理由として一番多いのは時間がないからだ。

일본의 고등학생은 어느 정도 아르바이트를 경험하고 있는 것일까. 고등학교 1학년은 27%이지만, 3학년에서는 61% 정도의 사람이 아르바이트를 한 적이 있다고 대답하고 있다. 돈이 갖고 싶어서라고 말한 사람이 가장 많았지만, 다양한 경험을 해보고 싶다는 이유도 적지 않다. 아르바이트를 하지 않는 이유는 '학교로부터 아르바이트를 해서는 안 된다고 들었기 때문'이 48%로 가장 많고, 다음이 '시간이 없다', '대학에 가기 위한 공부가 중요하기 때문'이었다.

3 윗 글의 내용과 맞는 것은 무엇입니까?
1. 다양한 경험을 해 보고 싶어서 아르바이트를 하는 경우는 없다.
2. **아르바이트를 하고 있는 이유로 가장 많은 것은 돈이 필요하기 때문이다.**
3. 일본 고등학생은 3학년보다 1학년 쪽이 아르바이트 경험이 많다.
4. 아르바이트를 하지 않는 이유로 가장 많은 것은 시간이 없기 때문이다.

[풀이]

아르바이트를 하고 있는 이유로 '돈을 갖고 싶어서'라고 말한 사람이 가장 많았다고 했으므로 정답은 2번이다. 다양한 경험을 해보고 싶어서 아르바이트를 하는 경우도 있다고 했고, 일본 고등학생은 1학년보다 3학년이 아르바이트를 더 많이 경험했으며, 아르바이트를 하지 않는 가장 큰 이유는 학교에서 금지하고 있기 때문이므로 1번, 3번, 4번은 정답이 될 수 없다.

| 高校生 고등학생 | どのくらい 어느 정도 | アルバイト 아르바이트 | 経験 경험 | 〜だろうか 〜일까 | 〜年生 〜학년 | 〜たことがある 〜한 적이 있다 | 答える 대답하다 | お金 돈 | 〜がほしい 〜을 갖고 싶다 | 一番 가장, 제일 | 多い 많다 | いろいろな 다양한 | 経験 경험 | 理由 이유 | 少ない 적다 | 〜てはいけない 〜해서는 안 된다 | 次 다음 | 時間 시간 | 大学 대학 | 〜ための 〜하기 위한 | 勉強 공부 | 大切だ 중요하다, 소중하다

(4)

イさん、あけましておめでとうございます。

昨年はたいへんお世話になりました。今年もよろしくお願いします。

お正月は何をしていますか。私は今、静岡の家に帰っています。去年は休みが短かったので、家族に会いに来ることができませんでした。家で掃除や買い物などいろいろ手伝いました。久しぶりに家族に会えてよかったです。

明日、東京にもどります。会社で会いましょう。静岡のお土産も楽しみにしていてください。

さとみ

4 去年、さとみはどうして家族に会えなかったと言っていますか。
1 家で掃除や買い物をしなければならなくて。
2 明日、東京にもどらなければならなくて。
3 会社が静岡にあって遠いから。
4 休みが長くなくて時間がなかったから。

이 씨, 새해 복 많이 받으세요.

작년에는 대단히 신세 많이 졌습니다. 올해도 잘 부탁드립니다.

설에는 무엇을 하고 있습니까? 나는 지금 시즈오카의 집에 와 있습니다. 작년은 휴가가 짧았기 때문에 가족을 만나러 올 수 없었습니다. 집에서 청소와 장보기 등 여러가지 도왔습니다. 오랜만에 가족을 만날 수 있어서 다행입니다.

내일 도쿄로 돌아갑니다. 회사에서 만납시다. 시즈오카의 기념품도 기대해 주세요.

사토미

4 작년, 사토미는 어째서 가족을 만날 수 없었다고 말하고 있습니까?
1 집에서 청소나 장보기를 하지 않으면 안 돼서.
2 내일 도쿄에 돌아가지 않으면 안 돼서.
3 회사가 시즈오카에 있어서 멀기 때문에.
4 휴가가 길지 않아서 시간이 없었기 때문에.

[풀이]
작년에 휴가가 짧았기 때문에 가족을 만나러 갈 수 없었다고 말했으므로 정답은 4번이다.

あけましておめでとうございます 새해 복 많이 받으세요 | 昨年(さくねん) 작년 | お世話(せわ)になりました 신세 많았습니다 | 今年(ことし) 올해 | お正月(しょうがつ) 설, 설날 | 静岡(しずおか) 시즈오카(지명) | 帰(かえ)る 돌아가다, 돌아오다 | 去年(きょねん) 작년 | 休(やす)み 휴가, 방학 | 短(みじか)い 짧다 | 家族(かぞく) 가족 | 会(あ)う 만나다 | 掃除(そうじ) 청소 | 買(か)い物(もの) 장보기, 쇼핑 | 手伝(てつだ)う 거들다, 돕다 | 久(ひさ)しぶりに 오랜만에 | 明日(あした) 내일 | 東京(とうきょう) 도쿄(지명) | 会社(かいしゃ) 회사 | お土産(みやげ) 기념품, 선물 | 楽(たの)しみにする 기대하다

내용 이해(단문) 실전 연습 ❹ p.248 해석과 문제 해설

1	2	3	4
②	③	③	③

(1)

新幹線は今、北は北海道から南は九州の鹿児島まで走っている。全部で9時間半で行けるそうだ。東京―大阪間は東京駅からだいたい20分に1本出発している。一番はやい新幹線に乗ると大阪駅まで2時間15分しかかからない。朝、東京を出て、大阪や京都で有名なお寺や神社を見ても夜には十分東京に帰ることができる。天気が良ければ新幹線の中から富士山も見える。

1 本文の内容と合っているのはどれですか。
1 新幹線は北海道から大阪までしか走っていない。
2 東京から大阪へ行く新幹線は1時間に3本ぐらいある。
3 京都の有名なお寺や神社を見るのは朝より夜の方がいい。
4 一番はやい新幹線だと北海道から九州まで2時間半もかからない。

신칸센은 현재, 북쪽은 홋카이도에서 남쪽은 큐슈의 가고시마까지 달리고 있다. 전부 해서 9시간 반에 갈 수 있다고 한다. 도쿄 - 오사카 간은 도쿄역에서 대략 20분에 한 노선 출발하고 있다. 가장 빠른 신칸센을 타면 오사카역까지 2시간 15분밖에 걸리지 않는다. 아침에 도쿄역을 출발해, 오사카와 교토에서 유명한 절이나 신사를 봐도 밤에는 충분히 도쿄에 돌아올 수 있다. 날씨가 좋으면 신칸센 안에서 후지산도 보인다.

1 본문의 내용과 맞는 것은 어느 것입니까?
1 신칸센은 홋카이도에서 오사카까지밖에 달리지 않는다.
2 도쿄에서 오사카로 가는 신칸센은 1시간에 3노선 정도 있다.
3 교토의 유명한 절이나 신사를 보는 것은 아침보다 밤 쪽이 좋다.
4 가장 빠른 신칸센이라면 홋카이도에서 큐슈까지 2시간 반도 걸리지 않는다.

[풀이]
도쿄-오사카 간에는 대략 20분에 1개의 노선이 출발하고 있다고 말한 부분으로 보아, 1시간(60분)에 3개의 노선이 운행되는 걸 알 수 있으므로 정답은 2번이다. 신칸센은 홋카이도에서 큐슈까지 운행되며 총 9시간 반이 걸린다고 말했으므로 1번과 4번은 글의 내용에 맞지 않다.

新幹線 신칸센(일본의 고속열차) | 北 북, 북쪽 | 北海道 홋카이도(지명) | 南 남, 남쪽 | 九州 큐슈(지명) | 鹿児島 가고시마(지명) | 走る 달리다 | 全部 전부 | ～そうだ ～라고 한다 | 東京 도쿄 | 大阪 오사카 | だいたい 대략, 거의 | 出発 출발 | 一番 제일, 가장 | はやい 이르다, 빠르다 | 乗る 타다 | ～しか ～밖에 | 京都 교토(지명) | 有名だ 유명하다 | お寺 절 | 神社 신사 | 十分 충분, 충분히 | 天気 날씨 | 富士山 후지산 | 見える 보이다

(2)

昨日、鈴木さんといっしょに日光に行きました。朝、8時に新宿駅で鈴木さんと会って、電車に乗って行きました。2時間ぐらいかかりました。電車には人があまり乗っていなかったので、いろいろなことを話しました。日光に着いてお昼を食べてから有名なお寺や神社を見ました。日光の秋はほんとうにきれいでした。山にも登りたかったですが、すぐ駅に行かなければならないので、登りませんでした。6時ごろ日光を出て東京に帰りました。とても楽しい一日でした。

2 山に登らなかった理由はどうしてですか。
1 お昼を食べなければならないので。
2 神社やお寺に行かなければならないので。
3 **帰りの電車の時間がもうすぐだったので。**
4 電車の中には多くの人がいたので。

어제 스즈키씨와 함께 닛코에 갔습니다. 아침 8시에 신주쿠역에서 스즈키 씨와 만나, 전차를 타고 갔습니다. 2시간 정도 걸렸습니다. 전차에는 사람이 그다지 타고 있지 않았기 때문에, 여러 이야기를 했습니다. 닛코에 도착해 점심을 먹고 나서 유명한 절과 신사를 봤습니다. 닛코의 가을은 정말로 예뻤습니다. 산에도 오르고 싶었습니다만, 곧 역에 가지 않으면 안 돼서 오르지 않았습니다. 6시경 닛코를 출발해 도쿄로 돌아왔습니다. 매우 즐거운 하루였습니다.

2 산에 오르지 않은 이유는 어째서입니까?
1 점심을 먹지 않으면 안 되기 때문에.
2 신사와 절에 가지 않으면 안 되기 때문에.
3 **곧 돌아갈 전차 시간이었기 때문에.**
4 전차 안에는 많은 사람이 있었기 때문에.

[풀이]
'곧 역에 가지 않으면 안 돼서'라는 부분으로 보아 되돌아갈 전차 시간에 맞추기 위해 산에 오르지 못했음을 짐작할 수 있다. 정답은 3번이다.

昨日 어제 | 日光 닛코(지명) | 新宿駅 신주쿠역 | 会う 만나다 | 電車 전차 | 乗る 타다 | ~ぐらい ~정도 | かかる (시간, 비용 등) 걸리다, 들다 | ~に着く ~에 도착하다 | お昼 점심, 점심밥 | ~てから ~하고 나서 | 有名だ 유명하다 | お寺 절 | 神社 신사 | 秋 가을 | きれいだ 예쁘다 | 登る 오르다 | すぐ 곧, 금방 | 楽しい 즐겁다 | 一日 하루

(3)

近くにおいしい店ができたので、友達をさそっていっしょに行った。まだ12時になってないのに、店の前には人がたくさん並んでいた。みんな待つのに慣れているらしく、話をしながら待っていた。しばらくして店の人が出てきて「今日はここまで」と書いてあるものを私たちの12人ほど後ろの人の前においた。「よかった、食べられないところだった」と友だちが言った。30分ぐらい待って中に入った。料理はおいしかったけど、ゆっくり食事をすることはできなくてすこし残念だった。

3 「よかった、食べられないところだった」とあるが、そう言った理由はどうしてですか。
1. 12時で店が閉まるから。
2. 店の中が人でこんでいてゆっくり食べられなかったから。
3. **お客さんが多くてもう料理が足りないから。**
4. 店が小さくて12人しか入れないから。

　근처에 맛있는 가게가 생겼기 때문에, 친구를 데리고 함께 갔다. 아직 12시가 되지도 않았는데 가게 앞에는 많은 사람이 줄 서 있었다. 모두 기다리는 데 익숙한 듯, 이야기를 하면서 기다리고 있었다. 잠시 시간이 지나니 가게 사람이 나와 '오늘은 여기까지'라고 쓰여 있는 것을 우리의 12명 정도 뒷사람 앞에 놓았다. "다행이다, 못 먹을 뻔했다."라고 친구가 말했다. 30분 정도 기다려 안으로 들어갔다. 요리는 맛있었지만, 느긋하게 식사할 수는 없어서 조금 유감이었다.

3 "다행이다, 못 먹을 뻔했다."라고 있습니다만, 그렇게 말한 이유는 어째서입니까?
1. 12시로 가게가 문을 닫기 때문에.
2. 가게 안이 사람으로 붐벼서 느긋하게 먹을 수 없었기 때문에.
3. **손님이 많아서 더 이상 요리가 부족하기 때문에.**
4. 가게가 작아서 12명밖에 들어갈 수 없기 때문에.

[풀이]
미리 줄 서서 기다릴 만큼 대기를 해야 했고, 특히 점원이 '오늘은 여기까지'라는 영업 마감을 알렸으므로, 당일에 준비된 요리가 소진되었음을 알 수 있다. 따라서 정답은 3번이다.

近く 마을 | 店 가게 | できる 생기다, 할 수 있다 | 友達 친구 | さそう 권하다, 꼬드기다 | たくさん 많이 | 並ぶ 줄 서다, 늘어서다 | 待つ 기다리다 | 慣れている 익숙하다 | しばらく 잠시 | 書いてある 쓰여 있다 | 料理 요리 | ゆっくり 느긋하게 | 食事 식사 | 残念だ 유감스럽다

(4)

2月14日はバレンタインデーです。この日は女の人が好きな男の人にチョコレートをあげる日です。心を込めて自分で作る人もいれば、チョコレートじゃなくても必要な物をあげたりする人もいます。しかし、最近はSNSで紹介するためにかわいいものや高いチョコレートを買う女の人が増えているそうです。その写真をSNSで見せるためです。SNSをよく利用するようになって、バレンタインデーのようすもすこしずつ変わっていくようです。

・込める：넣다, 담다

4 その写真とありますが、どんな写真ですか。
1　自分でチョコレートを作っている写真
2　好きな男の人といっしょにいる写真
3　高いものを撮った写真
4　SNSを上手に使っている写真

2월 14일은 발렌타인 데이입니다. 이 날은 여자가 좋아하는 남자에게 초콜릿을 주는 날입니다. 마음을 담아 직접 만드는 사람도 있고, 초콜릿이 아니어도 필요한 물건을 주기도 하는 사람도 있습니다. 하지만 최근엔 SNS에서 소개하기 위해서 귀여운 물건이나 비싼 초콜릿을 사는 여자가 늘고 있다고 합니다. 그 사진을 SNS에 보이기 위해서입니다. SNS를 자주 이용하게 되면서, 발렌타인 데이의 모습도 조금씩 변해온 것 같습니다.

4 그 사진이라고 있습니다만, 어떤 사진입니까?
1　직접 초콜릿을 만들고 있는 사진
2　좋아하는 남자와 함께 있는 사진
3　비싼 물건을 찍은 사진
4　SNS를 능숙하게 사용하고 있는 사진

[풀이]

'그 사진'이라고 지칭한 바로 앞 문장에서 "SNS에 소개하기 위해서 귀여운 물건이나 비싼 초콜릿을 사는 여자가 늘고 있다."라고 했다. "그 사진을 보이기 위해서입니다."라고 다시 한번 말했으므로, 정답은 3번이다.

バレンタインデー 발렌타인 데이 | 女の人 여자 | 男の人 남자 | チョコレート 초콜릿 | あげる 주다 | 心を込める 마음을 담다 | 自分で 스스로, 직접 | 作る 만들다 | ~じゃなくても ~가 아니어도 | 必要だ 필요하다 | 物 물건 | しかし 그러나 | 最近 최근 | 紹介する 소개하다 | ~ために ~하기 위해서 | 増える 늘다, 증가하다 | ~そうです ~라고 합니다 | 写真 사진 | 見せる 보여주다 | 利用する 이용하다 | ~ようになる ~하게 되다 | ようす 모습 | 変わる 변하다

もんだい 5

내용 이해(중문) 실전 연습 ❶ p.252 해석과 문제 해설

1	2	3
③	③	③

つぎの文章を読んで、質問に答えてください。答えは、1・2・3・4から、いちばんいいものを一つえらんでください。

　　読書好きな日本人はいろんなタイプの本を読んでいる。最も人気のあるのは漫画だ。電車の中でも子供だけじゃなく、漫画の本を読んでいる大人が多くてびっくりした。政治、社会問題、小説なども漫画になっている本も多い。雑誌で人気を得た後、単行本になって売れ続ける漫画も多い。
　　世界的に人気のある日本の文化と言えば、やっぱりアニメーションだ。「アニメ」という言葉は英語でも定着しているほどだ。中でも「ワンピース」「名探偵コナン」「セーラームーン」のようなテレビアニメはよく知られている。このほかにも多くのアニメが世界各地で放映されている。映画になっているもので「となりのトトロ」「もののけ姫」などは世界中でヒットした。日常的な現実じゃないストーリーの展開が魅力的だというのが一番大きい理由だそうだ。また、漫画の中に出ているキャラクターや物もグッズとしてたくさん売れている。作品のファンたちはそれを集めるために買ったり作ったりしていて、日本人だけではなく世界中の多くの人に人気がある。漫画をテーマにした旅行を楽しむために日本を訪問する人も少なくない。

・単行本：단행본 / 放映：방영 / 展開：전개 / 魅力：매력

1 上の文章を書いた人はどうしてびっくりしたと言っていますか。
1　漫画をテーマにした旅行商品があるから。
2　日本のアニメが世界中の人に人気があるから。
3　電車の中で漫画を読んでいる大人が多いから。
4　「アニメ」が英語で定着しているから。

2 上の文章を読んで、正しいのはどれですか。
1　電車の中で漫画を読んでいる子供が多いのは問題だ。
2　大人には漫画より政治、社会問題、小説のほうが人気がある。
3　日本の漫画が好きで日本に行く人も多い。
4　日本の週刊誌には漫画がない。

3 文章の中のそれは何を言っていますか。
1　電車の中で子どもや大人が読んでいる漫画の本。
2　いろいろな種類の漫画の本。
3　アニメのキャラクターや物のグッズ。
4　人気を得て単行本になった漫画の本。

다음의 문장을 읽고, 질문에 대답하세요. 답은 1·2·3·4에서, 가장 좋은 것을 하나 고르세요.

> 독서를 좋아하는 일본인은 다양한 타입의 책을 읽고 있다. 가장 인기가 있는 것은 만화다. 전차 안에서도 아이들뿐만 아니라, 만화책을 읽고 있는 어른이 많아서 놀랐다. 정치, 사회문제, 소설 등도 만화로 되어 있는 책도 많다. 잡지에서 인기를 얻은 후, 단행본이 되어 계속 판매되는 만화도 많다.
>
> 세계적으로 인기 있는 일본 문화라고 하면, 역시 애니메이션이다. '아니메'라는 단어는 영어로도 정착되고 있는 정도다. 그 중에서도 「원피스」, 「명탐정 코난」, 「세일러문」과 같은 텔레비전 애니메이션은 잘 알려져 있다. 그 외에도 많은 애니메이션이 세계 각지에서 방영되고 있다. 영화로 된 것 중에 「이웃집 토토로」, 「모노노케히메」 등은 세계에서 히트했다. 일상적인 현실이 아닌 스토리 전개가 매력적이라는 것이 가장 큰 이유라고 한다. 또, 만화 속에 나오는 캐릭터나 물건도 상품으로서 많이 팔리고 있다. 작품의 팬들은 그것을 모으기 위해 사거나 만들기도 하고, 일본인뿐만 아니라 전세계의 많은 사람에게 인기가 있다. 만화를 테마로 한 여행을 즐기기 위해 일본을 방문하는 사람도 적지 않다.

1 윗 글을 쓴 사람은 어째서 놀랐다고 말하고 있습니까?
  1 만화를 테마로 한 여행상품이 있기 때문에.
  2 일본 애니메이션이 전 세계의 사람들에게 인기가 있기 때문에.
  3 전차 안에서 만화를 읽고 있는 어른이 많기 때문에.
  4 '아니메'가 영어로 정착되어 있기 때문에.

2 윗 글을 읽고 옳은 것은 무엇입니까?
  1 전차 안에서 만화를 읽고 있는 아이가 많은 것은 문제다.
  2 어른에게는 만화보다 정치, 사회문제, 소설 쪽이 인기가 있다.
  3 일본 만화를 좋아해서 일본에 가는 사람도 많다.
  4 일본 주간지에는 만화가 없다.

3 문장 속 그것은 무엇을 말하고 있습니까?
  1 전차 안에서 아이와 어른들이 읽고 있는 만화책.
  2 다양한 종류의 만화책.
  3 아니메의 캐릭터나 물건의 상품.
  4 인기를 얻어 단행본이 된 만화책.

[풀이]
1 첫 문단에서 "(아이들뿐만 아니라) 만화책을 읽고 있는 어른이 많아서"라고 직접적으로 이유를 언급했으므로 정답은 3번이다.
2 맨 마지막에 "만화를 테마로 한 여행을 즐기기 위해 일본을 방문하는 사람도 적지 않다."라고 했으므로 정답은 3번이다.
3 바로 앞 문장에서 만화 속에 나오는 캐릭터나 물건도 상품으로 팔리고 있다고 했고, 이어 '그것을 모으기 위해서'라고 했으므로 3번이 정답이다.

読書 독서 | タイプ 타입, 형태 | 読む 읽다 | 最も 가장, 무엇보다도 | 人気 인기 | 漫画 만화 | 電車 전차 | 子供 아이 | ～だけじゃなく ～뿐만 아니라 | 大人 어른 | びっくりする 놀라다 | 政治 정치 | 社会問題 사회 문제 | 小説 소설 | 雑誌 잡지 | 得る 얻다 | 単行本 단행본 | 売れ続ける 계속 판매되다 | 世界的に 세계적으로 | 文化 문화 | ～と言えば ～라고 하면 | やっぱり 역시 | アニメーション 애니메이션 | 言葉 말, 언어, 단어 | 英語 영어 | 定着 정착 | ～ほど ～정도 | 世界各地 세계 각지 | 放映される 방송되다 | 映画 영화 | 世界中 전세계 | ヒットする 히트하다 | 日常的 일상적 | 現実 현실 | ストーリー 스토리

展開 전개 | 魅力的 매력적 | 一番 가장, 제일 | 理由 이유 | キャラクター 캐릭터 | グッズ 굿즈, 상품 | 売れる 팔리다 | 作品 작품 | ファン 팬 | 集める 모으다 | ～ために ～하기 위해서 | テーマ 테마 | 旅行 여행 | 楽しむ 즐기다 | 訪問する 방문하다 | 少ない 적다

내용 이해(중문) 실전 연습 ❷ p.254 해석과 문제 해설

1	2	3
④	②	③

まりこ・ユミ：けんたくん、こんにちは。
けんた：あっ、まりこちゃん、ユミちゃん。来てくれてありがとう。
ユミ：体の具合はどう？ よくなった？
けんた：うん、みんなが心配してくれたおかげで、もうだいぶよくなったよ。
まりこ：よかったね。顔色もいいし、声も明るくなったし、思ったより元気そうで、安心した。
けんた：いろいろ心配かけてごめんね。あさってには退院できるんだって。朝、お医者さんにそういわれた。ところで……、これ、何？
ユミ：田中先生に作ってもらったお菓子と、昨日けんたくんから頼まれたノート。
まりこ：田中先生って優しいんだね。あ、そうそう。ジュース買ってきたんだけど、飲む？
けんた：うん、二人ともありがとう。こんなにたくさんもらっていいの？
ユミ：たくさん食べてはやく元気になってね。残りは冷蔵庫の中に入れておくから、あとで飲んでね。
けんた：あっ、その中にみかんあるから、よかったら食べて。さっき、お母さんが買ってきたんだ。
まりこ：う～ん、そうしたいんだけど、私たちはもうそろそろ帰るね。明日の発表のために準備しなきゃいけないの。
けんた：そっか。今日はお見舞いに来てくれてありがとう。来週、学校で会おうね。
まりこ・ユミ：じゃ、お大事に。

1 お菓子を作ってくれた人は誰ですか。
 1　けんたのお母さん
 2　まりこ
 3　ユミ
 4　田中先生

2 ユミとまりこが持ってきたものではないのはどれですか。
 1　ノート
 2　みかん
 3　ジュース
 4　お菓子

3 文章の内容と合っているのはどれですか。
1 今日けんたは発表の準備をします。
2 ユミはけんたにノートを貸してもらいました。
3 **けんたは2日後家に帰ることができます。**
4 先生がお菓子とジュースを作ってくれました。

마리코・유미 : 겐타 군, 안녕?

겐타 : 아, 마리코, 유미, 와 줘서 고마워.

유미 : 몸 상태는 어때? 좋아졌어?

겐타 : 응. 모두들 걱정해 준 덕분에, 이제 꽤 좋아졌어.

마리코 : 잘됐다. 안색도 좋은 데다 목소리도 밝아졌고, 생각했던 것보다 건강해 보여서 안심했어.

겐타 : 여러 가지로 걱정 끼쳐서 미안. **모레는 퇴원할 수 있대.** 아침에 의사 선생님이 그렇게 말했어. 그런데, 이거 뭐야?

유미 : **다나카 선생님이 만들어 주신 과자랑 어제 겐타 군한테 부탁받은 노트.**

마리코 : 다나카 선생님 상냥하시네. 아, 맞다. 주스 사 왔는데 마실래?

겐타 : 응, 둘 다 고마워. 이렇게 많이 받아도 되나?

유미 : 많이 먹고 얼른 건강해져. 남은 건 냉장고 안에 넣어 둘 테니까, 나중에 마셔.

겐타 : 아, **그 안에 귤 있으니까, 괜찮으면 먹어. 아까 엄마가 사 왔거든.**

마리코 : 아냐. 그러고 싶은데, 우리는 이제 슬슬 갈게. 내일 발표 때문에 준비하지 않으면 안 되거든.

겐타 : 그렇구나. 오늘은 병문안 와 줘서 고마워. 다음 주 학교에서 만나자.

마리코・유미 : 그럼, 몸조리 잘해.

---

1 과자를 만들어 준 사람은 누구입니까?
1 겐타의 엄마
2 마리코
3 유미
4 **다나카 선생님**

2 유미와 마리코가 가지고 간 것이 아닌 것은 어느 것입니까?
1 노트
2 **귤**
3 주스
4 과자

3 문장의 내용과 맞는 것은 어느 것입니까?
1 오늘 겐타는 발표 준비를 합니다.
2 유미는 겐타에게 노트를 빌려 받았습니다(겐타는 유미에게 노트를 빌려주었습니다).
3 **겐타는 이틀 뒤 집에 돌아갈 수 있습니다.**
4 선생님이 과자와 주스를 만들어 주셨습니다.

[풀이]

① 다나카 선생님이 만들어 준 과자라고 했으므로, 정답은 4번이다.
② '귤'을 권하며, 엄마가 사 왔다고 했으므로 정답은 2번이다.
③ 모레는 퇴원할 수 있다고 했으므로, 정답은 3번이다.

具合(ぐあい) 상태 | おかげで 덕분에 | だいぶ 꽤 | 顔色(かおいろ) 안색 | 声(こえ) 목소리 | 思(おも)ったより 생각했던 것보다 | 退院(たいいん) 퇴원 | ところで 그런데 | 頼(たの)む 부탁하다 | 優(やさ)しい 상냥하다 | ジュース 주스 | 全部(ぜんぶ) 전부 | もらう 받다 | 残(のこ)り 나머지 | 冷蔵庫(れいぞうこ) 냉장고 | 入(い)れておく 넣어 두다 | あとで 나중에 | みかん 귤 | よかったら 괜찮다면 | さっき 방금 전 | そろそろ 슬슬 | 発表(はっぴょう) 발표 | ~のために ~을 위해 | 準備(じゅんび) 준비 | ~なきゃいけない ~하지 않으면 안 된다 | お見舞(みま)い 병문안 | お大事(だいじ)に 몸조리 잘 하세요

내용 이해(중문) 실전 연습 ❸ p.256 해석과 문제 해설

1	2	3
①	④	③

イ先生、

お元気ですか。おかげさまで私は元気です。
　私、日本に来て、もう4か月になります。今、学校はまだ夏休みです。今回の夏休みはいろいろな経験をしながら楽しんでいます。実は7月の初めごろから友だちのさとし君と九州を旅行して今は大阪です。今回の旅行は新幹線に乗りましたが、駅弁をたべたり、富士山も見たりして、飛行機とはまた違った特別な経験ができて大切な思い出になりました。まず、九州に行くのは初めてで前から楽しみにしていました。また、ある神社では偶然、日本の伝統的な結婚式を見ることができましたが、まぶしいほどきれいでした。前、先生から「日本の夏は祭りだ」という話を聞いたことがあります。今日、実際に大阪の天神祭りを見て、その意味が分かりました。明日は近所で花火大会があるそうです。昨日買ったゆかたを着て行くつもりです。
　日本に来てから写真もたくさん撮りました。韓国に帰ったら先生や友だちに見せたいと思います。
　では、またメールをお送りします。

ジホンより

1 この文の内容で正しいものはどれですか。
　1　日本では神社で結婚式をする人もいる。
　2　花火大会にはゆかたを着て行かなければならない。
　3　ジホンは飛行機の中でお弁当を食べながら富士山を見た。
　4　九州の有名な祭りは天神祭りだ。

2 ジホンについての説明で正しいものはどれですか。
　1　4か月前、はじめて日本に行った。
　2　日本の神社で結婚式をした。
　3　富士山に登って大切な思い出を作った。
　4　日本の祭りを見たのははじめてだ。

3 大切な思い出になりましたと言ったのはどうしてですか。
 1 九州に行ったのははじめてだったから。
 2 きれいな日本の伝統結婚式が見られたから。
 3 新幹線に乗って飛行機とは違う経験をしたから。
 4 ゆかたを着て花火大会に行けるから。

이 선생님,

잘 지내십니까? 덕분에 저는 건강합니다.

제가 일본에 와서 벌써 4개월이 됩니다. 지금 학교는 아직 여름방학입니다. 이번 여름방학은 다양한 경험을 하면서 즐기고 있습니다. 실은 7월 초쯤부터 친구인 사토시 군과 큐슈를 여행하고 지금은 오사카입니다. 이번 여행은 신칸센을 탔습니다만, 에키벤을 먹기도 하고 후지산을 보기도 하며, 비행기와는 또 다른 특별한 경험이 생겨, 소중한 추억이 되었습니다. 우선, 큐슈에 가는 것은 처음이라 전부터 기대하고 있었습니다. 또 어느 신사에서는 우연히 일본의 전통적인 결혼식을 볼 수 있었습니다만, 눈부실 정도로 예뻤습니다. 예전에 선생님으로부터 "일본의 여름은 마츠리지!"라는 말씀을 들은 적이 있습니다. 오늘 실제로 오사카의 텐진 마츠리를 보고, 그 의미를 알 수 있게 됐습니다. 내일은 근처에서 불꽃축제가 있다고 합니다. 어제 산 유카타를 입고 갈 생각입니다.

일본에 오고 나서 사진도 많이 찍었습니다. 한국에 돌아가면 선생님과 친구들에게 보여주고 싶습니다.

그럼 또 메일 보내 드리겠습니다.

지홍으로부터

---

1 이 글의 내용으로 옳은 것은 어느 것입니까?
 1 일본에서는 신사에서 결혼식을 하는 사람도 있다.
 2 불꽃축제에는 유카타를 입고 가지 않으면 안 된다.
 3 지홍은 비행기 안에서 도시락을 먹으면서 후지산을 봤다.
 4 규슈의 유명한 마츠리는 텐진 마츠리다.

2 지홍에 관한 설명으로 옳은 것은 어느 것입니까?
 1 4개월 전, 처음으로 일본에 갔다.
 2 일본의 신사에서 결혼식을 했다.
 3 후지산에 올라 소중한 추억을 만들었다.
 4 일본의 마츠리를 본 것은 처음이다.

3 소중한 추억이 되었습니다. 라고 말한 것은 어째서입니까?
 1 큐슈에 간 것은 처음이었기 때문에.
 2 예쁜 일본의 전통 결혼식을 볼 수 있었기 때문에.
 3 신칸센을 타고 비행기와는 다른 경험을 했기 때문에.
 4 유카타를 입고 불꽃축제에 갈 수 있기 때문에.

[풀이]

1. 여행 중에 우연히 신사에서 전통 결혼식을 보았다는 말에서 1번이 정답임을 알 수 있다. 지홍은 신칸센에서 에키벤을 먹었고, 오사카에서 텐진 마츠리를 보았으므로 3번과 4번은 정답이 아니다. 또한 불꽃축제에 반드시 유카타를 입어야 한다고 말한 적은 없으므로 2번도 정답이 아니다.

2. 선생님으로부터 일본의 마츠리에 관해 들은 적이 있고, 오늘 실제로 마츠리를 보았다고 했으므로 정답은 4번이다.

3. 신칸센을 타서 비행기와는 또 다른 특별한 경험이 생겼다고 했기 때문에 신칸센을 탄 게 소중한 추억이 되었음을 알 수 있다. 정답은 3번이다.

おかげさまで 덕분에 | 元気だ 건강하다 | ～か月 ～개월 | 夏休み 여름방학 | 今回の～ 이번~ | 経験 경험 | 楽しむ 즐기다 | 実は 실은 | 初め 초 | 九州 큐슈(지명) | 旅行 여행 | 大阪 오사카(지명) | 新幹線 신칸센 | 駅弁 에키벤(역에서 파는 도시락) | 富士山 후지산 | 飛行機 비행기 | 違う 다르다 | 特別だ 특별하다 | 大切だ 소중하다, 중요하다 | 思い出 추억 | まず 우선 | 初めて 처음 | 楽しみにする 기대하다 | 神社 신사 | 偶然 우연히 | 伝統的 전통적 | 結婚式 결혼식 | まぶしい 눈부시다 | ～ほど ～만큼 | 祭り 마츠리, 축제 | 実際に 실제로 | 天神祭り 텐진 마츠리 | 意味 의미 | 分かる 알다, 이해하다 | 近所 근처 | 花火大会 불꽃축제 | 買う 사다 | ゆかた 유카타, 일본 전통옷 | 着る 입다 | 写真 사진 | 撮る 사진 찍다, 촬영하다 | 見せる 보여주다 | ～たい ～하고 싶다 | 送る 보내다, 발송하다

내용 이해(중문) 실전 연습 ❹ p.258 해석과 문제 해설

1	2	3
④	③	③

今朝、電車の中でいやなことがあった。隣の人が大きい声で電話で話していたからだ。たくさんの人で混んでいるのに、20分も話しつづけていた。
　マナーとは個人によって違いがあるとは思っているが、国や地域、社会などの中で人々が集まって過ごすためにはみんなで守らなければならないマナーがある。
　日本の電車や地下鉄の中では、大声で話す人や通話をする人はあまり見られない。それは、せまい空間では静かにするというマナーがあるからだ。まわりの人のめいわくにならないようにケータイ電話のベルをマナーモードにする。席に座るときにも、自分のひざの上に荷物を置いて人のじゃまにならないように注意する。ほかにもお年寄り、妊婦、体の不自由な人に席をゆずったりすることもよく見かける。また電車に乗る時にも順番を守るという点についてきびしいと言えるほどマナーを守っている。特に朝の通勤・通学のラッシュアワーの時、電車の乗車口やエレベーターの出入り口では「降りる人が先、乗る人が後」と言うマナーがある。このように順番を守ることで短い時間でスムーズに乗り降りできる。
　つまり、他人のことを考える心からマナーができ、このマナーを守ることでみんな幸せにすごせる社会になると思う。

・ゆずる：양보하다
・順番：순서, 순번

1 いやなことと言えることはどれですか。
   1 エレベーターに乗るとき、乗る人よりさきに降りる人を見た。
   2 足をけがした人に席をゆずった人を見た。
   3 電車の中で携帯電話の音をけした人を見た。
   4 重そうなかばんをとなりの席に置いた人を見た。

2 人のじゃまと言った理由はどうしてですか。
   1 荷物を下に置くときたなくなるから。
   2 荷物をひざに置かないと携帯電話の呼び出し音に気づかないから。
   3 荷物をとなりの席に置くとほかの人が座れないから。
   4 荷物をもって電車に乗るのはいけないから。

3 筆者のいいたいこととしていちばん正しいものはどれですか。
   1 車内で自分の荷物をひざの上に置かなければならない。
   2 電車の中で携帯電話は切らなければならない。
   3 人々が集まって生活するためには他人のことを考える心が必要だ。
   4 エレベーターの出入り口では順番を待たなければならない。

오늘 아침, 전차 안에서 좋지 않은 일이 있었다. 옆사람이 큰 목소리로 전화로 이야기하고 있었기 때문이다. 많은 사람으로 북적이고 있는데도, 20분이나 계속 이야기하고 있었다.

매너라는 것은 개인에 따라 차이가 있다고는 생각하지만, 국가나 지역, 사회 등 속에서 사람들이 모여 지내기 위해서는 모두 함께 지키지 않으면 안 되는 매너가 있다.

일본의 전차나 지하철 안에서는, 큰 목소리로 말하는 사람이나 전화를 하는 사람은 그다지 볼 수 없다. 그것은 좁은 공간에서는 조용히 한다는 매너가 있기 때문이다. 주변 사람에게 폐가 되지 않도록 휴대전화 벨소리를 매너 모드로 한다. 자리에 앉을 때에도 자신의 무릎 위에 짐을 놓아 타인에게 방해가 되지 않도록 주의한다. 그 외에도 노인, 임산부, 몸이 불편한 사람에게 자리를 양보하거나 하는 것도 좋은 매너다. 또 전차를 탈 때에도 순서를 지킨다는 점에 관해서도 엄격하다고 말할 수 있을 정도로 매너를 지키고 있다. 특히 아침 통근·통학의 러시아워 때, 전차의 승강장이나 엘리베이터의 출입구에서는 '내리는 사람이 먼저, 타는 사람은 나중'이라는 매너가 있다.

이렇듯 순서를 지키는 것으로 짧은 시간에 순조롭게 승하차를 할 수 있다. 즉, 타인을 생각하는 마음에서 매너가 생기고, 이 매너를 지킴으로써 모두 행복하게 지낼 수 있는 사회가 될 거라고 생각한다.

---

1 좋지 않은 일이라고 할 수 있는 것은 어느 것입니까?
   1 엘리베이터를 탈 때, 타는 사람보다 먼저 내리는 사람을 봤다.
   2 발을 다친 사람에게 자리를 양보한 사람을 봤다.
   3 전차 안에서 휴대전화 소리를 끈 사람을 봤다.
   4 무거워 보이는 가방을 옆자리에 놓은 사람을 봤다.

2 타인에게 방해라고 말한 이유는 어째서입니까?
1. 짐을 아래에 두면 더러워지기 때문에.
2. 짐을 무릎에 놓지 않으면 휴대전화 벨소리를 알아차릴 수 없기 때문에.
3. **짐을 옆자리에 놓으면 다른 사람이 앉을 수 없기 때문에.**
4. 짐을 들고 전차를 타는 것은 안 되기 때문에.

3 필자가 말하고 싶은 것으로 가장 옳은 것은 어느 것입니까?
1. 차 안에서 자신의 짐을 무릎 위에 놓지 않으면 안 된다.
2. 전차 안에서 휴대전화는 끄지 않으면 안 된다.
3. **사람들이 모여서 생활하기 위해서는 타인을 생각하는 마음이 중요하다.**
4. 엘리베이터 출입구에서는 순서를 기다리지 않으면 안 된다.

[풀이]

1 '좋지 않은 일'이란 매너를 지키지 않는 일을 의미한다. 필자는 본문에서 가방을 자신의 무릎에 놓지 않고 옆자리에 놓는 행위가 타인에게 방해되는 행동이라고 했으므로 4번이 정답이다. 1~3번은 모두 매너를 지키는 행위이므로 정답이 될 수 없다.

2 짐을 사람이 앉는 옆자리에 놓으면 다른 사람이 앉을 수 없게 되므로 '타인에게 방해'가 됨을 짐작할 수 있다. 정답은 3번이다.

3 필자는 계속 구체적인 예를 들어 매너를 강조하고 있고, 글의 마지막에 등장하는 "타인을 생각하는 마음에서 매너가 생기고, 모두 함께가 될 수 있다고 생각한다."가 이 글의 주제임을 알 수 있다. 정답은 3번이다.

今朝 오늘 아침 | 電車 전차 | いやだ 싫다 | 隣の人 옆사람 | 声 목소리 | 電話 전화 | 話す 이야기하다 | 混んでいる 붐비다 | 話しつづける 계속 이야기하다 | マナー 매너 | ~とは ~라는 것은 | 個人 개인 | ~によって ~에 따라 | 違い 다름, 차이 | 地域 지역 | 社会 사회 | 人々 사람들 | 集まる 모이다 | 過ごす 지내다 | ~ためには ~하기 위해서는 | 守る 지키다 | ~なければならない ~하지 않으면 안 된다 | 大声 큰 목소리 | 通話 통화 | せまい 좁다 | 空間 공간 | 静かにする 조용히 하다 | まわりの人 주변 사람 | めいわく 민폐 | 電源 전원 | 席 자리, 좌석 | 座る 앉다 | 自分 자신 | ひざ 무릎 | 荷物 짐 | 置く 두다, 놓다 | じゃまになる 방해가 되다 | 注意する 주의하다 | お年寄り 노인 | 妊婦 임산부 | 体 몸 | 不自由 자유롭지 않다 | ゆずる 양보하다 | 順番 순서 | ~について ~에 관해 | きびしい 엄격하다 | ~ほど ~정도로 | 通勤 통근 | 通学 통학 | ラッシュアワー 러시아워 | 乗車口 승강장 | エレベーター 엘리베이터 | 出入り口 출입구 | 降りる 내리다 | 先 먼저 | 乗る 타다 | 短い 짧다 | スムーズに 순조롭게 | つまり 즉 | 他人 타인 | 考える 생각하다 | 心 마음

もんだい 6

정보 검색 **실전 연습 ❶** p.260 해석과 문제 해설

1	2
①	④

右のページの「ホテルの情報」を見て、下の質問に答えてください。答えは、1・2・3・4から、一番いいものを一つえらんでください。

1 木村さんは仕事で大阪へ行きます。帰りの日、バスの時間が早いので、できるだけ駅から近いほうにしたいです。でも、忙しくても朝ご飯はかならず食べたいです。いちばん安い部屋はどれですか。

1　プリンスホテル　シングル
2　グランドホテル　シングル
3　さくらホテル　シングル
4　プリンスホテル　ツイン

2 友だちと３人で大阪に旅行に行きます。グランドホテルに２日泊まる予定ですが、私はサッカーの試合が見たくて、夜遅くまでテレビを見るつもりです。それで一人で寝ることにしました。この３人は全部でいくら払いますか。

1　16800円
2　23600円
3　20800円
4　33600円

ホテルの情報

	部屋	料金	アクセス	その他
プリンスホテル	シングル	4800円	駅から歩いて3分	・無料インターネットサービス ・朝食：1500円
	ツイン	8000円		
グランドホテル	シングル	6800円	駅から歩いて10分	・無料wi-fi ・朝食付き
	ツイン	10000円		
さくらホテル	シングル	7000円	駅の向かい	・無料インターネットサービス(24時間) ・ロビーにあるパソコンは1時間100円で使えます。 ・朝食付き
	ツイン	12000円		

＊グランドホテルでは、駅や空港まで無料シャトルバスのサービスをしています。

오른쪽 페이지의 '호텔 정보'를 보고 다음 질문에 답하세요. 답은 1·2·3·4에서 가장 알맞은 것을 하나 고르세요.

1. 기무라 씨는 일로 오사카에 갑니다. 돌아오는 날 버스 시간이 이르기 때문에 가급적 역에서 가까운 쪽이 좋습니다. 하지만 바빠도 아침밥은 반드시 먹고 싶습니다. 가장 싼 방은 어느 것입니까?

   1 **프린스 호텔 싱글**
   2 그랜드 호텔 싱글
   3 사쿠라 호텔 싱글
   4 프린스 호텔 트윈

2. 친구와 3명에서 오사카에 여행 갑니다. 그랜드호텔에 2일 머물 예정입니다만, 축구 시합을 보고 싶어서, 밤 늦게까지 텔레비전을 볼 생각입니다. 그래서 혼자 자기로 했습니다. 이 세 사람은 전부 얼마 지불합니까?

   1 16800엔
   2 23600엔
   3 26800엔
   4 **33600엔**

호텔 정보

	방	요금	위치	기타
프린스 호텔	싱글	4800엔	역에서 걸어서 3분	· 무료 인터넷 서비스 · 조식 : 1500엔
	트윈	8000엔		
그랜드 호텔	싱글	6800엔	역에서 걸어서 10분	· 무료 Wi-Fi · 조식 포함
	트윈	10000엔		
사쿠라 호텔	싱글	7000엔	역 맞은편	· 무료 인터넷 서비스 (24시간) · 로비에 있는 컴퓨터는 1시간 100엔으로 사용할 수 있습니다. · 조식 포함
	트윈	12000엔		

* 그랜드 호텔에서는 역과 공항까지 무료 셔틀버스 서비스를 하고 있습니다.

[풀이]

1. 기무라 씨는 역에서 가까운 호텔을 선호하고, 조식을 꼭 먹으려고 한다. 프린스 호텔은 싱글 4800엔에 조식 1500엔을 더하여 총 6300엔, 그랜드 호텔은 조식이 포함되어 싱글 6800엔, 사쿠라 호텔도 조식 포함으로 싱글 7000엔이다. 가장 저렴한 방은 1번이다.

2. 축구 시합을 보기 위해 2명의 트윈(10000엔) 객실 하나, 1명의 싱글(6800엔) 객실 하나가 필요하다. 1박당 16800엔이고 2박 머무를 예정이므로 최종 요금은 33600엔인 4번이 정답이다.

ホテル 호텔 | 情報 정보 | 部屋 방 | シングル 싱글 | ツイン 트윈 | 料金 요금 | アクセス 액세스 | 駅 역 | 歩く 걷다 | 無料 무료 | インターネット 인터넷 | サービス 서비스 | 朝食付き 조식 포함 | 向かい 맞은편 | 空港 공항 | シャトルバス 셔틀버스 | 仕事 일, 업무 | 大阪 오사카(지명) | 行く 가다 | 帰りの日 돌아오는 날 | バス 버스 | 時間 시간 | 早い 이르다 | できるだけ 가능한 | 近い 가깝다 | でも 하지만 | 忙しい 바쁘다 | 朝ご飯 아침밥 | かならず 반드시 | ～たい ～하고 싶다 | いちばん 제일 | 安い 싸다 | 旅行 여행 | ～に行く ～하러 가다 | 泊まる 묵다 | 予定 예정 | サッカー 축구 | 試合 시합 | 見る 보다 | 夜遅く 밤늦게 | ～つもりだ ～할 생각이다 | それで 그래서 | 寝る 자다 | ～ことにする ～하기로 하다 | 全部 전부 | 払う 지불하다

정보 검색 **실전 연습 ❷** p.262 해석과 문제 해설

1	2
③	③

右のページの「バレンタインイベントの紹介」を見て、下の質問に答えてください。答えは1・2・3・4から、いちばんいいものを一つえらんでください。

1 りえちゃんはバレンタインデーのためにデートの計画をたてています。でも、りえちゃんのかれはその日、出張でアメリカに行かなければなりません。それで、その前の日に会うことにしました。二人が楽しめるイベントには何がありますか。

1　AとB
2　BとC
3　AとC
4　BとD

2 バレンタインデーに夫とデートすることにしました。せっかくのデートなのに二人とも仕事ですごく疲れています。それでリラックスできるようなデートがしたいです。まず、おいしい料理を食べて、マッサージを受けたいです。二人のデートにはいくらかかりますか。

1　12000円
2　14000円
3　16000円
4　18000円

バレンタインイベントの紹介

デートにおすすめ！バレンタインイベント
年に一度のバレンタイン。特別な気分を味わえる場所とイベントを紹介します。
恋人や友だちといっしょに楽しんで！

どこで？	なにを？
A. 東京タワー 2月13日〜14日 (17:00〜22:00)	100階段をいっしょに上れば、二人の恋が深くなるかも！ 夜、きれいな東京タワーのライトアップや夜景も楽しめます。 入場料：1人1300円
B. さくらワールド公園 2月14日 (19:00〜22:00)	人気アイドル「ユリ」のコンサート！ 恋を歌うユリの歌を聞きながら、プロポーズを！ 入場料：1人1800円
C. ひかりサロン 2月13日〜14日 (23:00まで)	カップルでゆっくり！ カップルのお客さまに30分の足マッサージをただでサービスさせていただきます。 一人60分：4000円(＋30分ただ)
D. ビストロガーデン 2月13日〜14日 (19:00〜22:00)	カップルのためのセットメニュー！ (ステーキコース ＋ ワイン ＋ デザート ＋ コーヒー) セット(二人分)：8000円

＊ 外でするイベントは、雨の日、中止になることもありますので、電話でご確認お願いします。

오른쪽 페이지의 '발렌타인 이벤트 소개'를 보고 다음 질문에 답하세요. 답은 1·2·3·4에서 가장 알맞은 것을 하나 고르세요.

1 리에는 발렌타인데이를 위해 데이트 계획을 세우고 있습니다. 하지만 리에의 남자 친구는 그날 출장으로 미국에 가지 않으면 안 됩니다. 그래서 그 전날에 만나기로 했습니다. 두 사람이 즐길 수 있는 이벤트에는 무엇이 있습니까?

1　A와 B
2　B와 C
3　**A와 C**
4　B와 D

2 발렌타인데이에 남편과 데이트 하기로 했습니다. 모처럼의 데이트인데 두 사람 모두 일로 매우 지쳐 있습니다. 그래서 릴랙스할 수 있는 데이트를 하고 싶습니다. 일단 맛있는 요리를 먹고, 마사지를 받고 싶습니다. 두 사람의 데이트에는 얼마가 듭니까?

1　12000엔
2　14000엔
3　**16000엔**
4　18000엔

발렌타인 이벤트 소개

데이트 추천! 발렌타인 이벤트
일 년에 한 번의 발렌타인. 특별한 기분을 맛볼 수 있는 장소와 이벤트를 소개합니다.
연인이나 친구와 함께 즐기세요!

어디에서?	무엇을?
A. 도쿄 타워 2월 13일~14일 (17:00~22:00)	100계단을 함께 오르면, 둘의 사랑이 깊어질 수도! 밤에 예쁜 도쿄 타워의 라이트 업과 야경도 즐길 수 있습니다. 입장료 : 1인 1300엔
B. 사쿠라 월드 공원 2월 14일 (19:00~22:00)	인기 아이돌 '유리' 콘서트! 사랑을 노래하는 유리의 노래를 들으면서 프러포즈를! 입장료: 1인 1800엔
C. 히카리 살롱 2월 13일~14일 (23:00까지)	커플끼리 느긋하게! 커플 고객께 30분의 발 마사지를 무료로 서비스해 드립니다. 한 명 60분: 4000엔(+30분 공짜)
D. 비스트로 가든 2월 13일~14일 (19:00~22:00)	커플을 위한 세트 메뉴! (스테이크 코스 + 와인 + 디저트 + 커피) 세트(2인분) : 8000엔

＊밖에서 하는 이벤트는 비가 내리는 경우 중지될 수도 있으므로, 전화로 확인 부탁드립니다.

[풀이]

1. 발렌타인 데이(2월 14일) 당일에는 안 되고 그 전날(2월 13일)만 되므로, A, C, D만 가능하다. B가 포함된 선택지 1번, 2번, 4번은 정답이 될 수 없다. 따라서 정답은 3번이다.
2. 식사 이벤트 D는 2인분에 8000엔. 마사지는 한 사람당 4000엔이므로 두 사람이 내야 할 총 금액은 16,000엔이다. 정답은 3번이다.

バレンタイン 발렌타인 | 紹介 소개 | デート 데이트 | おすすめ 추천 | 一度 한 번 | 特別だ 특별하다 | 気分 기분 | 味わえる 맛볼 수 있다 | 恋人 애인 | 友だち 친구 | 楽しむ 즐기다 | 東京タワー 도쿄 타워 | 階段 계단 | 上る 오르다 | 恋 사랑 | 深い 깊다 | 夜 밤 | 夜景 야경 | 入場料 입장료 | 人気 인기 | アイドル 아이돌 | コンサート 콘서트 | ～ながら ～하면서 | プロポーズ 프러포즈 | カップル 커플 | お客さま 손님 | ただ 공짜 | サービス 서비스 | セットメニュー 세트 메뉴 | ステーキコース 스테이크 코스 | ワイン 와인 | デザート 디저트 | コーヒー 커피 | 外 밖 | 雨の日 비 오는 날 | 中止 중지 | 確認 확인 | 計画をたてる 계획을 세우다 | かれ 남자친구 | 出張 출장 | ことにする 하기로 하다 | 夫 남편 | 近く 근처 | 仕事 일, 직업 | すごく 매우 | 疲れる 피곤하다, 지치다 | リラックス 릴랙스 | 料理 요리 | 受ける 받다

정보 검색 실전 연습 ❸ p.264 해석과 문제 해설

1	2
②	①

右のページの「フリーマーケットの商品情報」を見て、下の 質問に 答えてください。答えは、1・2・3・4から、いちばんいいものを一つえらんでください。

1 木村君は先週自転車がこわれてしまって、新しいものを買おうと思っていましたが、ある日、アパートのエレベーターの中にはってあるフリーマーケットの情報を見て、フリーマーケットで買うことにしました。でも、今週の週末は友だちと約束があって山登りに行きます。今日は16日です。いつ買えますか。

1　18日
2　25日
3　29日
4　31日

2 私は20日に引っ越します。要らなくなった服を売りたいです。どうするのがいいですか。

1　16日に管理室に名前と電話番号をいう。
2　17日に管理室に名前と電話番号をいう。
3　18日に管理室に名前と電話番号をいう。
4　19日に管理室に名前と電話番号をいう。

フリーマーケットの商品情報

エコ生活へどうぞ。物は使える限り大切に！

・1日〜29日(1か月間)
・時間：午後1時〜午後5時
・物を売るかたは売る前の日に管理室にお名前と電話番号をお知らせください。

区分	商品の情報	曜日
学用品	本、雑誌、かばん、ペンなどその他	毎週 月、水、金
服	コートやズボンなどの服やぼうしや靴などその他のアクセサリー	毎週 土
電気・電子製品	テレビ、モニター、パソコン、カメラなどその他	毎週 火
家具	テーブル、いす、ハンガーなどその他	毎週 木
その他	自転車、食器などその他	毎週 日

日	月	火	水	木	金	土
				1	2	3
4	5	6	7	8	9	10
11	12	13	14	15	16	17
18	19	20	21	22	23	24
25	26	27	28	29	30	31

오른쪽 페이지의 '플리마켓 상품 정보'를 보고 다음 질문에 답하세요. 답은 1·2·3·4에서 가장 알맞은 것을 하나 고르세요.

1 기무라 군은 지난주 자전거가 망가져 버려서, 새것을 사려도 생각하고 있었습니다만, 어느 날, 아파트의 엘리베이터 안에 쓰여 있는 플리마켓 정보를 보고, 플리마켓에서 사기로 했습니다. 하지만 이번 주 주말은 친구와 약속이 있어 등산 갑니다. 오늘은 16일입니다. 언제 살 수 있습니까?

1 18일
2 25일
3 29일
4 31일

2 나는 20일에 이사합니다. 필요 없게 된 옷을 팔고 싶습니다. 어떻게 하면 좋습니까?

1　**16일에 관리실에 이름과 전화번호를 말한다.**
2　17일에 관리실에 이름과 전화번호를 말한다.
3　18일에 관리실에 이름과 전화번호를 말한다.
4　19일에 관리실에 이름과 전화번호를 말한다.

플리마켓 상품 정보

에코 생활로 어서오세요. 물건은 사용할 수 있는 한 소중히!

- 1일~29일 (1개월간)
- 시간 : 오후 1시~오후 5시
- 물건을 파실 분은 팔기 전날 관리실에 이름과 전화번호를 말씀해 주세요.

구분	상품 정보	요일
학용품	책, 잡지, 가방, 펜 등 기타	매주 월, 수, 금
옷	코트나 바지 등의 옷, 모자나 구두 등 그외 액세서리	매주 토
전기·전자제품	텔레비전, 모니터, 컴퓨터, 카메라 등 기타	매주 화
가구	테이블, 의자, 행거 등 기타	매주 목
기타	자전거, 식기 등 기타	매주 일

일	월	화	수	목	금	토
				1	2	3
4	5	6	7	8	9	10
11	12	13	14	15	16	17
18	19	20	21	22	23	24
25	26	27	28	29	30	31

[풀이]

1. 자전거는 '기타' 물품에 해당하고 매주 일요일에 판매된다. 오늘이 16일로 가장 가까운 일요일은 18일이지만 주말에 친구와 약속이 있으므로, 그 다음 일요일인 25일에 살 수 있다. 정답은 2번이다.

2. 옷은 매주 토요일에 마켓 행사가 있고 팔 사람은 전날 관리실에 이름과 전화번호를 말해야 한다. 20일에 이사를 갈 예정이므로, 옷은 2일, 9일, 16일 중에 연락하면 된다. 따라서 1번이 정답이다.

フリーマーケット 플리마켓, 벼룩시장 | 商品(しょうひん) 상품 | 情報(じょうほう) 정보 | エコ生活(せいかつ) 에코생활 | 区分(くぶん) 구분 | 曜日(ようび) 요일 | 学用品(がくようひん) 학용품 | 雑誌(ざっし) 잡지 | コート 코트 | ズボン 바지 | ぼうし 모자 | 靴(くつ) 신발 | アクセサリー 액세서리 | 電子製品(でんしせいひん) 전자제품 | テレビ 텔레비전 | モニター 모니터 | パソコン 컴퓨터 | カメラ 카메라 | 家具(かぐ) 가구 | テーブル 테이블 | いす 의자 | ハンガー 행거 | その他(ほか) 그 밖, 기타 | 自転車(じてんしゃ) 자전거 | 食器(しょっき) 식기 | 管理室(かんりしつ) 관리실 | 約束(やくそく) 약속 | 山登(やまのぼ)り 등산 | 引(ひ)っ越(こ)す 이사하다 | 要(い)らない 필요 없다 | 売(う)る 팔다

정보 검색 실전 연습 ❹ p.266 해석과 문제 해설

1	2
①	③

右のページの「時間表」を見て、下の質問に答えてください。答えは1・2・3・4から、いちばんいいものを一つえらんでください。

1 韓国から「黒川」というところに旅行に行きます。飛行機は予約しました。バスで「黒川温泉」まで行くと、黒川に一番早く着くのは何時ですか。

　1　午後3時50分
　2　午後4時40分
　3　午後6時20分
　4　午後2時20分

2 母と私の大人二人で「黒川」に旅行に行きます。「黒川」に行く時も、韓国に帰る時も福岡空港を利用する予定です。この二人は福岡空港から行き帰りバスを利用します。二人でバス代はいくらですか。

　1　3800円
　2　4000円
　3　7600円
　4　8000円

飛行機の時間

「インチョン空港」 → 「福岡空港」
出発 11:00　　到着 12:20

バスの時間

「福岡空港」 → 「黒川温泉」

	出発の時間	かかる時間
バスA	10:10	2時間30分
バスB	12:10	2時間10分
バスC	13:10	2時間40分
バスD	14:10	2時間30分
バスE	16:10	2時間10分

＊バスのチケットは空港の1階で買えます。
＊料金は、大人：2000円(片道) ／ 3800円(往復)
　　　　　子ども：1800円(片道) ／ 3400円(往復)

오른쪽 페이지의 '시간표'를 보고 다음 질문에 답하세요. 답은 1·2·3·4에서 가장 알맞은 것을 하나 고르세요.

[1] 한국에서 '구로카와'라고 하는 곳에 여행하러 갑니다. 비행기는 예약했습니다. 버스로 '구로카와 온천'까지 가면 구로카와에 가장 빨리 도착하는 것은 몇 시입니까?

1　오후 3시 50분
2　오후 4시 40분
3　오후 6시 20분
4　오후 2시 20분

[2] 엄마와 나, 성인 둘이서 '구로카와'에 여행갈 겁니다. 구로카와에 갈 때도, 한국에 돌아올 때도 후쿠오카 공항을 이용할 예정입니다. 이 두 사람은 후쿠오카 공항에서 왕복 버스를 이용합니다. 두 명이서 버스 요금은 얼마입니까?

1　3800엔
2　4000엔
3　7600엔
4　8000엔

비행기 시간

⟨인천 공항⟩ → ⟨후쿠오카 공항⟩
출발 11:00　　도착 12:20

버스 시간

⟨후쿠오카 공항⟩ → ⟨구로카와 온천⟩

	출발 시간	소요 시간
버스A	10:10	2시간 30분
버스B	12:10	2시간 10분
버스C	13:10	2시간 40분
버스D	14:10	2시간 30분
버스E	16:10	2시간 10분

＊버스 티켓은 공항 1층에서 사실 수 있습니다.
＊요금은 성인: 2000엔(편도) / 3800엔(왕복)
　　　　어린이: 1800엔(편도) / 3400엔(왕복)

[풀이]

1. 비행기가 12시 20분에 도착하므로 13시 10분 버스C를 탈 수 있고, 소요 시간이 2시간 40분이므로 15시 50분, 즉 오후 3시 50분이 된다.
2. 구로카와를 오갈 때 모두 후쿠오카 공항을 이용하므로 버스 티켓은 왕복으로 사야 한다. 두 사람 모두 성인이므로, 왕복 요금 3,800엔에 곱하기 2를 하여 총 7,600엔이 든다.

飛行機 비행기 | 空港 공항 | 福岡 후쿠오카 | 出発 출발 | 到着 도착 | 温泉 온천 | かかる 걸리다 | チケット 티켓 | ～階 ～층 | 料金 요금 | 大人 성인 | 片道 편도 | 往復 왕복 | 予約 예약 | ～ために ～하기 위해 | 払う 지불하다

3교시 청해 해석과 해설

청해 유형 확인 문제 p.288 스크립트와 문제 해설

1

カフェで、女の人と男の人が話しています。女の人は、どのメニューを食べますか。 M あ〜暑い。私はアイスコーヒーにする。 F う〜ん、私、朝ごはん食べなかったから、ケーキとジュースにする。 M そうなんだ。でもここはコーヒーで有名なんだけど。コーヒーにしない？ F そうなの？今日暑いから、じゃあ、私もアイスコーヒーにしようか。 M ほら、サンドイッチとアイスコーヒーセットがあるね。値段も安いし。 F そうだね、じゃあケーキはやめてあのセットにする。 女の人は、どのメニューを食べますか。	카페에서 여자와 남자가 이야기하고 있습니다. 여자는 어느 메뉴를 먹습니까? M 아~, 덥다. 나는 아이스커피로 할래. F 음, 나는 아침밥 안 먹어서, 케이크랑 주스로 할래. M 그렇구나. 하지만 여기 커피로 유명한데. 커피로 하지 않을래? F 그래? 오늘 더우니까 그럼 나도 아이스커피로 할까. M 저기 봐, 샌드위치랑 아이스커피 세트가 있네. 가격도 싸고. F 그러네, 그럼 케이크는 그만두고 저 세트로 할래. 여자는 어느 메뉴를 먹습니까?

[정답] 2

[풀이]
아침 식사를 못 한 여자는 케이크와 주스를 선택했지만 남자의 권유에 커피를 선택하고, 마침 샌드위치와 함께 세트로 사면 저렴하다는 것을 알게 되어 마지막에 '그 세트로 할래'라고 결정했으므로 정답은 2번이다.

カフェ 카페 | 女の人 여자 | 男の人 남자 | 話す 이야기하다 | ～ている ～하고 있다 | どの～ 어느~ | メニュー 메뉴 | 暑い 덥다 | アイスコーヒー 아이스커피 | ～にする ～로 하다 | 朝ごはん 아침밥 | ケーキ 케이크 | ジュース 주스 | でも 하지만 | 有名だ 유명하다 | 今日 오늘 | サンドイッチ 샌드위치 | 値段 가격 | 安い 싸다 | やめる 그만두다 | セット 세트

2

女の人と男の人が話しています。男の人はどうして昼ご飯を食べませんでしたか。 M お昼、おいしかったですか。	여자와 남자가 이야기하고 있습니다. 남자는 어째서 점심을 먹지 않았습니까? M 점심, 맛있었나요?

F はい、この 前の ラーメン屋に いって きました。
M そうですか。あの 店って すごく おいしいでしょう。けど、いつも お客さんが おおいから、きょうも 時間 かかったでしょうね。
F はい。今日も 20分も 待ちましたよ。吉田さんは？昼ご飯 どうしましたか。
M 私は 仕事が たくさん あって、まだなんです。
F えっ？じゃ、サンドイッチとか パンでも 買って 来ましょうか。
M う～ん、いいです。まず 仕事 終えてから 食べに いきますね。

男の 人は どうして 昼ご飯を 食べませんでしたか。

1 店に ひとが 多くて
2 サンドイッチと パンを たべるために
3 仕事で いそがしくて
4 20分も 待たなければ いけなくて

F 네, 요전의 라멘가게에 갔다 왔어요.
M 그래요? 그 가게 정말 맛있죠? 하지만 늘 손님이 많아서 오늘도 시간이 걸렸겠네요.
F 네, 오늘도 20분이나 기다렸어요. 요시다 씨는요? 점심 어떻게 했어요?
M 저는 일이 많아서 아직이에요.
F 네? 그럼 샌드위치나 빵이라도 사 올까요?
M 음, 괜찮아요. 일단 일 끝내고 나서 먹으러 갈게요.

남자는 어째서 점심을 먹지 않았습니까?

1 숙제를 한다
2 TV를 본다
3 목욕을 한다
4 책을 읽는다

[풀이]
"일이 많아서 아직이에요."라고 말한 부분이 핵심이다. 라면이나 샌드위치 빵 등의 음식 이름이 많이 나오더라도 혼동하지 않도록 주의한다. 마지막에 '먼저 일을 끝내고 나서 먹으러 가겠다'라고 먹지 않은 이유를 한 번 더 확인할 수 있으므로 끝까지 대화를 듣는 것이 중요하다.

どうして 왜, 어째서 | 昼ご飯 점심밥 | 食べる 먹다 | おいしい 맛있다 | この前 요전 | ラーメン 라멘가게 | 店 가게 | すごく 굉장히 | お客さん 손님 | おおい 많다 | 時間 시간 | かかる 걸리다. 소요되다 | 待つ 기다리다 | 仕事 일. 업무 | サンドイッチ 샌드위치 | パン 빵 | ～でも ～라도 | 買う 사다 | まず 먼저, 일단 | 終える 끝내다

3

体の 具合が 悪くて 熱も あります。今日は 早く 家に 帰りたいです。先生に 何と 言いますか。

M 1 あの、今日は はやく 帰って いただけませんか。
2 あの、今日は はやく 帰らせても いいですか。
3 あの、今日は はやく 帰らせて いただけませんか。

몸이 좋지 않고 열도 있습니다. 오늘은 일찍 집에 가고 싶습니다. 선생님께 뭐라고 말합니까?

M 1 저, 오늘은 일찍 돌아가 주실 수 있습니까?
2 저, 오늘은 일찍 귀가시켜도 됩니까?
3 저, 오늘은 일찍 귀가시켜 주실 수 있습니까?

[풀이]

부탁 표현 〜ていただけませんか에는 상대방이 해주었으면 하는 행동, 즉 동사를 접속한다. 이때 사역동사를 접속하면 '〜하게 해 주세요'라는 표현을 만들 수 있다. 帰らせる(귀가시키다) + 〜ていただけませんか(부탁)

体 몸 | 具合が悪い 몸이 좋지 않다 | 熱 열 | 今日 오늘 | 早く 일찍 | 帰る 돌아가다, 돌아오다, 귀가하다 | 〜たい 〜하고 싶다

4

M 何か お手伝いしましょうか。	M 뭔가 도와드릴까요?
F 1 はい、どうぞ。 　2 はい、手伝いましょう。 　3 はい、おねがいします。	F 1 네, 드세요. 　2 네, 도웁시다. 　3 네, 부탁합니다.

[풀이]

무언가 도와주려고 다가선 사람에게 부탁한다고 말하는 3번이 정답이다.

何か 무언가 | お手伝いする 도와드리다(겸양 표현) | どうぞ 자~ (드세요, 앉으세요, 받으세요 등) | おねがいします 부탁합니다

유형별 실전 문제

もんだい 1

과제 이해 실전 연습 ❶ p.292 스크립트와 문제 해설

1ばん

店で、女の 人と 男の 人が 話して います。女の 人は、どれを 注文しますか。	가게에서 여자와 남자가 이야기하고 있습니다. 여자는 어느 것을 주문합니까?
M ええと、ぼくは この やさい カレーに する。みゆちゃんは？ F 私も それに する。あ、デザートと 飲み物が 300円で 楽しめるって。 M そう？じゃ、ぼくは それも。みゆちゃんは？ F う〜ん、どうしようかな。飲み物は ほしいけど、デザートは 要らないな。 M じゃ、これは？300円で コーラが 何杯も 飲めるって。 F へえ、いいね。じゃあ、それに しよう。	M 음, 나는 이 채소 카레로 할래. 미유는? F 나도 그걸로 할래. 아, 디저트랑 음료를 300엔에 즐길 수 있대. M 그래? 그럼, 나는 그것도. 미유짱은? F 음, 어떻게 하지? 음료는 마시고 싶은데 디저트는 필요 없거든. M 그럼, 이것은? 300엔에 콜라를 여러 잔 마실 수 있대. F 아, 좋다. 그럼 그걸로 하자.

| 女の 人は、どれを 注文しますか。 | 여자는 어느 것을 주문합니까? |

[정답] 4

[풀이]

남자가 말한 카레 메뉴에 음료를 선택하고 있다. 하지만 디저트는 필요 없다고 말했고, 300엔으로 콜라 무제한을 선택했으므로, 결국 카레와 콜라만을 주문하게 된다. 정답은 4번이다.

店 가게 | 女の人 여자 | 話す 이야기하다 | ~ている ~하고 있다 | どの 어느 | 注文 주문 | やさい 채소 | カレー 카레 | ~にする ~으로 하다 | デザート 디저트 | 飲み物 음료 | 楽しむ 즐기다 | ~って ~래 | どうしよう 어쩌지 | ほしい 갖고 싶다, 원하다 | 要らない 필요 없다 | コーラ 콜라 | ~杯 ~잔

2ばん

| 女の 人と 男の 人が 話して います。二人は いつ 食事に 行きますか。 | 여자와 남자가 이야기하고 있습니다. 두 사람은 언제 식사하러 갑니까? |

F こんにちは。この 前は どうも。とても 楽しかったです。ケーキも おいしかったし。
M 私もです。もし よかったら、今日も お昼 いっしょに どうですか。おいしい 店 見つけたんです。
F あ、今日ですか。すみません。私も 行きたいんですが、ちょっと 約束が…。来週の 月曜日なら 大丈夫ですけど。
M あー、その 日は 私が ちょっと…。じゃあ、その 次の 日は どうですか。
F はい、いいですよ。

F 안녕하세요. 요전에는 정말 즐거웠습니다. 케이크도 맛있었고.
M 저도요. 괜찮으시다면, 오늘도 점심 같이 드실래요? 맛집을 찾았답니다.
F 아, 오늘요? 죄송합니다. 저도 가고 싶은데 약속이……. 다음 주 월요일이라면 괜찮습니다만.
M 아, 그날은 제가 좀… 그럼 그다음 날은 어때요?
F 네, 좋아요.

| 二人は いつ 食事に 行きますか。 | 두 사람은 언제 식사하러 갑니까? |

1 今週の 月曜日
2 今週の 火曜日
3 来週の 月曜日
4 来週の 火曜日

1 이번 주 월요일
2 이번 주 화요일
3 다음 주 월요일
4 다음 주 화요일

[풀이]

식사 제안에 여자는 오늘이 불가능하고, 다음 주 월요일은 남자가 불가능하다. 이때, '그다음 날'이라면 두 사람 모두 가능하다고 했으므로, 다음 주 화요일인 4번이 정답이다.

この前 요전에 | 楽しい 즐겁다 | ケーキ 케이크 | おいしい 맛있다 | もし 혹시, 만일 | よかったら 괜찮다면 | お昼 점심, 점심밥 | どうですか 어떻습니까? | 店 가게 | 見つける 발견하다, 찾다 | 今日 오늘 | ～たい ～하고 싶다 | 約束 약속 | 来週 다음 주 | 月曜日 월요일 | 大丈夫だ 괜찮다 | その日 그날 | 次の日 다음 날 | 食事 식사

3ばん

女の 人と 男の 人が 話して います。男の 人は まず 何を しますか。	여자와 남자가 이야기하고 있습니다. 남자는 우선 무엇을 합니까?
F ねえ、家の 近くの 神社で お祭りを やって いるのよ。いっしょに 行かない？ M まつり？一人で 行って 来て。ぼく、明日の 会議の 準備で プレゼンテーション 作らなければ いけないんだ。 F 行きましょうよ。去年も あなたの 仕事で 行けなかったから。そこの 屋台で 夕ご飯 食べようよ。いろいろ おいしい もの たくさん 売って いるらしいよ。 M そっか、もう 夕ご飯の 時間だし、行って みようか。じゃあ、僕 ちょっと シャワー 浴びてから 出かけよう。いい？ F うん、もちろん。私も 出かける 準備するね。	F 있잖아, 집 근처의 신사에서 축제를 하고 있어. 같이 가지 않을래? M 축제? 혼자 갔다 와. 나, 내일 회의 준비로 프레젠테이션 만들어야 해. F 가자. 작년에도 당신 일로 갈 수 없었으니까. 거기 포장마차에서 저녁 먹자. 여러가지 맛있는 것 많이 파는 것 같은데. M 그렇구나, 벌써 저녁 시간이고, 가볼까? 그럼 나 샤워 좀 하고 나가자. 괜찮아? F 응, 물론이지. 나도 나갈 준비 할게.
男の 人は まず 何を しますか。	남자는 우선 무엇을 합니까?
1 プレゼンテーションを 作る 2 女の 人と 祭りに 行く **3 シャワーを 浴びる** 4 夕ご飯を 食べる	1 프레젠테이션을 만든다 2 여자와 축제에 간다 **3 샤워를 한다** 4 저녁 밥을 먹는다

[풀이]

남자는 축제에 나가기 전에 샤워를 하겠다고 했으므로 정답은 3번이다.

近く 근처 | 神社 신사 | お祭り 축제, 마츠리 | やっている 하고 있다 | 会議 회의 | 準備 준비 | プレゼンテーション 프레젠테이션 | 作る 만들다 | ～なければいけない ～하지 않으면 안 된다 | 仕事 일, 업무 | ～で ～로 (인해) | 屋台 포장마차 | 夕ご飯 저녁밥 | 食べる 먹다 | おいしい 맛있다 | 売る 팔다 | ～らしい ～라는 것 같다 | ～てみる ～해보다 | シャワーを浴びる 샤워하다 | ～てから ～하고 나서 | 出かける 외출하다 | まず 일단, 우선

4ばん

女の子が お母さんと 話して います。女の子は これから 何を 買いますか。

娘 ちょっと みさきの 家に 行って 来るね。
母 じゃあ、帰りに スーパーで たまごを 買って きて くれる？
娘 分かった。ぎゅうにゅうとかは？
母 まだ、あるからいい。それから 駅前の 花屋で 花も 買って きて。夜の お父さんの 誕生日パーティーに 使うからね。
娘 うーん、それは お母さんが 選んだら？
母 そっか、そうしようか。

女の子は これから 何を 買いますか。

여자아이가 엄마와 이야기하고 있습니다. 여자아이는 이제 무엇을 삽니까?

딸 잠깐 미사키네 집에 다녀올게.
엄마 그럼, 돌아오는 길에 슈퍼에서 계란을 사다 줄래?
딸 알았어. 우유 같은 건?
엄마 아직 있으니까 괜찮아. 그리고 역 앞에 꽃집에서 꽃도 사와. 밤에 아버지 생신파티에 쓸 거니까.
딸 음, 그건 엄마가 고르는 게 어때?
엄마 그래, 그럴까?

여자아이는 이제 무엇을 삽니까?

[정답] 4

[풀이]
돌아오는 길에 계란과 꽃을 사오라고 부탁받았지만, 꽃은 엄마가 직접 고르자는 제안에 엄마가 동의했으므로 계란만 사오면 된다. 정답은 4번이다.

買う 사다 | 行って来る 다녀오다 | 帰り 귀갓길 | スーパー 수퍼 | たまご 계란 | ～てくれる？ ～해 줄래? | ぎゅうにゅう 우유 | ～とか ～라든가, ～등 | ある 있다 | それから 그리고 | 駅前 역 앞 | 花屋 꽃집 | 花 꽃 | 誕生日パーティー 생일파티 | 使う 사용하다 | 選ぶ 고르다

5ばん

男の 人が ホテルの 人と 話して います。男の 人は これから どこに 行きますか。

M あの、すみません。部屋で インターネットが 使えなくて…。
F すみません。今 ホテルの インターネットの 調子が 悪いので、お部屋では 使えません。5階と 10階の 会議室では 問題ないですが…。でも 今日は 10階の 会議室は 5時から 夜 10時まで 予約が 入って います。
M そうですか。分かりました。

男の 人は これから どこに 行きますか。

남자가 호텔 사람과 이야기하고 있습니다. 남자는 이제 어디로 갑니까?

M 저, 실례합니다. 방에서 인터넷이 안 돼서…….
F 죄송합니다. 지금 호텔의 인터넷 상태가 나쁘기 때문에, 방에서는 사용할 수 없습니다. 5층과 10층의 회의실에서는 문제가 없습니다만…… 하지만 오늘은 10층 회의실은 5시부터 밤 10시까지 예약이 되어 있습니다.
M 그렇습니까? 알겠습니다.

남자는 이제 어디로 갑니까?

1 5階の 部屋	1 5층 방
2 10階の 部屋	2 10층 방
3 5階の 会議室	**3 5층 회의실**
4 10階の 会議室	4 10층 회의실

[풀이]

현재 인터넷이 가능한 곳은 5층과 10층의 회의실이지만, 10층은 예약되어 사용 중이므로 5층 회의실로 가야 한다. 정답은 3번이다.

ホテル 호텔 | 部屋 방 | インターネット 인터넷 | 使える 사용할 수 있다 | 調子 상태, 상황 | 悪い 나쁘다 | ~階 ~층 | 会議室 회의실 | 問題 문제 | さっき 방금 전 | 予約 예약

6ばん

夫婦が 食事の メニューに ついて 話して います。二人は 昼ご飯に 何を 食べますか。	부부가 식사 메뉴에 대해 이야기하고 있습니다. 두 사람은 점심으로 무엇을 먹습니까?
M 昼ごはん 何に する？	M 점심 뭐 먹을래?
F 冷蔵庫に 昨日 作った カレーが あるよ。あと、パンと 野菜 あるから、サンドイッチも 作れるし。	F 냉장고에 어제 만든 카레가 있어. 또, 빵과 채소가 있으니까, 샌드위치도 만들 수 있고.
M そう？う～ん、今日は 魚が 食べたいな。駅前の レストランに 食べに 行かない？	M 그래? 음, 오늘은 생선이 먹고 싶네. 역 앞의 레스토랑에 먹으러 가지 않을래?
F いいね、あそこで 食べるなら、私は やっぱり 肉だな。でも 今 あまり おなか すいて ないんだよね。	F 좋아, 거기서 먹는다면 난 역시 고기지. 근데 지금 별로 배고프지 않거든.
M じゃ、昼は カレー 食べて、夜 レストランに 行こうよ。	M 그럼, 점심은 카레 먹고, 밤에 레스토랑에 가자.
F そうね。そうしよう。	F 그래. 그러자.
二人は 昼ご飯に 何を 食べますか。	두 사람은 점심으로 무엇을 먹습니까?

[풀이]

남자는 생선이 먹고 싶다고 레스토랑에 가자고 했지만, 여자가 현재 배고프지 않다고 말하고 있다. 또, 대화의 마지막 부분에 점심은 카레로 하고 레스토랑은 밤에 가자고 말하고 있으므로, 점심 식사의 메뉴는 카레로, 정답은 3번이다.

夫婦 부부 | 食事 식사 | メニュー 메뉴 | ~について ~에 관해서 | 昼ご飯 점심밥 | ~にする ~으로 하다 | 冷蔵庫 냉장고 | 作る 만들다 | カレー 카레 | パン 빵 | 野菜 채소 | サンドイッチ 샌드위치 | 魚 생선, 물고기 | 駅前 역 앞 | レストラン 레스토랑 | ~に行く ~하러 가다 | ~なら ~할 거라면 | やっぱり 역시 | 肉 고기 | おなかすいている 배가 고프다

7ばん

女の 学生と 男の 学生が 話して います。女の 学生は いつ ノートを 返しますか。

M 昨日 どうした？心配してたよ。
F 具合が 悪くて、来られなかったの。
M そっか。今は 大丈夫？
F うん、おかげさまで。それで ちょっと たのみが あるんだけど、昨日の ノート 見せて もらえない？
M いいよ。でも 木曜日は 僕も 必要だから、その 前の 日に 返して もらえるかな。
F うん、分かった。ありがとう。

여학생과 남학생이 이야기하고 있습니다. 여학생은 언제 노트를 되돌려줍니까?

M 어제 무슨 일이야? 걱정하고 있었어.
F 아파서 못 왔어.
M 그렇구나. 지금은 괜찮아?
F 그래서 잠깐 부탁이 있는데, 어제 노트 좀 보여줄 수 있어?
M 좋아. 하지만 목요일은 나도 필요하니까, 그 전날에 돌려받을 수 있을까?
F 응, 알았어. 고마워.

女の 学生は いつ ノートを 返しますか。

1 今日
2 水曜日
3 木曜日
4 金曜日

여학생은 언제 노트를 되돌려줍니까?

1 오늘
2 수요일
3 목요일
4 금요일

[풀이]
빌려준 노트가 목요일에는 필요해서 그 전날에 돌려줄 것을 당부하고 있으므로, 수요일인 2번이 정답이다.

昨日 어제 | どうした？ 무슨 일이야? | 心配する 걱정하다 | 具合が悪い 몸상태가 좋지 않다 | 大丈夫だ 괜찮다 | たのみ 부탁 | ノート 노트 | 見せる 보여주다 | ～てもらえない？ ～해줄 수 있니？ | 必要だ 필요하다 | 前の日 전날 | 返す 되돌려주다, 갚다

8ばん

男の 人と 女の 人が 話して います。発表会は 何時に 始まりますか。

M 発表会は 2時からですよね。
F いいえ、予定より 1時間 おくれて 始まるそうです。
M じゃ、終わるのは 6時ごろに なりますね。
F そうですね、3時間 ぐらい かかりますから。

남자와 여자가 이야기하고 있습니다. 발표회는 몇 시에 시작됩니까?

M 발표회는 2시부터인 거죠?
F 아니요, 예정보다 1시간 늦게 시작된다고 합니다.
M 그럼 끝나는 것은 6시경이 되네요.
F 그렇군요. 3시간 정도 걸리니까요.

発表会は 何時に 始まりますか。

발표회는 몇 시에 시작됩니까?

[정답] 3

[풀이]

발표회의 시작은 2시로 예정되어 있었지만, 연기되어 1시간 늦어진다고 했으므로, 3시부터 시작된다.

発表会 발표회 | 予定 예정 | ～より ～보다(비교) | おくれる 늦어지다 | 始まる 시작되다 | 終わる 끝나다 | ～ごろ ～경(대략적인 시간)

과제 이해 실전 연습 ❷ p.296 스크립트와 문제 해설

1ばん

男の 人と 女の 人が 話して います。女の 人は これから どうしますか。

F わあ！その 運動靴 すてき！どこで 買ったの？
M ありがとう、駅前の 店で 買ったよ。今日から セールなんだって。
F そうなんだ、私も 買いたい。
M さっき 店に 人が すごく 多かったよ。もう、ないかも しれない。
F ほんとう？じゃ、お店に 電話でも して 同じ 運動靴が あるか 聞いて みるわ。番号を 教えて。
M 番号？ 知らないけど…。
F そうなんだ、急ぐしか ないね。じゃ、行って 来るね。

女の 人は これから どうしますか。

1 電話を かける
2 電話番号を 調べる
3 店に 電話する
4 店に 行く

남자와 여자가 이야기하고 있습니다. 여자는 앞으로 어떻게 합니까?

F 우와! 그 운동화 멋지다. 어디서 샀어?
M 고마워, 역 앞의 가게에서 샀어. 오늘부터 세일이래.
F 그렇구나, 나도 사고 싶다.
M 방금 전에 가게에 사람이 엄청 많았어. 이제 없을지도 몰라.
F 정말? 그럼 가게에 전화라도 해서 같은 운동화가 있는지 물어볼래. 번호를 가르쳐줘.
M 번호? 모르는데……
F 그렇구나, 빨리 서둘러야겠네. 그럼 다녀올게.

여자는 앞으로 어떻게 합니까?

1 전화를 건다
2 전화번호를 알아본다
3 가게에 전화한다
4 가게에 간다

[풀이]

역 앞의 가게에서 세일을 하고 있고, 번호를 몰라 같은 운동화가 있는지 물어볼 수 없다. 마지막 '다녀올게'라고 말한 것은 직접 가게로 간다는 의미이므로 정답은 4번이다.

運動靴 운동화 | すてきだ 멋지다, 근사하다 | 買う 사다 | 駅前 역 앞 | 店 가게 | セール 세일 | ～って ～래 | ～たい ～하고 싶다 | すごく 굉장히 | 多い 많다 | ～かもしれない ～일지도 몰라 | 電話 전화 | ～でも ～라도 | 同じ 같은 | 聞く 듣다, 물어보다 | ～てみる ～해 보다 | 番号 번호 | 教える 가르치다 | 急ぐ 서두르다 | ～しかない ～할 수밖에 없다

2ばん

男の 人と 女の 人が 部屋の 中で 話して います。これから 部屋は どう なりますか。	남자와 여자가 이야기하고 있습니다. 앞으로 방은 어떻게 됩니까?
F 壁に かかって いる 写真、机の 上の 方に かけるのは どうでしょうか。 M うん、いいと 思う。でも、今 かかって いる 時計は どうしようか。 F それは ドアの 上の 方が いいですね。 M ドアの 上だと 少し 危ないと 思うけど、窓の 方は どうかな？ F はい、それが いいですね。そして、机の よこに テレビを 置きたいのですが、どうですか？ M うん、そうしましょう。	F 벽에 걸려 있는 사진, 책상 위에 걸면 어떨까요? M 음, 좋을 것 같아. 하지만 이미 걸려 있는 시계는 어떻게 할까요? F 그건 문 위쪽이 좋겠어요. M 문 위라면 조금 위험할 것 같은데, 창문 쪽은 어때? F 네, 그게 좋겠네요. 그리고 책상 옆에 텔레비전을 놓고 싶은데 어때요? M 응, 그렇게 합시다.
これから 部屋は どう なりますか。	앞으로 방은 어떻게 됩니까?

[정답] 2

[풀이]

벽에 걸린 사진은 책상 위에, 그곳에 원래 있던 시계는 창문 쪽으로, 책상 옆에 텔레비전을 놓고 싶다는 말에 동의했으므로, 완성된 방의 모습은 2번이 된다.

部屋 방 | 中 안 | どう 어떻게 | 壁 벽 | かかっている 걸려 있다 | 写真 사진 | 机 책상 | 上の方 위쪽 | かける 걸다 | 時計 시계 | ドア 문 | 少し 조금 | 危ない 위험하다 | 窓 창문 | 机 책상 | よこ 옆 | テレビ 텔레비전 | 置く 두다, 놓다 | ~たい ~하고 싶다

3ばん

男の子が お母さんと 話して います。この 子は はじめに 何を しますか。	남자아이가 엄마와 이야기하고 있습니다. 아이는 제일 처음 무엇을 합니까?
M ただいま。 F どうしたの？顔色が 悪いね。 M お母さん、私、熱が あって お腹も 痛いの。 F そうなの？今、夕ご飯を 食べようと してたんだけど、食べられそう？ M ご飯は 食べられないと 思う。薬 飲もうかと。	M 다녀왔습니다. F 무슨 일이야? 얼굴색이 안 좋네. M 엄마, 나 열이 나고 배가 아파요. F 그래? 지금 저녁밥 먹으려고 했는데, 먹을 수 있겠어? M 밥은 못 먹을 것 같아. 약 먹으려고.

F そっか。じゃ、薬は 私が 持って くるから。まずは 手 洗って きなさいね。 M うん、わかった。 **この 子は はじめに 何を しますか。** 1　夕ご飯を 食べる 2　薬を 飲む 3　薬を 持って くる 4　手を 洗う	F 그래? 약은 내가 가져올 테니까. 일단 손부터 씻고 오렴. M 응, 알겠어. **아이는 제일 처음 무엇을 합니까?** 1　저녁밥을 먹는다 2　약을 먹는다 3　약을 가지고 온다 4　손을 씻는다

[풀이]

몸이 아픈 아이에게 엄마가 약을 가져다 준다고 말하고 있다. 일단 손부터 씻으라는 당부를 하고 있으므로, 아이가 먼저 할 행동은 4번이다.

はじめに 처음으로 | 顔色 얼굴색 | 悪い 나쁘다 | 熱 열 | お腹 배 | 痛い 아프다 | 夕ご飯 저녁밥 | ～と思う ～라고 생각하다 | 薬を飲む 약을 먹다 | 持ってくる 가지고 오다 | まずは 우선은 | 手 손 | 洗う 씻다 | ～なさい ～하거라, ～하렴

4ばん

男の 人が 女の 人に 道を 聞いて います。銀行は どこですか。 M　この 近くに 銀行は ありませんか。 F　あ、はい。銀行は ここを まっすぐ 行って、二つ目の 角を 左に 曲がって、三つ目の ビルです。 M　左に 曲がって、三つ目ですね。 F　ええ、そうです。 **銀行は どこですか。**	**남자가 여자에게 길을 묻고 있습니다. 은행은 어디입니까?** M　이 근처에 은행은 없습니까? F　아, 네. 은행은 이곳을 곧바로 가서 두 번째 모퉁이를 왼쪽으로 돌아서, 세 번째 빌딩입니다. M　왼쪽으로 돌아서 세 번째네요. F　네, 그렇습니다. **은행은 어디입니까?**

[정답] 2

[풀이]

남녀가 현재 있는 위치에서 두 번째 모퉁이를 돌면, 2번, 3번에 해당하는 건물이 있다. 은행은 왼쪽을 돌아서 세 번째이므로 2번이 정답이다.

道 길 | 銀行 은행 | 二つ目 두 번째 | 角 모퉁이 | 左 왼쪽 | 曲がる 휘어지다. (방향을) 바꾸다

5ばん

女の 人が 店員と 話して います。女の 人は いくら 払いますか。

F すみません。この ノート いくらですか。
M それは、1冊 300円です。2冊 買うと 100円 安く なりますよ。
F じゃ、2冊 ください。あっ、すみません。もう 1冊 おねがいします。
M 4冊 買うと 200円 安く なりますが、3冊だと 100円しか 安く なりませんよ。
F はい、大丈夫です。3冊 おねがいします。

女の 人は いくら 払いますか。

1　500円
2　700円
3　800円
4　1000円

여자가 점원과 이야기하고 있습니다. 여자는 얼마를 지불합니까?

F 실례합니다. 이 노트 얼마예요?
M 그건 한 권에 300엔입니다. 2권 사면 100엔 싸져요.
F 그럼 2권 주세요. 아, 죄송합니다. 1권 더 주세요.
M 4권을 사면 200엔이 싸지는데, 3권이면 100엔밖에 싸지지 않아요.
F 네, 괜찮습니다. 3권 주세요.

여자는 얼마를 지불합니까?

1　500엔
2　700엔
3　800엔
4　1000엔

[풀이]

노트는 300엔이고 2권에 500엔으로 저렴해진다. 여자는 2권을 사려 했다가 1권을 더 추가해서 총 3권을 사지만, 할인은 두 권 단위로만 이루어지므로 여전히 할인 가격은 100엔이다. 따라서 총 800엔이 되므로 정답은 3번이다.

店員 점원 | いくら 얼마 | 払う 지불하다 | ノート 노트 | ~冊 ~권 | 買う 사다 | 安い 싸다 | ~くなる ~해지다 | 大丈夫だ 괜찮다

6ばん

男の 人と 女の 人が 食堂で 話して います。二人は 何を 注文しますか。

M 見て、この ハンバーガー おいしそうよ。
F でも、少し 大きいわ。この Aランチセットは どう？
M ちょっと 高いよ。ライス つきで 1200円も する。
F じゃ、私は Bランチセットに する。ライスと コーヒーが ついて 800円よ。
M 私は カレーに しよう。昨日から なぜか からい ものが 食べたくて。

남자와 여자가 식당에서 이야기를 하고 있습니다. 두 사람은 무엇을 주문합니까?

M 봐봐, 이 햄버거 맛있겠다.
F 근데 조금 커. 이 A런치세트는 어때?
M 좀 비싸네. 밥 포함에 1200엔이나 해.
F 그럼 나는 B런치세트로 할래. 밥이랑 커피가 포함되어 800엔이야.
M 나는 카레로 할게. 어제부터 왠지 매운 음식이 먹고 싶어서.

二人は 何を 注文しますか。	두 사람은 무엇을 주문합니까?
1　Aランチセット・カレー	1　A런치세트・카레
2　Bランチセット・カレー	2　B런치세트・카레
3　Aランチセット・Bランチセット	3　A런치세트・B런치세트
4　カレー・ハンバーガー	4　카레・햄버거

[풀이]

여성은 B런치세트를 선택했고, 남자는 세트메뉴가 아닌 카레를 주문했다. 따라서 정답은 2번이다.

食堂 식당 | 注文 주문 | ハンバーガー 햄버거 | おいしい 맛있다 | 少し 조금 | 大きい 크다 | ランチセット 런치세트 | ちょっと 좀, 조금 | 高い 비싸다 | ライス 밥 | つき 포함 | ～にする ～으로 하다 | コーヒー 커피 | カレー 카레 | 昨日 어제 | なぜか 왠지 | からい 맵다 | ～たい ～하고 싶다

7ばん

お母さんと 娘が コンピューターを 見ながら 話して います。二人は 何を 買いますか。	엄마와 딸이 컴퓨터를 보면서 이야기를 하고 있습니다. 두 사람은 무엇을 삽니까?
母　お兄ちゃんの 誕生日 プレゼント、何が いいか しら。	엄마　오빠의 생일 선물, 뭐가 좋을까?
娘　これは どう？お兄ちゃん 前から ほしいって 言ってた。	딸　이건 어때? 오빠 전부터 갖고 싶다고 했어.
母　サングラス？そうね。これは 買う ときに 自分で かけて みて から 選んだ ほうが いいと おもうけどね。	엄마　선글라스? 글쎄. 이건 살 때 직접 써보고 선택하는 게 좋다고 생각하는데.
娘　じゃ、これは？これ お兄ちゃんが しめたら 似合いそうじゃ ない？来年、大学卒業だし、会社に 行く とき いるよね。	딸　그럼, 이것은? 이거 오빠가 매면 어울릴 것 같지 않아? 내년에 대학교 졸업인 데다, 회사에 갈 때 필요하지?
母　そうだね。じゃ、これに しよう。	엄마　그렇네. 그럼 이걸로 하자.

二人は 何を 買いますか。	두 사람은 무엇을 삽니까?
1　サングラス	1　선글라스
2　ネクタイ	2　넥타이
3　洋服	3　양복
4　くつ	4　신발

[풀이]

핵심은 「しめる: (넥타이 등을) 매다」 동사를 듣는 것이다. 대학을 졸업하고 회사에 갈 때 양복, 구두, 넥타이 모두 다 필요해 보이지만 양복은 着る(입다), 신발은 はく(신다) 동사를 사용하므로 정답은 2번이다.

コンピューター 컴퓨터 | ～ながら ～하면서 | 買う 사다 | お兄ちゃん 형, 오빠 | 誕生日 생일 | プレゼント 선물 | 前から 예전부터 | ほしい 갖고 싶다 | サングラス 선글라스 | 自分で 스스로, 직접 | ～てから ～하고 나서 | 選ぶ 고르다 | ～ほうがいい ～쪽이 좋다 | しめる (넥타이 등을) 매다 | 似合う 어울리다 | 大学 대학 | 卒業 졸업 | 会社 회사 | いる 필요하다 | ～にする ～으로 하다

8ばん

女の 人と 男の 人が 話して います。二人は 何を 買いますか。

F このカップ どう？
M う〜ん、絵が ないから…。
F じゃあ、これは？花の 絵が あって かわいいよ。
M そうね。でも、なんか 重そうね。
F じゃ、おさらが ついて ない のに する？
M でも、あった 方が 使いやすいんだけど。
F それは そうだね。それじゃ、これだね。

二人は 何を 買いますか。

여자와 남자가 이야기하고 있습니다. 두 사람은 무엇을 삽니까?

F 이 컵 어때?
M 음, 그림이 없으니까……。
F 그럼, 이것은? 꽃 그림이 있어서 예쁘다.
M 그렇네. 하지만, 왠지 무거워 보이네.
F 그럼, 접시가 포함되지 않은 걸로 할까?
M 그래도, 있는 편이 사용하기 쉬운데.
F 그건 그렇지. 그러면 이거네.

두 사람은 무엇을 삽니까?

[정답] 4

[풀이]
꽃 그림이 있는 컵을 원하고 있고, 접시가 있는 편이 사용하기 편리하다고 했으므로 두 조건을 만족하는 4번이 정답이다.

カップ 컵 | 花 꽃 | 絵 그림 | なんか 뭔가 | 重い 무겁다 | おさら 접시 | ～にする ～으로 하다 | 使いやすい 사용하기 편리하다

もんだい 2

포인트 이해 실전 연습 ❶ p.299 스크립트와 문제 해설

1ばん

男の 人と 女の 人が 話して います。男の 人は どうして おくれましたか。

F どうしたの？
M ごめん。時間に 合わせて はやく 出たけど、プレゼント 買うのに 時間が かかって しまって…。

남자와 여자가 이야기하고 있습니다. 남자는 어째서 늦었습니까?

F 무슨 일이야?
M 미안. 시간 맞춰서 일찍 나왔는데 선물 사는 데 시간이 걸려버려서……。

F　そっか、何(なに) 買(か)ったの？ M　さとしは 村上春樹(むらかみはるき)の 本(ほん)を ほしがって いて、本屋(ほんや)に 行(い)ったら 休(やす)みだったんだ。それで 急(いそ)いで デパートへ 行(い)って この 香水(こうすい) 買(か)って きたの。 F　そっか、それは 大変(たいへん)だったね。 男(おとこ)の 人(ひと)は どうして おくれましたか。	F　그렇구나, 뭐 샀어? M　사토시는 무라카미 하루키의 책을 갖고 싶어 해서 서점에 갔더니 쉬는 날이었어. 그래서 급하게 백화점에 가서 이 향수를 사왔어. F　그렇구나, 그것참 힘들었겠네. 남자는 어째서 늦었습니까?
1　香水(こうすい)が なくて 2　デパートが 休(やす)みだったので 3　本屋(ほんや)が 閉(し)まって いて 4　本屋(ほんや)を 探(さが)せなくて	1　향수가 없어서 2　백화점이 휴일이었기 때문에 3　서점이 문 닫아서 4　서점을 찾지 못해서

[풀이]

본래의 계획대로 책을 샀다면 늦지 않았겠지만, 서점이 휴일이라 백화점으로 가서 향수를 사게 된 것이 늦어진 이유다. 따라서 정답은 3번이다.

どうして 왜, 어째서 | おくれる 늦다 | 時間(じかん)に 合(あ)わせる 시간에 맞추다 | プレゼント 선물 | 買(か)う 사다 | 時間(じかん)がかかる 시간이 걸리다 | ~てしまう ~해버리다 | ほしがっている 갖고 싶어 하다 | 本屋(ほんや) 서점 | 休(やす)み 휴일 | 急(いそ)ぐ 서두르다 | デパート 백화점 | 香水(こうすい) 향수

2ばん

男(おとこ)の 人(ひと)と 女(おんな)の 人(ひと)が 話(はな)して います。男(おとこ)の 人(ひと)は どうして コーヒーを 飲(の)みませんか。 F　田中(たなか)さん、コーヒーは いかがですか。 M　あ、大丈夫(だいじょうぶ)です。今(いま)、薬(くすり) 飲(の)んだところなので。 F　そうなんですか。じゃ、あたたかい 牛乳(ぎゅうにゅう)でも 持(も)って 来(き)ましょうか。 M　ありがとうございます。本当(ほんとう)は コーヒー すごく 飲(の)みたいんですけどね。 F　何(なん)の 薬(くすり)ですか。風邪(かぜ) ひいたんですか。 M　いいえ、頭(あたま)が ちょっと 痛(いた)くて。 男(おとこ)の 人(ひと)は どうして コーヒーを 飲(の)みませんか。	남자와 여자가 이야기하고 있습니다. 남자는 왜 커피를 마시지 않습니까? F　다나카 씨, 커피 어떠세요? M　아, 괜찮습니다. 지금 막 약을 먹어서요. F　그렇습니까? 그럼 따뜻한 우유라도 가지고 올까요? M　감사합니다. 사실은 커피 엄청 마시고 싶긴 합니다만. F　무슨 약입니까? 감기 걸렸나요? M　아니요, 머리가 좀 아파서. 남자는 왜 커피를 마시지 않습니까?
1　牛乳(ぎゅうにゅう)が 飲(の)みたいから 2　さっき 薬(くすり)を 飲(の)んだから 3　風邪(かぜ)を ひいたから 4　さっき コーヒーを 飲(の)んだ ところだから	1　우유를 마시고 싶기 때문에 2　방금 전에 약을 먹었기 때문에 3　감기에 걸렸기 때문에 4　방금 전에 커피를 마셨기 때문에

정답 및 해석　385

[풀이]

커피를 마시지 않은 직접적인 이유는 방금 약을 먹었기 때문이다. 감기에 걸려서는 아니므로, 정답은 2번이다.

| いかがですか 어떻습니까? | 大丈夫だ 괜찮다 | 薬を飲む 약을 먹다 | あたたかい 따뜻하다 | 牛乳 우유 | ～でも ～라도 | コーヒー 커피 | すごく 굉장히 | ～たい ～하고 싶다 | 風邪をひく 감기에 걸리다 | 頭 머리 | 痛い 아프다 |

3ばん

教室で 先生が 生徒に 話して います。一回目の テストは いつですか。	교실에서 선생님이 학생에게 이야기하고 있습니다. 첫 번째 시험은 언제입니까?
F みなさん、今日から 漢字の 勉強を します。漢字の テストは 週2回、月曜日と 木曜日に します。今日は 金曜日ですから、一回目の テストは 5日ですね。あ、ちがいました。その 日は 休みの 日ですから、この 日ですね。	F 여러분, 오늘부터 한자 공부를 합니다. 한자 시험은 주 2회 월요일과 목요일에 합니다. 오늘은 금요일이니까, 첫 번째 시험은 5일이군요. 아, 아닙니다. 그날은 쉬는 날이니까, 이 날이네요.
一回目の テストは いつですか。	첫 번째 시험은 언제입니까?

1 　2日
2 　5日
3 　8日
4 　12日

1 　2일
2 　5일
3 　8일
4 　12일

[풀이]

매주 월요일과 목요일이 시험일이지만 첫 월요일인 5일은 휴일이므로 시험을 볼 수 없다. 따라서 처음으로 시험을 보게 되는 날은 8일로, 3번이 된다.

| 教室 교실 | 生徒 학생 | ～回目 ~번째, ~회째 | テスト 시험 | 漢字 한자 | 勉強 공부 | 週 주 | 月曜日 월요일 | 木曜日 목요일 | 金曜日 금요일 | ちがう 다르다, 틀리다 | 休みの日 휴일 |

4ばん

男の 人と 女の 人が 話して います。女の 人は どうして いっしょに ご飯を 食べに 行きませんか。	남자와 여자가 이야기하고 있습니다. 여자는 왜 함께 밥을 먹으러 가지 않습니까?
M ああ、お腹 すいた。何か 食べて 帰らない？ F ごめん、6時から バイトが あるの。 M え～、今日も バイト？でも、バイトの 時間まで 1時間ぐらい 余裕 あるでしょ。	M 아아, 배고프다. 뭐 좀 먹고 가지 않을래? F 미안, 6시부터 아르바이트가 있어. M 음, 오늘도 아르바이트야? 하지만 아르바이트 시간까지 1시간 정도 여유 있잖아.

F そうだけど、ちょっと デパートに よって 行こう と思って。明日 妹の 誕生日だから 何か 買わ ないと。
M そっか、バイト 大変だろうけど、がんばってね。
F ありがとう。じゃあね。

女の 人は どうして いっしょに ご飯を 食べに 行 きませんか。

1 すぐ バイトに 行くから
2 今日は 妹の 誕生日だから
3 デパートで バイトを するから
4 プレゼントを 買いに 行くから

F 그렇긴 한데, 잠시 백화점에 들렀다 가려고. 내일 여동생 의 생일이라서 뭔가 사야 해.
M 그렇구나. 아르바이트 힘들겠지만, 힘내.
F 고마워. 그럼 안녕.

여자는 왜 함께 밥을 먹으러 가지 않습니까?

1 곧장 아르바이트에 가기 때문에
2 오늘은 여동생의 생일이기 때문에
3 백화점에서 아르바이트를 하기 때문에
4 선물을 사러 가기 때문에

[풀이]
아르바이트를 가기 전에 해야 하는 일은 선물을 사는 것이다. 따라서 함께 밥을 먹을 수 없는 직접적인 이유는 4번이 정답이다. 2번 은 선물을 사야 하는 이유이고, 함께 밥 먹을 수 없는 직접적인 이유는 아니다.

いっしょに 함께 | ご飯 밥 | ~に行く ~하러 가다 | お腹がすく 배가 고프다 | 何か 뭔가 | ~ない？ ~하지 않을래? | バイト 아르바이트 | 余裕 여유 | デパート 백화점 | ~による ~에 들르다 | 誕生日 생일 | 買う 사다 | ~ないと ~해야 해, ~하지 않 으면 | 大変だ 힘들다 | ~だろう ~겠지 | がんばる 분발하다, 열심히 하다

5ばん

男の 子と 女の 子が ボールペンに ついて 話して います。男の 子は どうして 買いたいと 言って い ますか。

M へえ、ボールペンで 書いた 字が 消せるの？
F うん、この ボールペンは 書いた 字を 消す こ とが できるんだ。
M へえ、めずらしいね。僕も 買いたいなあ。
F そうでしょ。それで、この ペン 最近 とても 人 気らしいよ。
M そっか、僕も 買っちゃおう。
F うん、使って みたら、書きやすいし、デザイン も かわいいし。それに ねだんも 安いよ。
M いいね。

男の 子は どうして 買いたいと 言って いますか。

남자아이와 여자아이가 볼펜에 대해 이야기하고 있습니다. 남 자아이는 어째서 사고 싶다고 말하고 있습니까?

M 우와, 볼펜으로 쓴 글씨를 지울 수 있는 거야?
F 응, 이 볼펜은 쓴 글씨를 지울 수 있어.
M 이야, 신기하네. 나도 사고 싶다.
F 그렇지? 그래서 이 펜 요즘 굉장히 인기가 많은 것 같아.
M 그렇구나, 나도 사야지.
F 응, 써보니, 쓰기 편하고, 디자인도 귀엽고. 게다가 가격 도 싸.
M 좋네.

남자아이는 어째서 사고 싶다고 말하고 있습니까?

1 ねだんが 高く ないから	1 가격이 비싸지 않기 때문에
2 デザインが かわいいから	2 디자인이 예쁘기 때문에
3 字が 消せるから	**3 글씨를 지울 수 있기 때문에**
4 書きやすいから	4 쓰기 편하기 때문에

[풀이]
남자아이가 '사고 싶다'고 말한 시점은 '지울 수 있는 볼펜'이라는 정보를 알게 되자마자다. 1번, 2번, 4번은 그 이후에 듣게 된 정보들이므로 정답은 3번이다.

ボールペン 볼펜 | 書く 쓰다 | 字 글씨 | 消せる 지울 수 있다 | 消す 지우다 | めずらしい 드물다, 신기하다 | 買う 사다 | ~たい ~하고 싶다 | それで 그래서 | 最近 최근 | 人気 인기 | ~らしい ~인 것 같다 | ~ちゃおう ~해버려야지 | 使う 사용하다 | ~てみる ~해 보다 | 書きやすい 쓰기 편하다 | デザイン 디자인 | それに 게다가 | ねだん 가격

6ばん

男の 人と 女の 人が 話して います。女の 人は どうして 発表すると 言って いますか。	남자와 여자가 이야기하고 있습니다. 여자는 왜 발표한다고 말하고 있습니까?
F 課長、会議の 準備ですか？	F 과장님, 회의 준비입니까?
M あ、吉田さん。はい、でも 困って いますよ。	M 아, 요시다 씨. 네, 하지만 곤란해졌어요.
F どうしたんですか。	F 무슨 일이시죠?
M 今日、会議で 発表する ことに なって いた 佐藤さんが 来られなく なって しまいました。	M 오늘, 회의에서 발표하기로 되어 있던 사토 씨가 올 수 없게 되어 버렸습니다.
F それは 大変ですね。もし、よろしければ、私が 代わりに します。	F 그것참 큰일이네요. 만약 괜찮으시다면, 제가 대신하겠습니다.
M 吉田さんが？大丈夫ですか？	M 요시다 씨가요? 괜찮으십니까?
F はい、佐藤さんと いっしょに やって きた 仕事の 発表なので。	F 네, 사토 씨와 함께 해온 일의 발표니까요.
M じゃ、お願いします。	M 그럼 부탁합니다.
女の 人は どうして 発表すると 言って いますか。	여자는 왜 발표한다고 말하고 있습니까?
1 課長が 会議に 来られないから	1 과장이 회의에 못 오기 때문에
2 会議の 準備を して いるから	2 회의 준비를 하고 있기 때문에
3 発表の 内容を 知って いるから	**3 발표 내용을 알기 때문에**
4 課長と いっしょに 仕事を したから	4 과장과 함께 일했기 때문에

[풀이]
오늘 오지 않은 요시다 씨와 함께 해온 업무라면서 대신 발표하겠다고 말한 것은 발표의 내용을 알고 있다는 의미가 되므로 3번이 정답이다.

発表 발표 | 課長 과장 | 会議 회의 | 準備 준비 | 困っている 곤란해하다 | どうしたんですか 무슨 일입니까? | ~ことになる ~하게 되다 | ~てしまう ~해버리다 | 大変だ 큰일이다, 힘들다 | もし 만일, 혹시 | よろしければ 괜찮다면 | 代わりに 대신해서 | 大丈夫だ 괜찮다 | やる 하다 | 仕事 일, 업무

7ばん

女の 人と 男の 人が 話して います。男の 人は どうして 引っ越しましたか。	여자와 남자가 이야기하고 있습니다. 남자는 왜 이사했습니까?
F あ、田中さん。引っ越ししたと 聞きましたが。 M 先週 引っ越したんですよ。今度の アパートは 新しいし、会社にも 近いんです。 F 前の アパートは 会社から 遠かったんですか。 M いいえ、前の アパートも 近いし、静かで よかったんですが、子どもが 生まれて、ちょっと 狭く なったんです。	F 아, 다나카 씨. 이사했다고 들었습니다만. M 지난주 이사했어요. 이번 아파트는 새롭기도 하고 회사에도 가까워요. F 예전의 아파트는 회사에서 멀었나요? M 아니요. 예전의 아파트도 가깝고 조용해서 좋았습니다만, 아이가 태어나서 좀 좁아졌거든요.
男の 人は どうして 引っ越しましたか。	남자는 왜 이사했습니까?

1 静かな ところに 住みたかったから
2 家族が 増えたから
3 部屋が 広すぎたから
4 前の アパートが 会社から 遠かったから

1 조용한 곳에서 살고 싶었기 때문에
2 가족이 늘었기 때문에
3 방이 너무 넓었기 때문에
4 예전의 아파트가 회사에서 멀었기 때문에

[풀이]
아이가 태어나서 집이 좁아졌다고 말했으므로, 이를 다른 표현으로 바꾸면 2번 '가족이 늘었기 때문에'가 정답이 된다.

引っ越し 이사 | 近い 가깝다 | 遠い 멀다 | 静かだ 조용하다 | 子ども 아이 | 生まれる 태어나다 | 狭い 좁다 | 住む 살다 | 家族 가족 | 増える 늘다, 증가하다 | 部屋 방 | 広い 넓다

포인트 이해 실전 연습 ❷ p.302 스크립트와 문제 해설

1ばん

お母さんと 息子が 話して います。たこ焼きを 食べる 前に した ことは どれですか。	어머니와 아들이 이야기하고 있습니다. 타코야키를 먹기 전에 한 일은 어떤 것입니까?
F おかえり。今日 どうだった？	F 어서 와. 오늘 어땠어?

M ただいま。ユナちゃんの 誕生日パーティーに 行く 前に モモちゃんと 買い物 して から 花屋で きれいな 花 買ったの。 F そう？ユナちゃん よろこんで くれた？ M うん、パーティーも すごく 楽しかったよ。でも、料理が おいしかったけど、あまり 食べられなかった。 F どうして？ M 花を 買う 前に たこ焼き 食べちゃったの。おいしそうで…。	M 다녀왔습니다. 윤아 생일파티에 가기전에 모모랑 쇼핑하고 나서 꽃집에서 예쁜 꽃을 샀어. F 그래? 유나가 좋아해줬어? M 응, 파티도 굉장히 즐거웠어. 하지만, 요리가 맛있었지만, 그다지 먹지 못했어. F 왜? M 꽃을 사기 전에 타코야키를 먹었어. 맛있어 보여서……
たこ焼きを 食べる 前に した ことは どれですか。	타코야키를 먹기 전에 한 일은 어떤 것입니까?
1 パーティーに 行った 2 花を 買った 3 買い物に 行った 4 料理を 食べた	1 파티에 갔다 2 꽃을 샀다 3 쇼핑하러 갔다 4 요리를 먹었다

[풀이]

대화의 초반에 언급된 행동의 순서는 '쇼핑 → 꽃 사기 → 파티'다. 하지만 '꽃을 사기 전에 타코야키를 먹었다'라고 언급했으므로, 정답은 쇼핑하러 갔다고 말한 3번이다.

息子 아들 | たこ焼き 타코야키 | ~前に ~하기 전에 | 誕生日パーティー 생일파티 | 買い物 쇼핑 | ~てから ~하고 나서 | 花屋 꽃집 | よろこぶ 기뻐하다 | 楽しい 즐겁다 | 料理 요리 | 買う 사다 | ~ちゃった ~해버렸다

2ばん

男の 人と 女の 人が 話して います。二人は 何を 見て いますか。	남자와 여자가 이야기하고 있습니다. 두 사람은 무엇을 하고 있습니까?
F 見て、この 赤ちゃん。 M わあ、かわいい。とても 気持ち よさそうに 寝てるね。 F うん、笑って いる ように 見えるでしょう。 M そうね。ほら、口 みて。なんか 話したいのかな。口が 動いて いるよ。 F 今年 2歳に なったけど、ダンスも できるんだよ。 M うそ！	F 봐봐, 이 아기. M 와, 귀여워. 아주 기분 좋은 듯이 자고 있네. F 응, 웃고 있는 것처럼 보이지. M 그렇네. 와! 입 봐! 뭔가 말하고 싶은 건가? 입이 움직이고 있어. F 올해 2살이 되었지만, 춤도 출 수 있어. M 거짓말!
二人は 何を 見て いますか。	두 사람은 무엇을 하고 있습니까?

1 何か 話して いる 赤ちゃんを 見て いる	1 무언가 말하고 있는 아기를 보고 있다.
2 踊って いる 赤ちゃんを 見て いる	2 춤추고 있는 아기를 보고 있다.
3 笑って いる 赤ちゃんを 見て いる	3 웃고 있는 아기를 보고 있다.
4 寝て いる 赤ちゃんを 見て いる	**4 자고 있는 아기를 보고 있다.**

[풀이]

대화의 시작에 사진 속 아기가 '기분 좋은 듯이 자고 있다'고 했으므로 정답은 4번이다.

写真 사진 | 赤ちゃん 아기 | かわいい 귀엽다 | 気持ち 기분 | よさそうに 좋은 듯이 | 寝る 자다 | 笑う 웃다 | ~ように ~인 듯이 | 見える 보이다 | 話したい 말하고 싶다 | 口 입 | 動く 움직이다 | おいくつ 몇 살 | ~歳 ~살 | ダンス 댄스

3ばん

女の 人と 男の 人が 話して います。バイトが できない 理由は どれですか。	여자와 남자가 이야기하고 있습니다. 아르바이트를 할 수 없는 이유는 무엇입니까?
F すみません。アルバイトが あると 聞いて きたんですが、外国人でも いいですか。	F 실례합니다. 아르바이트가 있다고 듣고 왔습니다만, 외국인이어도 괜찮습니까?
M はい、日本語が できれば かまいませんよ。	M 네, 일본어를 할 수 있으면 상관없어요.
F 何時から 何時までですか。	F 몇 시부터 몇 시까지입니까?
M ごご 5時から 10時までです。	M 오후 5시부터 10시까지입니다.
F あ、すみません。学校が ちょうど 6時に 終わるので…。	F 아, 죄송합니다. 학교가 정각 6시에 끝나서요…….
M そうですか。それは 残念ですね。	M 그렇습니까? 그건 유감이네요.
バイトが できない 理由は どれですか。	아르바이트를 할 수 없는 이유는 무엇입니까?

1 外国人だから	1 외국인이기 때문에
2 日本語が 上手じゃ ないから	2 일본어가 능숙하지 않기 때문에
3 時間が 合わないから	**3 시간이 맞지 않기 때문에**
4 ほかの バイトが あると 聞いたから	4 다른 아르바이트가 있다고 들었기 때문에

[풀이]

일본어가 가능하다면 외국인이어도 상관없다고 했지만, 아르바이트가 5시부터이고 학교는 6시에 끝나므로 결국 시간이 맞지 않는 것이 이유가 된다. 정답은 3번이다.

バイト 아르바이트 | できる 할 수 있다, 가능하다 | 理由 이유 | 聞く 듣다 | 外国人 외국인 | ~でも ~라도, ~이어도 | 日本語 일본어 | かまいません 상관없습니다 | 学校 학교 | ちょうど 딱, 마침 | 終わる 끝나다 | 残念だ 유감스럽다

4ばん

男の 人と 女の 人が 電話で 話して います。約束の 時間は いつでしたか。

F もしもし、田中さん、今 そちらに 向かって いるんだけど、ちょっと 遅れるかも しれない。
M 今、10時 20分だよ。まだ 時間 あるんだけど…。
F ごめん。これから 20分 ぐらい かかりそう。バスが 来なくて 今 電車に 乗ったんだ。
M そっか、じゃ、約束の 時間より 10分 遅く なる という ことね。まあ、大丈夫。

約束の 時間は いつでしたか。

1 10時20分
2 10時30分
3 10時40分
4 10時50分

남자와 여자가 전화로 이야기하고 있습니다. 약속 시간은 언제였습니까?

F 여보세요, 다나카 씨, 지금 그쪽으로 향하고 있는데, 조금 늦을지도 몰라.
M 지금 10시 20분이야. 아직 시간은 있지만……
F 미안. 앞으로 20분 정도 걸릴 것 같아. 버스가 오지 않아서 지금 전철을 탔어.
M 그렇구나. 그럼 약속시간보다 10분 늦어진다는 거네? 뭐, 괜찮아.

약속 시간은 언제였습니까?

1 10시 20분
2 10시 30분
3 10시 40분
4 10시 50분

[풀이]
현재 시간은 10시 20분이고, 여자가 20분 더 늦을 거라고 말했으므로 10시 40분에 도착하게 된다. 남자가 '약속시간에 10분 정도 늦어지는구나'라고 말했으므로, 원래의 약속 시간은 10시 30분인 2번이 정답이다.

約束 약속 | 時間 시간 | 向かっている 향하고 있다, 가고 있다 | 遅れる 늦다 | ~かもしれない ~지도 모른다 | まだ 아직 | かかる 걸리다, 소요되다 | バス 버스 | 電車 전차 | ~より ~보다 | 遅くなる 늦어지다 | 大丈夫だ 괜찮다

5ばん

男の 人と 女の 人が 話して います。女の 人は 何を いくらで 買いましたか。

M 今日、この 前 見た スカート 買いに いくって 言ったでしょ?
F うん、でも この シャツ かわいくて 買っちゃったの。色も きれいで、デザインも いいし…。
M でも、青色の スカート ほしいって ずっと 言ってたのに…。
F けどね。赤色の シャツも ほしかったのよ。ねだんも スカートの 方より 1000円も やすかったよ。

남자와 여자가 이야기하고 있습니다. 여자는 무엇을 얼마에 샀습니까?

M 오늘, 요전에 본 스커트 사러 간다고 말했지?
F 응, 하지만 이 셔츠 예뻐서 사 버렸어. 색도 예쁘고, 디자인도 좋고…….
M 하지만, 파란색 스커트 갖고 싶다고 쭉 말했으면서…….
F 그치만, 빨간색 셔츠도 갖고 싶었어. 가격도 스커트보다 1000엔이나 저렴했거든.

M そう？スカートって いくらだったっけ？ F スカートは 8000円。	M 그래? 스커트는 얼마였다고 했지? F 스커트는 8000엔.
女の 人は 何を いくらで 買いましたか。	여자는 무엇을 얼마에 샀습니까?

1　青色の スカートを 8000円で 買った
2　青色の シャツを 8000円で 買った
3　赤色の スカートを 7000円で 買った
4　赤色の シャツを 7000円で 買った

1　파란색 스커트를 8000엔에 샀다
2　파란색 셔츠를 8000엔에 샀다
3　빨간색 스커트를 7000엔에 샀다
4　빨간색 셔츠를 7000엔에 샀다

[풀이]

남자는 요전에 본 스커트를 예상했으나, 여자는 셔츠를 사 버렸다고 했다. 셔츠가 빨갛고 가격도 스커트(8000엔)보다 1000엔이 싸다고 말했으므로, 정답은 4번이다.

いくら 얼마 | 買う 사다 | この前 이전에 | スカート 스커트 | ～にいく ～하러 가다 | シャツ 셔츠 | かわいい 예쁘다, 귀엽다 | ～ちゃった ～해버렸다 | 色 색깔 | デザイン 디자인 | 青色 파랑색 | ほしい 갖고 싶다 | ずっと 쭉, 계속 | ～のに ～인데(도 불구하고) | 赤色 빨간색 | シャツ 셔츠 | ねだん 가격 | ～の方より ～쪽보다 | 安い 싸다 | ～っけ ～였지?

6ばん

男の 人が 職員に 話して います。会議室は どう なりますか。	남자가 직원에게 이야기하고 있습니다. 회의실은 어떻게 됩니까?
M みなさん、おつかれさまでした。今日は これで 終わりに します。じゃ、明日の ために いすと テーブルを 運んで ください。テーブルは 四つ だけに して ほかは ぜんぶ 外に 出して ください。いすは 一つの テーブルに 二つずつ おねがいします。	M 여러분, 수고하셨습니다. 오늘은 이것으로 마치겠습니다. 그럼, 내일을 위해 의자와 테이블을 운반해 주세요. 테이블은 4개만 하고 나머지는 전부 밖으로 내놓아 주세요. 의자는 한 테이블에 2개씩 부탁드립니다.
会議室は どう なりますか。	회의실은 어떻게 됩니까?

1　テーブル 二つと いす 四つ
2　テーブル 四つと いす 八つ
3　テーブル 二つと いす 二つ
4　テーブル 四つと いす 二つ

1　테이블 2개와 의자 4개
2　테이블 4개와 의자 8개
3　테이블 2개와 의자 2개
4　테이블 4개와 의자 2개

[풀이]

개수를 세는 단어와 '～ずつ'를 듣는 것이 포인트다. 테이블은 4개, 한 테이블에 의자 2개씩이라고 말했으므로 정답은 2번이다.

会議室 회의실 | 終わりにする 마치다 | ～のために ～을 위해서 | いす 의자 | テーブル 테이블 | 運ぶ 나르다, 운반하다 | ～だけ ～만, 뿐 | ほか 그 외 | 外 바깥 | 出す 꺼내다 | ～ずつ ～씩

7ばん

男の人と女の人が話しています。女の人はどうして遅刻しましたか。

M なんだよ。また遅刻？
F 遅くなって、ごめんね。電車が来たんだけど、母から電話が来ちゃって。電車の中でケータイ電話は使えないから、乗れなかったのよ。
M まったく。

女の人はどうして遅刻しましたか。

남자와 여자가 이야기하고 있습니다. 여자는 왜 지각했습니까?

M 뭐야. 또 지각이야?
F 늦어서 미안해. 전철이 왔지만, 엄마한테서 전화가 와서. 전철 안에서 휴대전화는 사용할 수 없으니까, 타지 못했어.
M 아이 참!

여자는 왜 지각했습니까?

1 電車が遅れて来たから
2 家を出るのが遅くなったから
3 ケータイ電話を落としたから
4 乗る予定だった電車に乗れなかったから

1 전철이 늦게 왔기 때문에
2 집을 나서는 것이 늦었기 때문에
3 휴대전화를 분실했기 때문에
4 탈 예정이었던 전철을 탈 수 없었기 때문에

[풀이]
전철에 승차하기 전에 어머니에게서 걸려 온 전화를 받느라 전철을 타지 못했다. 그래서 지각을 하게 된 것이라고 말했으므로 4번이 정답이다.

遅刻 지각 | 遅い 늦다, 느리다 | ケータイ電話 휴대전화 | 落とす 떨어뜨리다, 분실하다 | 予定 예정

もんだい 3

발화 표현 실전 연습 ❶ p.304 스크립트와 문제 해설

1ばん

お客さんに 長い 時間 待って もらいました。何と 言いますか。	손님이 긴 시간 기다려 주었습니다. 뭐라고 말합니까?
F 1 お待ちください。 　 2 お待たせしました。 　 3 お待ちいたします。	F 1 기다려 주십시오. 　 2 기다리게 했습니다(기다리게 해서 죄송합니다). 　 3 기다리겠습니다.

[풀이]

待たせる는 나의 행동이고 겸양 표현인 お+ます형+する의 형태로 옳게 말하고 있다. 따라서 정답은 2번이다. 식당과 같은 손님을 대하는 곳에서 관용적으로 자주 쓰이는 표현이다.

お客さん 손님 | 長い 길다 | 時間 시간 | 待つ 기다리다 | ～てもらう ～해 받다(남이 ～해 주다)

2ばん

図書館に 行きたいですが、道が 分かりません。何と 言いますか。	도서관에 가고 싶습니다만, 길을 모릅니다. 뭐라고 말합니까?
M 1 図書館に どう 行けば いいですか。 　 2 図書館に どうして 行きますか。 　 3 図書館に 行かせて くださいませんか。	M 1 도서관에 어떻게 가면 됩니까? 　 2 도서관에 왜 갑니까? 　 3 도서관에 가게 해 주지 않겠습니까?

[풀이]

방법을 묻는 의문사 どう(어떻게)를 사용한 1번이 정답이다. '～하면 좋을까요'의 질문 패턴도 익혀 두자.

図書館 도서관 | ～たい ～하고 싶다 | 道 길 | 分かる 알다, 이해하다 | 行かせる 가게 하다 | どう 어떻게 | どうして 왜, 어째서

3ばん

友だちが 試合で 負けて しまいました。何と 言いますか。	친구가 시합에서 지고 말았습니다. 뭐라고 말합니까?
F 1 気を つけてね。 　 2 元気でね。 　 3 元気 だしてね。	F 1 조심해. 　 2 건강히 잘 지내. 　 3 힘내(기운 차려).

[풀이]

격려의 말이 필요한 상황이다. 따라서 정답은 3번이다. 2번은 헤어짐의 인사, 1번은 주의를 기울이라는 의미로 정답이 될 수 없다.

試合 시합 | 負け 지다 | 気をつけ 조심하다 | 元気だ 건강하다 | 元気だす 힘내다, 기운 차리다

4ばん

店で ほかの 色の かばんも 見たいです。店員に 何と 言いますか。

F　1　ほかの 色の かばんを 見て いただけませんか。
　　2　ほかの 色の かばんを 見せて いただけませんか。
　　3　ほかの 色の かばんを 見られたいんですが。

가게에서 다른 색 가방을 보고 싶습니다. 점원에게 뭐라고 말합니까?

F　1　다른 색 가방을 봐 주시지 않겠습니까?
　　2　다른 색 가방을 보여주실 수 있습니까?
　　3　다른 색 가방을 보이고 싶습니다만.

[풀이]

보여주는 행위를 부탁하거나(見せる+ていただけませんすか), 보는 행위를 희망하는(見る+たいです) 표현이 자연스러운 상황이다. 따라서 정답은 2번이다.

店 가게 | ほかの 다른 | 色 색깔 | かばん 가방 | 見る 보다 | ～たい ～하고 싶다

5ばん

久しぶりに 知り合いに 会いました。何と 言いますか。

M　1　おかわり ありませんか。
　　2　おかわり どうですか。
　　3　おつかれさまでした。

오랜만에 지인을 만났습니다. 뭐라고 말합니까?

M　1　별일 없으시죠?
　　2　한 그릇 더(한 잔 더) 어떠세요?
　　3　수고 많으셨습니다.

[풀이]

그동안의 안부를 물어보는 뜻의 1번「おかわりありませんか」는 2번의「おかわりどうですか」와 혼동하기 쉬우므로 주의해야 한다.

久しぶりに 오랜만에 | 友だち 친구 | 会う 만나다

발화 표현 실전 연습 ❷ p.307 스크립트와 문제 해설

1ばん

出かけようと して いた 時、友だちが きました。何と 言いますか。

M　1　今 ちょうど 出かける ところだった。
　　2　さっき 出かけたばかりなんだけど。
　　3　今、出かけて いる。

외출하려고 할 때, 친구가 왔습니다. 뭐라고 말합니까?

M　1　지금 마침 나가려던 참이었어.
　　2　방금 전 나간 지 얼마 되지 않는데.
　　3　지금 외출해 있어.

[풀이]

아직 일어나지 않았지만 마침 일어나려는 순간을 나타내는 ～ようとする와 동사 기본형+ところだ의 유의성을 알고 있으면 정답이 1번임을 쉽게 알 수 있다.

出かける 외출하다 | ちょうど 마침 | ～ところだ ～하려는 참이다 | ～たばかりだ ～한 지 얼마 되지 않았다

2ばん

お世話に なった 人の ために お土産を 買いました。お土産を 渡す とき、何と 言いますか。 F　1　どうぞ、いただいて ください。 　　2　どうぞ、おっしゃって ください。 　　3　どうぞ、めしあがって ください。	신세를 진 사람을 위해 선물을 샀습니다. 선물을 건넬 때 뭐라고 말합니까? F　1　부디, 받아 주세요. (겸양 표현) 　　2　부디, 말씀해 주세요. 　　3　부디, 드셔주세요.

[풀이]

선물 받는 사람의 행동을 높여 말하므로, 食べる의 존경 표현인 めしあがる로 표현한 3번이 정답이다.

～のために ～를 위해서 | お土産 선물 | 渡す 건네다 | いただく 받다(もらう의 겸양어) | おっしゃる 말씀하시다(言う의 존경어) | めしあがる 드시다(食べる・飲む의 존경어)

3ばん

風邪を ひいて 今日 アルバイトに 行けません。店長に 何と 言いますか。 M　1　今日、休んで ほしいんですが…。 　　2　今日、休ませて さしあげませんか。 　　3　今日、休ませて いただきたいんですが…。	감기에 걸려서 오늘 아르바이트를 갈 수 없습니다. 점장에게 뭐라고 말합니까? M　1　오늘, 쉬시길 바랍니다만……. 　　2　오늘, 쉬게 해 드리지 않겠습니까? 　　3　오늘, 쉬게 해 주셨으면 합니다만…….

[풀이]

상대방에게 바라는 행동(休ませる+ていただきたいんですが)을 표현한 3번이 정답이다. 참고로 같은 상황을 내가 하고 싶은 행동(休む+たいです, てもいいですか)으로도 말할 수 있다.

風邪をひく 감기에 걸리다 | アルバイト 아르바이트 | 店長 점장 | 休む 쉬다 | 休ませる 쉬게 하다

4ばん

先生に 相談したいです。何と 言いますか。 F　1　今、相談して さしあげたいんです。 　　2　今、お時間 よろしいですか。 　　3　今、お話しに なりたいです。	선생님께 상담하고 싶습니다. 뭐라고 말합니까? F　1　지금 상담해 드리고 싶습니다. 　　2　지금 시간 괜찮으신가요? 　　3　지금, 말씀하시고 싶습니다.

[풀이]

상담에 앞서 선생님의 여건이 괜찮은지 여쭙는 2번이 정답이다. 1번은 화자가 상담을 받고 싶다는 표현이 아니고, 3번은 자신이 하고 싶은 행동을 스스로 높여서 표현했으므로 옳지 않다.

相談する 상담하다 | ～たい ～하고 다 | さしあげる 드리다(겸양 표현) | 時間 시간 | よろしい 좋다, 괜찮다(いい의 공손한 표현) | お話しになる 말씀하시다(존경 표현)

5ばん

デパートで 服を 選んで います。店員に 何と 言いますか。	백화점에서 옷을 고르고 있습니다. 점원에게 뭐라고 말합니까?
M 1 これ、着て みたら どうですか。 2 これ、着て みませんか。 3 これ、着て みても だいじょうぶですか。	M 1 이거 입어보는 게 어떻습니까? 2 이거 입어보지 않겠습니까? 3 이거 입어봐도 괜찮습니까?

[풀이]

입어보는 행동에 대해 허가를 구하는 3번이 정답이다. 1번과 2번은 다른 사람에게 입어보기를 권하는 표현이다.

デパート 백화점 | 服 옷 | 選ぶ 고르다 | 店員 점원 | 着る 입다 | ～てみたらどうですか ～해보는 것이 어떻습니까 | ～てみませんか ～해보지 않겠습니까 | ～てみてもだいじょうぶですか ～해봐도 괜찮습니까

もんだい 4

즉시 응답 실전 연습 ❶ p.310 스크립트와 문제 해설

1ばん

M ご注文なさいますか。	M 주문하시겠습니까?
F 1 はい、けっこうです。 2 いいえ、まだ 決めて いません。 3 はい、いただきます。	F 1 네, 괜찮습니다. 2 아니요, 아직 결정하지 못했습니다. 3 네, 잘 먹겠습니다.

[풀이]

아직 정해지지 않았다는 표현으로 2번이 정답이다. 1번은 사양하거나 거절하는 표현, 3번은 식사를 하기 직전의 인사 표현이다.

注文 주문 | なさる 하시다(する의 존경 표현) | 決める 정하다

2ばん

M いらっしゃい。どうぞ お入りください。	M 어서오세요. 어서 들어오세요.
F 1 ごめんください。 2 おじゃまします。 3 ただいま。	F 1 계십니까? 2 실례합니다. 3 다녀왔습니다.

[풀이]

손님을 맞이하는 인사를 건네고 있고, 남의 집이나 사무실 등을 방문할 때는 들어가면서 '실례하겠습니다'라고 말하는 2번이 정답이다.

いらっしゃい 어서오세요 | どうぞ 자, 모쪼록, 어서 | 入る 들어가다, 들어오다 | お入りください 들어오세요

3ばん

F すみません。この席 いいですか。 M 1 はい、座って ください。 　 2 いいえ、立ちません。 　 3 はい、見せて ください。	F 실례합니다. 이 자리 (앉아도) 괜찮습니까? M 1 네, 앉으세요. 　 2 아니요, 서지 않겠습니다. 　 3 네, 보여주세요.

[풀이]
자리에 앉기 전 옆사람에게 양해를 구했고, 그에 대한 허가로 자연스러운 답변으로 1번이 정답이다.

すみません 실례합니다(말 걸 때) | 席 자리 | 座る 앉다 | ～てください ～해주세요, ～하세요 | 立つ 서다 | みせる 보여주다

4ばん

F 私で よかったら、お手伝いしましょうか。 M 1 はい、手伝いましょう。 　 2 はい、おねがいします。 　 3 いいえ、まだまだです。	F 저라도 괜찮다면, 도와드릴까요? M 1 네, 도웁시다. 　 2 네, 부탁합니다. 　 3 아니요, 아직 멀었습니다.

[풀이]
도움을 주려는 표현에 대해, 부탁한다고 말한 2번 대답이 자연스럽다. 3번은 겸손 표현으로 누군가에게 칭찬받았을 때의 대답으로 알맞다.

手伝う 돕다, 거들다 | お手伝いする 도와드리다(겸양 표현)

5ばん

M 具合が 悪くて、今日は はやく 帰らせていただけませんか。 F 1 はい、いただきます。 　 2 はい、とんでもないです。 　 3 はい、おだいじに。	M 몸이 안 좋아서, 오늘은 일찍 귀가하게 해 주시겠습니까? F 1 네, 잘 먹겠습니다. 　 2 네, 당치도 않습니다. 　 3 네, 몸조리 잘하세요.

[풀이]
아파서 일찍 귀가하고 싶은 사람에게 할 수 있는 표현으로 3번이 자연스럽다.

具合が悪い 몸 상태가 좋지 않다 | 今日 오늘 | はやく 일찍 | 帰る 돌아가다, 돌아오다, 귀가하다 | 帰らせる 귀가시키다 | ～ていただけませんか ～해주지 않겠습니까

6ばん

F その 本、何日間 借りられますか。	F 이 책 며칠간 빌릴 수 있습니까?
M 1 先週、借りて きました。 　 2 週末、貸して あげます。 　 3 一週間、借りる ことが できます。	M 1 지난주에 빌려 왔습니다. 　 2 주말에 빌려 줄게요. 　 3 일주일간 빌릴 수 있습니다.

[풀이]

빌리는 시점이 아닌 '기간'을 질문하고 있다. 따라서 일주일의 기간을 대답하는 3번이 정답이다. 또한 借りる 동사의 가능형인 借りられる와 가능구문 借りることができる 두 가지를 모두 익혀 두면 알기 쉽다.

本 책 | 何日間 며칠간 | 借りる 빌리다 | 先週 지난주 | 週末 주말 | 貸す 빌려주다 | 一週間 일주일간 | ～ことができる ～할 수 있다

7ばん

M 旅行は どうでしたか。	M 여행은 어땠습니까?
F 1 ほんとうに 楽しみですね。 　 2 とても 楽しかったです。 　 3 三日間でした。	F 1 정말 기대되네요. 　 2 굉장히 즐거웠습니다. 　 3 3일간이었습니다.

[풀이]

과거의 여행에 관한 소감을 물었고, '즐거웠다'고 형용사의 과거형으로 대답한 2번이 정답이다. 1번은 미래에 대한 기대감을 말하는 표현이다.

旅行 여행 | どうでしたか 어땠습니까 | ほんとうに 정말로 | 楽しみですね 기대되네요 | 楽しい 즐겁다 | 三日間 3일간

8ばん

F もしもし。山田さん いらっしゃいますか。	F 여보세요. 야마다 씨 계십니까?
M 1 はい、少々 お待ちください。 　 2 はい、いらっしゃって ください。 　 3 はい、よろしく お伝えください。	M 1 네, 잠시 기다려 주세요. 　 2 네, 와 주세요. 　 3 네, 안부 전해 주세요.

[풀이]

야마다 씨를 찾는 전화에, 야마다 씨를 바꿔주려는 대답 1번이 자연스럽다. 3번은 만나지 못한 사람에게 인사를 전해달라는 표현으로 쓰인다.

もしもし 여보세요 | いらっしゃる 계시다, 가시다, 오시다(존경 표현) | 少々 잠시 | 待つ 기다리다 | ～てください ～해 주세요 | 伝える 전하다

즉시 응답 실전 연습 ❷ p.311 스크립트와 문제 해설

1ばん

M 明日、暇なら、いっしょに 花見に 行きませんか。	M 내일 시간 되시면, 함께 꽃구경 가지 않겠습니까?
F 1 すみません。明日は 都合が 悪いんです。 　2 すみません。明日は 体の 具合が 悪いんです。 　3 すみません。いつも 悪いですね。	F 1 미안합니다. 내일은 사정(상황)이 좋지 않습니다. 　2 미안합니다. 내일은 몸 상태가 좋지 않습니다. 　3 미안합니다. 늘 죄송해요.

[풀이]
함께 가는 권유에 대해 거절의 의미로 상황 설명을 하는 1번이 정답이다. 2번은 현재 상태라면 이유로 말할 수 있지만, '내일 몸 상태가 좋지 않다'는 예언은 대화의 성립이 되지 않는다.

暇だ 한가하다 | ~なら ~라면 | 花見 꽃구경 | ~に行く ~하러 가다 | 都合が悪い 사정(형편, 상황)이 좋지 않다 | 体の具合が悪い 몸 상태가 좋지 않다 | 悪い 나쁘다. 미안하다. 고맙다〈다의어〉

2ばん

F 本当に 日本語が 上手に なりましたね。	F 정말로 일본어가 능숙해졌네요.
M 1 いいえ、まだです。 　2 いいえ、ちがいます。 　3 いいえ、そんな こと ないです。	M 1 아니요, 아직입니다. 　2 아니요, 틀립니다. 　3 아니요, 그렇지 않습니다.

[풀이]
칭찬에 대한 겸손 표현으로 3번이 정답이다. 1번은 '(시기적인) 아직'이라는 의미이고, 2번은 '맞다/틀리다'의 대답이므로 역시 겸손의 의미가 없다. 만약 1번을 "いいえ、まだまだです。(아니요, 아직 멀었습니다.)"로 바꾸면 겸손의 표현이 될 수 있다.

本当に 정말로 | 日本語 일본어 | 上手になる 능숙해지다 | ちがう 다르다. 틀리다

3ばん

M 風邪を ひいて せきが 出るんです。	M 감기에 걸려서 기침이 납니다.
F 1 この 席に どうぞ。 　2 薬を 飲んだばかりです。 　3 ゆっくり 休んで ください。	F 1 이 자리에 앉으세요. 　2 약을 먹은 지 얼마 안 지났습니다. 　3 푹 쉬세요.

[풀이]
몸이 좋지 않은 사람에게 조언을 하고 있는 3번이 정답이다. 1번의 席(자리)가 せき(기침)와 발음이 동일하여 혼동하지 않도록 주의하자.

風邪をひく 감기에 걸리다 | せきが出る 기침이 나다 | 席 자리 | 薬を飲む 약을 먹다 | ~たばかり ~한 지 얼마 안 됨 | ゆっくり 푹. 느긋하게. 천천히 | 休む 쉬다 | ~てください ~해주세요, ~하세요

4ばん

F あっ、ペン 忘れちゃった。 M 1 よかったら、ペン、貸して くれる？ 　 2 よかったら、これ 使ってね。 　 3 よかったら、ペン、返すね。	F 앗, 펜 깜빡했다. M 1 괜찮다면, 펜 빌려줄래? 　 2 괜찮다면, 이거 써. 　 3 괜찮다면, 펜 돌려줄게.

[풀이]

펜을 놓고 온 친구에게 펜을 빌려주는 발언으로 2번이 정답이다. 借りる(빌리다), 貸す(빌려주다), 返す(돌려주다)의 세 동사가 혼동되지 않도록 확실하게 암기하자.

ペン 펜 | 忘れる 깜빡하다 | ~ちゃった ~해버렸다 | よかったら 괜찮다면 | 貸す 빌려주다 | ~てくれる？ (나에게) ~해 줄래？ | 使う 사용하다 | 返す 되돌려주다. 갚다. 반납하다

5ばん

M 山田さん、明日 何時に 来られますか。 F 1 30分 ぐらい かかると 思います。 　 2 もちろん 行けます。 　 3 3時 ぐらいに 着くと 思います。	M 야마다 씨, 내일 몇 시에 올 수 있습니까? F 1 30분 정도 걸릴 거라고 생각합니다. 　 2 물론 갈 수 있습니다. 　 3 3시 정도에 도착할 거라고 생각합니다.

[풀이]

질문에 '몇 시'라는 정확한 시점을 묻고 있고, 시간으로 답한 3번이 옳은 대답이다. 소요시간을 말한 1번이나 가는지의 여부를 말하는 2번은 정답이 될 수 없다.

明日 내일 | 何時 몇 시 | ~ぐらい ~정도 | かかる 걸리다 | もちろん 물론 | 行ける 갈 수 있다 | 着く 도착하다

6ばん

F 飲み物は 何に なさいますか。 M 1 はい、なさいます。 　 2 飲み物は いいです。 　 3 はい、おねがいします。	F 음료는 무엇으로 하시겠습니까? M 1 네, 하시겠습니다. 　 2 음료는 괜찮습니다. 　 3 네, 부탁합니다.

[풀이]

음료는 무엇으로 하시겠냐는 점원의 질문에, 거절의 답변을 하는 2번이 자연스러운 대화이므로 정답이다. 음료를 주문하고 싶다면 구체적으로 메뉴를 말할 수도 있다.

飲み物 음료 | なさる 하시다(する의 존경어)

7ばん

M 学校から 家まで どれ ぐらい かかりますか。	M 학교에서 집까지 어느 정도 걸립니까?
F 1 １１時です。 　 2 これから 30分です。 　 3 30分しか かかりません。	F 1 11시입니다. 　 2 앞으로 30분입니다. 　 3 30분밖에 걸리지 않습니다.

[풀이]

소요시간을 묻는 질문에 대한 답변은 3번이 알맞다. 시점을 말하는 1번과 앞으로 걸릴 시간을 언급하는 2번은 정답이 될 수 없다.

～しか ～밖에

8ばん

F 野菜と 肉は 買って おきましたか。	F 채소와 고기는 사 두었습니까?
M 1 いいえ、どこにも おきませんでした。 　 2 はい、買って あります。 　 3 いいえ、まだまだです。	M 1 아니요, 어디에도 두지 않았습니다. 　 2 네, 사 두었습니다. 　 3 아니요, 아직 멀었습니다.

[풀이]

'사는 행위'의 완료를 질문하고 있다. 이에 타동사+てある의 상태 표현으로 '구매되어 있다'라고 말한 2번이 옳은 대답이다. 3번은 겸손 표현으로 '아직 (능력 등이) 한참 모자라다'라는 의미의 표현이다.

野菜 야채

제1회 실전모의고사 가채점표

언어지식(문자·어휘, 문법)/독해

		문항 수	배점	총점	1회 득점
문자 · 어휘	문제1	7문항	1점	7점	
	문제2	5문항	1점	5점	
	문제3	8문항	1점	8점	
	문제4	4문항	1점	4점	
	문제5	4문항	1점	4점	
문법	문제1	13문항	1점	13점	
	문제2	4문항	1점	4점	
	문제3	4문항	1점	4점	
독해	문제1	3문항	6점	18점	
	문제2	3문항	6점	18점	
	문제3	2문항	7점	14점	
	합계			99점	

- 계산법: 총 득점 [   ] ÷ 99 × 120 = (   ) 점   (※ 38점 미만 과락)

청해

		문항 수	배점	총점	1회 득점
청해	문제1	8문항	2점	16점	
	문제2	7문항	2점	14점	
	문제3	5문항	2점	10점	
	문제4	8문항	2점	16점	
	합계			56점	

- 계산법: 총 득점 [   ] ÷ 56 × 60 = (   ) 점   (※ 19점 미만 과락)

위의 점수를 합하여 **90점 이상**인 경우 N4 합격입니다.

학습의 편의를 위해 임의로 만든 채점표입니다. 실제 시험은 *척도득점방식으로 채점하므로 다소 오차가 있을 수 있습니다.

*척도득점방식 : 어떤 문제에 어떻게 답하는가를 분석하여 답의 패턴에 따라 득점을 다르게 결정하는 방식

제2회 실전모의고사 가채점표

언어지식(문자·어휘, 문법)/독해

		문항 수	배점	총점	2회 득점
문자 · 어휘	문제1	7문항	1점	7점	
	문제2	5문항	1점	5점	
	문제3	8문항	1점	8점	
	문제4	4문항	1점	4점	
	문제5	4문항	1점	4점	
문법	문제1	13문항	1점	13점	
	문제2	4문항	1점	4점	
	문제3	4문항	1점	4점	
독해	문제1	3문항	6점	18점	
	문제2	3문항	6점	18점	
	문제3	2문항	7점	14점	
합계				99점	

- 계산법: 총 득점 ☐ ÷ 99 × 120 = ( ) 점　　　　(※ 38점 미만 과락)

청해

		문항 수	배점	총점	2회 득점
청해	문제1	8문항	2점	16점	
	문제2	7문항	2점	14점	
	문제3	5문항	2점	10점	
	문제4	8문항	2점	16점	
합계				56점	

- 계산법: 총 득점 ☐ ÷ 56 × 60 = ( ) 점　　　　(※ 19점 미만 과락)

위의 점수를 합하여 **90점 이상**인 경우 N4 합격입니다.

학습의 편의를 위해 임의로 만든 채점표입니다. 실제 시험은 *****척도득점방식**으로 채점하므로 다소 오차가 있을 수 있습니다.

*척도득점방식 : 어떤 문제에 어떻게 답하는가를 분석하여 답의 패턴에 따라 득점을 다르게 결정하는 방식

실전 모의고사 1회

N4

N4

げんごちしき (もじ・ごい)

(25ふん)

ちゅうい
Notes

1. しけんが はじまるまで、この もんだいようしを あけないで ください。
   Do not open this question booklet until the test begins.

2. この もんだいようしを もって かえる ことは できません。
   Do not take this question booklet with you after the test.

3. じゅけんばんごうと なまえを したの らんに、じゅけんひょうと おなじように かいて ください。
   Write your examinee registration number and name clearly in each box below as written on your test voucher.

4. この もんだいようしは、ぜんぶで 9ページ あります。
   This question booklet has 9 pages.

5. もんだいには かいとうばんごうの 1、2、3 … が あります。かいとうは、かいとうようしに ある おなじ ばんごうの ところに マークして ください。
   One of the row numbers 1, 2, 3 … is given for each question. Mark your answer in the same row of the answer sheet.

じゅけんばんごう Examinee Registration Number	

なまえ Name	

言語知識（文字・語彙）-1

もんだい1 ＿＿＿の ことばは ひらがなで どう かきますか。1・2・3・4から いちばん いい ものを ひとつ えらんで ください。

（れい） わたしの せんもんは <u>文学</u>です。

　　　　1　いがく　　　2　かがく　　　3　ぶんがく　　　4　すうがく

　　（かいとうようし）　

---

1 <u>世界</u>の いろんな ところへ いって みたいです。
　1　せかい　　　2　せいかい　　　3　せいけい　　　4　せいけ

2 <u>自転車</u>で いけば 5分も かかりませんよ。
　1　じでんしゃ　　2　じでんちゃ　　3　じてんしゃ　　4　じてんちゃ

3 「<u>仕事</u>が 入って…。」と いって よていを キャンセルした。
　1　しごと　　　2　じごと　　　3　しこと　　　4　じこと

4 まいあさ、いえの まえの ジムで <u>運動</u>して います。
　1　うんてん　　　2　うんでん　　　3　うんどん　　　4　うんどう

5 わたしは だいがくで <ruby>生物<rt>せいぶつ</rt></ruby>の <u>研究</u>を して います。
　1　げんきゅう　　2　けんきゅう　　3　げんきゅ　　4　けんきゅ

6 なんでも いいですが、特に イタリアりょうりが すきです。

1 とく　　　2 きゅう　　　3 べつ　　　4 ほか

7 みなさん、テストの スケジュールが 決まりました。

1 しまりました　　　　2 きまりました
3 こまりました　　　　4 かわりました

もんだい2 ＿＿＿の ことばは どう かきますか。1・2・3・4か
ら いちばん いい ものを ひとつ えらんで ください。

(れい)　ふねで にもつを おくります。
　　　1　近ります　　2　逆ります　　3　辺ります　　4　送ります

(かいとうようし)　| (れい) | ① ② ③ ● |

8 きょねんより かかくが 20％ ぐらい あがった。
　1　昨年　　　2　先年　　　3　去年　　　4　前年

9 まえがみは あまり みじかく しないで ください。
　1　頭く　　　2　短く　　　3　豆く　　　4　逗く

10 じぶんの へや ぐらいは じぶんで そうじしなさい。
　1　部室　　　2　部屋　　　3　屋部　　　4　室屋

11 私の ゆめは いつか じぶんで いえを たてる ことです。
　1　律てる　　2　健てる　　3　建てる　　4　津てる

12 えいぎょうじかんは 8：30から 20：00までです。
　1　栄養　　　2　営業　　　3　経営　　　4　産業

もんだい3 （　　）に なにを いれますか。1・2・3・4から いちばん いい ものを ひとつ えらんで ください。

（れい）　スーパーで もらった（　　）を 見ると、何を 買ったか わかります。

1　レジ　　　2　レシート　　　3　おつり　　　4　さいふ

（かいとうようし）　（れい）　① ● ③ ④

13　かれに 会ったら（　　）これを わたして ください。
1　すっかり　　2　たぶん　　3　なかなか　　4　ぜひ

14　山田さんは いつも 同じ ネクタイを（　　）います。
1　きて　　　2　はいて　　3　しめて　　4　つけて

15　わたしの （　　）は せまいですが、駅から 近いです。
1　ベッド　　2　アパート　　3　アルバイト　4　テーブル

16　こちらの プールは（　　）が 2メートルも ありますよ。
1　あつさ　　2　たかさ　　3　ふかさ　　4　うすさ

17　この アプリは 英語の はつおんれんしゅうに やくに（　　）。
1　します　　2　たちます　　3　だします　　4　なります

18 コーヒーの 味が ちょっと (　　　) ですね。

1　あつい　　　2　つめたい　　　3　たかい　　　4　うすい

19 かれの 説明は (　　　) 理解 できません。

1　ちっとも　　2　とうとう　　　3　いくら　　　4　なるべく

20 (　　　) お金を いれてから、ボタンを おして ください。

1　きっと　　　2　けっして　　　3　まず　　　　4　もうすぐ

もんだい4 ＿＿＿＿＿の ぶんと だいたい おなじ いみの ぶんが あります。1・2・3・4から いちばん いい ものを ひとつ えらんで ください。

(れい) でんしゃの 中で さわがないで ください。
　　1　でんしゃの 中で ものを たべないで ください。
　　2　でんしゃの 中で うるさく しないで ください。
　　3　でんしゃの 中で たばこを すわないで ください。
　　4　でんしゃの 中で きたなく しないで ください。

　　(かいとうようし)　(れい)　①　●　③　④

21　じてんしゃの ブレーキを チェックして ください。
　1　じてんしゃの ブレーキを なおして ください。
　2　じてんしゃの ブレーキを あらって ください。
　3　じてんしゃの ブレーキを かえて ください。
　4　じてんしゃの ブレーキを しらべて ください。

22　きゅうに 名前を 呼ばれて びっくりしました。
　1　きゅうに 名前を 呼ばれて おどろきました。
　2　きゅうに 名前を 呼ばれて はずかしかったです。
　3　きゅうに 名前を 呼ばれて こまりました。
　4　きゅうに 名前を 呼ばれて ざんねんでした。

23 あした 先生に 会う ことに なって います。

1 あした 先生に めしあがる ことに なって います。

2 あした 先生に お目に かかる ことに なって います。

3 あした 先生に お会いに なる ことに なって います。

4 あした 先生に おっしゃる ことに なって います。

24 車は ごえんりょ ください。

1 車を 買って ください。

2 車で 来て ください。

3 車の 掃除を して ください。

4 車は 持って こない ように して ください。

もんだい5 つぎの ことばの つかいかたで いちばん いい ものを
1・2・3・4から ひとつ えらんで ください。

(れい)　すてる
　　1　へやを ぜんぶ すてて ください。
　　2　ひどい ことを するのは すてて ください。
　　3　ここに いらない ものを すてて ください。
　　4　学校の 本を かばんに すてて ください。

(かいとうようし)　｜(れい)｜① ② ● ④｜

---

25 あんない
　1　パーティーに くる 人は わたしに あんないして ください。
　2　友だちに この かんじの いみを あんないして もらいました。
　3　にゅうがくしきの あんないは わたしが いたします。
　4　先生に ようこさんを あんないしました。

26 てきとう
　1　車は 人の せいかつに てきとうじゃ ない。
　2　おきゃくに てきとうする 店を しょうかいして ください。
　3　てきとうする 運動は からだに いいです。
　4　それに ついては てきとうに 答えて おいた。

27 チェック

1 私の あさ 一番の しごとは、メールを チェックする ことだ。
2 友だちに たんじょうびの チェックを あげる つもりだ。
3 本屋は ちかに あるから、チェックで いった ほうが いいよ。
4 かれは チェックで ここまで きました。

28 だめ

1 さいふを だめして しまったんです。
2 あさってなら いいですが、あしたは だめです。
3 やすみの 日を だめに すごして しまいました。
4 こどもの だめが もう なおりました。

N4

言語知識（文法）・読解

（55分）

注意 Notes

1. 試験が始まるまで、この問題用紙をあけないでください。
   Do not open this question booklet until the test begins.

2. この問題用紙を持ってかえることはできません。
   Do not take this question booklet with you after the test.

3. 受験番号と名前を下の欄に、受験票と同じように書いてください。
   Write your examinee registration number and name clearly in each box below as written on your test voucher.

4. この問題用紙は、全部で15ページあります。
   This question booklet has 15 pages.

5. 問題には解答番号の 1 、 2 、 3 、…があります。解答は、解答用紙にあるおなじ番号のところにマークしてください。
   One of the row numbers 1 , 2 , 3 … is given for each question. Mark your answer in the same row of the answer sheet.

受験番号 Examinee Registration Number

名前 Name

もんだい1　(　　)に　何を　入れますか。1・2・3・4から　いちばん　いい　ものを　一つ　えらんで　ください。

（例）　わたしは　毎朝　新聞（　　）読みます。
　　　1　が　　　　2　の　　　　3　を　　　　4　で

（解答用紙）　（例）　① ② ● ④

1　この　店は　夜10時（　　）開いて　います。
　　1　まで　　2　までに　　3　で　　4　へ

2　雨は　もう　三日（　　）降って　います。
　　1　に　　2　と　　3　も　　4　でも

3　急いで　いるから、タクシーに（　　）と　思って　います。
　　1　乗り　　2　乗って　　3　乗ろう　　4　乗りよう

4　さっぽろなら、3年前（　　）ことが　あります。
　　1　行く　　2　行き　　3　行った　　4　行ったり

5　A「これ、私には　もう　要らないけど、（　　）。」
　　B「ほんとう？　ありがとう。」
　　1　あげようか　　2　くれようか　　3　もらおうか　　4　もらえようか

6 コーヒーに さとうは (　　　) 飲みます。
1 入らなくて　　2 入らないで
3 入れないで　　4 入れなくて

7 この 部屋は いつも ドアが (　　　) ありますね。
1 しまって　2 しめて　3 しまられて　4 しめないで

8 A「どうぞ、(　　　)。」
　B「おじゃまします。」
1 お入りしてください　　2 お入りにしてください
3 お入りください　　　　4 お入ってください

09 いつも 姉に 部屋の そうじを (　　　) います。
1 して　　　2 させられて
3 しないで　4 されなくて

10 彼女は プレゼントを もらって (　　　) かおを している。
1 うれしそうな　　2 うれしような
3 うれしいそうな　4 うれしいのような

11 ここには もう (　　　) かまいません。
1 来なければ　2 来なくても
3 来なくちゃ　4 来ないで

12 あぶないから、子どもを 一人で(　　　)ください。

1　行かれないで　　　　　　2　行かされなくて

3　行かせないで　　　　　　4　行かせらなくて

13　A「今年の 夏休みに 何か 予定が ありますか。」
　　B「沖縄へ 行く(　　　)。」

1　ことがありました　　　　2　ようになりました

3　ことができました　　　　4　ことにしました

もんだい2 ____★____ に 入る ものは どれですか。1・2・3・4から いちばん いい ものを 一つ えらんで ください。

(問題例)

　つくえの ＿＿＿＿ ＿＿＿＿ ＿＿★＿＿ ＿＿＿＿ あります。

1　が　　　　2　に　　　　3　上　　　　4　ぺん

(答え方)

1　正しい 文を 作ります。

> つくえの ＿＿＿＿ ＿＿＿＿ ＿＿★＿＿ ＿＿＿＿ あります。
> 　　　　　3　上　　2　に　　4　ぺん　　1　が

2　____★____ に 入る 番号を 黒く 塗ります。

(解答用紙)　(例)　① ② ③ ●

14　はやめに ＿＿＿＿ ＿＿＿＿ ＿＿★＿＿ ＿＿＿＿ が いいですね。

1　おいた　　　2　して　　　3　よやく　　　4　ほう

15　この すいか、＿＿＿＿ ＿＿＿＿ ＿＿★＿＿ ＿＿＿＿ あまいですね。

1　さとう　　　2　の　　　　3　ように　　　4　まるで

16 私は 木村さん ___ ___ ★ ___ 食べました。
    1 の   2 を   3 りょうり   4 作った

17 子どもの ころ、よく 数学を ___ ___ ★ ___ いた。
    1 に   2 父   3 もらって   4 おしえて

もんだい3 [18] から [21] に 何を 入れますか。文章の 意味を 考えて、1・2・3・4から いちばん いい ものを 一つ えらんで ください。

　パンを 売る 店は パン屋、肉を 売る 店は 肉屋と 言いますが、野菜を 売る 店は [18] 八百屋と 言うのでしょうか。「八百」は 「たくさん」という 意味で、いろいろな 野菜を 売って いる ことから 八百屋と [19] ように なりました。このごろは スーパーや コンビニでも 野菜が [20] 。 [21] この 10年で 八百屋は 半分 ぐらいに へってきたそうです。

[18]
1　どう　　　　　　　　　　2　どうやって
3　どうして　　　　　　　　4　どういう

[19]
1　よばせる　　　　　　　　2　よばれる
3　よばされる　　　　　　　4　よばせられる

[20]
1　買います　　　　　　　　2　買うことができます
3　買わられます　　　　　　4　買えます

21

1　たとえば　　　　2　しかし

3　でも　　　　　　4　それで

もんだい4　つぎの(1)から(3)の文章を読んで、質問に答えてください。答えは、1・2・3・4から、いちばんいいものを一つえらんでください。

(1)

明日、友だちと日本へ旅行に行きます。友だちは今、「食べ物のリスト」を作っています。日本は地域によって有名な食べ物があるからです。たとえば、香川県のさぬきうどん、広島県のお好み焼き、福岡のはかたラーメンなどです。このようなおいしい食べ物を食べるために旅行する人が増えていますが、これをグルメ旅行と言います。「グルメ」はフランス語からきた言葉で、料理の味にくわしい人や料理にくわしいことを意味します。友だちは今回の旅行をグルメ旅行にしているのです。

・地域：지역

[22] この文の内容としてただしいものはどれですか。
1　広島県はうどんで有名だ。
2　旅行を楽しむ人をグルメという。
3　グルメは外国語から来た言葉だ。
4　最近、グルメ旅行をする人が少なくなっている。

(2)

　ある日、日本語の授業で「漢字は中国から伝えられたけど、日本人が考えて作った漢字もありますよ。」と聞いた。先生はこれを「国字」だと教えてくれた。国字の中で一番多いのは「魚」がつく漢字だそうだ。たとえば、たらの「鱈」はさかなの「魚」とゆきの「雪」を合わせた漢字だ。これは島国なので魚が大切な食べ物だということを意味する。このように国字から生活文化が分かるというのはとてもおもしろいことだ。

・たら：대구
・島国：섬나라

23 この文の内容と会っているものはどれですか。
1　国字は中国から来た文字だ。
2　漢字を分かりやすくするために国字を作った。
3　国字は日本の文化なのでこれを勉強する人が多い。
4　国字を見ると日本の文化が理解できる。

(3)

> 次のことを守って大切に使いましょう。
> ・朝と夜は静かにしましょう。
> ・ごみはもって帰ってください。
> ・大きい音を出したり花火をしたりしてはいけません。
> ・野球やサッカーなど人にめいわくをかける遊びはやめましょう。
> ＊みんなの公園です。大切に使っていつまでも美しく、楽しい公園にしましょう。

[24] この文の内容としてただしいものはどれですか。
1 朝と夜は公園を使えない。
2 ごみを捨てないで自分で持って帰った方がいい。
3 野球やサッカーは人がいない時にしなければならない。
4 花火の遊びは音が大きいからやめたほうがいい。

もんだい5　つぎの文章を読んで、質問に答えてください。答えは、1・2・3・4から、いちばんいいものを一つえらんでください。

　私は夏休みのあいだ、毎日朝9時から午後4時まで本屋でアルバイトをしました。店はとても広くてお客さんもおおぜい来ました。
　初めのころは、一日がとても短いと思うほど、大変でした。本の場所を覚えたり、並べ方を教えてもらったりすることがたくさんあったからです。それに、失敗もありました。お客さんに「袋に入れましょうか。」と聞いたら、①「いいです。」と言われたので、本を袋に入れました。しかし、それは「入れたほうがいいです。」という意味ではありませんでした。また、ペットの本をさがしているお客さんを、②家具の本のところへ案内してしまったこともあります。ペットがベッドと聞こえたのです。
　でも、アルバイトを始めて1カ月になるころ、店のみんなから「よくがんばっていますね。」と言ってもらったことは、とてもうれしかったです。それにお客さんへのサービスのしかたもちゃんと知ることができました。学校ではおしえてくれない、よい経験ができました。何よりも、自分で働いてお金をもらったことがいちばんうれしかったです。働くことの大変さ、お金の大切さを知りました。

・袋：주머니, 봉투
・家具：가구

25 お客さんの①「いいです。」は、どんな意味でしたか。

1　おねがいします。

2　入れてもいいです。

3　入れなければなりません。

4　要りません。

26 ②家具の本のところへ案内してしまったとありますが、どうしてですか。

1　まだお店の中がよくわからなかったから。

2　お客さんの言った言葉を間違えて聞いたから。

3　お客さんに家具の本の場所を聞かれたから。

4　ペットの本は家具の本のとなりにあったから。

27 この人がアルバイトをして、特にうれしかったことは何ですか。

1　店のみんなにほめてもらったこと。

2　自分の力でお金を手に入れたこと。

3　学校では習えない日本語を知ったこと。

4　サービスのしかたについて勉強できたこと。

もんだい6　右のページの「練習室の利用案内」を見て、下の質問に答えてください。答えは、1・2・3・4から、いちばんいいものを一つえらんでください。

ピアノ練習室の利用案内

1. 利用時間
   平日(月〜金)：午前10:00〜午後8:00
   土・日・祝日：午前11:00〜午後5:00

2. 休みの日
   毎月、一番目の月曜日：掃除や整備のために休みます。

3. お使いの料金

	平日 (1時間)	土・日・祝日 (1時間)	プリペイドカード (10時間分)
Aタイプ 一人用のルーム(ピアノ1台)	330円	340円	3000円
Bタイプ 二人用のルーム(ピアノ2台)	630円	650円	6000円
Cタイプ 二人用のルーム (ピアノ1台・ほかの楽器)	400円	410円	3800円

・ほかの楽器はバイオリン・チェロ・フルートが使えます。
・バイオリン・チェロ・フルートの使用料金は1時間に150円です。
・すべての飲み物はただで利用できます。自由にめしあがってください。
・練習室は10号室まであります。

＊プリペイドカードは、平日でも週末でもお使いできます。
＊予約の方は、電話やメールでお願いします。
＊キャンセルの場合、24時間前に連絡お願いします。

学校で音楽会があって、友だちのまりちゃんといっしょにピアノとバイオリン演奏をすることになりました。最後にもう一度二人で練習したくて、練習室を利用しようとしています。平日は学校が終わると、まりちゃんはアルバイトをしなければなりません。それで週末しか練習ができません。あまり時間がないから3時間はしたいと思います。そしてまりちゃんはバイオリンを借りたいそうです。

・演奏：연주
・楽器：악기

[28] 練習室を利用する二人についてただしく説明したのはどれですか。
1　練習室に行く前、メールで予約する。
2　利用料金を持って行って練習室を予約する。
3　バイオリンを持っていかなければならない。
4　安く利用するためにプリペイドカードを買う。

[29] 二人はどのタイプの練習室をいくらで利用すればいいですか。
1　Bタイプのルームを1300円で予約する。
2　Bタイプのルームを1200円で予約する。
3　Cタイプのルームを1230円で予約する。
4　Cタイプのルームを1680円で予約する。

N4

聴解
（40分）

注意 Notes

1. 試験が始まるまで、この問題用紙を開けないでください。
   Do not open this question booklet until the test begins.

2. この問題用紙を持って帰ることはできません。
   Do not take this question booklet with you after the test.

3. 受験番号と名前を下の欄に、受験票と同じように書いてください。
   Write your examinee registration number and name clearly in each box below as written on your test voucher.

4. この問題用紙は、全部で15ページあります。
   This question booklet has 15 pages.

5. この問題用紙にメモをとってもいいです。
   You may make notes in this question booklet.

受験番号 Examinee Registration Number	

名前 Name	

もんだい１

　もんだい１では、まず　しつもんを　聞いて　ください。それから、話を　聞いて、もんだいようしの　１から４の　中から、いちばん　いい　ものを　一つ　えらんで　ください。

れい

1ばん

1 家族と ご飯を 食べる

2 プレゼントを 買いに 行く

3 図書館に 行く

4 すぐ 家に 帰る

2ばん

1 おきなわに 行く

2 温泉に はいる

3 海で 泳ぐ

4 ハワイへ 行く

3ばん

1　450円

2　350円

3　650円

4　550円

4ばん

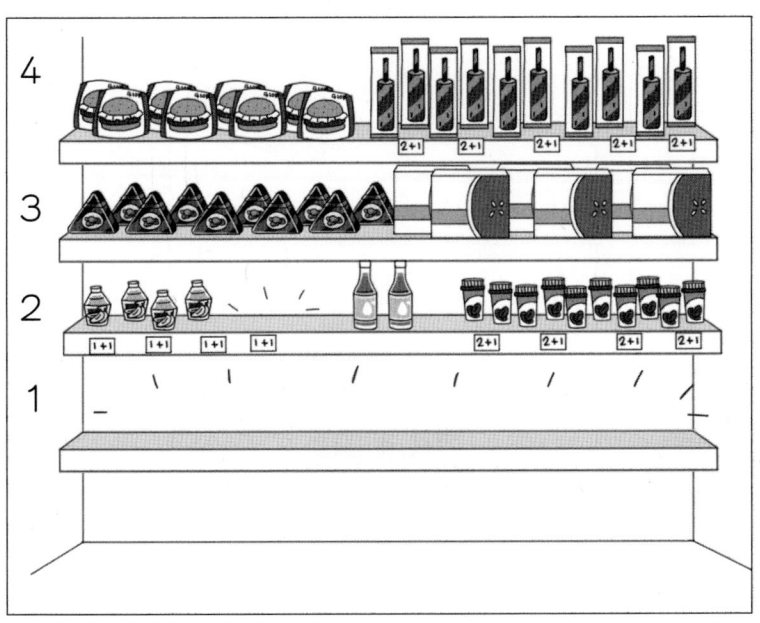

5ばん

1　2時

2　3時

3　4時

4　6時

6ばん

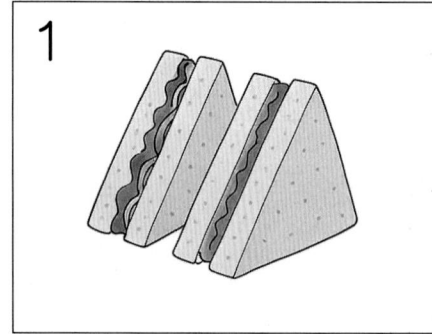
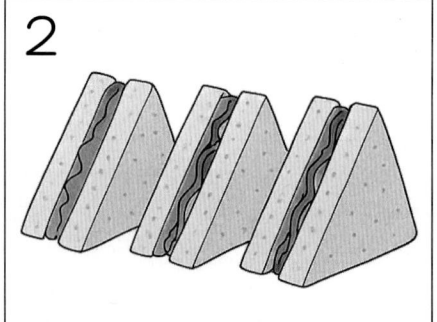
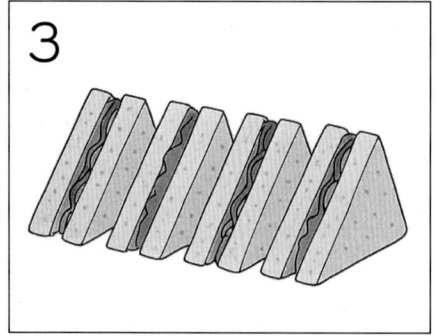

7ばん

1　お弁当と 飲み物
2　飲み物と ぼうしと 運動靴
3　ぼうしと 運動靴と ノート
4　飲み物と ノートと ペン

8ばん

1　コピーを する
2　薬を 飲む
3　コーヒーを 飲む
4　顔を 洗う

もんだい2

　もんだい2では、まず　しつもんを　聞いて　ください。そのあと、もんだいようしを　見て　ください。読む　時間が　あります。それから　話を　聞いて、もんだいようしの　1から4の　中から、いちばん　いい　ものを　一つ　えらんで　ください。

れい

1　うるさいから
2　会社から　遠いから
3　駅から　遠いから
4　家賃が　高いから

1ばん

1　山田くんの　きいろい　かさ
2　みきちゃんの　きいろい　かさ
3　山田くんの　黒い　かさ
4　みきちゃんの　黒い　かさ

2ばん

1　となりの 家の 前に おいた
2　となりの 人に 頼んだ
3　林さんの 家の 前に おいた
4　しかたないから 持って かえった

3ばん

1　あかるい 色の シャツと スカート
2　あかるい 色の シャツと ズボン
3　くらい 色の シャツと スカート
4　くらい 色の シャツと ズボン

4ばん

1 おさら よんまいと コップ よっつ
2 おさら ごまいと コップ いつつ
3 フォーク よっつと スプーン よっつ
4 フォーク いつつと スプーン いつつ

5ばん

1 歩いて 来た
2 バスで 来た
3 地下鉄で 来た
4 運転して 来た

6ばん

1 数学を 教える ために
2 授業が はやく 始まるから
3 友だちと いっしょに 勉強するから
4 今日から 三日間 テストが あるから

7 ばん

1 1日 2回 食事の 前に 飲む
2 1日 2回 食事の 後に 飲む
3 1日 3回 食事の 前に 飲む
4 1日 3回 食事の 後に 飲む

もんだい3

もんだい3では、えを 見ながら しつもんを 聞いて ください。
➡(やじるし)の 人は 何と 言いますか。1から3の 中から、いちばん いい ものを 一つ えらんで ください。

れい

1 ばん

2 ばん

3 ばん

4 ばん

5 ばん

もんだい4

　もんだい4では、えなどが ありません。まず ぶんを 聞いて ください。それから、そのへんじを 聞いて、1から3の 中から、いちばん いい ものを 一つ えらんで ください。

― メモ ―

실전 모의고사
2회

N4

げんごちしき（もじ・ごい）
（25ふん）

ちゅうい
Notes

1. しけんが はじまるまで、この もんだいようしを あけないで ください。
   Do not open this question booklet until the test begins.

2. この もんだいようしを もって かえる ことは できません。
   Do not take this question booklet with you after the test.

3. じゅけんばんごうと なまえを したの らんに、じゅけんひょうと おなじように かいて ください。
   Write your examinee registration number and name clearly in each box below as written on your test voucher.

4. この もんだいようしは、ぜんぶで 9ページ あります。
   This question booklet has 9 pages.

5. もんだいには かいとうばんごうの 1 、2 、3 …が あります。かいとうは、かいとうようしに ある おなじ ばんごうの ところに マークして ください。
   One of the row numbers 1, 2, 3 … is given for each question. Mark your answer in the same row of the answer sheet.

じゅけんばんごう Examinee Registration Number

なまえ Name

言語知識（文字・語彙）1

もんだい1 ＿＿＿＿＿の ことばは ひらがなで どう かきますか。1・2・3・4から いちばん いい ものを ひとつ えらんで ください。

(れい)　わたしの　せんもんは　<u>文学</u>です。

　　　　1　いがく　　　2　かがく　　　3　ぶんがく　　　4　すうがく

(かいとうようし)　| (れい) | ① ② ● ④ |

---

1 らいげつ、<u>妹</u>が けっこうんする ことに なりました。

　　1　いもおと　　2　いもうと　　3　むすうめ　　4　むすめ

2 ははと いっしょに りょうりきょうしつに <u>通って</u> います。

　　1　かよって　　2　とおって　　3　とって　　4　まがって

3 それは うちの <u>近所</u>の みせで <u>売</u>って いますよ。

　1　ちかところ　　2　ちかどころ　　3　きんじょ　　4　きんじょう

4 いちにち 3<u>時間</u> パートで <u>働いて</u> います。

　　1　つづいて　　2　ひらいて　　3　うごいて　　4　はたらいて

5 <u>空港</u>まで バスで いこうか、それとも タクシーを よぼうか。

　　1　くうこ　　2　くうこう　　3　こうくう　　4　こうく

45

6 たくさんの 品物が あって、なにを かったら いいか きめられません。
   1 しなぶつ   2 ひんぼつ   3 しなもの   4 ひんもの

7 おもい ものを 運んで つかれました。
   1 こんで   2 はこんで   3 たのんで   4 たのしんで

もんだい2 ＿＿＿＿ の ことばは どう かきますか。1・2・3・4か ら いちばん いい ものを ひとつ えらんで ください。

（れい）　ふねで にもつを おくります。
1　近ります　　2　逆ります　　3　辺ります　　4　送ります

（かいとうようし）　（れい）　① ② ③ ●

---

8 ちいさい ころ 私は せが ひくい ほうでした。
1　氏い　　2　底い　　3　低い　　4　民い

9 なぜ ふたりは わかれたんですか。
1　遠れた　　2　離れた　　3　別れた　　4　扮れた

10 ともだちは もう 1じかんも まって いますよ。
1　寺って　　2　特って　　3　持って　　4　待って

11 どうぞ、ごじゆうに おつかい ください。
1　お用い　　2　お作い　　3　お使い　　4　お扱い

12 きみの いう ことが ただしい。
1　直しい　　2　正しい　　3　明しい　　4　定しい

もんだい3 （   ）に なにを いれますか。1・2・3・4から いちばん いい ものを ひとつ えらんで ください。

（れい） スーパーで もらった （   ）を 見ると、何を 買ったか わかります。

1 レジ　　　2 レシート　　　3 おつり　　　4 さいふ

（かいとうようし）　|（れい）| ①　●　③　④ |

---

13 まだ 小学生なのに、（   ）する ほど 英語が じょうずだ。

1 びっくり　　2 やっぱり　　3 こっそり　　4 ゆっくり

14 （   ）人に めいわくを かけない ように しなさい。

1 どうぞ　　2 たいてい　　3 なるべく　　4 ゆっくり

15 先生は この しょくどうの ぎゅうどんを （   ）。

1 はいけんしました　　　　2 めしあがりました
3 うかがいました　　　　　4 いらっしゃいました

16 電車の 中で パスポートを （   ）ので、こうばんに とどけました。

1 ひろった　　2 みせた　　3 あげた　　4 すてた

17 あした 試験を （   ）が、じしんは ありません。

1 みます　　2 とります　　3 つけます　　4 うけます

18 レポートは (　　　) 6時までに 出して ください。

1　わざわざ　　2　かならず　　3　とうとう　　4　どんどん

19 妹は (　　　) に なって、病院に つとめて います。

1　かんごし　　2　こうちょう　　3　けいかん　　4　アナウンサー

20 ことばは その 国の 文化と ふかい (　　　) が あります。

1　けいえい　　2　けいけん　　3　かんけい　　4　いけん

もんだい4 ＿＿＿＿の ぶんと だいたい おなじ いみの ぶんが あります。1・2・3・4から いちばん いい ものを ひとつ えらんで ください。

(れい)　でんしゃの 中で さわがないで ください。
　　1　でんしゃの 中で ものを たべないで ください。
　　2　でんしゃの 中で うるさく しないで ください。
　　3　でんしゃの 中で たばこを すわないで ください。
　　4　でんしゃの 中で きたなく しないで ください。

(かいとうようし)　

21　きょうの 暑さは ひどいですね。
　1　きょうは ちっとも 暑く ないですね。
　2　きょうは それほど 寒く ないですね。
　3　きょうは けっこう 暑いですね。
　4　きょうは けっこう 寒いですね。

22　もんじゃやきは いままで 一度も 食べた ことが ないです。
　1　もんじゃやきは たまに 食べて います。
　2　もんじゃやきは なんかいか 食べて みました。
　3　もんじゃやきは いっかいか 食べた ことが ないです。
　4　もんじゃやきは はじめて 食べて みます。

23 このスカートは よごれて います。
1 このスカートは よく うれて います。
2 このスカートは きれいです。
3 このスカートは きたないです。
4 このスカートは にんきが あります。

24 テーブルの 上に おかしが のこって いる。
1 テーブルの 上に まだ おかしが ある。
2 テーブルの 上で おかしを つくって いる。
3 テーブルの 上は おかししか ない。
4 テーブルの 上に おかしが もう ない。

もんだい5 つぎの ことばの つかいかたで いちばん いい ものを
1・2・3・4から ひとつ えらんで ください。

(れい) すてる
1 へやを ぜんぶ すてて ください。
2 ひどい ことを するのは すてて ください。
3 ここに いらない ものを すてて ください。
4 学校の 本を かばんに すてて ください。

(かいとうようし) (れい) ① ② ● ④

25 どんどん
1 タクシーの ほうが どんどん 便利だ。
2 映画を 見て どんどん ないた。
3 質問が どんどんと でた。
4 あした 旅行に 行くから どんどんする。

26 ねっしんに
1 かれは あんなに ねっしんに 準備して いたんだよ。
2 雨が ねっしんに ふって いますね。
3 こどもが きもちよさそうに ねっしんに ねて います。
4 体の ぐあいが ねっしんに なりました。

27 にがい

1 ころんで しまって 足が にがいです。

2 この 薬は 味が ひどく にがい。

3 ソジンちゃんは ほんとうに ピアノが にがいですね。

4 この にもつは ほんとうに にがいです。

28 とちゅう

1 その カフェは 本屋と デパートの とちゅうに あります。

2 とちゅうで やめるのは だめだよ。

3 あしたは 午前の とちゅう 雪が ふるでしょう。

4 パスポートは かばんの とちゅうに 入れて おきました。

N4

言語知識(文法)・読解

(55分)

注意 Notes

1. 試験が始まるまで、この問題用紙をあけないでください。
   Do not open this question booklet until the test begins.

2. この問題用紙を持ってかえることはできません。
   Do not take this question booklet with you after the test.

3. 受験番号と名前を下の欄に、受験票と同じように 書いてください。
   Write your examinee registration number and name clearly in each box below as written on your test voucher.

4. この問題用紙は、全部で15ページあります。
   This question booklet has 15 pages.

5. 問題には解答番号の 1 、 2 、 3 、… があります。
   解答は、解答用紙にあるおなじ番号のところにマークしてください。
   One of the row numbers 1, 2, 3 … is given for each question. Mark your answer in the same row of the answer sheet.

受験番号 Examinee Registration Number

名前 Name

もんだい1　(　　)に　何を　入れますか。1・2・3・4から　いちばん　いい　ものを　一つ　えらんで　ください。

（例）　わたしは　毎朝　新聞（　　　）読みます。

　　　1　が　　　　2　の　　　　3　を　　　　4　で

（解答用紙）　（例）　① ② ● ④

1　私は　ゴルフは　しますが、テニス（　　　）しません。

　1　が　　　　2　に　　　3　は　　　　4　で

2　今、家には　私一人しか（　　　）。

　1　帰りました　　　　　　2　帰って　きて　います
　3　帰りませんでした　　　4　帰って　きて　いません

3　この　店は　何時に　しまるか、（　　　）。

　1　知りますか　　　　　　2　知られますか
　3　知って　いますか　　　4　知って　ありますか

4　A「テレビ、つけて　くれる？」
　　B「テレビは　もう（　　　）よ。」

　1　つけて　おく　　　　　2　つけて　ある
　3　ついて　ある　　　　　4　ついて　おいた

5 「すみませんが、今日は アルバイトを(　　　)。」
　1　休ませて いただけませんか　　2　休んで いただけませんか
　3　休ませて さしあげませんか　　4　休んで さしあげませんか

6 友だちに 私の 日記を (　　　) しまいました。
　1　読む ことに　　　　　　　　2　読もうと
　3　読まれて　　　　　　　　　　4　読んで

7 かさを 忘れない (　　　) して ください。
　1　ように　　2　はずに　　3　そうに　　4　ものに

8 夜、きゅうに 友だちに (　　　) 寝られませんでした。
　1　来そうで　　　　　　　　　　2　来させて
　3　来るらしくて　　　　　　　　4　来られて

9 こんな 日は 風邪を (　　　) から、あたたかく してね。
　1　ひいた　　　　　　　　　　　2　ひきすぎだ
　3　ひいて　　　　　　　　　　　4　ひきやすい

10 母に キムチを 送って (　　　)。
　1　くれました　　　　　　　　　2　もらいました
　3　されました　　　　　　　　　4　ありました

11 お客さま、どんな ものを (　　　　)。
　1　お探しに して いますか　　2　お探しに しますか
　3　お探して いますか　　　　4　お探しですか

12 A「小川さんは 週末 ボランティアを して いる そうだよ。」
　　B「へぇー、それは 小川さん (　　　　) ね。」
　1　らしい　　2　そうだ　　3　のようだ　　4　だそうだ

13 日本語で 書いた 作文を 先生に (　　　　)。
　1　見て あげた　　　　2　見えて あげた
　3　見せて もらった　　4　見て もらった

もんだい2 ＿★＿に 入る ものは どれですか。1・2・3・4から いちばん いい ものを 一つ えらんで ください。

(問題例)

つくえの ＿＿＿ ＿＿＿ ＿★＿ ＿＿＿ あります。

1　が　　　2　に　　　3　上　　　4　ぺん

(答え方)

1　正しい 文を 作ります。

| つくえの ＿＿＿ ＿＿＿ ＿★＿ ＿＿＿ あります。 |
| 　　　　　3　上　　2　に　　4　ぺん　　1　が |

2　＿★＿に 入る 番号を 黒く 塗ります。

(解答用紙)　(例)　① ② ③ ●

14　この 本は 絵が かいて あるので、＿＿＿ ＿★＿ ＿＿＿ やすい。

1　こどもが　　2. わかり　　3　小さい　　4　よんでも

15　いそいでね。＿＿＿ ＿＿＿ ＿★＿ ＿＿＿ かかるんだよ。

1　まで　　2　も　　3　あそこ　　4　1時間

16 こちらに ＿＿＿ ＿＿＿ ★ ＿＿＿ ください。

　　1 お座り　　　2 に　　　　3 お待ち　　　4 なって

17 もう 何回も 探して みたから、＿＿＿ ＿＿＿ ★ ＿＿＿ です。

　　1 はずは　　　2 ある　　　3 ない　　　　4 ここに

もんだい3 [18] から [21] に 何を 入れますか。この 文章の 意味を 考えて、1・2・3・4から いちばん いい ものを 一つ えらんで ください。

　「おかえりなさい」は「しなさい」のような 命令では なく、「よく おかえりなさいました」が [18] ものです。家に かえった 時だけで なく、たとえば、あなたが 高校を 卒業して、何年か 後、その 学校に [19] 、きっと 先生たちに「おかえりなさい」と [20] はずです。「おかえり」は ふるさとに むかえる [21] ことばです。日本人は この ことばを 聞くと 心が あたたかく なります。

18
1 短く なった 2 短くての 3 短さな 4 短さに なった

19
1 行くなら 2 行ったら 3 行かせて 4 行かれて

20
1 言う 2 言わせる 3 言わされる 4 言われる

21
1 ために 2 ための 3 ように 4 ようの

もんだい4　つぎの(1)から(3)の文章を読んで、質問に答えてください。答えは、1・2・3・4から、いちばんいいものを一つえらんでください。

(1)

　まりこさん、グランドデパートでセールをしているの知ってる？今日、仕事終わったらいっしょに行こうよ。実は、私は昨日行って来たんだけど、時間がなくてあまり買い物をすることができなかったの。着てみたい服もたくさんあったし、ずっとほしかったものも安く売っていてまた行きたいの。まりこさんもこの前、きいろのシャツほしいと言ってたでしょ？いっしょに行ってみようよ。今日でも明日でもいいから。

　　　　　　　　　　　　　　　　　　　　　　　　　　―ちえ―

22　ちえはどうしてまたデパートへ行こうと思っていますか。

1　きいろのシャツが買いたいから。
2　昨日からデパートのセールが始まったから。
3　ゆっくり買い物をすることができなかったから。
4　昨日、仕事が終わらなかったから。

(2)

> おはようございます。天気予報をお伝えします。
> 昨日につづいて今日も強い風がふくでしょう。今日の気温は12度までさがってこの秋に入って一番寒い日になるでしょう。午後からはだんだんくもってきて夜は雨が降るでしょう。明日の朝は雨が上がりますが、気温はもっとさがって今週はずっと寒いでしょう。みなさん、風邪にお気を付けください。

[23] 上の文章の内容と合っているのはどれですか。
1 明日は今日ほど寒くない。
2 明日はくもって朝から雨が降る。
3 昨日は強い風がふいていた。
4 今日は雨が降って明日より寒い。

(3)

　ペットが好きかという質問に好きだと答えた人は70％いました。30％の人は好きじゃないという答えでしたが、その中でいちばん多かったのは世話をするのが大変だという答えでした。好きだと答えた人の中でペットを飼っている人は40％でした。60％の人は好きなのに飼っていませんでした。そのいちばん大きい理由は「家が狭い」など、住んでいる環境に問題があるからでした。

24 飼っていませんでしたとありますが、その理由はどうしてですか。

1　世話をすることが大変だから。
2　ペットは好きでも家の中で飼うのはきらいだから。
3　ペットがあまり好きじゃないから。
4　住んでいるところがペットを飼いにくいから。

もんだい5　つぎの文章を読んで、質問に答えてください。答えは、1・2・3・4から、いちばんいいものを一つえらんでください。

　山本さんは5人家族で、奥さんと3人の子どもがいます。家は駅から少しはなれたところにあるマンションで、今3人で住んでいます。二人の娘は大学生で、大学の近くで生活しているからです。
　一番下の子は息子でまだ中学生です。ピアノが好きで学校でも音楽部の部活動をしています。いつも帰りがおそいので、奥さんはあぶないと思って、毎日駅まで息子を迎えに行っています。とても大変ですが、来月からはしなくてもいいです。なぜなら、新しい家に引っ越すことになったからです。今の家を売って、庭のある一戸建てに引っ越します。新しい家は息子の学校からも、山本さんの会社からも近いので交通が便利です。それで、そんな心配は要らなくなりました。
　部屋が4つあるので、山本さんは自分の部屋を作ろうとしています。多くの父親は自分だけの部屋がないので、一人で本を読んだり趣味活動をしたりするところがありません。山本さんは今まで持っていなかった自分だけの空間ができてとてもうれしがっています。そして、休みになって娘たちが家に帰ってきたら、使える部屋もあっていいです。それに近くにスーパーがあるので、奥さんもよろこんでいます。

25 そんな心配とありますが、どんなことですか。
1 娘たちが二人で生活していること。
2 家が駅からとおいこと。
3 毎日息子を迎えに行くこと。
4 息子が部活をすること。

26 上の文章の内容と合っているのはどれですか。
1 末っ子は女の子である。
2 むすめは一人で大学の近くに住んでいる。
3 来月、駅から近いところに引っ越す。
4 山本さんは自分の部屋をほしがっている。

27 山本さんはどうしてとてもうれしがっていますか。
1 新しい家には庭があるから。
2 新しい家には部屋が四つもあるから。
3 新しい家に自分だけの場所ができるから。
4 新しい家は会社からもスーパーからも近いから。

もんだい6　右のページの「テニス場の利用案内」を見て、下の質問に答えてください。答えは、1・2・3・4から、いちばんいいものを一つえらんでください。

[28] 5月、全国テニス大会があります。大会の前に3回は練習したいです。平日は仕事で忙しいから、土曜日の朝にすることにしました。今日3回分の料金を全部払いたいです。この人はいくら払いますか。

1　1100円
2　1500円
3　3300円
4　4500円

[29] 9月、学校の友だちからテニスを教えてもらうことにしました。授業が終わると、まっすぐテニス場に行くつもりです。いつまでに予約しなければなりませんか。

1　7月1日
2　7月3日
3　8月1日
4　8月3日

テニス場の利用案内

- アサヒ公園の中にあるテニス場を開放します。
- 個人でもグループでも利用できます。

- 利用時間：09:00～20:00

- 料金

	午前(9:00~12:00)	午後(12:00～17:00)	夜(17:00～20:00)
月～金	1100円	1300円	1000円
土・日	1500円	1700円	1400円

- 予約

3月～8月	利用する日の2カ月前の3日までに
9月～11月	利用する日の1カ月前の1日までに

＊12月から2月まではご利用できません。
＊電話：アサヒ公園の管理センター : 012-345-6789

N4

聴解
ちょうかい

（40分）
ぷん

注意 Notes
ちゅう　い

1. 試験が始まるまで、この問題用紙を開けないでください。
   Do not open this question booklet until the test begins.

2. この問題用紙を持って帰ることはできません。
   Do not take this question booklet with you after the test.

3. 受験番号と名前を下の欄に、受験票と同じように書いてください。
   Write your examinee registration number and name clearly in each box below as written on your test voucher.

4. この問題用紙は、全部で15ページあります。
   This question booklet has 15 pages.

5. この問題用紙にメモをとってもいいです。
   You may make notes in this question booklet.

受験番号 Examinee Registration Number

名前 Name

もんだい１

　もんだい１では、まず　しつもんを　聞いて　ください。それから、話を　聞いて、もんだいようしの　１から４の　中から、いちばん　いい　ものを　一つ　えらんで　ください。

れい

1ばん

1 メールの返事を する
2 カフェで コーヒーを 飲みながら 待つ
3 仕事を する
4 映画館に 行く

2ばん

1 1台
2 2台
3 3台
4 呼ばない

3ばん

1 写真を とる
2 部屋に 行く
3 手を 洗う
4 友だちに 見せる

4ばん

1 2300円
2 3600円
3 4100円
4 4500円

5ばん

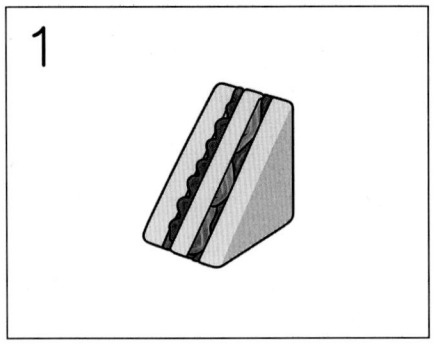

6ばん

1 2番の 入り口の 中
2 2番の 入り口の 外
3 3番の 入り口の 中
4 3番の 入り口の 外

7ばん

8ばん

1 駅に 行く

2 カフェに 行く

3 コンビニに 行く

4 電車に 乗りに 行く

もんだい2

もんだい2では、まず しつもんを 聞いて ください。そのあと、もんだいようしを 見て ください。読む 時間が あります。それから 話を 聞いて、もんだいようしの 1から4の 中から、いちばん いい ものを 一つ えらんで ください。

れい

1 うるさいから
2 会社から 遠いから
3 駅から 遠いから
4 家賃が 高いから

1ばん

1 遅くまで 仕事を したから
2 会議の 準備で 忙しいから
3 朝、おそく 起きたから
4 となりの 人が 犬を 飼って いるから

2ばん

1 週末、友だちと
2 先月、友だちと
3 週末、家族と
4 去年、両親と

3ばん

1 おべんとう、のみもの、ぼうし
2 のみもの、ぼうし、ノート、ペン
3 ぼうし、ノート、ペン
4 おべんとう、ノート、ペン

4 ばん

1 かっこいい 車に のる こと
2 富士山に のぼる こと
3 泳いで いる いるかを みる こと
4 海で 泳ぐ こと

5 ばん

1 サラダと くだもの
2 サラダと にく
3 にくと パンと くだもの
4 ごはんと さかなと サラダ

6 ばん

1 少し 休む
2 ケーキを 食べる
3 会議に 出る
4 仕事を 続ける

7 ばん

1 店の 後ろの 駐車場
2 他の 駐車場
3 店の となり
4 店の 前

もんだい3

もんだい3では、えを 見ながら しつもんを 聞いて ください。
➡(やじるし)の 人は 何と 言いますか。1から3の 中から、いちばん いい ものを 一つ えらんで ください。

れい

1ばん

2ばん

3ばん

4ばん

5 ばん

もんだい4

もんだい4では、えなどが ありません。まず ぶんを 聞いて ください。それから、そのへんじを 聞いて、1から3の 中から、いちばん いい ものを 一つ えらんで ください。

― メモ ―

N4 第1回 日本語能力試験 模擬テスト 解答用紙

〈제1회 실전 모의고사 답안용지〉

げんごちしき (もじ・ごい)

じゅけんばんごう
Examinee Registration Number

なまえ
Name

〈ちゅうい Notes〉
1. 〈ろい えんぴつ(HB、No.2)で かいて ください。
 (ペンや ボールペンでは かかないで ください。)
 Use a black medium soft (HB or No.2) pencil.
 (Do not use any kind of pen.)
2. かきなおす ときは、けしゴムで きれいに けして ください。
 Erase any unintended marks completely.
3. きたなく したり、おったり しないで ください。
 Do not soil or bend this sheet.
4. マークれい Marking Examples

よい れい Correct Example	わるい れい Incorrect Examples
●	⊗ ○ ◯ ◑ ◐ ①

もんだい 1

1	①	②	③	④
2	①	②	③	④
3	①	②	③	④
4	①	②	③	④
5	①	②	③	④
6	①	②	③	④
7	①	②	③	④

もんだい 2

8	①	②	③	④
9	①	②	③	④
10	①	②	③	④
11	①	②	③	④
12	①	②	③	④

もんだい 3

13	①	②	③	④
14	①	②	③	④
15	①	②	③	④
16	①	②	③	④
17	①	②	③	④
18	①	②	③	④
19	①	②	③	④
20	①	②	③	④

もんだい 4

21	①	②	③	④
22	①	②	③	④
23	①	②	③	④
24	①	②	③	④

もんだい 5

25	①	②	③	④
26	①	②	③	④
27	①	②	③	④
28	①	②	③	④

N4 第1回 日本語能力試験 模擬テスト 解答用紙

げんごちしき(ぶんぽう)・どっかい

〈제1회 실전 모의고사 답안용지〉

じゅけんばんごう
Examinee Registration Number

なまえ
Name

〈ちゅうい Notes〉
1. くろい えんぴつ(HB、No.2)で かいて ください。
   (ペンや ボールペンでは かかないで ください。)
   Use a black medium soft (HB or No.2) pencil.
   (Do not use any kind of pen.)
2. かきなおす ときは、けしゴムで きれいに けして ください。
   Erase any unintended marks completely.
3. きたなく したり、おったり しないで ください。
   Do not soil or bend this sheet.
4. マークれい Marking Examples

よい れい Correct Example	わるい れい Incorrect Examples
●	⊗ ○ ◯ ◐ ● ◑

もんだい 1

1	①	②	③	④
2	①	②	③	④
3	①	②	③	④
4	①	②	③	④
5	①	②	③	④
6	①	②	③	④
7	①	②	③	④
8	①	②	③	④
9	①	②	③	④
10	①	②	③	④
11	①	②	③	④
12	①	②	③	④
13	①	②	③	④

もんだい 2

14	①	②	③	④
15	①	②	③	④
16	①	②	③	④
17	①	②	③	④

もんだい 3

18	①	②	③	④
19	①	②	③	④
20	①	②	③	④
21	①	②	③	④

もんだい 4

22	①	②	③	④
23	①	②	③	④
24	①	②	③	④

もんだい 5

25	①	②	③	④
26	①	②	③	④
27	①	②	③	④

もんだい 6

| 28 | ① | ② | ③ | ④ |
| 29 | ① | ② | ③ | ④ |

N4 第1回 日本語能力試験 模擬テスト 解答用紙

ちょうかい

じゅけんばんごう
Examinee Registration Number

なまえ
Name

もんだい 1

かい	1	2	3	4
1	①	●	③	④
2	①	②	③	④
3	①	②	③	④
4	①	②	③	④
5	①	②	③	④
6	①	②	③	④
7	①	②	③	④
8	①	②	③	④

もんだい 2

かい	1	2	3	4
1	①	●	③	④
2	①	②	③	④
3	①	②	③	④
4	①	②	③	④
5	①	②	③	④
6	①	②	③	④
7	①	②	③	④

もんだい 3

かい	1	2	3
1	①	●	③
2	①	②	③
3	①	②	③
4	①	②	③
5	①	②	③

もんだい 4

かい	1	2	3
1	●	②	③
2	①	②	③
3	①	②	③
4	①	②	③
5	①	②	③
6	①	②	③
7	①	②	③
8	①	②	③

〈ちゅうい Notes〉
1. くろい えんぴつ(HB、No.2)で かいて ください。
   (ペンや ボールペンでは かかないで ください。)
   Use a black medium soft (HB or No.2) pencil.
   (Do not use any kind of pen.)
2. かきなおす ときは、けしゴムで きれいに けして ください。
   Erase any unintended marks completely.
3. きたなく したり、おったり しないで ください。
   Do not soil or bend this sheet.
4. マークれい Marking Examples

よい れい Correct Example	わるい れい Incorrect Examples
●	⊘ ⊖ ◎ ◯ ①

N4 第2回 日本語能力試験 模擬テスト 解答用紙

げんごちしき (もじ・ごい)

じゅけんばんごう / Examinee Registration Number

なまえ / Name

ちゅうい Notes
1. くろいえんぴつ(HB、No.2)でかいてください。
   Use a black medium soft (HB or No.2) pencil.
   (ペンやボールペンではかかないでください。)
   (Do not use any kind of pen.)
2. かきなおすときは、けしゴムできれいにけしてください。
   Erase any unintended marks completely.
3. きたなくしたり、おったりしないでください。
   Do not soil or bend this sheet.
4. マークれい Marking Examples

よいれい Correct Example	わるいれい Incorrect Examples
●	⊘ ◎ ○ ● ◐ ⊙

もんだい 1

1	①	②	③	④
2	①	②	③	④
3	①	②	③	④
4	①	②	③	④
5	①	②	③	④
6	①	②	③	④
7	①	②	③	④

もんだい 2

8	①	②	③	④
9	①	②	③	④
10	①	②	③	④
11	①	②	③	④
12	①	②	③	④

もんだい 3

13	①	②	③	④
14	①	②	③	④
15	①	②	③	④
16	①	②	③	④
17	①	②	③	④
18	①	②	③	④
19	①	②	③	④
20	①	②	③	④

もんだい 4

21	①	②	③	④
22	①	②	③	④
23	①	②	③	④
24	①	②	③	④

もんだい 5

25	①	②	③	④
26	①	②	③	④
27	①	②	③	④
28	①	②	③	④

N4 第2回 日本語能力試験 模擬テスト 解答用紙

げんごちしき(ぶんぽう)・どっかい

〈제2회 실전 모의고사 답안용지〉

じゅけんばんごう
Examinee Registration Number

なまえ
Name

〈ちゅうい Notes〉
1. くろい えんぴつ(HB、No.2)で かいて ください。
   (ペンや ボールペンでは かかないで ください。)
   Use a black medium soft (HB or No.2) pencil.
   (Do not use any kind of pen.)
2. かきなおす ときは、けしゴムで きれいに けして ください。
   Erase any unintended marks completely.
3. きたなく したり、おったり しないで ください。
   Do not soil or bend this sheet.
4. マークれい Marking Examples

よい れい Correct Example	わるい れい Incorrect Examples
●	⊘ ◯ ◑ ◐ ◉ ●

もんだい 1

1	①	②	③	④
2	①	②	③	④
3	①	②	③	④
4	①	②	③	④
5	①	②	③	④
6	①	②	③	④
7	①	②	③	④
8	①	②	③	④
9	①	②	③	④
10	①	②	③	④
11	①	②	③	④
12	①	②	③	④
13	①	②	③	④

もんだい 2

14	①	②	③	④
15	①	②	③	④
16	①	②	③	④
17	①	②	③	④

もんだい 3

18	①	②	③	④
19	①	②	③	④
20	①	②	③	④
21	①	②	③	④

もんだい 4

22	①	②	③	④
23	①	②	③	④
24	①	②	③	④

もんだい 5

25	①	②	③	④
26	①	②	③	④
27	①	②	③	④

もんだい 6

28	①	②	③	④
29	①	②	③	④

N4 第2回 日本語能力試験 模擬テスト 解答用紙

ちょうかい

じゅけんばんごう
Examinee Registration Number

なまえ
Name

〈ちゅうい Notes〉
1. 〈ろい えんぴつ(HB、No.2)で かいて ください。
   (ペンや ボールペンでは かかないで ください。)
   Use a black medium soft (HB or No.2) pencil.
   (Do not use any kind of pen.)
2. かきなおす ときは、けしゴムで きれいに けして ください。
   Erase any unintended marks completely.
3. きたなく したり、おったり しないで ください。
   Do not soil or bend this sheet.
4. マークれい Marking Examples

よい れい Correct Example	わるい れい Incorrect Examples
●	⊘ ◎ ① ◯ ◐ ⦿

もんだい 1

かい				
れい	①	②	③	●
1	①	②	③	④
2	①	②	③	④
3	①	②	③	④
4	①	②	③	④
5	①	②	③	④
6	①	②	③	④
7	①	②	③	④
8	①	②	③	④

もんだい 2

かい				
れい	①	●	③	④
1	①	②	③	④
2	①	②	③	④
3	①	②	③	④
4	①	②	③	④
5	①	②	③	④
6	①	②	③	④
7	①	②	③	④

もんだい 3

かい			
れい	①	●	③
1	①	②	③
2	①	②	③
3	①	②	③
4	①	②	③
5	①	②	③

もんだい 4

かい			
れい	①	②	●
1	①	②	③
2	①	②	③
3	①	②	③
4	①	②	③
5	①	②	③
6	①	②	③
7	①	②	③
8	①	②	③

〈제2회 실전 모의고사 답안용지〉

일본어능력시험

일단 합격 JLPT N4 완벽 대비
기본서 + 모의고사 + 단어장

실전 모의고사 해설

제1회 실전 모의고사
정답 및 해석

＊본책 404쪽의 채점표로 합격 여부를 가늠해보세요!

문자·어휘
문제1　1 ①　2 ③　3 ①　4 ④　5 ②　6 ①　7 ②
문제2　8 ③　9 ②　10 ②　11 ③　12 ②
문제3　13 ④　14 ③　15 ②　16 ③　17 ②　18 ④　19 ①　20 ③
문제4　21 ④　22 ①　23 ②　24 ④
문제5　25 ③　26 ④　27 ①　28 ②

문법
문제1　1 ①　2 ③　3 ③　4 ③　5 ①　6 ③　7 ②　8 ③　9 ②　10 ①　11 ②
　　　　12 ③　13 ④
문제2　14 ①　15 ②　16 ③　17 ④
문제3　18 ③　19 ②　20 ②　21 ④

독해
문제4　22 ③　23 ④　24 ②
문제5　25 ④　26 ②　27 ②
문제6　28 ①　29 ④

청해
문제1　1 ②　2 ③　3 ④　4 ②　5 ④　6 ①　7 ②　8 ①
문제2　1 ③　2 ③　3 ④　4 ②　5 ②　6 ③　7 ④
문제3　1 ②　2 ③　3 ②　4 ②　5 ①
문제4　1 ②　2 ①　3 ③　4 ③　5 ②　6 ②　7 ③　8 ③

1교시 　언어지식 (문자 · 어휘)

もんだい 1

_____의 단어는 히라가나로 어떻게 씁니까? 1·2·3·4에서 가장 알맞은 것을 하나 고르세요.

1 　세계의 여러 곳에 가보고 싶습니다.
2 　자전거로 가면 5분도 안 걸려요.
3 　「일이 생겨서……」라고 말하고 일정을 취소했다.
4 　매일 아침, 집 앞 헬스장에서 운동하고 있어요.
5 　저는 대학에서 생물 연구를 하고 있습니다.
6 　뭐든 좋지만, 특히 이탈리아 요리를 좋아합니다.
7 　여러분, 시험 일정이 잡혔어요(정해졌어요).

もんだい 2

_____의 단어는 어떻게 씁니까? 1·2·3·4에서 가장 알맞은 것을 하나 고르세요.

8 　작년보다 가격이 20% 정도 올랐다.
9 　앞머리는 너무 짧게 하지 말아주세요.
10 　자기 방 정도는 스스로 청소해라.
11 　저의 꿈은 언젠가 스스로(직접) 집을 짓는 것입니다.
12 　영업시간은 8:30부터 20:00까지입니다.

もんだい 3

(　　)에 무엇을 넣습니까? 1·2·3·4에서 가장 알맞은 것을 하나 고르세요.

13 　그를 만나면 꼭 이것을 건네주세요.
　　① 완전히　② 아마　③ 좀처럼
14 　야마다 씨는 항상 같은 넥타이를 매고 있습니다.
　　① 입고　② 신고　④ 걸고
15 　나의 아파트는 좁지만 역에서 가깝습니다.
　　① 침대　③ 아르바이트　④ 테이블
16 　이쪽 수영장은 깊이가 2미터나 돼요.
　　① 두께　② 높이　④ 얇기
17 　이 앱은 영어 발음 연습에 도움이 됩니다.
　　① 합니다　③ 꺼냅니다　④ 됩니다
18 　커피 맛이 좀 싱겁네요.
　　① 뜨겁다　② 차갑다　③ 높다
19 　그의 설명은 조금도 이해할 수 없습니다.
　　② 드디어　③ 얼마나　④ 가능한 한
20 　먼저 돈을 넣고 나서 버튼을 누르세요.
　　① 꼭　② 결코　④ 이제 곧

もんだい 4

_____의 문장과 대체로 같은 뜻의 문장이 있습니다. 1·2·3·4에서 가장 알맞은 것을 하나 고르세요.

21 　자전거의 브레이크를 체크해 주세요.
　　① 자전거의 브레이크를 고쳐 주세요.
　　② 자전거의 브레이크를 씻어 주세요.
　　③ 자전거의 브레이크를 바꿔 주세요.
　　④ 자전거의 브레이크를 점검해 주세요.

22 　갑자기 이름이 불려서 깜짝 놀랐습니다.
　　① 갑자기 이름이 불려서 놀랐습니다.
　　② 갑자기 이름이 불려서 부끄러웠습니다.
　　③ 갑자기 이름이 불려서 곤란했습니다.
　　④ 갑자기 이름이 불려서 유감이었습니다.

23 　내일 선생님을 만나기로 되어 있습니다.
　　① 내일 선생님에게 드시기로 되어 있습니다.
　　② 내일 선생님을 뵙기로 되어 있습니다.
　　③ 내일 선생님을 만나기로 되어 있습니다. (존경 표현)
　　④ 내일 선생님에게 말씀하시기로 되어 있습니다.

24 　자동차는 삼가주세요.
　　① 자동차를 사주세요.
　　② 자동차로 와주세요.
　　③ 자동차 청소를 해주세요.
　　④ 자동차는 가져오지 않도록 해주세요.

もんだい 5

다음 단어의 쓰임으로 가장 알맞은 것을 1·2·3·4에서 하나 고르세요.

25 あんない: 안내
① 파티에 온 사람은 저에게 안내해 주세요.
② 친구에게 이 한자의 의미를 안내해 받았습니다.
③ 입학식 안내는 제가 하겠습니다.
④ 선생님에게 요코 씨를 안내했습니다.

26 てきとう: 적당
① 자동차는 사람의 생활에 적당하지 않다.
② 손님에게 적당하는 가게를 소개해 주세요.
③ 적당하는 운동은 몸에 좋습니다.
④ 그거에 대해서는 적당히 대답해 뒀어.

27 チェック: 체크, 점검
① 내가 아침 제일 먼저 하는 일은 메일을 체크하는 것이다.
② 친구에게 생일 체크를 줄 생각이다.
③ 서점은 지하에 있으니까, 체크로 가는 게 좋아.
④ 그는 체크로 여기까지 왔습니다.

28 だめ: 안 됨, 소용없음, 불가능함
① 지갑을 안 되어 버리고 말았습니다.
② 모레면 괜찮습니다만, 내일은 안 됩니다.
③ 쉬는 날을 안 되게 보내고 말았습니다.
④ 아이의 안 됨이 이제 나았습니다.

2교시 언어지식 (문법) · 독해

もんだい 1
(　)에 무엇을 넣습니까? 1·2·3·4에서 가장 알맞은 것을 하나 고르세요.

1　이 가게는 밤 10시<u>까지</u> 열려 있습니다.
2　비는 벌써 3일<u>이나</u> 내리고 있습니다.
3　급하니까 택시를 <u>타려고</u> 합니다.
4　삿포로라면, 3년 전에 <u>간</u> 적이 있습니다.
5　A: 이거 나한테는 필요 없는데 <u>줄까</u>?
　　B: 정말? 고마워.
6　커피에 설탕을 넣지 않고 마십니다.
7　이 방은 항상 문이 <u>닫혀</u> 있네요.
8　A: 자, 들어오십시오.
　　B: 실례하겠습니다.
9　항상 언니가 방 청소를 <u>시켜서</u> 억지로 하고 있습니다.
10　그녀는 선물을 받고 기쁜 <u>듯한</u> 표정을 하고 있다.
11　여기에는 이제 오지 <u>않아도</u> 상관없어요.
12　위험하니까 아이를 혼자 <u>가게</u> 하지 마세요.
13　A: 올해 여름방학에 무언가 예정이 있습니까?
　　B: 오키나와에 <u>가기로</u> 했습니다.

もんだい 2
_____ ★ 에 들어갈 것은 어느 것입니까? 1·2·3·4에서 가장 알맞은 것을 하나 고르세요.

14　일찌감치 예약해 두는 편이 좋겠네요. (3-2-1-4)
15　이 수박 <u>마치</u> 설탕처럼 달군요. (4-1-2-3)
16　나는 기무라 씨가 만든 요리를 먹었습니다. (1-4-3-2)
17　어릴 적, 자주 아빠에게 수학을 <u>가르침</u> 받아왔다. (2-1-4-3)

もんだい 3

18 에서 21 에 무엇을 넣습니까? 문장의 의미를 생각하여 1·2·3·4에서 가장 알맞은 것을 하나 고르시오

> 빵을 파는 가게는 빵집, 고기를 파는 가게는 고깃집이라고 말합니다만, 채소를 파는 가게는 18 왜 八百屋라고 말하는 것일까요? 八百는 '많이'라고 하는 의미로, 다양한 채소를 팔고 있다는 점에서 八百屋라고 19 불리게 되었습니다. 요즘은 마트나 편의점에서도 채소를 20 살 수 있습니다. 21 그래서 근 10년에 八百屋는 절반 정도로 감소해왔다고 합니다.

もんだい 4

つぎの(1)から(3)の文章を読んで、質問に答えてください。答えは、1・2・3・4から、いちばんいいものを一つえらんでください。

다음 (1)~(3)의 문장을 읽고 질문에 답하세요. 답은 1·2·3·4 중에서 가장 알맞은 것을 하나 고르세요.

(1)

> 明日、友だちと日本へ旅行に行きます。友だちは今、「食べ物のリスト」を作っています。日本は地域によって有名な食べ物があるからです。たとえば、香川県のさぬきうどん、広島県のお好み焼き、福岡のはかたラーメンなどです。このようなおいしい食べ物を食べるために旅行する人が増えていますが、これをグルメ旅行と言います。「グルメ」はフランス語からきた言葉で、料理の味にくわしい人や料理にくわしいことを意味します。友だちは今回の旅行をグルメ旅行にしているのです。
>
> ・地域：지역

22 この文の内容としてただしいものはどれですか。
1 広島県はうどんで有名だ。
2 旅行を楽しむ人をグルメという。
3 **グルメは外国語から来た言葉だ。**
4 最近、グルメ旅行をする人が少なくなっている。

> 내일 친구와 일본으로 여행을 갑니다. 친구는 지금 '음식 리스트'를 만들고 있습니다. 일본은 지역에 따라 유명한 음식이 있기 때문입니다. 예를 들어 가가와현의 사누키 우동, 히로시마현의 오코노미야키, 후쿠오카의 하카타 라멘 등입니다. 이렇듯 맛있는 음식을 먹기 위해 여행하는 사람이 늘고 있습니다만, 이것을 '구르메 여행'이라고 말합니다. '구르메'는 프랑스어로부터 온 말로 요리의 맛을 잘 아는 사람이나 요리를 잘 아는 것을 의미합니다. 친구는 이번 여행을 구르메 여행으로 하고 있는 것입니다.

22 이 글의 내용으로 옳은 것은 무엇입니까?
1 히로시마현은 우동으로 유명하다.
2 여행을 즐기는 사람을 구르메라고 말한다.
3 **구르메는 외국어로부터 온 말이다.**
4 최근, 구르메 여행을 하는 사람이 적어지고 있다.

[풀이]
글의 후반부에 구르메는 프랑스어로부터 온 말이라고 했으므로 글의 내용으로 옳은 것은 3번이다. 히로시마현은 오코노미야키로

유명하고, 구르메는 음식을 먹기 위해 여행을 하는 사람을 뜻하고, 최근 구르메 여행을 하는 사람이 늘고 있다고 했으므로 1, 2, 4번은 정답이 될 수 없다.

[단어]
明日 내일 | 友だち 친구 | 旅行 여행 | 食べ物 음식 | リスト 리스트 | 作る 만들다 | 地域 지역 | ~によって ~에 따라 | 有名だ 유명하다 | たとえば 예를 들면 | 香川県 가가와현(지명) | さぬきうどん 사누끼 우동 | 広島県 히로시마현(지명) | お好み焼き 오코노미야키 | 福岡 후쿠오카(지명) | はかたラーメン 하카타 라멘 | ~ために ~하기 위해서 | 増える 늘다 | フランス語 프랑스어 | 言葉 말, 단어, 언어 | 味 맛 | ~にくわしい ~을 잘 알다 | 意味 의미 | 今回 이번

(2)

ある日、日本語の授業で「漢字は中国から伝えられたけど、日本人が考えて作った漢字もありますよ。」と聞いた。先生はこれを「国字」だと教えてくれた。国字の中で一番多いのは「魚」がつく漢字だそうだ。たとえば、たらの「鱈」はさかなの「魚」とゆきの「雪」を合わせた漢字だ。これは島国なので魚が大切な食べ物だということを意味する。このように国字から生活文化が分かるというのはとてもおもしろいことだ。

・たら：대구
・島国：섬나라

23 この文の内容と会っているものはどれですか。
1　国字は中国から来た文字だ。
2　漢字を分かりやすくするために国字を作った。
3　国字は日本の文化なのでこれを勉強する人が多い。
4　国字を見ると日本の文化が理解できる。

어느 날, 일본어 수업에서 "한자는 중국으로부터 전해졌지만, 일본인이 생각해서 만든 한자도 있습니다."라고 들었다. 선생님은 이것을 '국자'라고 가르쳐 주었다. 국자 중에서 가장 많은 것은 魚가 붙은 한자라고 한다. 예를 들어, 대구의 鱈는 물고기의 魚와 눈의 雪를 합친 한자다. 이것은 섬나라이기 때문에 물고기가 소중한 음식이라는 것을 의미한다. 이렇듯 국자로부터 생활 문화를 알 수 있다는 것은 정말 재미있다.

23 이 글의 내용과 맞는 것은 무엇입니까?
1　국자는 중국으로부터 온 문자다.
2　한자를 이해하기 쉽게 하기 위해서 국자를 만들었다.
3　국자는 일본의 문화이기 때문에 이것을 공부하는 사람이 많다.
4　**국자를 보면 일본 문화를 이해할 수 있다.**

[풀이]
일본인이 생각해서 만든 한자가 국자이고, 글의 마지막 부분에서 국자로부터 생활문화를 알 수 있다는 것은 재미있다고 말하고 있으므로 정답은 4번이다.

[단어]
ある日 어느 날 | 授業 수업 | 漢字 한자 | 中国 중국 | 伝えられる 전해지다 | 考える 생각하다 | 作る 만들다 | 教える 가르치다 | 一番 가장 | 多い 많다 | たとえば 예를 들어 | たら 대구(생선 이름) | さかな 생선, 물고기 | ゆき 눈 | 合わせる 합치다

島国 섬나라 | 大切だ 중요하다, 소중하다 | 食べ物 음식 | 意味 의미 | このように 이럴듯 | 生活文化 생활문화 | 分かる 알 수 있다, 이해하다

(3)

> 次のことを守って大切に使いましょう。
> ・朝と夜は静かにしましょう。
> ・ごみはもって帰ってください。
> ・大きい音を出したり花火をしたりしてはいけません。
> ・野球やサッカーなど人にめいわくをかける遊びはやめましょう。
> ＊みんなの公園です。大切に使っていつまでも美しく、楽しい公園にしましょう。

[24] この文の内容としてただしいものはどれですか。
1　朝と夜は公園を使えない。
2　**ごみを捨てないで自分で持って帰った方がいい。**
3　野球やサッカーは人がいない時にしなければならない。
4　花火の遊びは音が大きいからやめたほうがいい。

> 다음의 내용을 지켜 소중히 사용합시다.
> ・아침과 저녁은 조용히 합시다.
> ・쓰레기는 가져가 주세요.
> ・큰 소리를 내거나 불꽃놀이를 해서는 안 됩니다.
> ・야구나 축구 등 사람들에게 폐를 끼치는 놀이는 삼갑시다.
> ＊ 모두의 공원입니다. 소중하게 사용하여 언제까지나 아름답고 즐거운 공원으로 만듭시다.

[24] 이 글의 내용으로 옳은 것은 무엇입니까?
1　아침과 밤에는 공원을 사용할 수 없다.
2　**쓰레기를 버리지 말고 직접 가지고 가는 게 좋다.**
3　야구와 축구는 사람이 없을 때에 해야 한다.
4　불꽃놀이는 소리가 크기 때문에 하지 않는 게 좋다.

[풀이]
쓰레기는 가져가 달라고 했기 때문에 2번이 정답이다. 야구와 축구 등은 삼가달라고 했고, 불꽃놀이는 소리가 크다는 이유로 안 된다고 한 것이 아니므로, 3번이나 4번은 정답이 될 수 없다.

[단어]
次の~ 다음~ | 守る 지키다 | 大切に 소중하게 | 使う 사용하다 | 朝 아침 | 夜 밤 | 静かに 조용히 | ごみ 쓰레기 | 音を出す 소리를 내다 | 花火 불꽃놀이 | ~てはいけません ~해서는 안 됩니다 | 野球 야구 | サッカー 축구 | めいわくをかける 폐를 끼치다 | 遊び 놀이 | やめる 그만두다, 삼가다 | 公園 공원 | いつまでも 언제까지나 | 美しい 아름답다 | 楽しい 즐겁다

もんだい5

つぎの文章を読んで、質問に答えてください。答えは、1・2・3・4から、いちばんいいものを一つえらんでください。

私は夏休みのあいだ、毎日朝9時から午後4時まで本屋でアルバイトをしました。店はとても広くてお客さんもおおぜい来ました。

初めのころは、一日がとても短いと思うほど、大変でした。本の場所を覚えたり、並べ方を教えてもらったりすることがたくさんあったからです。それに、失敗もありました。お客さんに「袋に入れましょうか。」と聞いたら、①「いいです。」と言われたので、本を袋に入れました。しかし、それは「入れたほうがいいです。」という意味ではありませんでした。また、ペットの本をさがしているお客さんを、②家具の本のところへ案内してしまったこともあります。ペットがベッドと聞こえたのです。

でも、アルバイトを始めて1カ月になるころ、店のみんなから「よくがんばっていますね。」と言ってもらったことは、とてもうれしかったです。それにお客さんへのサービスのしかたもちゃんと知ることができました。学校ではおしえてくれない、よい経験ができました。何よりも、自分で働いてお金をもらったことがいちばんうれしかったです。働くことの大変さ、お金の大切さを知りました。

- 袋 : 주머니, 봉투
- 家具 : 가구

25 お客さんの①「いいです。」は、どんな意味でしたか。

1 おねがいします。
2 入れてもいいです。
3 入れなければなりません。
4 要りません。

26 ②家具の本のところへ案内してしまったとありますが、どうしてですか。

1 まだお店の中がよくわからなかったから。
2 お客さんの言った言葉を間違えて聞いたから。
3 お客さんに家具の本の場所を聞かれたから。
4 ペットの本は家具の本のとなりにあったから。

27 この人がアルバイトをして、特にうれしかったことは何ですか。

1 店のみんなにほめてもらったこと。
2 自分の力でお金を手に入れたこと。
3 学校では習えない日本語を知ったこと。
4 サービスのしかたについて勉強できたこと。

다음 문장을 읽고 질문에 답하세요. 답은 1·2·3·4 중에서 가장 알맞은 것을 하나 고르세요.

저는 여름방학 동안, 매일 아침 9시부터 오후 4시까지 서점에서 아르바이트를 했습니다. 가게는 매우 넓고 손님도 많이 왔습니다.
시작 무렵은, 하루가 매우 짧다고 생각할 정도로, 힘들었습니다. 책이 있는 장소를 외우거나, 배열 방법을 배우거나 할 일이 많이 있었기 때문입니다. 게다가 실수도 있었습니다. 손님에게 "봉투에 넣어드릴까요?"라고 물었더니 "좋아요(됐어요)."라고 들렸기 때문에 책을 봉투에 담았습니다. 하지만 그것은 '넣는 게 좋겠습니다'라는 의미가 아니었습니다. 또 애완동물 책을 찾고 있는 손님을 가구 책이 있는 곳으로 안내해 버린 적도 있습니다. '애완동물(ペット)'이 '침대(ベッド)'로 들렸던 것입니다.
하지만 아르바이트를 시작하고 1개월이 될 무렵, 가게의 모두로부터, "정말 열심이네요."라고 들었던 것은 매우 기뻤습니다. 게다가 손님을 향한 서비스 방법도 제대로 알 수 있었습니다. 학교에서는 가르쳐 주지 않는, 좋은 경험을 할 수 있었습니다. 무엇보다도, 스스로 일해서 돈을 받은 일이 가장 즐거웠습니다. 일하는 것의 어려움, 돈의 소중함을 알게 되었습니다.

25 손님의 ②「いいです。」는 어떤 의미였습니까?
  1 부탁합니다.
  2 넣어도 좋습니다.
  3 넣지 않으면 안 됩니다.
  4 필요 없습니다.

26 ③가구 관련 책이 있는 곳으로 안내해 버렸다라고 되어 있습니다만, 어째서입니까?
  1 아직 가게 내부를 잘 몰랐기 때문에.
  2 손님이 말한 단어를 잘못 들었기 때문에.
  3 손님으로부터 가구 책이 있는 장소를 질문받았기 때문에.
  4 반려동물 책은 가구 관련 책 옆에 있었기 때문에.

27 이 사람이 아르바이트를 하여, 특히 기뻤던 것은 무엇입니까?
  1 가게 사람들 모두로부터 칭찬받았던 일.
  2 스스로의 힘으로 돈을 손에 쥘 수 있었던 일.
  3 학교에서는 배울 수 없는 일본어를 안 일.
  4 서비스 방법에 관해 공부할 수 있었던 일.

[풀이]
25 넣지 않아도 된다. 즉 봉투에 넣을 필요가 없다는 뜻이므로 정답은 4번이다.
26 ペット(반려동물)를 ベッド(침대)로 잘못 들은 것이므로 정답은 2번이다.
27 좋았던 점이 많이 언급되었지만, 가장 좋았던 것은 何よりも(무엇보다도) 이후의 내용임에 주의해야 한다.

[단어]
~(の)あいだ ~(의) 동안 | おおぜい 많이 | 初め 처음, 시작 | ~(の)ころ ~(의) 무렵 | 短い 짧다 | ほど 정도 | 大変だ 힘들다 | 場所 장소 | 覚える 기억하다, 외우다 | 並べ方 진열(나열) 방법 | 教える 가르치다 | それに 게다가 | 失敗 실수, 실패 | 袋 봉지, 주머니 | 入れる 넣다 | 聞く 물어보다 | しかた 하는 방법 | ちゃんと 제대로 | 何よりも 무엇보다도 | 自分で 스스로

もんだい6

右のページの「練習室の利用案内」を見て、下の質問に答えてください。答えは、1・2・3・4から、いちばんいいものを一つえらんでください。

学校で音楽会があって、友だちのまりちゃんといっしょにピアノとバイオリン演奏をすることになりました。最後にもう一度二人で練習したくて、練習室を利用しようとしています。平日は学校が終わると、まりちゃんはアルバイトをしなければなりません。それで週末しか練習ができません。あまり時間がないから3時間はしたいと思います。そしてまりちゃんはバイオリンを借りたいそうです。

- 演奏 : 연주
- 楽器 : 악기

28 練習室を利用する二人についてただしく説明したのはどれですか。

1 練習室に行く前、メールで予約する。
2 利用料金を持って行って練習室を予約する。
3 バイオリンを持っていかなければならない。
4 安く利用するためにプリペイドカードを買う。

29 二人はどのタイプの練習室をいくらで利用すればいいですか。

1 Bタイプのルームを1300円で予約する。
2 Bタイプのルームを1200円で予約する。
3 Cタイプのルームを1230円で予約する。
4 Cタイプのルームを1680円で予約する。

오른쪽 페이지의 「연습실 이용안내」를 보고 아래의 질문에 답하세요. 답은 1・2・3・4에서 가장 알맞은 것을 하나 고르세요.

학교에서 음악회가 있어서, 친구인 마리와 함께 피아노와 바이올린 연주를 하게 되었습니다. 마지막으로 다시 한번 둘이서 연습하고 싶어서 연습실을 이용하려고 합니다. 평일은 학교가 끝나면 마리는 아르바이트를 하지 않으면 안 됩니다. 그래서 주말밖에 연습을 못 합니다. 시간이 얼마 남지 않아서 3시간은 하고 싶다고 생각합니다. 그리고 마리는 바이올린을 빌리고 싶다고 합니다.

28 연습실을 이용할 두 사람에 관해 옳게 설명한 것은 무엇입니까?

1 연습실 가기 전, 문자로 예약한다.
2 이용요금을 가지고 가서 연습실을 예약한다.
3 바이올린을 가져가지 않으면 안 된다.
4 저렴하게 이용하기 위해 선불카드를 산다.

29 두 사람은 어떤 유형의 연습실을 얼마에 이용하면 좋습니까?

1 B타입의 룸을 1300엔에 예약한다.
2 B타입의 룸을 1200엔에 예약한다.
3 C타입의 룸을 1230엔에 예약한다.
4 C타입의 룸을 1680엔에 예약한다.

[풀이]

28 안내문 하단에 '예약하는 분은 전화나 문자로 부탁드립니다.'라고 명시했으므로, 1번이 정답이다. 현금을 가져가야 한다는 내용은 확인할 수 없으며, 3시간 사용을 원하므로 선불카드까지 살 필요가 없고, 바이올린도 대여가 가능하므로 2~4번은 정답이 될 수 없다.

29 두 사람은 각자 피아노와 바이올린을 연주하므로, 피아노와 다른 악기 사용이 가능한 C타입이 필요하다. 주말에 3시간 연습하므로 C타입의 이용료는 기본 1230엔이고, 바이올린 3시간 사용료가 450엔이므로 총 금액은 4번이 된다.

ピアノ練習室の利用案内

1. 利用時間
   平日(月～金)：午前10:00～午後8:00
   土・日・祝日：午前11:00～午後5:00

2. 休みの日
   毎月、一番目の月曜日：掃除や整備のために休みます。

3. お使いの料金

	平日 (1時間)	土・日・祝日 (1時間)	プリペイドカード (10時間分)
Aタイプ 一人用のルーム (ピアノ1台)	330円	340円	3000円
Bタイプ 二人用のルーム (ピアノ2台)	630円	650円	6000円
Cタイプ 二人用のルーム (ピアノ1台・ほかの楽器)	400円	410円	3800円

・ほかの楽器はバイオリン・チェロ・フルートが使えます。
・バイオリン・チェロ・フルートの使用料金は1時間に150円です。
・すべての飲み物はただで利用できます。自由にめしあがってください。
・練習室は10号室まであります。

＊プリペイドカードは、平日でも週末でもお使いできます。
＊予約の方は、電話やメールでお願いします。
＊キャンセルの場合、24時間前に連絡お願いします。

피아노 연습실 이용안내

1. 이용시간

   평일(월~금) : 오전 10:00 ~ 오후 8:00

   토, 일, 공휴일 : 오전 11:00 ~ 오후 5:00

2. 쉬는 날

   매월 첫 번째 월요일 : 청소 및 정비를 위해 쉽니다.

3. 사용요금

	평일 (1시간)	토·일·공휴일 (1시간)	선불카드 (10시간분)
A타입 1인용 룸 (피아노 1대)	330엔	340엔	3000엔
B타입 2인용 룸 (피아노 2대)	630엔	650엔	6000엔
C타입 2인용 룸 (피아노 1대 / 그 외의 악기)	400엔	410엔	3800엔

- 그 외의 악기 바이올린, 첼로, 플룻을 사용할 수 있습니다.
- 바이올린, 첼로, 플룻의 사용 요금은 1시간에 150엔입니다.
- 모든 음료는 공짜로 이용할 수 있습니다. 자유롭게 드십시오.
- 연습실은 10호실까지 있습니다.

＊선불카드는 평일에도 주말에도 사용할 수 있습니다.

＊예약하는 분은 전화나 문자로 부탁드립니다.

＊취소의 경우, 24시간 전에 연락 부탁드립니다.

[단어]

ピアノ 피아노 | 練習室 연습실 | 利用 이용 | 案内 안내 | ～号室 ~호실 | 平日 평일 | 午前 오전 | 午後 오후 | 祝日 국경일 | 休みの日 휴일 | 毎月 매달 | ～番目 ~번째 | 掃除 청소 | 整備 정비 | ～のために ~을 위해서 | 休む 쉬다 | お使い 사용 | 料金 요금 | タイプ 타입 | ルーム 룸 | プリペイドカード 선불카드 | 外の～ 그 밖의~ | 楽器 악기 | バイオリン 바이올린 | チェロ 첼로 | フルート 플룻 | すべての～ 모든~ | 飲み物 음료 | ただ で공짜로 | 自由に 자유롭게 | めしあがる 드시다 | 予約 예약 | 電話 전화 | メール 메일. 문자 | キャンセル 캔슬. 취소 | 場合 경우 | 来週 다음 주 | 学校 학교 | 音楽会 음악회 | 演奏 연주 | 最後に 마지막으로 | もう一度 한번 더 | となりの家 이웃집 | めいわくになる 폐가 되다 | 終わる 끝나다 | アルバイト 아르바이트 | なければなりません 하지 않으면 안 됩니다 | それで 그래서 | 週末 주말 | ～しか ~밖에 | 借りる 빌리다

3교시　청해

もんだい 1

もんだい1では、まず　しつもんを　聞いて　ください。それから　話を　聞いて、もんだいようしの　1から4の　中から、いちばん　いい　ものを　一つ　えらんで　ください。
では、練習しましょう。

문제1에서는 우선 질문을 들어 주세요. 그러고 나서 이야기를 듣고 문제용지의 1부터 4 중에서 가장 좋은 것을 하나 고르세요.
그럼 연습합시다.

れい

お母さんと男の子が話しています。男の子は何を買ってきますか。	엄마와 남자아이가 이야기하고 있습니다. 남자아이는 무엇을 사 옵니까?
F　ねえ、勉強中、わるいけど、スーパーに行ってきてくれる？　今、掃除中なの。	F　얘, 공부하는데 미안하지만, 마트에 갔다 와 줄래? 지금 청소 중이거든.
M　うん。なに買ってくる？	M　응. 뭐 사 와?
F　牛乳と卵と、チーズね。	F　우유와 달걀에, 치즈야.
M　卵は何個買う？	M　달걀은 몇 개 사?
F　10個でいいわ。	F　10개면 돼.
M　わかった。あ、そうだ。牛乳は冷蔵庫にあったよ。	M　알았어. 아, 맞다! 우유는 냉장고에 있던걸.
F　そう？　なら、それは買わなくていいわ。	F　그래? 그럼, 그건 안 사도 돼.
M　はい。行ってきます。	M　네. 다녀올게요.
男の子は何を買ってきますか。	남자아이는 무엇을 사 옵니까?

1ばん

男の学生と女の学生が話しています。女の学生はこれからまず何をしますか。	남학생과 여학생이 이야기하고 있습니다. 여학생은 이제부터 무엇을 합니까?
M レポート明日までだよね？急がなきゃ。 F これから図書館にいってしたら？ M そうだな。いっしょに行く？ F 私は家に帰ってする。 M 家ではあまり集中できないんじゃない？ F でも、家で家族と食事してからする。今日、妹の誕生日だからプレゼント買って帰らないといけないんだ。	M 리포트 내일까지지? 서둘러야 해. F 이제 도서관에 가서 하는 게 어때? M 그렇네. 같이 갈래? F 나는 집에 가서 할래. M 집에서는 집중이 잘 안 되지 않아? F 하지만 집에서 가족과 식사하고 나서 할래. 오늘 동생 생일이라서 선물 사가야 해.
女の学生はこれからまず何をしますか。	여학생은 이제부터 무엇을 합니까?

1 家族と ご飯を 食べる
2 プレゼントを 買いに 行く
3 図書館に 行く
4 すぐ 家に 帰る

1 가족들과 밥을 먹는다.
2 선물을 사러 간다.
3 도서관에 간다.
4 곧장 집으로 돌아간다.

[풀이]
오늘 동생의 생일이라서 선물을 사서 집에 가야 한다고 했으므로, 이제부터 할 일은 선물을 사러 간다는 2번이 정답이다.

[단어]
これから 앞으로, 이제부터 | まず 우선 | レポート 리포트 | 急ぐ 서두르다 | ～なきゃ ～해야 해 | 図書館 도서관 | 帰る 돌아가다, 돌아오다, 귀가하다 | 集中 집중 | できる 할 수 있다, 생기다, 완성되다 | ～んじゃない ～지 않아? | 家族 가족 | 食事 식사 | ～てから ～하고 나서 | 妹 여동생 | 誕生日 생일 | プレゼント 선물 | ～ないといけない ～하지 않으면 안 된다

2ばん

男の人と女の人が話しています。二人は夏休みに何をしますか。	남자와 여자가 이야기하고 있습니다. 두 사람은 여름휴가에 무엇을 합니까?
F 夏休みにどこに行くか考えてみた？ M 海に行こうよ。沖縄とかハワイでもいいから、海で泳ぎたいんだ。 F それもいいけど、私は温泉に行きたいと思ってたんだけど。 M 温泉は冬の方がいいんじゃない？	F 여름방학 때 어디로 갈지 생각해봤어? M 바다로 가자. 오키나와 하와이라도 좋으니까, 바다에서 수영하고 싶어. F 그것도 좋지만, 나는 온천에 가고 싶다고 생각했는데. M 온천은 겨울이 좋지 않아?

F そっか、やっぱり温泉は冬か。じゃ、温泉に行くのは冬休みに。約束だよ。 M よし、じゃあ、夏休みは泳ぎに行くのいい？ F うん、いいよ。	F 그런가, 역시 온천은 겨울인가? 그럼 온천에 가는 것은 겨울방학에. 약속이야. M 좋아, 그럼 여름방학은 수영하러 가는 거 괜찮아? F 응, 좋아.
二人は夏休みに何をしますか。	두 사람은 여름휴가에 무엇을 합니까?

1 おきなわに 行く
2 温泉に はいる
3 海で 泳ぐ
4 ハワイへ 行く

1 오키나와에 간다.
2 온천욕을 한다.
3 바다에서 수영한다.
4 하와이에 간다.

[풀이]
온천은 겨울방학에 가기로 했고, 마지막 남자의 대사에서 '수영하러 가자'는 확인의 말에 여자도 좋다고 동의했으므로 3번이 정답이다.

[단어]
夏休み 여름방학, 여름휴가 | 考える 생각하다 | ～てみる ～해보다 | 沖縄 오키나와(지명) | ハワイ 하와이 | ～でも ～라도 | 泳ぐ 헤엄치다 | ～たい ～하고 싶다 | 温泉 온천 | 冬 겨울 | やっぱり 역시 | 冬休み 겨울방학, 겨울휴가 | 約束 약속 | ～に行く ～하러 가다

3ばん

八百屋で女の人と店員が話しています。女の人はいくら払いますか。	채소 가게에서 여자와 점원이 이야기하고 있습니다. 여자는 얼마를 지불합니까?
M はい、トマト三つと玉ねぎ五つですね。 F はい。全部でいくらですか。 M トマトが200円で、玉ねぎが250円ですから、450円です。お客さん、このトマト六つ買うと100円安くなりますが、いかがですか。 F あ、そうですか。じゃ、トマト六つにしてください。 M ありがとうございます。	M 네, 토마토 3개와 양파 5개지요? F 네. 전부 얼마입니까? M 토마토가 200엔이고 양파가 250엔이기 때문에 450엔입니다. 손님, 이 토마토 6개를 사면 100엔 저렴합니다만, 어떠세요? F 아, 그런가요? 그럼 토마토 6개로 해주세요. M 감사합니다.
女の人はいくら払いますか。	여자는 얼마를 지불합니까?

1　450円
2　350円
3　650円
4　550円

1. 450엔
2. 350엔
3. 650엔
4. 550엔

[풀이]

여자가 산 것은 토마토 6개와 양파 5개로 총 650엔이지만, 점원이 토마토 6개를 사면 100엔이 저렴해진다고 했으므로 4번이 정답이다.

[단어]

八百屋 채소 가게 | 店員 점원 | いくら 얼마 | 払う 지불하다 | トマト 토마토 | 玉ねぎ 양파 | 全部で 전부 해서 | お客さん 손님 | 買う 사다 | ~くなる ~해지다 | いかがですか 어떻습니까(どうですか의 공손체)

4ばん

コンビニで男の人が女の人に聞いています。男の人は箱をたなのどこに置きますか。 M 何かすること、ありますか。 F じゃあ、この箱、あのたなに置いてくれる? M たなの一番下でいいですか。 F 一番下じゃなくて、上から二番目に置いてもらえる? あ、でも場所がないね。じゃあ、その一つ下に。 M 分かりました。 男の人は箱をたなのどこに置きますか。	편의점에서 남자가 여자에 묻고 있습니다. 남자는 상자를 선반의 어느 곳에 놓습니까? M 뭔가 할 일 있습니까? F 그럼, 이 상자, 그 선반에 놓아 줄래? M 선반 제일 아래쪽이면 됩니까? F 제일 아래가 아니라 위에서부터 두 번째에 놓아 주겠어? 아, 그런데 장소가 없네. 그러면 그 하나 아래에. M 알겠습니다. 남자는 상자를 선반의 어느 곳에 놓습니까?

[정답] 2

[풀이]

위에서부터 두 번째 선반은 3번이다. 다만, 놓을 곳이 없어서 한 칸 아래에 놓아야 하므로 2번이 답이다.

[단어]

コンビニ 편의점 | 箱 상자 | たな 선반 | 置く 놓다 | 一番 가장, 제일 | 下 아래 | 二番目 두 번째 | 場所 장소

5ばん

男の人と女の人が話しています。会議は何時に終わりますか。 F あら? 今日の会議2時からだったんじゃないですか。 M あ、私も今聞いたところ。予定より3時間遅くなったね。 F そうですね。	남자와 여자가 이야기하고 있습니다. 회의는 몇 시에 끝납니까? F 어라? 오늘 회의 2시부터였지 않나요? M 아, 나도 방금 들었어. 예정보다 3시간 늦어졌네. F 그렇군요.

M 会議室は1時間予約してあるらしいから、会議が終わってすぐ家に帰れるかもね。 F ああ、みんなそれで楽しそうな顔してたんだ。	M 회의실은 1시간 예약되어 있다고 하니까, 회의가 끝나고 바로 집에 갈 수 있을지도 몰라. F 아, 다들 그래서 즐거운 표정이었구나.
会議は何時に終わりますか。	회의는 몇 시에 끝납니까?
1 2時 2 3時 3 4時 **4 6時**	1 2시 2 3시 3 4시 **4 6시**

[풀이]
원래 회의는 2시였으나 예정보다 3시간 늦어져서 5시에 시작된다. 회의실이 1시간 예약되어 있으므로 끝나는 시간은 6시인 4번이 정답이다.

[단어]
会議 회의 | 終わる 끝나다 | 予定 예정 | 遅い 늦다 | 予約 예약 | ~らしい ~라는 것 같다 | すぐ 곧장 | ~かも ~일지도 몰라 | それで 그래서 | 楽しい 즐겁다 | 顔をする 표정을 짓다

6ばん

男の人と女の人が話しています。女の人は何を買って行きますか。	남자와 여자가 이야기하고 있습니다. 여자는 무엇을 사 갑니까?
F 今そっちに向かってるんだけど、ちょっとスーパーによるね。何か買っていこうか。 M あ、そう？じゃ、サンドイッチ三つお願いね。いっしょに食べよう。 F え？三つも？だれかまた来るの？ M いや、残りの一つは明日の朝食べようと。 F 分かった。飲み物は？ジュースとかコーヒーでいい？ M ううん、冷蔵庫に牛乳とアップルジュースあるから、いいよ。	F 지금 그쪽으로 가고 있는데, 잠시 마트에 들릴게. 뭐 좀 사갈까? M 아, 그래? 그럼 샌드위치 3개 부탁해. 같이 먹자. F 엣? 3개나? 누가 또 와? M 아니, 나머지 하나는 내일 아침 먹으려고. F 알았어. 음료는? 주스나 커피로 괜찮아? M 아니, 냉장고에 우유랑 사과 주스 있으니까, 괜찮아.
女の人は何を買って行きますか。	여자는 무엇을 사 갑니까?

[정답] 1

[풀이]
샌드위치 3개를 사고, 음료는 이미 집에 있다고 했으므로 사지 않는다. 정답은 1번이다.

[단어]
~に向かってる ~를 향하고 있다, 가고 있다 | スーパー 마트, 슈퍼마켓 | ~による ~에 들르다 | サンドイッチ 샌드위치 | 残り 나머지 | 飲み物 음료 | ジュース 주스 | コーヒー 커피 | ~でいい ~로 괜찮다 | 冷蔵庫 냉장고 | 牛乳 우유 | アップルジュース 사과 주스

7ばん

先生が教室で生徒に話しています。生徒たちは何を持ってこなければなりませんか。

M 来週の水曜日に、運動会があります。その日は10時までに運動場に集まってください。12時に昼ご飯を食べてから、1時から運動会を続けます。お弁当は学校で準備しますので、飲み物は持ってきてください。それから、ぼうしと運動靴をかならず持ってきてください。運動会が終わった後、ノートやペンなど記念品をもらえると思います。楽しみにしてください。

生徒たちは何を持ってこなければなりませんか。

1　お弁当と 飲み物
2　飲み物と ぼうしと 運動靴
3　ぼうしと 運動靴と ノート
4　飲み物と ノートと ペン

선생님이 교실에서 학생에게 이야기하고 있습니다. 학생들은 무엇을 가져와야 합니까?

M 다음 주 수요일에 운동회가 있어요. 그날은 10시까지 운동장으로 모여 주세요. 12시에 점심을 먹고 나서, 1시부터 운동회를 계속합니다. 도시락은 학교에서 준비할 테니, 음료수는 가져와 주세요. 그리고 모자와 운동화를 꼭 챙겨와 주세요. 운동회가 끝난 후, 공책이나 펜 등 기념품을 받을 수 있을 겁니다. 기대해 주세요.

학생들은 무엇을 가져와야 합니까?

1　도시락과 음료수
2　음료수와 모자와 운동화
3　모자와 운동화와 노트
4　음료수와 노트와 펜

[풀이]
도시락은 학교에서 준비하므로 불필요하고, 음료와 모자, 운동화를 가지고 와달라고 했으므로 2번이 정답이다. 마지막 '노트', '펜'이라는 단어에 현혹되지 않도록 주의한다.

[단어]
教室 교실 | 生徒 학생 | 持つ 가지다, 들다 | ~なければなりません ~하지 않으면 안 된다 | 来週 다음 주 | 水曜日 수요일 | 運動会 운동회 | 集まる 모이다 | ~てください ~해 주세요 | 昼ご飯 점심밥 | 続ける 계속하다 | お弁当 도시락 | 準備 준비 | 飲み物 음료 | ぼうし 모자 | 運動靴 운동화 | かならず 꼭, 반드시 | 終わる 끝나다 | ~た後 ~한 후 | 記念品 기념품 | 楽しみにする 기대하다

8ばん

男の人と女の人が話しています。男の人はこれから何をしますか。

F どうしたんですか。具合悪いんですか。
M 風邪薬飲んだら、具合はよくなったんですけど、眠くなってしまって…。
F え？コーヒーでも飲んだらどうですか。
M 薬飲んだばかりで、コーヒーはやめたほうがいいと思って。
F じゃ、顔でも洗ったほうがいいですね。
M そうですね。この書類コピーしてから、洗って来ます。

男の人はこれから何をしますか。

1 コピーを する
2 薬を 飲む
3 コーヒーを 飲む
4 顔を 洗う

남자와 여자가 이야기하고 있습니다. 남자는 지금부터 무엇을 합니까?

F 왜 그래요? 몸이 안 좋으세요?
M 감기약을 먹었더니, 상태는 좋아졌습니다만, 졸려서…….
F 아, 커피라도 마시는 게 어때요?
M 약 먹은 지 얼마 안 돼서 커피는 안 마시는 게 좋을 것 같아서요.
F 그럼, 세수라도 하는 편이 좋겠네요.
M 그렇겠네요. 이 서류 복사하고 나서 씻고 올게요.

남자는 지금부터 무엇을 합니까?

1 복사를 한다
2 약을 먹는다
3 커피를 마신다
4 세수를 한다

[풀이]
졸려 하는 남자에게 세수할 것을 권해서 남자도 동의했으나, 그 전에 '복사를 하고 나서'라고 말했으므로 우선 지금 할 행동은 1번이 정답이다.

[단어]
どうしたんですか 무슨 일인가요? | 具合が悪い 몸 상태가 안 좋다 | 風邪薬 감기약 | 眠い 졸리다 | ～たらどうですか ～하는 게 어때요? | ～たばかり ～한 지 얼마 되지 않음 | やめる 그만두다 | ～たほうがいい ～하는 편이 좋다 | 顔を洗う 세수를 하다 | 書類 서류 | コピー 복사

もんだい 2

もんだい2では、まず しつもんを 聞いて ください。そのあと、もんだいようしを 見て ください。読む 時間が あります。それから 話を 聞いて、もんだいようしの 1から4の 中から、いちばん いい ものを 一つ えらんで ください。
では、練習しましょう。

문제2에서는 우선 질문을 들어 주세요. 그 다음에 문제용지를 봐 주세요. 읽을 시간이 있습니다. 그리고 나서 이야기를 듣고 문제용지의 1부터 4 중에서 가장 좋은 것을 하나 고르세요.

그럼 연습합시다.

れい

女の人と男の人が話しています。男の人はどうして引っ越しをしますか。 F ねえ、今週の土曜日、引っ越すと聞いたけど、本当？ M うん。家賃も高かったしね。 F でも、お金の問題だけではないでしょう。 M そうね。いろいろあるけど、何よりも隣がうるさいんだよ。 F ふうん。でも今の家は、会社からも遠いし、駅までも時間かかるし、不便だったよね。 M それで、部屋は狭くなるけど、駅からは近いところに決めたよ。 男の人はどうして引っ越しをしますか。	여자와 남자가 이야기하고 있습니다. 남자는 왜 이사를 합니까? F 애, 이번 주 토요일에 이사한다고 들었는데, 정말이야? M 응, 집세도 비쌌고 말야. F 하지만 돈 문제만은 아니지? M 그래. 여러 가지 있지만, 무엇보다도 이웃이 시끄럽거든. F 흐음. 하지만, 지금 집은 회사에서도 멀고 역까지도 시간이 걸리고, 불편했지. M 그래서 방은 좁아지지만, 역에서 가까운 곳으로 정했어. 남자는 왜 이사를 합니까?
1 うるさいから 2 会社から遠いから 3 駅から遠いから 4 家賃が高いから	1 시끄러워서 2 회사에서 멀어서 3 역에서 멀어서 4 집세가 비싸서

1ばん

男の人と女の人が話しています。女の人はどのかさを借りましたか。	남자와 여자가 이야기하고 있습니다. 여자는 어떤 우산을 빌렸습니까?
F 山田くん、ここにあるきいろいかさ、ちょっと借りるよ。	F 야마다, 여기 있는 노란 우산, 좀 빌릴게.
M あ、それ、みきちゃんが昨日貸してくれたかさだから、だめだよ。	M 아, 그거, 미키가 어제 빌려준 우산이라서, 안 돼.
F え、だめ？すぐ戻って来るけど…。	F 뭐, 안 돼? 금방 돌아오는데…….
M だめだめ。今日は僕がかさ持ってきたから、あれを貸してあげる。あそこにある黒いかさ。	M 안 돼, 안 돼. 오늘은 내가 우산 챙겼으니까, 저거 빌려줄게. 저기 있는 검은 색.
F あ、ありがとう。	F 아, 고마워.
女の人はどのかさを借りましたか。	여자는 어떤 우산을 빌렸습니까?

1 山田くんの きいろい かさ
2 みきちゃんの きいろい かさ
3 山田くんの 黒い かさ
4 みきちゃんの 黒い かさ

1 야마다의 노란 우산
2 미키의 노란 우산
3 야마다의 검은 우산
4 미키의 검은 우산

[풀이]

처음 빌리려 했던 노란 우산은 미키의 것이라 안 되고 야마다의 우산을 빌려가기로 했다. 야마다의 마지막 대사에 '검은 것'이라고 말했으므로 정답은 3번이다.

[단어]

きいろい 노랗다 | 借りる 빌리다 | 貸す 빌려주다 | すぐ 금방 | 戻って来る 돌아오다 | ～てあげる ～해 주다 | 黒い 검다, 까맣다

2ばん

男の人と女の人が話しています。男の人はお土産をどうしましたか。	남자와 여자가 이야기하고 있습니다. 남자는 선물을 어떻게 했습니까?
M 林さんの家にお土産渡しに行ったんだけど、るすだったよ。	M 하야시 씨의 집에 선물을 전달하러 갔는데, 집에 없었어.
F そう？残念だったね。それでどうしたの？	F 그래? 유감이네. 그래서 어떻게 했어?
M しかたないから、隣の人に頼もうと思ったんだけど、なぜかめいわくになるかと思って…。	M 어쩔 수 없어서, 옆집 사람에게 부탁하려고 생각했지만, 왠지 폐가 될까 봐…….
F それで？	F 그래서?
M ドアのところに置いてきたんだ。	M 문 앞에 두고 왔어.

F そっか。	F 그렇구나.
男の人はお土産をどうしましたか。	남자는 선물을 어떻게 했습니까?
1 となりの 家の 前に おいた	1 옆집 앞에 두었다
2 となりの 人に 頼んだ	2 옆집 사람에게 부탁했다
3 林さんの 家の 前に おいた	3 하야시 씨 집 앞에 놓았다
4 しかたないから 持って かえった	4 어쩔 수 없어서 가지고 돌아왔다

[풀이]
옆집사람에게 부탁하려 했으나 폐를 끼칠 것 같아서 문 앞에 두고 왔다고 말했으므로, 3번이 정답이다.

[단어]
お土産 선물, 기념품 | 渡す 건네다 | るす 부재중 | 残念だ 유감이다 | しかたない 어쩔 수 없다 | 隣 옆 | 頼む 부탁하다 | なぜか 왠지 | めいわくになる 폐가 되다 | 置く 두다, 놓다

3ばん

男の人と女の人が話しています。女の人は今何を着ていますか。	남자와 여자가 이야기하고 있습니다. 여자는 지금 무엇을 입고 있습니까?
M いつもスカートはいていたのに。	M 항상 치마를 입고 있었는데.
F ええ。どうですか。	F 네. 어때요?
M ズボンもとても似合ってますよ。	M 바지도 너무 잘 어울려요.
F ありがとうございます。実は今日仕事終わったら、友だちの家に行って引っ越しの手伝いをする予定ですよ。スカートだと不便なので。	F 감사합니다. 사실 오늘 일 끝나면 친구 집에 가서 이사를 도와줄 예정이에요. 치마라면 불편해서요.
M あ、そうですか。それでシャツも明るい色じゃないんですね。	M 아, 그렇습니까? 그래서 셔츠도 밝은 색이 아니네요.
F はい、きっと汚くなると思って。	F 네, 분명 더러워질 거라고 생각해서.
女の人は今何を着ていますか。	여자는 지금 무엇을 입고 있습니까?
1 あかるい 色の シャツと スカート	1 밝은 색 셔츠와 치마
2 あかるい 色の シャツと ズボン	2 밝은 색 셔츠와 바지
3 くらい 色の シャツと スカート	3 어두운 색 셔츠와 치마
4 くらい 色の シャツと ズボン	4 어두운 색 셔츠와 바지

[풀이]
여자는 오늘 친구 집 이사를 도와줄 예정이라 불편한 치마 대신 바지를, 더러워질 것을 대비하여 어두운 색 셔츠를 입었다. 남자도 "바지도 잘 어울린다"고 하고, "셔츠도 밝은 색이 아니네요"라고 말했으므로, 정답은 4번이다.

[단어]
着る 입다 | スカートをはく 치마를 입다 | ズボン 바지 | 似合う 어울리다 | 実は 실은 | 仕事 일, 업무 | 引っ越し 이사 | 手伝い 돕기 | 予定 예정 | 不便だ 불편하다 | それで 그래서 | シャツ 셔츠 | 明るい 밝다 | 色 색 | きっと 아마도, 분명히 | 汚い 더럽다

4ばん

男の人と女の人が食事の準備をしながら話しています。テーブルの上には何をおきますか。

F コップはもう出してありますか。
M はい、テーブルの上に４つ並べておきました。
F あ、お客さんがもう一人来るらしいから…。
M そうですか。じゃ、もう一つ必要ですね。
F うん、それからお皿も人数に合わせてお願いします。
M はい、わかりました。それからフォークとスプーンは？
F それは後で私が持っていきます。

テーブルの上には何をおきますか。

남자와 여자가 식사 준비를 하면서 이야기하고 있습니다. 테이블 위에는 무엇을 둡니까?

F 컵은 이미 내놨습니까?
M 네, 테이블 위에 4개를 놓았습니다.
F 아, 손님이 한 명 더 온다고 해서……
M 그렇습니까? 그럼 하나 더 필요하겠네요.
F 네, 그리고 접시도 인원수에 맞게 부탁드려요.
M 네, 알겠습니다. 그리고 포크와 스푼은?
F 그건 나중에 제가 가져갈게요.

테이블 위에는 무엇을 둡니까?

1　おさら よんまいと コップ よっつ
2　おさら ごまいと コップ いつつ
3　フォーク よっつと スプーン よっつ
4　フォーク いつつと スプーン いつつ

1　접시 4개와 컵 4개
2　접시 5개와 컵 5개
3　포크 4개와 스푼 4개
4　포크 5개와 스푼 5개

[풀이]
남자가 테이블 위에 컵 4개를 놓았는데 손님이 한 명 더 온다고 했으니 컵은 모두 5개를 두어야 한다. 인원 수에 맞춰 접시를 놓으니 접시도 5개를 두어야 한다. 포크와 스푼은 나중에 여자가 가져간다고 했으므로 정답은 2번이다.

[단어]
食事 식사 | 準備 준비 | ～ながら ～하면서 | テーブル 테이블 | コップ 컵 | 出す 꺼내다 | 並べる 늘어놓다 | お客さん 손님 | ～らしい ～라는 것 같다 | 必要だ 필요하다 | お皿 접시 | 人数 인원 수 | ～に合わせて ～에 맞춰서 | フォーク 포크 | スプーン 스푼 | 後で 나중에

5ばん

男の人と女の人が話しています。男の人は今日何で会社に来ましたか。	남자와 여자가 이야기하고 있습니다. 남자는 오늘 무엇으로 회사에 왔습니까?
F 今日遅かったね。どうしたの？歩いてきたの？ M 道が込んでいて時間かかったんだ。しかもバスが来るのも遅かったし。 F え？いつも地下鉄でしょ？ M うん、そうだけど、今日はちょっと本屋によらないといけなかったから。 F そっか。	F 오늘 늦었네. 무슨 일이야? 걸어왔어? M 길이 막혀서 시간이 걸렸어. 심지어 버스가 오는 것도 늦었고. F 뭐? 항상 지하철이잖아? M 응, 그렇긴 한데, 오늘은 잠깐 서점에 들러야 했으니까. F 그렇구나.
男の人は今日何で会社に来ましたか。	남자는 오늘 무엇으로 회사에 왔습니까?

1 歩いて 来た
2 バスで 来た
3 地下鉄で 来た
4 運転して 来た

1 걸어서 왔다
2 버스로 왔다
3 지하철로 왔다
4 운전해서 왔다

[풀이]

항상 지하철을 타고 오지만, 오늘은 서점에 들러야 해서 지하철이 아닌 버스를 탔다. 늦은 이유도 길이 막히고 '버스가 늦게 와서'라고 말했으므로, 정답은 2번이다.

[단어]

会社 회사 | 遅い 늦다 | 歩く 걷다 | 道が込む 길이 막히다 | しかも 심지어 | 地下鉄 지하철 | 本屋 서점 | ~による ~에 들르다 | ~ないといけない ~하지 않으면 안 된다

6ばん

男の子とお母さんが話しています。男の子はどうして学校へ早く行きますか。	남자아이와 엄마가 이야기하고 있습니다. 남자아이는 왜 학교에 일찍 갑니까?
M いってきます。 F えっ？今7時だよ。こんなに早く行くの？ M うん、三日間、授業が始まる前にみんなで勉強することにしたんだ。 F 来週のテストのために？ M うん、数学が得意な友だちがいて、彼に教えてもらうんだ。ああ、急がなきゃ。 F そっか、三日間がんばってね。	M 다녀오겠습니다. F 뭐? 지금 7시야. 이렇게 빨리 가? M 응, 사흘간 수업이 시작하기 전에 다같이 공부하기로 했어. F 다음 주 시험 때문에? M 응, 수학을 잘하는 친구가 있어서, 그 애가 가르쳐줘. 아, 서둘러야 해. F 그렇구나, 사흘간 힘내.

男の子はどうして学校へ早く行きますか。	남자아이는 왜 학교에 일찍 갑니까?
1 数学を 教える ために	1 수학을 가르치기 위해서
2 授業が はやく 始まるから	2 수업이 일찍 시작되기 때문에
3 友だちと いっしょに 勉強するから	3 친구들과 함께 공부하기 때문에
4 今日から 三日間 テストが あるから	4 오늘부터 사흘간 시험이기 때문에

[풀이]

사흘간 아침 일찍 친구들과 공부하게 되었고, 수학을 잘하는 친구가 가르쳐준다고 했으므로 본인이 가르쳐주는 것은 아니다. 그러므로 정답은 3번이다.

[단어]

授業 수업 | 始まる 시작되다 | 前に 전에 | 勉強する 공부하다 | ~ことにする ~하기로 하다 | テスト 시험 | ~のために ~을 위해서 | 数学 수학 | 得意だ 잘하다 | 教える 가르치다 | ~てもらう ~해 받다 | 急ぐ 서두르다 | ~なきゃ ~해야 해 | がんばってね 힘내, 열심히 해

7ばん

女の人と男の人が話しています。男の人は薬をどのように飲まなければなりませんか。	여자와 남자가 이야기하고 있습니다. 남자는 약을 어떻게 먹어야 합니까?
F 山下さん、薬は1日に3回、食事の後に、飲んでください。	F 야마시타 씨, 약은 하루에 세 번, 식사 후에 복용해 주세요.
M わかりました。あのう、たまに朝ご飯を食べない日もあるんですが、そのときは、2回でもいいですか。	M 알겠습니다. 저, 가끔 아침밥을 먹지 않는 날도 있습니다만, 그때는 두 번이라도 괜찮습니까?
F 薬はきちんと1日3回飲まなければいけませんよ。朝ご飯もきちんと食べてくださいね。	F 약은 제대로 하루 세 번 복용하지 않으면 안 돼요. 아침밥도 제대로 먹어 주세요.
M はい、わかりました。	M 네, 알았습니다.
男の人は薬をどのように飲まなければなりませんか。	남자는 약을 어떻게 먹어야 합니까?

1 1日 2回 食事の 前に 飲む
2 1日 2回 食事の 後に 飲む
3 1日 3回 食事の 前に 飲む
4 **1日 3回 食事の 後に 飲む**

1 1일 2회 식사 전에 먹는다
2 1일 2회 식사 후에 먹는다
3 1일 3회 식사 전에 먹는다
4 **1일 3회 식사 후에 먹는다**

[풀이]

반드시 하루에 3회, 식후에 복용하라고 지시하고 있으므로, 4번이 정답이다.

[단어]

薬 약 | きちんと 제대로 | 治る 낫다, 치료되다

もんだい 3

もんだい3では、えを 見ながら しつもんを 聞いて ください。➡(やじるし)の 人は 何と 言いますか。1から3の 中から、いちばん いい ものを 一つ えらんで ください。
では、練習しましょう。

문제3에서는 그림을 보면서 질문을 들어 주세요. ➡(화살표가 가리키는) 사람은 뭐라고 합니까? 1부터 3 중에서 가장 알맞은 것을 하나 고르세요.
그럼 연습합시다.

れい

M 暑いのに、クーラーが消してあります。何と言いますか。	M 더운데, 에어컨이 꺼져 있습니다. 뭐라고 말합니까?
F 1 すみませんが、クーラーを貸してくれませんか。 2 クーラーをつけてもいいですか。 3 このクーラー、壊れていますよ。	F 1 실례지만, 에어컨을 빌려주지 않겠습니까? 2 에어컨을 켜도 괜찮습니까? 3 이 에어컨 고장 났는데요.

1ばん

M 友だちから飲み会に誘われました。でも、約束があっていけません。何と言いますか。	M 친구로부터 회식에 가자고 권유받았습니다. 하지만 약속이 있어서 갈 수 없습니다. 뭐라고 말합니까?
F 1 今日は遠慮なく…。 2 ちょっと用事があって…。 3 楽しみですね。	F 1 오늘은 사양하지 않고……. (가겠습니다) 2 좀 일이 있어서……. 3 기대되네요.

[풀이] 1번은 말하는 본인이 사양하지 않고 기꺼이 하겠다는 의미이고, 3번은 기대된다는 표현이라 정답이 될 수 없다. '일이 있어서'라고 말한 2번이 정답이다.

[단어] 飲み会 회식, 술자리 | 誘われる 권유받다 | 約束 약속 | 遠慮 사양, 거절 | 用事 일, 용무 | 楽しみ 기대, 즐거움

2ばん

M 会社の人たちにプレゼントをもらいました。何と言いますか。	M 회사 사람들로부터 선물을 받았습니다. 뭐라고 말합니까?
F 1 これ、いくらですか。 2 これ、楽しみにしてください。 3 これ、いただいてもいいですか。	F 1 이거, 얼마입니까? 2 이거, 기대해 주세요. 3 이거, 받아도 되나요?

정답 및 해석 117

[풀이] 감사와 겸손의 말로 "받아도 되나요?"라고 말한 3번이 자연스러운 대화의 흐름이 되므로 정답이다.

[단어] 会社 회사 | プレゼント 선물 | もらう 받다 | いくら 얼마 | 楽しみにする 기대하다 | いただく 받다(もらう의 겸양)

3ばん

M 今日は卒業式です。先生に何といいますか。

F 1 本当にお疲れさまでした。
　 2 どうもお世話になりました。
　 3 おめでとうございます。

M 오늘은 졸업식입니다. 선생님께 뭐라고 말합니까?

F 1 정말로 수고 많으셨습니다.
　 2 정말 신세 많이 졌습니다.
　 3 축하합니다.

[풀이] 지난 시간 감사했다는 의미로 2번이 정답이다. 윗사람에게 1번 표현을 말하는 것은 실례다.

[단어] 卒業式 졸업식

4ばん

F 先生が重そうな荷物を持っています。何と言いますか。

M 1 先生、私がお持ちになります。
　 2 先生、私がお持ちしましょう。
　 3 先生、それ、お持ちください。

F 선생님이 무거워 보이는 짐을 들고 있습니다. 뭐라고 말합니까?

M 1 선생님, 제가 드시겠습니다.
　 2 선생님, 제가 들어드리겠습니다.
　 3 선생님 그거, 들어주세요.

[풀이] 올바른 경어 표현을 아는 것이 포인트다. 선생님의 짐을 드는 행위는 화자의 행동이므로 겸양 표현인 [お+ます형+する]으로 표현한 2번이 정답이다.

[단어] 重い 무겁다 | ~そうだ ~일 것 같다 | 荷物 짐 | 持つ 들다, 가지다

5ばん

M 今日はお正月です。何とあいさつしますか。

F 1 あけましておめでとうございます。
　 2 よいおとしを。
　 3 今年はいろいろお世話になりました。

M 오늘은 설날입니다. 뭐라고 말합니까?

F 1 새해 복 많이 받으세요.
　 2 좋은 한 해를(내년을) 맞이하세요.
　 3 올해는 여러가지로 신세 많이 졌습니다.

[풀이] 설날 새해인사는 1번이 정답이다. 2번과 3번은 새해가 밝기 전까지, 즉 연말에 하는 인사다.

[단어] 正月 설날 | 今年 올해 | いろいろ 여러 가지 | お世話になる 신세 지다

もんだい 4

もんだい4では、えなどが ありません。まず ぶんを 聞いて ください。それから、そのへんじを 聞いて、1から3の 中から、いちばん いい ものを 一つ えらんで ください。
では、練習しましょう。

문제4에서는 그림 등이 없습니다. 먼저 문장을 들어 주세요. 그러고 나서 대답을 듣고 1부터 3 중에서 가장 좋은 것을 하나 고르세요. 그럼 연습하겠습니다.

れい

F アイスクリーム買いに行くけど、何か買うものある？	M 아이스크림 사러 가는데, 뭐 살 거 있어?
M 1 あ、何を買うの？ 2 あ、おいしそう！ 3 **あ、牛乳、お願いね。**	F 1 아! 뭐 살 건데? 2 아! 맛있겠다! 3 **아! 우유 부탁해.**

1ばん

M コーヒーおかわりどうですか。	M 커피 더 어떠세요(드시겠어요)?
F 1 はい、おかげさまで。 2 **はい、いただきます。** 3 はい、どうぞ。	F 1 네, 덕분에요. 2 **네, 잘 마시겠습니다.** 3 네, 드세요.

[풀이] 한 잔(한 그릇) 더를 권하는 상황에서 "잘 마시겠습니다"라고 말한 2번이 정답이다. 3번은 권하는 사람이 할 수 있는 말이다.

2ばん

F テスト、よくできましたね。	F 시험, 잘 봤네요.
M 1 **いいえ、そんなことありません。** 2 テストはもうできています。 3 はい、英語のテストです。	M 1 **아뇨, 그렇지 않습니다. (겸손 표현)** 2 시험은 이미 되어 있습니다. 3 네, 영어 시험입니다.

[풀이] 동사 できる의 여러 의미를 알고 있어야 한다. 여기서는 '잘했다'는 칭찬의 말로 쓰였으므로, 칭찬받을 때의 대답으로 감사와 겸손을 표현하는 1번이 정답이다.

[단어] できる 할 수 있다. 완성되다. 생기다. (공부나 일을) 잘하다 | テスト 시험 | 英語 영어

3ばん

M この本、私にも読ませていただけませんか。

F 1 はい、もう読みました。
　 2 はい、みんな読んでいます。
　 3 もちろん、読んでもいいです。

M 이 책, 나도 읽게 해 주지 않겠습니까?

F 1 네, 이미 읽었습니다.
　 2 네, 모두 읽고 있습니다.
　 3 물론, 읽어도 좋습니다.

[풀이] 읽게 해 달라는 허가를 구하므로, 대답은 '허가' 혹은 '금지' 표현이어야 한다. '~てもいい'의 허가 표현을 말한 3번이 정답이다.

[단어] 読ませる 읽게 하다 | ~ていただけませんか ~해 주실 수 있습니까? | ~てもいい ~해도 좋다

4ばん

F 体の具合が悪くて、今日ははやく帰りました。

M 1 休ませていただきたいです。
　 2 休みはいつまでですか。
　 3 ゆっくり休んだらどうですか。

F 몸이 안 좋아서, 오늘은 일찍 집에 왔습니다.

M 1 쉬게 해 주셨으면 좋겠습니다.
　 2 휴일은 언제까지입니까?
　 3 푹 쉬는 게 어떻겠습니까?

[풀이] 몸이 좋지 않아서 귀가한 사람에게 "푹 쉬는 게 어떻겠습니까?"라고 조언한 3번이 정답이다. 그 외 "おだいじに" 등도 빈출되므로 알아두자. 1번은 이미 귀가했으므로 허락을 구하는 시점이 아니라서 정답으로 옳지 않다.

[단어] 体 몸 | 具合が悪い (몸) 상태가 좋지 않다 | 帰る 돌아가다, 돌아오다, 귀가하다 | 休ませる 쉬게 하다 | 休み 휴가, 방학, 휴식 | ゆっくり 푹, 천천히, 느긋하게 | 休む 쉬다 | ~たらどうですか ~하면 어떨까요?

5ばん

F 何かお手伝いしましょうか。

M 1 はい、手伝わせてください。
　 2 はい、これ、あそこまで運んでください。
　 3 はい、もう伝えておきました。

F 뭔가 도와드릴까요?

M 1 네, 돕게 해주세요.
　 2 네, 이거 저기까지 옮겨 주세요.
　 3 네, 이미 전달해 두었습니다.

[풀이] 도와주겠다는 권유에 구체적으로 요구사항을 말한 2번이 정답으로 자연스럽다.

[단어] 何か 무언가 | 手伝う 돕다, 거들다 | あそこまで 저곳까지 | 運ぶ 나르다, 운반하다 | もう 이미, 벌써 | 伝える 전하다

6ばん

M もしもし、山田さん、いらっしゃいますか。	M 여보세요, 야마다 씨 계십니까?
F 1 はい、いってらっしゃい。 　 2 少々、お待ちください。 　 3 いいえ、まだまだです。	F 1 네, 다녀오세요. 　 2 잠시만 기다려주세요. 　 3 아니요, 아직 멀었습니다.

[풀이] 전화로 야마다 씨를 찾고 있고 '잠시 기다려 달라'고 말하고 바꾸어 주려는 2번이 정답이다.

[단어] 少々 잠시 | 待つ 기다리다

7ばん

F あの子どもたち楽しそうですね。	F 저 아이들 즐거워보이네요.
M 1 はい、楽しんでください。 　 2 本当に楽しみですね。 　 3 はい、そう見えますね。	M 1 네, 즐겨 주세요. 　 2 정말로 기대되네요. 　 3 네, 그렇게 보이네요.

[풀이] 「～そうだ」는 '그럴 것 같다', '~해 보인다'의 의미로 쓰이는 표현이다. 따라서 아이들의 모습을 같이 보면서 "그렇게 보이네요."라고 말한 3번이 정답이다. 1번과 2번은 같은 발음의 단어로 혼동을 주는 보기이므로 주의한다.

[단어] 楽しい 즐겁다 | ～そうだ ~해 보이다, ~인 것 같다 | 楽しむ 즐기다 | 本当に 정말로 | 楽しみですね 기대되네요 | 見える 보이다

8ばん

M ごみを出してもらえませんか。	M 쓰레기를 내놓아 주시지 않겠습니까?
F 1 はい、ごみは出ません。 　 2 ごみは出してもいいです。 　 3 もちろんです。どこに出しますか。	F 1 네, 쓰레기는 내놓지 않습니다. 　 2 쓰레기는 내놓아도 좋습니다. 　 3 물론입니다. 어디에 내놓을까요?

[풀이] 쓰레기를 내놓아 달라는 부탁에 구체적으로 어디에 내놓을지 물어보는 3번이 정답이다.

[단어] ごみを出す 쓰레기를 내놓다 | ～てもらえませんか ~해 주실 수 있나요? | もちろん 물론

JLPT N4 제2회 실전 모의고사 정답 및 해석

* 본책 405쪽의 채점표로 합격 여부를 가늠해보세요!

문자·어휘

문제 1 1 ② 2 ① 3 ③ 4 ④ 5 ② 6 ③ 7 ②
문제 2 8 ③ 9 ③ 10 ④ 11 ③ 12 ②
문제 3 13 ① 14 ③ 15 ② 16 ① 17 ④ 18 ② 19 ① 20 ③
문제 4 21 ③ 22 ④ 23 ③ 24 ①
문제 5 25 ③ 26 ① 27 ② 28 ②

문법

문제 1 1 ③ 2 ④ 3 ③ 4 ② 5 ① 6 ③ 7 ① 8 ④
 9 ④ 10 ② 11 ④ 12 ① 13 ④
문제 2 14 ④ 15 ④ 16 ④ 17 ①
문제 3 18 ① 19 ② 20 ④ 21 ②

독해

문제 4 22 ③ 23 ③ 24 ④
문제 5 25 ③ 26 ④ 27 ③
문제 6 28 ④ 29 ③

청해

문제 1 1 ③ 2 ① 3 ③ 4 ③ 5 ② 6 ① 7 ② 8 ③
문제 2 1 ③ 2 ④ 3 ② 4 ③ 5 ① 6 ④ 7 ④
문제 3 1 ③ 2 ① 3 ② 4 ② 5 ②
문제 4 1 ③ 2 ② 3 ② 4 ② 5 ③ 6 ③ 7 ① 8 ③

1교시 언어지식 (문자 · 어휘)

もんだい 1

_____의 단어는 히라가나로 어떻게 씁니까? 1·2·3·4에서 가장 알맞은 것을 하나 고르세요.

1 다음 달, 여동생이 결혼하게 되었습니다.
2 엄마와 함께 요리교실에 다니고 있습니다.
3 그건 저희 근처 가게에서 팔고 있어요.
4 하루 3시간 파트타임으로 일하고 있어요.
5 공항까지 버스로 갈까, 아니면 택시를 부를까?
6 많은 물건들이 있어서 무엇을 사면 좋을지 결정할 수 없습니다.
7 무거운 걸 옮기고 지쳤습니다.

もんだい 2

_____의 단어는 어떻게 씁니까? 1·2·3·4에서 가장 알맞은 것을 하나 고르세요.

8 어렸을 때 저는 키가 작은 편이었습니다.
9 왜 두 사람은 헤어졌나요?
10 친구는 벌써 1시간이나 기다리고 있어요.
11 자, 자유롭게 사용해 주세요.
12 네가 말한 게 옳다.

もんだい 3

(_____)에 무엇을 넣습니까? 1·2·3·4에서 가장 알맞은 것을 하나 고르세요.

13 아직 초등학생인데, 깜짝 놀랄 정도로 영어가 능숙하다.
　② 역시　③ 몰래　④ 천천히
14 가급적이면 남에게 폐를 끼치지 않도록 하거라.
　① 어서　② 대체로　④ 천천히
15 선생님은 이 식당의 규동을 드셨습니다.
　① 보았습니다 (겸양)　③ 들었습니다 (겸양)
　④ 오셨습니다(가셨습니다)
16 전철 안에서 여권을 주웠기 때문에 파출소에 신고했습니다.
　② 보였다　③ 주었다　④ 버렸다

17 내일 시험을 봅니다만, 자신은 없습니다.
　① 봅니다　② 얻습니다　③ 붙입니다
18 리포트는 반드시 6시까지 내주세요.
　① 일부러　② 드디어　④ 점점
19 여동생은 간호사가 되어 병원에 근무하고 있습니다.
　② 교장　③ 경관　④ 아나운서
20 말은 그 나라의 문화와 깊은 관계가 있습니다.
　① 경영　② 경험　④ 의견

もんだい 4

_____의 문장과 대체로 같은 뜻의 문장이 있습니다. 1·2·3·4에서 가장 알맞은 것을 하나 고르세요.

21 오늘 더위는 심하네요.
　① 오늘은 조금도 덥지 않네요.
　② 오늘은 그만큼 춥지 않네요.
　③ 오늘은 꽤 덥군요.
　④ 오늘은 꽤 춥군요.

22 몬자야키는 지금까지 한 번도 먹어본 적이 없습니다.
　① 몬자야키는 가끔씩 먹고 있습니다.
　② 몬자야키는 몇 번인가 먹어 보았습니다.
　③ 몬자야키는 한 번인가 먹어본 적이 있습니다.
　④ 몬자야키는 처음 먹어 봅니다.

23 이 치마는 더러워져 있습니다.
　① 이 치마는 잘 팔리고 있습니다.
　② 이 치마는 깨끗합니다.
　③ 이 치마는 더럽습니다.
　④ 이 치마는 인기가 있습니다.

24 테이블 위에 과자가 남아 있다.
　① 테이블 위에 아직 과자가 있다.
　② 테이블 위에 아직 과자를 만들고 있다.
　③ 테이블 위에는 과자밖에 없다.
　④ 테이블 위에 과자가 더 이상 없다.

もんだい 5

다음 단어의 쓰임으로 가장 알맞은 것을 1·2·3·4에서 하나 고르세요.

25 どんどん: 부쩍부쩍, 자꾸
① 택시 쪽이 자꾸 편리하다.
② 영화를 보고 자꾸 울었다.
③ 질문이 자꾸 나왔다.
④ 내일 여행을 가니까 자꾸한다.

26 ねっしんに: 열심히
① 그는 그렇게 열심히 준비하고 있었던 거야.
② 비가 열심히 내리고 있네요.
③ 어린이가 기분 좋은 듯이 열심히 자고 있습니다.
④ 몸 상태가 열심히 되었습니다.

27 にがい: 쓰다
① 넘어져 버려서 다리가 씁니다.
② 이 약은 맛이 너무나도 쓰다.
③ 소진은 정말로 피아노를 쓰네요.
④ 이 짐은 정말로 씁니다.

28 とちゅう: 도중
① 그 카페는 서점과 백화점 도중에 있습니다.
② 도중에 그만두면 안 돼.
③ 내일은 오전 도중 눈이 내리겠습니다.
④ 여권은 가방 도중에 넣어 두었습니다.

2교시 언어지식 (문법) · 독해

もんだい 1
( )에 무엇을 넣습니까? 1·2·3·4에서 가장 알맞은 것을 하나 고르세요.

1 저는 골프는 합니다만, 테니스는 하지 않습니다.
2 지금 집에는 저 혼자밖에 귀가하지 않았습니다.
3 이 가게는 몇 시에 문을 닫는지 알고 있습니까?
4 A: 텔레비전 켜 줄래?
   B: 텔레비전은 이미 켜져 있어.
5 죄송합니다만, 오늘은 아르바이트를 쉬게 해 주실 수 없을까요?
6 친구가 나의 일기를 읽고 말았습니다.
7 우산을 잊지 않도록 하세요.
8 밤에 갑자기 친구가 와서 잘 수 없었습니다.
9 이런 날은 감기 걸리기 십상이니까 따뜻하게 해.
10 엄마가 김치를 보내 주셨습니다.
11 손님, 어떤 걸 찾으시나요?
12 A: 오가와 씨는 주말에 봉사활동을 하고 있다고 합니다.
   B: 우와, 그것참 오가와 씨답네요.
13 일본어로 쓴 작문을 선생님이 봐 주셨습니다.

もんだい 2
★ 에 들어갈 것은 어느 것입니까? 1·2·3·4에서 가장 알맞은 것을 하나 고르세요.

14 이 책은 그림이 그려져 있어서, 어린아이가 읽어도 이해하기 쉽다. (3-1-4-2)
15 서둘러. 거기까지 1시간이나 걸리거든. (3-1-4-2)
16 이쪽에 앉으셔서 기다려 주십시오. (1-2-4-3)
17 벌써 몇 번이나 찾아봤으니, 이곳에 있을 리는 없습니다. (4-2-1-3)

もんだい3

18 에서 21 에 무엇을 넣습니까? 이 문장의 의미를 생각하여 1·2·3·4에서 가장 알맞은 것을 하나 고르세요.

"おかえりなさい(이제 오셨어요)"는 'しなさい(하거라)'처럼 명령이 아니라, 'よくおかえりなさいました(잘 귀가하셨습니다)'가 が 18 짧아진 것입니다. 집으로 돌아왔을 때뿐만 아니라, 예를 들어 당신이 고등학교를 졸업하고 몇 년쯤 후 그 학교에 19 가면, 분명 선생님들로부터 "おかえりなさい"라고 20 들음에 틀림없습니다. 'おかえり'는 고향에 맞이하기 21 위한 말입니다. 일본인은 이 말을 들으면 마음이 따뜻해집니다.

もんだい4

つぎの(1)から(3)の文章を読んで、質問に答えてください。答えは、1・2・3・4から、いちばんいいものを一つえらんでください。

다음 (1)~(3)의 문장을 읽고 질문에 답하세요. 답은 1·2·3·4 중에서 가장 알맞은 것을 하나 고르세요.

(1)

まりこさん、グランドデパートでセールをしているの知ってる？今日、仕事終わったらいっしょに行こうよ。実は私は昨日行って来たんだけど、時間がなくてあまり買い物をすることができなかったの。着てみたい服もたくさんあったし、ずっとほしかったものも安く売っていてまた行きたいの。まりこさんもこの前、きいろのシャツほしいと言ってたでしょ？いっしょに行ってみようよ。今日でも明日でもいいから。

―ちえ―

22 ちえはどうしてまたデパートへ行こうと思っていますか。
1 きいろのシャツが買いたいから。
2 昨日からデパートのセールが始まったから。
3 ゆっくり買い物をすることができなかったから。
4 昨日、仕事が終わらなかったから。

마리코 씨, 그랜드 백화점에서 세일하는 거 알아? 오늘 일 끝나면 같이 가자. 사실 나는 어제 갔는데, 시간이 없어서 별로 쇼핑을 하지 못했어. 입어보고 싶은 옷도 많이 있었고, 계속 갖고 싶었던 것도 싸게 팔고 있어서 또 가고 싶어. 마리코 씨도 저번에 노란색 셔츠 갖고 싶다고 했지? 함께 가보자. 오늘도 내일도 좋으니까.

―치에―

22 치에는 왜 또 백화점에 가려고 합니까?
1 노란색 셔츠를 사고 싶기 때문에.
2 어제부터 백화점 세일이 시작했기 때문에.
3 느긋하게 쇼핑을 할 수 없었기 때문에.
4 어제 일이 끝나지 않았기 때문에.

[풀이]
치에는 어제 백화점에 갔지만, "시간이 없어서 별로 쇼핑을 하지 못했어."라는 말에서 느긋하게 쇼핑을 하지 못했음을 알 수 있다. 정답은 3번이다.

[단어]
デパート 백화점 | セール 세일 | 知る 알다 | 仕事 일, 업무 | 終わる 끝나다 | 行こう 가자 | 実は 실은 | ～けど ～지만, ～한데 | 時間 시간 | なくて 없어서 | 買い物をする 쇼핑하다 | ～ことができる ～할 수 있다 | 着る 입다 | ～てみる ～해보다 | ～たい ～하고 싶다 | 服 옷 | ふつう 평소, 보통 | 売る 팔다 | きいろ 노랑 | シャツ 셔츠 | ～でも ～라도, ～이어도

(2)

おはようございます。天気予報をお伝えします。昨日につづいて今日も強い風がふくでしょう。今日の気温は12度までさがってこの秋に入って一番寒い日になるでしょう。午後からはだんだんくもってきて夜は雨が降るでしょう。明日の朝は雨が上がりますが、気温はもっとさがって今週はずっと寒いでしょう。みなさん、風邪にお気を付けください。

23 上の文章の内容と合っているのはどれですか。
1 明日は今日ほど寒くない。
2 明日はくもって朝から雨が降る。
3 昨日は強い風がふいていた。
4 今日は雨が降って明日より寒い。

안녕하십니까. 일기예보를 전해드리겠습니다. 어제에 이어 오늘도 강한 바람이 불겠습니다. 오늘의 기온은 12도까지 내려가 이번 가을에 들어서서 가장 추운 날이 되겠습니다. 오후부터는 차차 흐려져 밤에는 비가 오겠습니다. 내일 아침은 비가 그치지만, 기온은 더 떨어져 이번 주는 계속 춥겠습니다. 여러분, 감기 조심하세요.

23 위 문장의 내용과 맞는 것은 무엇입니까?
1 내일은 오늘만큼 춥지 않다.
2 내일은 흐리고 아침부터 비가 온다.
3 **어제는 강한 바람이 불었다.**
4 오늘은 비가 와서 내일보다 춥다.

[풀이]
글의 앞부분에서 "어제에 이어 오늘도 강한 바람이 불겠습니다."라고 했기 때문에, 3번이 정답임을 알 수 있다. 오늘 밤부터 비가 내려 내일은 비가 그쳐도 더 추워진다고 했으므로 1번, 2번, 4번은 글의 내용에 맞지 않다.

[단어]
天気予報 일기예보 | お伝えする 전해드리다 | 昨日 어제 | ～につづいて ～에 이어 | 今日 오늘 | 強い 강하다 | 風がふく 바람이 불다 | 気温 기온 | ～度 ～도 | さがる 내리다 | 秋 가을 | ～に入る ～에 들어서다 | 一番 가장, 제일 | 寒い 춥다 | 午後 오후 | だんだん 점점 | くもる 구름 끼다, 흐리다 | 夜 밤 | 雨が降る 비가 내리다 | 朝 아침 | 雨が上がる 비가 그치다, 날이 개다 | 今週 이번주 | ずっと 계속 | 風邪 감기 | ～に気を付ける ～에 주의하다

(3)

ペットが好きかという質問に好きだと答えた人は70％いました。30％の人は好きじゃないという答えでしたが、その中でいちばん多かったのは世話をするのが大変だという答えでした。好きだと答えた人の中でペットを飼っている人は40％でした。60％の人は好きなのに飼っていませんでした。そのいちばん大きい理由は「家が狭い」など、住んでいる環境に問題があるからでした。

24 飼っていませんでしたとありますが、その理由はどうしてですか。
1　世話をすることが大変だから。
2　ペットは好きでも家の中で飼うのはきらいだから。
3　ペットがあまり好きじゃないから。
4　住んでいるところがペットを飼いにくいから。

반려동물을 좋아하느냐는 질문에 좋아한다고 대답한 사람은 70% 있었습니다. 30%의 사람은 좋아하지 않는다는 대답이었습니다만, 그 중에서 가장 많았던 것은 돌보기 힘들다는 대답이었습니다. 좋아한다고 대답한 사람 중에서 반려동물을 키우고 있는 사람은 40%였습니다. 60%의 사람은 좋아하는데 키우지 않았습니다. 그 가장 큰 이유는 '집이 좁다' 등 살고 있는 환경에 문제가 있기 때문이었습니다.

24 키우지 않았다라고 있습니다만, 그 이유는 무엇 때문입니까?
1　돌보기 힘들기 때문에.
2　반려동물은 좋아해도 집 안에서 키우는 것은 싫어하기 때문에.
3　반려동물을 별로 좋아하지 않기 때문에.
4　사는 곳이 반려동물을 키우기 힘들기 때문에.

[풀이]
반려동물을 좋아하지만 키우지 않는 이유가 마지막 문장에 등장한다. "가장 큰 이유는 '집이 좁다' 등 살고 있는 환경에 문제가 있기 때문에"라고 했기 때문에 정답은 4번이다.

[단어]
ペット 반려동물 | 好きだ 좋아하다 | ～か ～인지 | 質問 질문 | 答える 대답하다 | その中で 그 중에서 | いちばん 가장, 제일 | 多い 많다 | 世話をする 돌보다 | 大変だ 힘들다 | 飼う 기르다 | 大きい 크다 | 理由 이유 | 狭い 좁다 | ～など ～등 | 住む 살다, 거주하다 | 環境 환경 | 問題 문제

もんだい5

つぎの文章を読んで、質問に答えてください。答えは、1・2・3・4から、いちばんいいものを一つえらんでください。

山本さんは5人家族で、奥さんと3人の子どもがいます。家は駅から少しはなれたところにあるマンションで、今3人で住んでいます。二人の娘は大学生で、大学の近くで生活しているからです。
一番下の子は息子でまだ中学生です。ピアノが好きで学校でも音楽部の部活動をしています。いつも帰りがおそいので、奥さんはあぶないと思って、毎日駅まで息子を迎えに行っています。とても大変ですが、来月からはしなくてもいいです。なぜなら、新しい家に引っ越すことになったからです。今の家を売って、庭のある一戸建てに引っ越します。新しい家は息子の学校からも、山本さんの会社からも近いので交通が便利です。それで、そんな心配は要らなくなりました。
部屋が4つあるので、山本さんは自分の部屋を作ろうとしています。多くの父親は自分だけの部屋がないので、一人で本を読んだり趣味活動をしたりするところがありません。山本さんは今まで持っていなかった自分だけの空間ができるからとてもうれしがっています。そして、休みになって娘たちが家に帰ってきたら、使える部屋もあっていいです。それに近くにスーパーがあるので、奥さんもよろこんでいます。

25 そんな心配とありますが、どんなことですか。
1 娘たちが二人で生活していること。
2 家が駅からとおいこと。
3 毎日息子を迎えに行くこと。
4 息子が部活をすること。

26 上の文章の内容と合っているのはどれですか。
1 末っ子は女の子である。
2 むすめは一人で大学の近くに住んでいる。
3 来月、駅から近いところに引っ越す。
4 山本さんは自分の部屋をほしがっている。

27 山本さんはどうしてとてもうれしがっていますか。
1 新しい家には庭があるから。
2 新しい家には部屋が四つもあるから。
3 新しい家に自分だけの場所ができるから。
4 新しい家は会社からもスーパーからも近いから。

다음 문장을 읽고 질문에 답하세요. 답은 1·2·3·4 중에서 가장 알맞은 것을 하나 고르세요.

> 야마모토 씨는 다섯 식구로 부인과 3명의 아이들이 있습니다. 집은 역에서 조금 떨어진 곳에 있는 맨션으로, 지금 3명이서 살고 있습니다. 두 딸은 대학생이고, 대학 근처에서 생활하고 있기 때문입니다.
>
> 막내는 아들이고 아직 중학생입니다. 피아노를 좋아해서 학교에서도 음악부 동아리 활동을 하고 있습니다. 언제나 귀가가 늦기 때문에, 부인은 위험하다고 생각해, 매일 역까지 아들을 마중하러 가고 있습니다. 너무 힘들지만, 다음 달부터는 하지 않아도 됩니다. 왜냐하면, 새로운 집으로 이사하게 되었기 때문입니다. 지금 집을 팔고, 정원이 있는 단독주택으로 이사합니다. 새집은 아들의 학교에서도, 야마모토 씨의 회사에서도 가깝기 때문에 교통이 편리합니다. 그래서, <u>그런 걱정</u>은 필요 없게 되었습니다.
>
> 방이 4개 있어서, 야마모토 씨는 자신의 방을 만들려고 하고 있습니다. 보통 아버지들은 자신만의 방이 없기 때문에 혼자서 책을 읽거나 취미활동을 하는 곳이 없습니다. 야마모토 씨는 지금까지 갖지 못했던 자신만의 공간이 생겨서 <u>매우 기뻐하고 있습니다</u>. 그리고 방학이 되어 딸들이 집에 돌아오면, 사용할 수 있는 방도 있어 좋습니다. 게다가 근처에 마트가 있기 때문에, 부인도 좋다며 기뻐하고 있습니다.

25 그런 걱정이라고 있습니다만, 어떤 일입니까?
1. 딸들이 둘이서 생활하고 있는 것.
2. 집이 역에서 먼 것.
3. **매일 아들을 데리러 가는 것.**
4. 아들이 동아리 활동을 하는 것.

26 위 문장의 내용과 맞는 것은 무엇입니까?
1. 막내는 여자아이다.
2. 딸은 혼자서 대학교 근처에 살고 있다.
3. 다음 달에 역에서 가까운 곳으로 이사한다.
4. **야마모토 씨는 자신의 방을 원하고 있다.**

27 야마모토 씨는 왜 매우 기뻐하고 있습니까?
1. 새 집에는 마당이 있기 때문에.
2. 새 집에는 방이 4개나 있기 때문에.
3. **새 집에 나만의 곳이 생기기 때문에.**
4. 새 집은 회사에서도 마트에서도 가깝기 때문에.

[풀이]

25 그동안 아들의 늦은 귀가가 위험하다고 생각해서 매일 역까지 마중하러 갔었는데, 새로 이사할 집은 아들의 학교와도 가까워져서 더 이상 걱정하지 않아도 된다고 말하고 있다.

26 방이 4개나 있고 야마모토 씨가 '자신의 방을 만들려고 하고 있다'고 말한 부분, 그리고 '지금까지 가지지 못했던 자신만의 공간이 생겨서 매우 기뻐하고 있다'고 했기 때문에 정답은 4번이다.

27 매우 기뻐하고 있다고 말한 바로 앞부분에 '자신만의 공간이 생겨서'라고 했으므로, 정답은 3번이다. 1번, 2번, 4번 모두 새 집의 장점이지만, 직접적으로 기쁜 이유를 말하고 있는 것은 3번이다.

[단어]

~人家族 ~식구 | 奥さん (남의) 부인 | 子ども 아이, 자녀 | 駅 역 | はなれる 떨어지다 | マンション 맨션, 아파트 | 住む 살다, 거주하다 | 娘 딸 | 大学生 대학생 | 大学 대학교 | 近く 근처 | 生活する 생활하다 | 一番 제일, 가장 | 息子 아들 | 中学生 중학생 |

ピアノ 피아노 | 好きだ 좋아하다 | 学校 학교 | 音楽部 음악부 | 部活動 동아리활동 | 帰り 귀가 | おそい 늦다 | あぶない 위험하다 | 迎えに行く 마중하러 가다 | 大変だ 힘들다 | 来月 다음 달 | ～なくてもいい ～하지 않아도 된다 | なぜなら 왜냐하면 | 新しい 새롭다 | 引っ越す 이사하다 | ～ことになる ～하게 되다 | 売る 팔다 | 庭 정원, 마당 | 一戸建て 단독주택 | 会社 회사 | 近い 가깝다 | 交通 교통 | 便利だ 편리하다 | それで 그래서 | そんな 그런 | 心配 걱정 | 要る 필요하다 | 部屋 방 | 自分 자기자신 | 作る 만들다 | 普通 보통 | ～だけ ～만, ～뿐 | 一人 혼자 | 読む 읽다 | 趣味活動 취미생활 | ところ 곳, 장소 | 今まで 지금까지 | 持つ 가지다, 들다 | 空間 공간 | できる 생기다 | うれしい 기쁘다 | ～がっている ～해 하다 | 休み 방학, 휴가 | 帰る 돌아오다, 돌아가다 | 使う 사용하다 | それに 게다가 | 近く 근처 | スーパー 마트, 슈퍼마켓 | よろこぶ 기뻐하다

もんだい6

右のページの「テニス場の利用案内」を見て、下の質問に答えてください。答えは、1・2・3・4から、いちばんいいものを一つえらんでください。

[28] 5月、全国テニス大会があります。大会の前に3回は練習したいです。平日は仕事で忙しいから、土曜日の朝にすることにしました。今日3回分の料金を全部払いたいです。この人はいくら払いますか。

1　1100円
2　1500円
3　3300円
4　4500円

[29] 9月、学校の友だちからテニスを教えてもらうことにしました。授業が終わると、まっすぐテニス場に行くつもりです。いつまでに予約しなければなりませんか。

1　7月1日
2　7月3日
3　8月1日
4　8月3日

テニス場の利用案内

- アサヒ公園の中にあるテニス場を開放します。
- 個人でもグループでも利用できます。
- 利用時間：09:00～20:00
- 料金

	午前(9:00～12:00)	午後(12:00～17:00)	夜(17:00～20:00)
月～金	1100円	1300円	1000円
土・日	1500円	1700円	1400円

- 予約

3月～8月	利用する日の2カ月前の3日までに
9月～11月	利用する日の1カ月前の1日までに

＊12月から2月まではご利用できません。
＊電話：アサヒ公園の管理センター　012-345-6789

오른쪽 페이지의「테니스장 이용안내」를 보고 아래 질문에 답하세요. 답은 1·2·3·4 중에서 가장 알맞은 것을 하나 고르세요.

28 5월, 전국 테니스 대회가 있습니다. 대회 전에 세 번은 연습하고 싶습니다. 평일은 일로 바쁘기 때문에, 토요일 아침에 하기로 했습니다. 오늘 3회분의 요금을 전부 지불하고 싶습니다. 이 사람은 얼마 지불합니까?

1 1100엔
2 3300엔
3 1500엔
4 4500엔

29 9월, 학교 친구에게 테니스를 배우기로 했습니다. 수업이 끝나면 곧장 테니스장으로 갈 생각입니다. 언제까지 예약해야 합니까?

1 7월1일
2 7월3일
3 8월1일
4 8월3일

테니스장 이용안내

- 아사히 공원 안에 있는 테니스장을 개방합니다.
- 개인이어도 그룹이어도 이용 가능합니다.

- 이용시간 : 09:00~20:00
- 요금

	오전 (9:00~12:00)	오후 (12:00~17:00)	야간 (17:00~20:00)
월~금	1100엔	1300엔	1000엔
토·일	1500엔	1700엔	1400엔

- 예약

3월~8월	이용할 날 2개월 전의 3일까지
9월~11월	이용할 날 1개월 전의 1일까지

* 12월부터 2월까지는 이용하실 수 없습니다.
* 전화 : 아사히공원 관리센터 ０１２－３４５－６７８９

[풀이]

29 토요일 아침 3회분 요금을 전부 지불하고 싶다고 했으므로, 1500엔씩 총 3회분으로 4500엔이다. 즉, 4번이 정답이다.

30 3월에서 8월 사이에 이용하려면 2개월 전인 1월~6월의 3일까지 신청해야 한다. 하지만 9월에서 11월 사이에 이용하려면, 1개월 전인 8월~10월의 1일까지 신청해야 한다. 이 기간에 해당하는 것은 보기 중에서 3번밖에 없다.

[단어]

テニス場 테니스장 | 利用案内 이용 안내 | 公園 공원 | 開放 개방 | 個人 개인 | ～でも ～이라도 | グループ 그룹, 단체 | 料金 요금 | 午前 오전 | 午後 오후 | 夜 밤, 야간 | ～カ月 ～개월 | ～までに ～까지(기한) | 電話 전화 | 管理センター 관리 센터 | 全国 전국 | 大会 대회 | ～回 ～회 | 練習 연습 | 平日 평일 | 仕事 일, 업무, 직업 | 忙しい 바쁘다 | ～ことにする ～하기로 하다 | ～回分 ～회분 | 全部 전부 | 払う 지불하다 | 教える 가르치다 | ～てもらう ～해 받다 | 授業 수업 | 終わる 끝나다 | まっすぐ 곧장 | ～つもりだ ～할 생각이다 | 予約 예약 | ～なければなりません ～하지 않으면 안 됩니다

3교시 청해

もんだい 1

もんだい 1では、まず しつもんを 聞いて ください。それから 話を 聞いて、もんだいようしの 1から4の 中から、いちばん いい ものを 一つ えらんで ください。
では、練習しましょう。

문제1에서는 우선 질문을 들어 주세요. 그러고 나서 이야기를 듣고 문제용지의 1부터 4 중에서 가장 알맞은 것을 하나 고르세요.
그럼 연습합시다.

れい

お母さんと男の子が話しています。男の子は何を買ってきますか。

F ねえ、勉強中、わるいけど、スーパーに行ってきてくれる？ 今、掃除中なの。
M うん。なに買ってくる？
F 牛乳と卵と、チーズね。
M 卵は何個買う？
F 10個でいいわ。
M わかった。あ、そうだ。牛乳は冷蔵庫にあったよ。
F そう？ なら、それは買わなくていいわ。
M はい。行ってきます。

男の子は何を買ってきますか。

엄마와 남자아이가 이야기하고 있습니다. 남자아이는 무엇을 사 옵니까?

F 얘, 공부하는데 미안하지만, 슈퍼에 갔다 와 줄래? 지금 청소 중이거든.
M 응. 뭐 사 와?
F 우유와 달걀에, 치즈야.
M 달걀은 몇 개 사?
F 10개면 돼.
M 알았어. 아, 맞다! 우유는 냉장고에 있던걸.
F 그래? 그럼, 그건 안 사도 돼.
M 네. 다녀올게요.

남자아이는 무엇을 사 옵니까?

1ばん

男の人と女の人が電話で話しています。女の人はこれから何をしますか。

M 映画のチケット2枚あるんだけど、いっしょに行きませんか。
F いいですよ。何時に始まるんですか。
M 6時です。まだ時間ありますから、映画館の近くのカフェでコーヒーでも飲みましょうか。
F はい、いいですよ。
M あっ、今、ちょっと見たら、はやく返事しなければならないメールが届いています。すみませんが、さきに行って待っていてもらえませんか。ちょうど映画の時間には間に合いそうです。
F じゃ、私も明日の会議の準備しながら待ちますね。いっしょに出発しましょう。
M あ、そうですか。すみません。

남자와 여자가 전화로 이야기하고 있습니다. 여자는 이제 무엇을 합니까?

M 영화표 2장 있는데 같이 갈래요?
F 좋아요. 몇 시에 시작하나요?
M 6시입니다. 아직 시간이 있으니까 영화관 근처 카페에서 커피라도 마실까요?
F 네, 좋아요.
M 앗, 지금, 잠깐 보니, 빨리 답장해야 할 메일이 와 있습니다. 죄송합니다만, 먼저 가서 기다려 주실 수 있겠습니까? 딱 영화 시간에는 맞출 수 있을 것 같아요.
F 그럼 저도 내일 회의 준비하면서 기다릴게요. 같이 출발합시다.
M 아, 그렇습니까? 죄송합니다.

女の人はこれから何をしますか。

1 メールの 返事を する
2 カフェで コーヒーを 飲みながら 待つ
3 仕事を する
4 映画館に 行く

여자는 이제 무엇을 합니까?

1 메일의 답장을 한다.
2 카페에서 커피를 마시면서 기다린다.
3 일을 한다.
4 영화관에 간다.

[풀이]
영화가 시작하기 전 남는 시간에 함께 커피를 마시려고 했으나, 갑자기 생긴 '메일 답신' 업무에, 여자도 회의를 준비하면서 '같이 출발하자'고 했다. 따라서 3번이 정답이다.

[단어]
映画 영화 | チケット 티켓 | ~枚 ~장 | 始まる 시작되다 | 映画館 영화관 | 近く 근처 | カフェ 카페 | コーヒー 커피 | ~でも ~라도 | 飲む 마시다 | 返事 답장,대답 | ~なければならない ~하지 않으면 안 된다 | 届く 도착하다 | ちょうど 딱, 마침 | 間に合う 시간에 맞다 | ~そうだ ~할 것 같다 | 会議 회의 | 準備 준비 | ~ながら ~하면서 | 出発 출발

2ばん

男の人と女の人が話しています。女の人はタクシーを何台呼びますか。 F 明日の山下さんの結婚式に行くとき、タクシーよんで行きませんか。駅から遠いらしいですよ。 M いいですね。いっしょに行く人は何人ですか。 F 5人です。一台だと4人しか乗れないから、2台呼ばないといけませんね。 M う〜ん、じゃ、私は車持っていきますね。だれか、私の車でいっしょに行ってもいいです。 F そうですか。じゃ、ほかの人に聞いてみますね。 女の人はタクシーを何台呼びますか。	남자와 여자가 이야기하고 있습니다. 여자는 택시를 몇 대 부릅니까? F 내일 야마시타 씨의 결혼식에 갈 때, 택시를 타고 가지 않겠습니까? 역에서 멀대요. M 좋네요. 함께 가는 사람은 몇 명입니까? F 5명입니다. 한 대면 4명밖에 못 타니까 2대 부르지 않으면 안 되겠네요. M 음, 그럼 저는 차 가지고 갈게요. 누가 제 차로 같이 가도 괜찮아요. F 그렇습니까? 그럼 다른 사람한테 물어볼게요. 여자는 택시를 몇 대 부릅니까?

1 1台
2 2台
3 3台
4 呼ばない

1 1대
2 2대
3 3대
4 부르지 않는다

[풀이]
5명이 결혼식장에 택시를 타고 가기 위해 2대를 부르려고 했으나, 남자가 자신의 차로 간다고 했으므로 택시는 1대로 충분하다. 다른 사람들이 남자의 차에 탄다고 해도 택시 1대는 무조건 불러야 한다. 따라서 정답은 1번이다.

[단어]
タクシー 택시 | 〜台 〜대 | 呼ぶ 부르다 | 結婚式 결혼식 | 駅 역 | 遠い 멀다 | 〜らしい 〜라는 것 같다 | 〜しか 〜밖에 | 乗る 타다 | 〜ないといけません 〜하지 않으면 안 된다 | 車 자동차 | ほかの〜 다른 〜 | 聞く 듣다, 물어보다

3ばん

男の子がお母さんと話しています。男の子はまず何をしますか。 F ひろと、ごはんだよ。 M わあ、オムライス！かわいいね。ひよこみたいになってる。 F かわいいでしょ？じゃ、まず手洗って来なさい。あ、来る時、冷蔵庫の中の牛乳も持ってきてね。 M うん、でもこれかわいくてはやく友だちに見せたいの。写真とらないと。あっ、僕のスマホ部屋にあるんだ。	남자아이가 엄마와 이야기하고 있습니다. 남자아이는 우선 무엇을 합니까? F 히로토, 밥 먹어. M 와, 오므라이스! 귀엽네. 병아리처럼 생겼어. F 예쁘지? 그럼 먼저 손 씻고 오렴. 아, 올 때 냉장고 안에 우유도 가지고 와. M 응, 근데 이거 귀여워서 빨리 친구한테 보여주고 싶어. 사진 찍어야지. 아, 내 핸드폰 방에 있구나.

F 手から洗って、それからだよ。 M うん、わかったよ～。	F 손부터 씻고, 그러고 나서야. M 응, 알았어～.
男の子はまず何をしますか。	남자아이는 우선 무엇을 합니까?
1 写真を とる 2 部屋に 行く **3 手を 洗う** 4 友だちに 見せる	1 사진을 찍는다 2 방으로 간다 **3 손을 씻는다** 4 친구에게 보여준다

[풀이]
오므라이스를 보고 아이는 빨리 사진을 찍어 친구에게 보이고 싶어 하지만, 엄마의 마지막에 "손부터 씻고, 그러고 나서야."라고 말했고, 아이도 알았다고 했으므로 우선 손을 씻으러 가야 한다. 따라서 정답은 3번이다.

[단어]
ごはん 밥 | オムライス 오므라이스 | ひよこ 병아리 | ～みたいに ～처럼 | 手 손 | 洗う 씻다 | 冷蔵庫 냉장고 | 牛乳 우유 | 見せる 보여주다 | ～たい ～하고 싶다 | 写真をとる 사진을 찍다 | ～ないと ～해야 해 | スマホ 스마트폰 | 部屋 방

4ばん

女の人が店員と話しています。女の人はいくらで買いましたか。	여자가 점원과 이야기하고 있습니다. 여자는 얼마에 샀습니까?
F すみません。このメロンいくらですか。 M それは一つ1000円です。二つだと200円安くなります。 F それじゃ、二つください。あ、四つだと400円安くなるんですか。 M そうです。四つでよろしいですか。 F はい、それからあちらのリンゴはいくらですか。 M リンゴは三つで500円です。 F はい、三つください。	F 실례합니다. 이 멜론 얼마예요? M 그건 하나에 1000엔입니다. 2개면 200엔 싸집니다. F 그럼 두 개 주세요. 아, 4개면 400엔 싸지는 건가요? M 맞아요. 4개면 될까요? F 네, 그리고 저쪽 사과는 얼마입니까? M 사과는 3개에 500엔입니다. F 네, 3개 주세요.
女の人はいくらで買いましたか。	여자는 얼마에 샀습니까?
1 2300円 2 3600円 **3 4100円** 4 4500円	1 2300엔 2 3600엔 **3 4100엔** 4 4500엔

[풀이]
멜론이 1개에 1000엔이지만 2개를 사면 200엔 할인되어 1800엔이다. 여자는 멜론을 4개 사니까 3600엔이고, 사과 3개 500엔도 구매하므로 총 금액은 4100엔. 정답은 2번이다.

[단어]
店員 점원 | いくら 얼마 | 買う 사다 | メロン 멜론 | 安い 싸다 | ～くなる ～해지다 | リンゴ 사과 | それも 그것도

5ばん

男の人と女の人が話しています。男の人は何を食べますか。

M ああ、お腹すいた。今日も牛丼食べようか。おいしかったし。
F 今日も食べるの？ほかのものにしない？おすしとか。
M すしもいいね。あっ、あの店のサンドイッチおいしそう。あれも食べたいな。
F そんなにたくさん食べるの？食べられる？
M うん、今日はね、朝から何も食べてないんだ。すし食べてからサンドイッチ買って帰るよ。
F お腹こわすよ。私はサンドイッチはやめるね。

男の人は何を食べますか。

남자와 여자가 이야기하고 있습니다. 남자는 무엇을 먹습니까?

M 아, 배고파. 오늘도 소고기 덮밥 먹을까? 맛있었으니까.
F 오늘도 먹을거야? 다른 거 안 먹을래? 초밥이라든가.
M 초밥도 좋네. 아, 저 집 샌드위치 맛있겠다. 저것도 먹고 싶다.
F 그렇게 많이 먹어? 먹을 수 있어?
M 응, 오늘은 말이야, 아침부터 아무것도 먹지 않았어. 초밥 먹고 샌드위치 사서 돌아갈래.
F 배탈 나. 나는 샌드위치는 그만둘래.

남자는 무엇을 먹습니까?

[정답] 2

[풀이]
소고기 덮밥 말고 오늘은 초밥을 먹기로 하였으나, 샌드위치도 사 가겠다고 말하고 있으므로 정답은 2번이다. 마지막에 여자가 "나는 샌드위치는 그만둘래."라고 말한 부분에서 함정에 걸리지 않도록 주의하자.

[단어]
お腹すいた 배고프다 | 牛丼 소고기 덮밥 | おいしい 맛있다 | ほかのもの 다른 것 | ～にする ～으로하다 | 店 가게 | サンドイッチ 샌드위치 | おいしそうだ 맛있어 보이다 | ～たい ～하고 싶다 | そんなに 그렇게 | ～てから ～하고 나서 | 買う 사다 | お腹をこわす 배탈 나다 | やめる 그만두다

6ばん

男の人と女の人が話しています。二人はどこで会いますか。

F 今日の飲み会にくるんでしょ？
M うん、せっかくだからビール飲みたくて、地下鉄で行くことにした。
F あ、そう？駅で会っていっしょに行く？
M そうね、3番の入り口が約束の店に近いけど、そこはいつも人が多いから2番の入り口で会おうか。
F うん、わかった。外は寒いから、中で待ってるね。

二人はどこで会いますか。

1 2番の 入り口の 中
2 2番の 入り口の 外
3 3番の 入り口の 中
4 3番の 入り口の 外

남자와 여자가 이야기하고 있습니다. 두 사람은 어디서 만납니까?

F 오늘 술자리에 오는 거지?
M 응, 모처럼이니까 맥주 마시고 싶어서 지하철로 가기로 했어.
F 아, 그래? 역에서 만나서 같이 갈래?
M 글쎄, 3번 입구가 약속한 가게에 가까운데 거기는 항상 사람이 많으니까 2번 입구에서 만날까?
F 응, 알았어. 밖은 추우니까 안에서 기다릴게.

두 사람은 어디서 만납니까?

1 2번 입구 안
2 2번 입구 밖
3 3번 입구 안
4 3번 입구 밖

[풀이]
역에서 만나기로 했고, 3번 입구는 혼잡하므로 2번 입구에서 만나기로 약속했다. 마지막에 여자가 "안에서 기다릴게."라고 말했으므로 1번이 정답이다.

[단어]
飲み会 회식, 술자리 | せっかく 모처럼 | ビール 맥주 | 飲む 마시다 | ～たくて ～하고 싶어서 | 地下鉄 지하철 | ～ことにする ～하기로 하다 | 駅 역 | 会う 만나다 | ～番 ～번 | 入り口 입구 | 約束 약속 | 店 가게 | 近い 가깝다 | 多い 많다 | 外 밖 | 寒い 춥다 | 中 안 | 待つ 기다리다

7ばん

女の人と男の人が写真を見ながら話しています。二人が見ている写真はどれですか。

F へえ、この写真は？
M ああ、これは去年の春に海へ行った時の写真です。
F とてもきれいですね。
M ええ、海はきれいだったんですが、ぼうしをもって行かなかったので、大変でした。
F それは暑かったでしょうね。この、よこにいる人はだれですか。

여자와 남자가 사진을 보면서 이야기하고 있습니다. 두 사람이 보고 있는 사진은 어느 것입니까?

F 헤, 이 사진은?
M 아, 이것은 작년 봄에 바다에 갔을 때의 사진입니다.
F 너무 예쁘네요.
M 네, 바다는 예뻤지만, 모자를 가지고 가지 않았기 때문에, 고생했어요.
F 그것참 더웠겠네요. 이 옆에 있는 사람은 누구입니까?

정답 및 해석 139

M ああ、妹です。 F そうですか。よく似てますね。 二人が見ている写真はどれですか。	M 아, 여동생입니다. F 그렇습니까? 많이 닮았네요. 두 사람이 보고 있는 사진은 어느 것입니까?

[정답] 2

[풀이]
바다에 갔을 때의 사진이고 모자를 가져가지 않았다고 말했다. 이때 옆에 있는 사람이 妹 라고 말했으므로 여자와 함께 찍혀 있는 2번 사진이 정답이다. 이런 문제에서는 妹 나 弟 와 같이 성별을 특정 짓는 단어를 알아두도록 하자.

[단어]
写真 사진 | ～ながら ～하면서 | 去年 작년 | 春 봄 | 海 바다 | きれいだ 예쁘다 | ぼうし 모자 | 大変だ 힘들다, 큰일이다 | 暑い 덥다 | よこ 옆 | 妹 여동생 | 似ている 닮았다

8ばん

男の人と女の人が電話で話しています。男の人はこれからどこに行きますか。 M 遅くなってごめん、今、電車から降りたところ。どこにいるの？ F 駅のすぐそばのカフェでコーヒー飲んでるよ。 M うん、ちょっと待って。すぐ行くから。 F うん、ねえ、ちょっとコンビニによってマスク買ってきてくれない？ M うん、分かった。具合悪いの？ F ちょっとね。せきが出ちゃってまわりに迷惑になると思って。 男の人はこれからどこに行きますか。	남자와 여자가 전화로 이야기하고 있습니다. 남자는 이제 어디로 갑니까? M 늦어져서 미안, 지금 전철에서 내린 참이야. 어디 있어? F 역 바로 옆 카페에서 커피 마시고 있어. M 응, 잠깐 기다려. 금방 갈 테니까. F 응, 있잖아. 잠깐 편의점에 들러서 마스크 좀 사다 줄래? M 응, 알았어. 몸이 안 좋아? F 조금. 기침이 나서 주위에 폐가 될 것 같아서. 남자는 이제 어디로 갑니까?

1 駅に 行く
2 カフェに 行く
3 コンビニに 行く
4 電車に 乗りに 行く

1 역으로 간다
2 카페로 간다
3 편의점으로 간다
4 전차를 타러 간다

[풀이]
역 옆의 카페에서 기다리고 있는 여자를 만나러 가는 중에, 여자가 편의점에 들러 마스크를 사달라고 부탁했으므로 우선 향할 곳은 편의점이다. 따라서 정답은 3번이다.

[단어]
遅くなる 늦다, 늦어지다 | 電車 전차 | 降りる 내리다 | ～たところ ～하자마자 | 駅 역 | すぐ 곧, 금방 | カフェ 카페 | 飲む

마시다 | 待つ 기다리다 | コンビニ 편의점 | ～による ～에 들르다 | マスク 마스크 | 買う 사다 | ～てくれない？ ～해주지 않을래？ | 具合が悪い 몸 상태가 좋지 않다 | せきが出る 기침이 나다 | ～ちゃって ～해버려서 | まわり 주변 | 迷惑になる 민폐가 되다

もんだい 2

もんだい 2 では、まず しつもんを 聞いて ください。そのあと、もんだいようしを 見て ください。読む 時間が あります。それから 話を 聞いて、もんだいようしの 1から4の 中から、いちばん いい ものを 一つ えらんで ください。
では、練習しましょう。

문제2에서는 우선 질문을 들어 주세요. 그 다음에 문제용지를 봐 주세요. 읽을 시간이 있습니다. 그러고 나서 이야기를 듣고 문제용지의 1부터 4 중에서 가장 좋은 것을 하나 고르세요.
그럼 연습합시다.

れい

女の人と男の人が話しています。男の人はどうして引っ越しをしますか。

F ねえ、今週の土曜日、引っ越すと聞いたけど、本当？
M うん。家賃も高かったしね。
F でも、お金の問題だけではないでしょう。
M そうね。いろいろあるけど、何よりも隣がうるさいんだよ。
F ふうん。でも今の家は、会社からも遠いし、駅までも時間かかるし、不便だったよね。
M それで、部屋は狭くなるけど、駅からは近いところに決めたよ。

男の人はどうして引っ越しをしますか。

1 うるさいから
2 会社から 遠いから
3 駅から 遠いから
4 家賃が 高いから

여자와 남자가 이야기하고 있습니다. 남자는 왜 이사를 합니까?

F 얘, 이번 주 토요일에 이사한다고 들었는데, 정말이야?
M 응, 집세도 비쌌고 말야.
F 하지만 돈 문제만은 아니지?
M 그래. 여러 가지 있지만, 무엇보다도 이웃이 시끄럽거든.
F 흐음. 하지만, 지금 집은 회사에서도 멀고 역까지도 시간이 걸리고, 불편했지.
M 그래서 방은 좁아지지만, 역에서 가까운 곳으로 정했어.

남자는 왜 이사를 합니까?

1 시끄러워서
2 회사에서 멀어서
3 역에서 멀어서
4 집세가 비싸서

1ばん

男の人と女の人が話しています。男の人はどうして遅刻しましたか。

F どうしたの？風邪？
M ううん、昨日夜おそくまで起きていたんだ。
F どうして？今日の会議の準備で？
M いや、実はとなりの人が犬を飼っているんだ。その犬が夜ずっとほえていて、うるさくて…。
F う～ん、困ったね。それで寝られなかったのね。
M うん、朝寝坊しちゃった。となりの人になんか言わないとね。

男の人はどうして遅刻しましたか。

1 遅くまで 仕事を したから
2 会議の 準備で 忙しいから
3 **朝、おそく 起きたから**
4 となりの 人が 犬を 飼って いるから

남자와 여자가 이야기하고 있습니다. 남자는 어째서 지각했습니까?

F 무슨 일이야? 감기라도 걸렸어?
M 아니, 어제 밤 늦게까지 깨어 있었어.
F 왜? 오늘 회의 준비로?
M 아니, 실은 옆 사람이 개를 키우고 있어. 그 개가 밤에 계속 짖고 시끄러워서.
F 음, 곤란하네. 그래서 잠을 못 잤구나.
M 응, 늦잠 자버렸어. 옆집 사람한테 뭐라고 말해야지.

남자는 어째서 지각했습니까?

1 늦게까지 일을 했어서
2 회의 준비로 바빠서
3 **아침에 늦게 일어나서**
4 옆집 사람이 개를 키우고 있어서

[풀이]
지각을 하게 된 직접적인 원인은 '朝寝坊', 즉 늦잠이므로 정답은 3번이다. 늦잠의 원인은 옆집 개가 짖는 소리였지만, 4번의 '개를 키우고 있다'라는 사실 자체는 지각한 이유가 될 수 없으므로 함정 보기에 주의해야 한다.

[단어]
遅刻 지각 | 風邪 감기 | 夜おそくまで 밤 늦게까지 | 会議 회의 | 準備 준비 | 実は 실은 | 飼う 기르다, 키우다 | ずっと 계속, 쭉 | ほえる 짖다 | うるさい 시끄럽다 | 困る 곤란해하다 | 寝る 자다 | 朝寝坊 늦잠

2ばん

男の人と女の人が話しています。女の人はいつ、だれと静岡に行きましたか。

F 吉田さん、週末の旅行はどうでしたか。
M 静岡、とても楽しかったですよ。
F そうですか。バスでいきましたか。
M いいえ、友だちの車で行きました。朝9時に家を出て、夜8時ごろ帰りました。とてもすてきな所だったので、また行きたいと思っています。
F いいところですよね。私も去年両親と行って来ました。

남자와 여자가 이야기하고 있습니다. 여자는 언제, 누구와 시즈오카에 갔습니까?

F 요시다 씨, 주말 여행은 어땠어요?
M 시즈오카, 매우 즐거웠어요.
F 그렇습니까? 버스로 갔습니까?
M 아니요, 친구의 차로 갔습니다. 아침 9시에 집을 나와서 저녁 8시쯤 돌아갔습니다. 정말 멋진 곳이었기 때문에 다시 가고 싶다고 생각하고 있습니다.
F 좋은 곳이죠. 저도 작년에 부모님과 다녀왔어요.

M そうですか。	M 그렇습니까?
女の人はいつ、だれと静岡に行きましたか。	여자는 언제, 누구와 시즈오카에 갔습니까?
1 週末、友だちと 2 先月、友だちと 3 週末、家族と **4 去年、両親と**	1 주말, 친구와 2 지난달, 친구와 3 주말, 가족과 **4 작년, 부모님과**

[풀이]

남자의 여행에 관한 대화가 주를 이루었기 때문에, 자칫 마지막 여자의 말을 놓쳐 버릴 수 있으므로 주의해야 한다. 마지막에 여자가 "저도 작년에 부모님과"라고 명확히 말했으므로 정답은 4번이다.

[단어]

静岡 시즈오카(지명) | 週末 주말 | 旅行 여행 | 楽しい 즐겁다 | ~ごろ ~경, ~쯤 | すてきだ 근사하다 | 所 곳, 장소 | ~たい ~하고 싶다 | 去年 작년 | 両親 부모님

3ばん

先生が学生たちに話しています。学生たちは何をもってきますか。	선생님이 학생들에게 이야기하고 있습니다. 학생들은 무엇을 가지고 옵니까?
M 明日は9時に駅です。持っていくものはノートとペンです。それから、飲み物とぼうしですね。明日もあついですから、必ず持ってきてください。昼ごはんはみんなで食堂で食べますから、お弁当は要りません。では、明日遅れないように今日ははやく休んでください。	M 내일은 9시에 역입니다. 가져갈 물건은 노트와 펜입니다. 그리고 음료수와 모자입니다. 내일도 더우니까 꼭 챙겨오세요. 점심은 다 같이 식당에서 먹기 때문에, 도시락은 필요 없습니다. 그럼 내일 늦지 않도록 오늘은 일찍 쉬세요.
学生たちは何をもってきますか。	학생들은 무엇을 가지고 옵니까?
1 おべんとう、のみもの、ぼうし **2 のみもの、ぼうし、ノート、ペン** 3 ぼうし、ノート、ペン 4 おべんとう、ノート、ペン	1 도시락, 음료수, 모자 **2 음료수, 모자, 노트, 펜** 3 모자, 노트, 펜 4 도시락, 노트, 펜

[풀이]

가져갈 물건은 노트와 펜이라고 말한 후, 바로 음료수와 모자도 언급한 것을 놓치지 말아야 한다. 도시락은 필요 없다고 했으므로 정답은 2번이다.

[단어]

明日 내일 | 駅 역 | 持つ 가지다, 들다 | 飲み物 음료 | あつい 덥다 | 必ず 반드시 | ぼうし 모자 | 昼ごはん 점심밥 | 食堂 식당 | お弁当 도시락 | 要る 필요하다 | 遅れる 늦다, 지각하다 | ~ないように ~하지 않도록 | 休む 쉬다

4ばん

男の子とお母さんが絵を見ながら話しています。男の子は何をしたがっていますか。	남자아이와 엄마가 그림을 보면서 이야기하고 있습니다. 남자아이는 무엇을 하고 싶어 합니까?
M この車、かっこいいでしょ？	M 이 차 멋있죠?
F うわ、よくかいたね。この車にのってどこにいくの？	F 우와, 잘 그렸네. 이 차 타고 어디 가는 거니?
M 海に行くんだよ。	M 바다에 가는거야.
F そう？ひろとはうみで泳ぎたい？	F 그래? 히로토는 바다에서 수영하고 싶구나?
M いや、そうじゃなくて、海で泳いでいるいるかをみたいんだ。	M 아니, 그게 아니고, 바다에서 수영하고 있는 돌고래를 보고 싶어.
F あ〜、そっか。じゃ、遠くに富士山があるけど、山にはいかないの？	F 아~ 그렇구나. 그럼 멀리 후지산이 있는데 산에는 안 가?
M うん、山登りは大変だから行きたくない。	M 응, 등산은 힘들어서 가기 싫어.
男の子は何をしたがっていますか。	남자아이는 무엇을 하고 싶어 합니까?

1 かっこいい 車に のる こと
2 富士山に のぼる こと
3 泳いで いる いるかを みる こと
4 海で 泳ぐ こと

1 멋진 자동차에 타는 것
2 후지산에 오르는 것
3 헤엄치고 있는 돌고래를 보는 것
4 바다에서 수영하는 것

[풀이]
아이가 멋진 자동차 그림을 자랑하며, 그 차를 타고 바다에 가서 헤엄치는 돌고래를 보고 싶다고 말하고 있다. 멀리 그려 놓은 후지산은 힘들어서 가기 싫다고 말했으므로 정답은 3번이다.

[단어]
絵 그림 | かっこいい 멋지다 | かく 그리다 | 車 자동차 | 乗る 타다 | 海 바다 | いるか 돌고래 | 泳ぐ 수영하다, 헤엄치다 | 遠く 먼 곳 | 富士山 후지산 | 山登り 등산 | 大変だ 힘들다

5ばん

男の人と女の人が話しています。今日の朝、女の人が食べたものはなんですか。	남자와 여자가 이야기하고 있습니다. 오늘 아침, 여자가 먹은 것은 무엇입니까?
M どうして元気ないの？具合悪いの？	M 왜 기운이 없어? 몸이 안 좋아?
F ううん、最近、ダイエット始めたんだ。あさの食事は野菜と果物しか食べていないの。	F 아니, 요즘 다이어트 시작했어. 아침 식사는 채소와 과일밖에 안 먹었어.

M それはいけないよ。体に悪い。肉とか魚とか、それにパンやご飯も食べないとね。大切なのはバランスを考えながら毎日決めた時間に食事をとることだよ。	M 그럼 안 되지. 몸에 해로워. 고기나 생선, 그리고 빵이나 밥도 먹어야 해. 중요한 건 균형을 생각하면서 매일 정해진 시간에 식사를 하는 거야.
今日の朝、女の人が食べたものはなんですか。	오늘 아침 여자가 먹은 것은 무엇입니까?

1　サラダと　くだもの	1　샐러드와 과일
2　サラダと　にく	2　샐러드와 고기
3　にくと　パンと　くだもの	3　고기와 빵과 과일
4　ごはんと　さかなと　サラダ	4　밥과 생선과 샐러드

[풀이]
대화 초반에 여자가 아침 식사로 채소와 과일'밖에' 먹지 않았다고 말했으므로, 샐러드와 과일 그림이 그려진 1번이 정답이다. 이후 남자의 대사에서 여러 음식 이름이 언급되지만 이에 현혹되어서는 안 된다.

[단어]
どうして 어째서 | 元気がない 기운이 없다 | 具合が悪い 몸 상태가 좋지 않다 | 最近 최근, 요즘 | ダイエット 다이어트 | 始める 시작하다 | 食事 식사 | 野菜 채소 | 果物 과일 | ~しか ~밖에 | いけない 안 된다 | 体 몸 | 悪い 나쁘다 | 肉 고기 | 魚 생선 | ~ないと ~해야 해 | 大切だ 중요하다, 소중하다 | バランス 밸런스, 균형 | 考える 생각하다, 고려하다 | ~ながら ~하면서 | 決める 정하다 | 食事をとる 식사를 챙기다

6ばん

男の人と女の人が会社で話しています。男の人はこの後すぐ何をしますか。	남자와 여자가 회사에서 이야기하고 있습니다. 남자는 이후에 바로 무엇을 합니까?
F 山田さん、少し休みませんか。おいしいケーキ、買ってあるんです。	F 야마다 씨, 잠시 쉬지 않겠습니까? 맛있는 케이크를 사 두었어요.
M あ、いいですね。でも、会議までにこれを準備しておかなければならないので、これが終わってからいただきます。	M 아, 좋지요. 하지만 회의까지 이것을 준비해 두어야 하니까, 이것이 끝나고 나서 먹겠습니다.
男の人はこの後すぐ何をしますか。	남자는 이후에 바로 무엇을 합니까?

1　少し　休む	1　조금 쉰다
2　ケーキを　食べる	2　케이크를 먹는다
3　会議に　出る	3　회의에 출석한다
4　仕事を　続ける	4　일을 계속한다

[풀이]
케이크를 먹으라는 여자의 권유에, 남자는 일단 지금 하는 일을 정리한 후에 먹겠다고 했으므로 4번이 정답이다.

[단어]

少すこし 조금 | ケーキ 케이크 | 買かう 사다 | 会議かいぎ 회의 | 準備じゅんび 준비 | 終おわる 끝나다 | 仕事しごと 일 | 続つづける 계속하다

7ばん

男おとこの人ひとと店みせの人ひとが電話でんわで話はなしています。男おとこの人ひとはどこに車くるまを止とめますか。

M もしもし、予約よやくしたいんですが。
F はい、何名なんめいさまですか。
M 5人にんです。それから、車はどこに止とめたらいいですか。
F 月曜日げつようびから木曜日もくようびなら店みせの前まえに止とめてください。ほかの日は店みせの後うしろの駐車場ちゅうしゃじょうをご利用ください。もし、駐車場ちゅうしゃじょうがこんでいたら、店みせのとなりに止とめてください。
M あ、そうですか。じゃ、火曜日かようびの7時じにお願ねがいします。

남자가 가게 사람과 전화로 이야기하고 있습니다. 남자는 어디에 차를 세웁니까?

M 여보세요, 예약하고 싶은데요.
F 네, 몇 분이세요?
M 5명입니다. 그리고 차는 어디에 세우면 되나요?
F 월요일부터 목요일이면 가게 앞에 세워 주세요. 다른 날은 가게 뒤 주차장을 이용해 주세요. 만약 주차장이 붐비고 있으면 가게 옆에 세워 주시기 바랍니다.
M 아, 그렇습니까? 그럼 화요일 7시로 부탁드립니다.

男おとこの人ひとはどこに車くるまを止とめますか。

1 店みせの 後うしろの 駐車場ちゅうしゃじょう
2 他ほかの 駐車場ちゅうしゃじょう
3 店みせの となり
4 店みせの 前まえ

남자는 어디에 차를 세웁니까?

1 가게 뒤 주차장
2 다른 주차장
3 가게 옆
4 가게 앞

[풀이]

월요일부터 목요일까지는 가게 앞에 차를 세우면 되고, 남자는 대화 마지막에 화요일 7시로 예약했으므로 정답은 4번이다.

[단어]

電話でんわ 전화 | 車くるま 자동차 | 止とめる 세우다 | 予約よやく 예약 | ~名めい ~명 | ~人にん ~명, ~인 | ~たらいいですか ~하면 좋을까? | 月曜日げつようび 월요일 | 木曜日もくようび 목요일 | ~なら ~라면 | 店みせ 가게 | ほかの日ひ 다른 날 | 後うしろ 뒤 | 駐車場ちゅうしゃじょう 주차장 | 利用りよう 이용 | こんでいる 붐비다 | 火曜日かようび 화요일

もんだい3

もんだい3では、えを 見ながら しつもんを 聞いて ください。➡(やじるし)の 人は 何と 言いますか。1から3の 中から、いちばん いい ものを 一つ えらんで ください。
では、練習しましょう。

문제3에서는 그림을 보면서 질문을 들어 주세요. 화살표(화살표가 가리키는) 사람은 뭐라고 합니까? 1부터 3 중에서 가장 알맞은 것을 하나 고르세요.
그럼 연습합시다.

れい

M 暑いのに、クーラーが消してあります。何と言いますか。	M 더운데, 에어컨이 꺼져 있습니다. 뭐라고 말합니까?

F 1 すみませんが、クーラーを貸してくれませんか。
  2 クーラーをつけてもいいですか。
  3 このクーラー、壊れていますよ。
	F 1 실례지만, 에어컨을 빌려주지 않겠습니까?
	  2 에어컨을 켜도 괜찮습니까?
	  3 이 에어컨 고장 났는데요.

1ばん

F これから旅行に出かけます。玄関で両親に何と言いますか。	F 이제 여행을 나섭니다. 현관에서 부모님께 뭐라고 말합니까?

M 1 いってらっしゃい。
  2 ただいま。
  3 いってきます。
	M 1 다녀오세요.
	  2 다녀왔습니다.
	  3 다녀오겠습니다.

[풀이]
외출 시의 인사 표현 "다녀오겠습니다."인 3번이 정답이다. 1번은 외출하는 사람을 배웅하면서 하는 말이고, 3번은 귀가했을 때의 인사 표현이다.

[단어]
これから 앞으로, 이제 | 旅行 여행 | 出かける 나가다, 외출하다 | 玄関 현관 | 両親 부모님

2ばん

M 友だちにかさを借りたいです。何と言いますか。	M 친구한테 우산을 빌리고 싶습니다. 뭐라고 말합니까?

F 1 かさ、貸してもらえる？
  2 かさ、借りてもらえる？
  3 かさ、返してくれない？
	F 1 우산 빌려줄 수 있니?
	  2 우산 빌려다 줄 수 있니? (우산, 나한테 빌릴래?)
	  3 우산 돌려주지 않을래?

[풀이]
[借りる 빌리다], [貸す 빌려주다], [返す 되돌려주다] 세 동사를 혼동하지 않는 것이 중요하다. 상대방이 빌려준다는 뜻의 貸す 동사에 부탁 표현 ～てもらえる를 활용한 1번이 정답이다. 2번의 借りる를 사용하여 빌리고 싶다는 표현을 하려면 ～たい(～하고 싶다)나 ～てもいい(～해도 된다)의 표현을 활용하면 옳게 된다.

[단어]
かさ 우산 | 借りる 빌리다 | ～たい ～하고 싶다 | 貸す 빌려주다 | ～てもらえる？ ～해줄 수 있니? | 返す 되돌려주다, 갚다 | ～てくれない？ ～해주지 않을래?

3ばん

M ひさしぶりに先生に電話をかけました。何と言いますか。	M 오랜만에 선생님께 전화를 걸었습니다. 뭐라고 말합니까?

F 1 おめでとうございます。
  2 おかわりありませんか。
  3 おかわりどうですか。
	F 1 축하합니다.
	  2 별일 없으시죠?
	  3 더 어떠세요?

[풀이]
오랜만에 만났을 때, 그동안의 안부를 묻는 표현으로 「おかわりありませんか」「おかわりないですか」 등으로 말할 수 있다. 정답은 2번이며, 발음이 비슷한 3번 권유 표현과 혼동하지 않도록 주의하자.

[단어]
ひさしぶりに 오랜만에 | 電話をかける 전화를 걸다

4ばん

M 日本語で作文を書きました。うまく書けたか先生に聞きたいです。何と言いますか。	M 일본어로 작문을 했습니다. 잘 썼는지 선생님께 묻고 싶습니다. 뭐라고 말합니까?
F 1 これ、ちょっと見せてくださいませんか。 　2 これ、ちょっと見ていただけませんか。 　3 これ、ちょっと見えてください。	F 1 이거 잠시 보여주지 않겠습니까? 　2 이거 잠시 봐 주시겠습니까? 　3 이거 잠시 보여 주십시오.

[풀이]
선생님에게 바라는 행위는 '보다' 즉, 見る이다. 부탁 표현인「~ていただけませんか」를 접속한 2번이 정답이다. 1번과 3번은 각각 '보여주다', '보이다'라는 동사를 사용했으므로 옳지 않다.

[단어]
日本語で 일본어로 | 作文 작문 | 書く 쓰다 | 聞く 듣다, 물어보다 | ~たい ~하고 싶다 | 見せる 보여주다 | ~てくださいませんか・~ていただけませんか・~てください ~해 주세요, ~해주실 수 있습니까(부탁 표현)

5ばん

F 店に入りましたが、店員がいません。何と言いますか。	F 가게에 들어갔습니다만 점원이 없습니다. 뭐라고 말합니까?
M 1 ごめんなさい。 　2 ごめんください。 　3 いらっしゃいませ。	M 1 미안합니다. 　2 실례합니다. (계세요?) 　3 어서 오십시오.

[풀이]
어딘가 방문 시 밖에서 상대방을 불러내는 "실례합니다.", "계십니까?"의 의미로 쓰이는「すみません」이나「ごめんください」를 암기해 두자. 정답은 2번이다. 참고로 사무실이나 집에 들어서면서 말하는 "실례합니다."로는「おじゃまします」「しつれいします」가 있다.

[단어]
店 가게 | 入る 들어가다, 들어오다 | 店員 점원

もんだい 4

もんだい4では、えなどが ありません。まず ぶんを 聞いて ください。それから、そのへんじを 聞いて、1から3の 中から、いちばん いい ものを 一つ えらんで ください。
では、練習しましょう。

문제4에서는 그림 등이 없습니다. 먼저 문장을 들어 주세요. 그러고 나서 대답을 듣고 1부터 3 중에서 가장 좋은 것을 하나 고르세요. 그럼 연습합시다.

れい

F アイスクリーム買いに行くけど、何か買うものある？	M 아이스크림 사러 가는데, 뭐 살 거 있어?
M 1 あ、何を買うの？ 2 あ、おいしそう！ 3 あ、牛乳、お願いね。	F 1 아! 뭐 살 건데? 2 아! 맛있겠다! 3 아! 우유 부탁해.

1ばん

M これから図書館に行きますが、帰りに何か買ってきましょうか。	M 이제 도서관으로 갑니다만, 돌아오는 길에 뭔가 사 올까요?
F 1 そうですか。私も図書館から帰りました。 2 よろしくおねがいします。 3 いいえ、だいじょうぶです。	F 1 그렇습니까? 저도 도서관에서 돌아왔습니다. 2 잘 부탁드립니다. 3 아니요, 괜찮습니다.

[풀이] 도서관 갔다가 돌아오는 길에 사 올 물건을 묻고 있다. 구체적인 물품을 언급하거나 3번처럼 거절하는 대답이 자연스럽다. 정답은 3번이다.

[단어] これから 이제, 앞으로 | 図書館 도서관 | 帰り 돌아오는 길 | 何か 무언가 | 買う 사다

2ばん

F この席、空いていますか。	F 이 자리, 비어 있습니까?
M 1 はい、まだせきがでます。 2 はい、どうぞ。 3 はい、開けておきました。	M 1 네, 아직 기침이 나옵니다. 2 네, 앉으세요. 3 네, 열어 두었습니다.

3ばん

M 今日(きょう)は何日(なんにち)ですか。	M 오늘은 며칠입니까?
F 1 4日間(よっかかん)ですよ。 2 今日(きょう)は5日(いつか)です。 3 木曜日(もくようび)ですよ。	F 1 4일간입니다. 2 오늘은 5일입니다. 3 목요일입니다.

[풀이] 오늘이 '며칠'인지를 물었으므로, 5일이라고 대답한 2번이 정답이다. 1번은 기간을, 3번은 요일을 대답했다.

[단어] 何日(なんにち) 며칠 | ~間(かん) ~간 | 木曜日(もくようび) 목요일

4ばん

M 試合(しあい)の準備(じゅんび)、うまくいっていますか。	M 시합 준비, 잘되어가나요?
F 1 いいえ、まだいっていません。 2 いいえ、まだぜんぜん。 3 いいえ、また行(い)きましょう。	F 1 아니요, 아직 가 있지 않아요. 2 아니요, 아직 전혀. 3 아니요, 또 갑시다.

[풀이] 진행 상황이 잘 되어가고 있는지 묻는 질문에, 대답으로 자연스러운 것은 2번이다. 「うまくいく」는 숙어로 '진척되다'라는 뜻이고, 1번과 3번 대답은 いく(가다) 동사의 의미를 혼동하도록 제시되었으므로 주의하자.

[단어] 試合(しあい) 시합 | 準備(じゅんび) 준비 | うまくいく 잘되어가다, 진척되다

5ばん

F スマホはカバンに入(い)れてありますか。	F 스마트폰은 가방에 들어 있습니까?
M 1 いいえ、少(すこ)ししか入(はい)っていません。 2 はい、もうお入(はい)りになりました。 3 はい、入(はい)っています。	M 1 아니요, 조금밖에 들어 있지 않습니다. 2 네, 이미 들어와 계십니다. 3 네, 들어 있습니다.

[풀이] '들어 있다'라는 표현을 자동사를 써서 入(はい)っている, 타동사를 써서 入(い)れてある라고 두 가지로 말할 수 있다. 정답은 3번이다.

[단어] スマホ 스마트폰 | 入(い)れる 넣다 | 少(すこ)ししか 조금밖에 | お入(はい)りになる 들어가시다, 들어오시다

6ばん

F どうぞ、こちらへお入（はい）りください。	F 자, 이쪽으로 들어오세요.
M 1 けっこうです。 　 2 おねがいします。 　 3 しつれいします。	M 1 이제 괜찮습니다. 　 2 잘 부탁드립니다. 　 3 실례하겠습니다.

[풀이] 방문한 손님을 맞이하는 상황이다. "들어오세요."라는 말에 들어서면서 할 수 있는 관용 표현으로「おじゃまします」「しつれいします」가 있으니 암기하자. 정답은 3번이다.

[단어] お入（はい）りください 들어오세요

7ばん

M あの、ちょっと聞（き）きたいことがありますが…。	M 저, 잠시 물어보고 싶은 것이 있습니다만…….
F 1 数学（すうがく）ならいいです。 　 2 はい、見（み）てもかまいませんよ。 　 3 音楽（おんがく）をよく聞（き）きます。	F 1 수학이라면 괜찮습니다. 　 2 네, 봐도 상관없어요. 　 3 음악을 자주 듣습니다.

[풀이] 물어볼 것이 있어서 물어봐도 좋은지 허가를 구하는 상황이다. 따라서 수학이라는 조건하에서는 좋다고 말한 1번이 가장 자연스럽다. 동사 聞く는 '물어보다' 외에 '듣다'라는 의미로도 쓰이므로, 3번의 경우처럼 혼동하지 않도록 주의하자.

[단어] ちょっと 조금, 잠시 | 聞（き）く 듣다, 물어보다 | 数学（すうがく）수학 | ～なら ～라면 | ～てもかまいません ～해도 상관없습니다 | 音楽（おんがく）음악 | よく 자주

8ばん

F 先生（せんせい）はどんな科目（かもく）を教（おし）えられていますか。	F 선생님은 어떤 과목을 가르치고 계십니까?
M 1 私（わたし）は英語（えいご）をお教（おし）えになっています。 　 2 私（わたし）は英語（えいご）を教（おし）えられています。 　 3 私（わたし）は英語（えいご）を教（おし）えています。	M 1 저는 영어를 가르치고 계십니다. 　 2 저는 영어를 가르치고 계십니다. 　 3 저는 영어를 가르치고 있습니다.

[풀이] 경어 표현을 정확히 알고 있는지 묻는 문제다. 1번과 2번은 모두 '～하시다'의 존경 표현으로 본인을 높였으므로 정답이 될 수 없고, 3번이 정답이다.

[단어] 科目（かもく）과목 | 教（おし）える 가르치다 | 英語（えいご）영어 | お教（おし）えになる・教（おし）えられる 가르치시다(존경어)